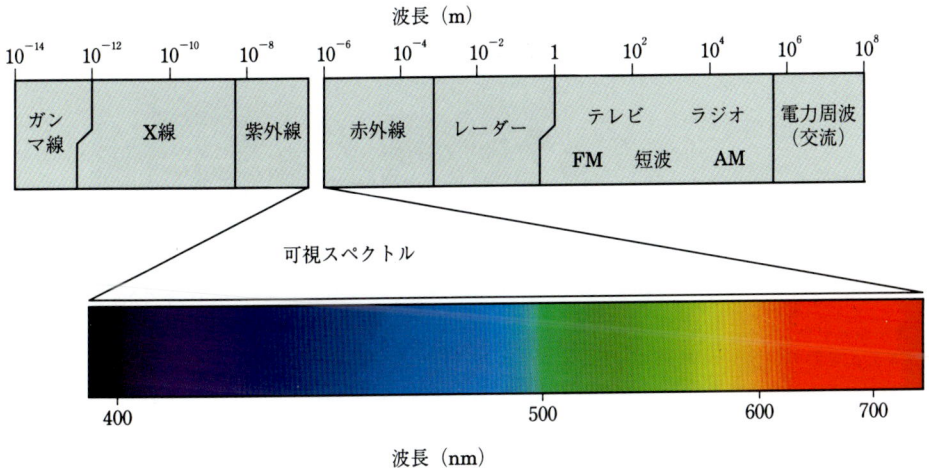

電磁波のごく一部だけが人間の眼に感じられるが，その部分を拡大してある

図1　可視スペクトル
（本文 p.22 参照）

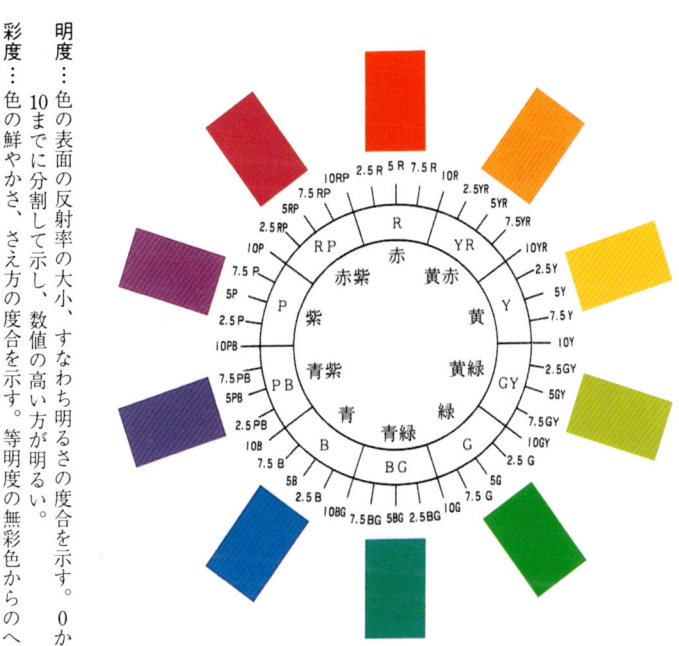

色相…赤、黄、青のような色の属性をいい、左図のような色相環をもとにして、その記号と段階を示す数値で表わす。

明度…色の表面の反射率の大小、すなわち明るさの度合を示す。0から10までに分割して示し、数値の高い方が明るい。

彩度…色の鮮やかさ、さえ方の度合を示す。等明度の無彩色からのへだたりを数値化して示し、数値の高い方がさえた色となる。

図2　色相環と色の三属性[1]
（本文 p.24 参照）

図3 ステレオグラム[2]
（本文 p.32 参照）

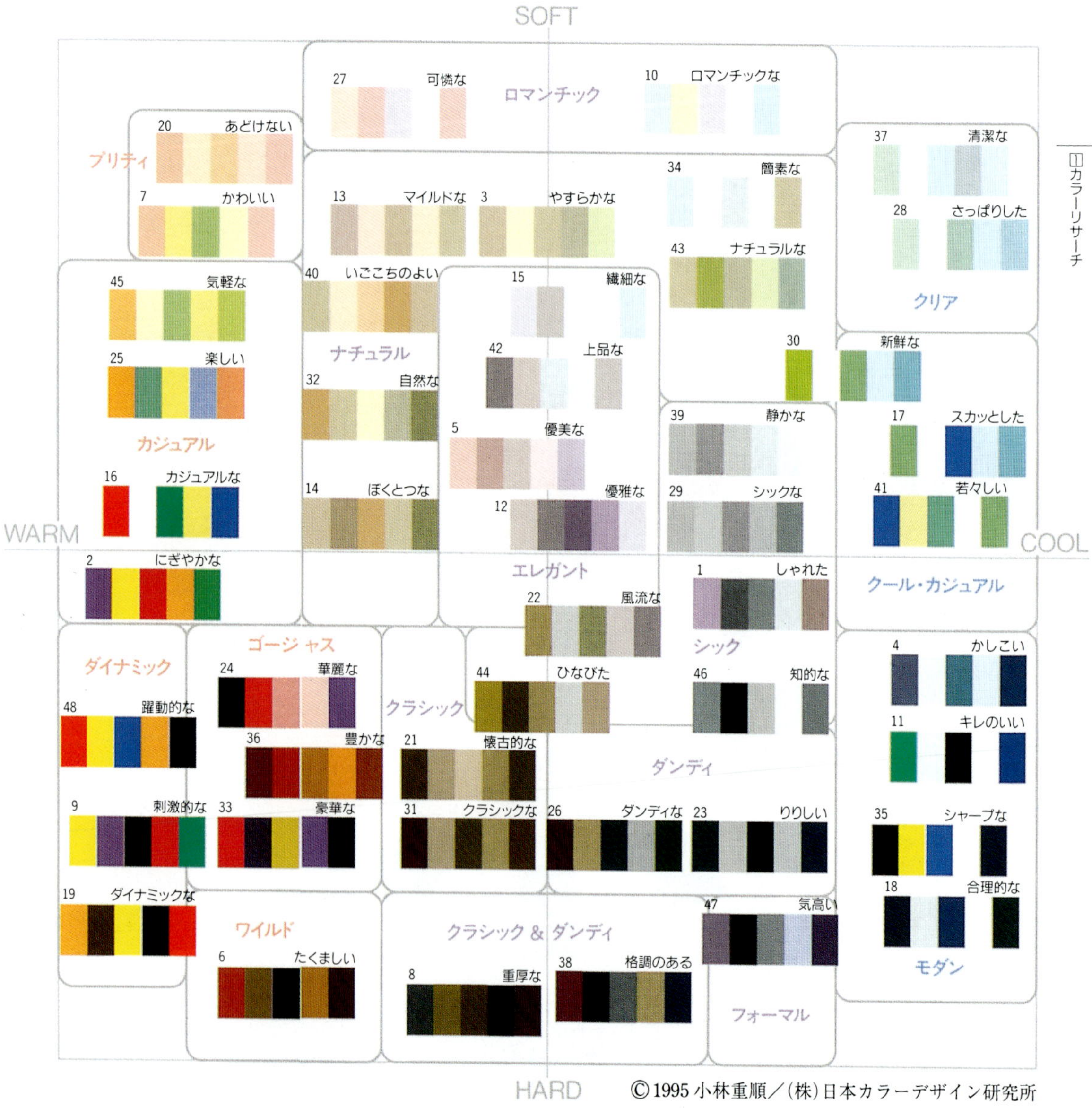

図4 配色イメージスケール[3]
（本文 p.34 参照）

©1995 小林重順／(株)日本カラーデザイン研究所

福屋武人 監修

石井　巖・三根　浩・森田義宏 共編

図解 心理学

［改訂版］

学術図書出版社

執筆者紹介（執筆順）

福屋武人	元	川村学園女子大学	監修，第1章
山田ゆかり		名古屋文理大学	第2章
村田夏子	元	和洋女子大学	第3章
石井 巖	元	帝京大学	編集，第4章
丸山久美子	元	聖学院大学	第5章
水野節子		東洋学園大学	第6章
森田義宏		兵庫大学	編集，第7章
三根 浩		同志社女子大学	編集，第8章，第11章4.
清水 聡		福井県立大学	第9章
成田弘子	元	淑徳短期大学	第10章
園田健司	元	群馬松嶺福祉短期大学	第11章1.～3.
松原由枝		川村学園女子大学	第12章
室田洋子	元	聖徳大学	第13章
青木茂樹		日本工学院八王子専門学校	第14章

まえがき

　心理学が科学として歩みを始めてから100余年，まだ若い学問であるが，とくに近年の進歩は目ざましい．

　その一例を心理学の研究にみるならば，20数年前までは大学であたりまえに使われていた手動式の実験器具やタイガー式計算機などは，今では倉庫の一隅に埃をかぶっており，コンピュータ等ハイテクの機器にとって代わられている．以前には天文学的数量と感じられたデータが，今では数日のうちに計算され，検証されてユニークな理論が次々と生まれつつある．

　また，心理学の応用の領域も以前に比べればかなり広い分野に拡大している．教育現場での活用や社会現象の分析から，臨床における治療に至るまで人間生活にかかわる，あらゆる領域での心理学的知識の応用がなされている．

　人間の心が哲学の範疇で概念的に語られていた頃からみれば，現代では具体的なものなり，身近なものとして感じられるようになったといえよう．

　物質文明の高度な発達をなした20世紀も終りに近づき，新しい21世紀になると高度な文明社会の中で，豊かな人間性が問われるようになるだろう．

　「人間の心とは何か？」

　その真髄を極めることは難しいかも知れないが，心理学によって心の考察の道標を知ることはできるだろう．心の奥義からみれば，若い学問である心理学はいかに進歩したとはいえ，まだまだ道標の入口に立ったというべきかも知れない．しかし現代人が生みだした物質文明に驕れることなく，真摯な態度で心への科学する姿勢を保つことが必要であろう．

　本書は，現代の最も普遍的な心理学の知識について解説したものである．その主眼は心理学を特殊な，理解し難い学問としてではなく，誰もが心について考えてみたいと思うとき，その手引書になることにあった．したがって，本書の起案にあたっては，次の3つの考え方を基本的な姿勢として．

　　1. わかり易いこと
　　2. 親しみ易いこと
　　3. 知識として深いこと

　実際の執筆に際しては，できるだけ専門用語を使わず一般読者にも理解できる言葉で述べることや，図解により視覚的な解説によって少しでも具体的に理解を深めるように心がけた．この意味で，本書の「図解心理学」が誕生したわけだが，最も難しいのは，3が1と2に矛盾するという点であった．しかし，知識として深いということは，専門的で難しいということでは

なく，基礎的な考え方に立脚した高度な知識の紹介ということを監修の主眼とした．

本書が誕生するまでには，2年間の歳月を要したが，執筆者のかたがたの深い理解と大変な努力により原稿ができあがり，さらに編者の先生たちの熱心な協力を得てようやく形をなすに至った．その点で各執筆者および編者の先生方に深く感謝の意を表したい．

最後に本書の刊行に際して，学術図書出版社の発田編集長および妹尾真吾氏の忍耐強い支援によってはじめて実現したことをつけ加えて，謝意に代えたい．

平成元年 4 月

監修者　福屋武人

改訂版 「まえがき」

本書，『図解心理学』の初版本が平成元年に出版されてから 13 年目にして，今回の改訂が企画された．この間に増補版も含めて多くの部数が刊行され，4 万人近い読者を得たことになる．この数の多少は別として，今更ながら一冊の本が持つ意味と責任を痛感せざるを得ない．

今回の改訂版を刊行するに当たり，初版本の全ページを改めて読み直してみたが，各章にわたって当時の分担執筆者の本書に対する情熱と工夫を読みとることができた．それはこれから心理学を学ぼうとする初学者（学生）や，心理学を身近な知識として応用しようとする研究者らのあくなき知的欲求に対して，いかに"わかり易く""親しみ易く"そして"知識として深く"解説するかという本書の執筆要領の三原則に配慮するものであった．この執筆者らの労作が本書を長い間多くの読者の欲求に耐え得た要因であると考えられる．

しかし今や 21 世紀に入り，社会のニーズも急速に変貌しつつある．科学の進歩はさらに速度を増し，その情報はインターネットによって即時に伝えられている．まさに IT 時代の到来である．このような情報化社会にあって，多量の情報を正確に理解し，的確な知識として受け入れていくためには受手側のわれわれにしっかりした基礎が用意されていなければならない．

本書の改訂に際して次のようなあらたな執筆条件が加えられることになった．つまり「心理学の基本的な知識を出来るだけ簡明に紹介する」である．この欲張った条件は執筆者にとって労苦をお願いすることになったが，結果は先生方の努力によりすばらしい本に仕上がったと思われる．本書「改訂版」によって多くの読者が心理学について楽しく理解を深められることを期待します．

最後に，本書の企画から編集まで終始心をくだいて刊行までご助力を頂いた学術図書出版社編集部の室澤真由美さんに深く謝意を表わしたい．

平成 13 年（2001 年）1 月

監修者　福屋武人

も　く　じ

第1章　心理学の歩み
 1．古代から近代まで……………………………………………2
 2．構成主義心理学………………………………………………4
 3．作用心理学と機能主義心理学………………………………6
 4．行動主義心理学………………………………………………8
 5．ゲシュタルト理論……………………………………………10
 6．精 神 分 析……………………………………………………12
 7．個人差の心理学………………………………………………14
 8．各領域での発展………………………………………………16

第2章　感 覚・知 覚
 1．環境を知るはたらき―感覚・知覚・認知―………………20
 2．感　　覚………………………………………………………20
 3．知　　覚………………………………………………………26
 4．知覚の発達……………………………………………………36
 5．知覚と情報処理………………………………………………36

第3章　学　　習
 1．学習の定義……………………………………………………40
 2．連 合 理 論……………………………………………………40
 3．認 知 理 論……………………………………………………50
 4．学習の様相……………………………………………………54

第4章　記　　憶
 1．記憶の過程と記憶の種類……………………………………60
 2．感覚記憶，短期記憶，長期記憶……………………………64
 3．記憶の構造……………………………………………………68
 4．記 憶 と 脳……………………………………………………72

5．記憶の忘却と障害 ……………………………………………………74

第5章　思考・言語
　　　1．問題の解決の過程 ……………………………………………………80
　　　2．推　　理 ………………………………………………………………88
　　　3．言語の特性と思考 ……………………………………………………94
　　　4．創造的思考 ……………………………………………………………98

第6章　知　　能
　　　1．知能の概念 …………………………………………………………102
　　　2．知能の構造と機能 …………………………………………………104
　　　3．知能の形成 …………………………………………………………108
　　　4．知能の発達 …………………………………………………………114
　　　5．学習と知能 …………………………………………………………120

第7章　動機づけ
　　　1．解機づけ（モチベーション）とは …………………………………122
　　　2．動機づけのメカニズム ……………………………………………122
　　　3．動機の種類 …………………………………………………………124

第8章　感情・情動
　　　1．情動と感情 …………………………………………………………138
　　　2．情動の生理学的基礎 ………………………………………………140
　　　3．情動の表出 …………………………………………………………144
　　　4．情動の次元 …………………………………………………………150

第9章　パーソナリティ
　　　1．パーソナリティとは何か …………………………………………154
　　　2．パーソナリティの理論 ……………………………………………156
　　　3．パーソナリティの形成と変容 ……………………………………162

第10章　発　　達
　　　1．発達について ………………………………………………………172
　　　2．発達を規定する要因 ………………………………………………176

3. 発達段階 …………………………………… 178
　　4. 発達課題 …………………………………… 182
　　5. 発達の様相 ………………………………… 182

第11章　検査・測定
　　1. 測定とその妥当性・信頼性 ……………… 194
　　2. 知能の測定 ………………………………… 196
　　3. パーソナリティの診断・測定 …………… 200
　　4. 態度・感情の測定 ………………………… 208

第12章　適応・不適応
　　1. 適応・不適応の定義 ……………………… 212
　　2. 適応・不適応の心理過程 ………………… 214
　　3. 適応障害 …………………………………… 220
　　4. 現代社会における不適応の問題 ………… 226

第13章　心理的療法
　　1. 心理的療法とは …………………………… 234
　　2. 心理臨床における治療 …………………… 236
　　3. 心理臨床の諸領域 ………………………… 252

第14章　社会的行動
　　1. 自　己 ……………………………………… 264
　　2. 対人魅力 …………………………………… 268
　　3. 社会的態度 ………………………………… 272
　　4. 社会的影響過程 …………………………… 276
　　5. コミュニケーション ……………………… 278

演習問題
参考文献
図表引用文献
人名索引
事項索引

図解 心理学
［改訂版］

1 心理学の歩み

1. 古代から近代まで

　心理学の過去は長いが歴史は短いといわれる．過去とは，心理学が科学としての歩みを始める以前の，つまり人間の精神作用を「霊魂」の働きと考えていた時代のことである．この霊魂説は中世の精神界を支配することとなるが，その源流はギリシャ時代の人間哲学におけるプラトンやアリストテレスの心理学に求められる．

　プラトン（Platon, 427-347 B.C.）のイデア論において，霊魂は実体のない概念的なものである．しかし霊魂が身体に宿るとき，われわれは知覚し，苦楽を感じ取ることができる．つまり人間とは霊魂と身体の二元の複合体である．アリストテレス（Aristoteles, 384-322 B.C.）は，世界で最初の心理学書『霊魂論（デ・アニマ）』において，身体における霊魂（精神）の位置づけを行った．つまり身体は素材であり，霊魂は形相である．両者の関係は彫刻の素材となる大理石とヴィーナス像のようなものである．

　近代における機械論的な「時代精神」においては，人間もまた物理的宇宙の支配下にある機械的なものであり，特理的法則性を見いだすことができるとした．この考え方の端を開いたのはデカルト（Descartes, R., 1596-1650）であり，彼の「心身相互作用説」は現代心理学の歴史に大きく影響を及ぼした．つまり彼は精神と身体を別個のものとして切り離したが，しかし精神は機械的原理に操作される身体と有機体の内部で相互作用しているため，精神作用も実証的証明が可能であると考えた（図1-1）．

　彼の主張は後に，生理学者や物理学者らの心理学的考察への道を開くことになった．19世紀に至って生理学者ウェーバー（Weber, E. H., 1795-1878, 図1-2）とその弟子で物理学者のフェヒナー（Fechner, G. T., 1801-1887, 図1-3）はライプツィヒ大学で感覚生理学的な研究を実験測定に基づいて行い，いわゆる「ウェーバー，フェヒナーの法則」を確立した．またヘルムホルツ（Helmholtz, H. L. F., 1821-1894）は知覚領域についてフェヒナーの研究法を取り入れて実証的な業績を次々とあげた．なかでも「ヤング・ヘルムホルツの三原色説」は今日もなお支持されている理論である（図1-4）．

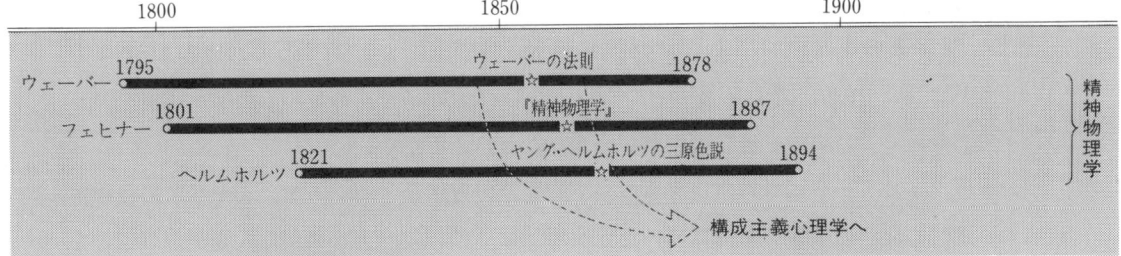

図1-1 フランスの哲学者ルネ・デカルトの心理学への寄与のなかでも，特に顕著なものは心身相互作用説であった．[1]

図1-2 エルンスト・ウェーバーによる閾知覚の研究は，心理学に最初の量的法則の考え方をもたらした．[1]

図1-3 物理学者グスタフ・テオドール・フェヒナーは，感覚の強さは，刺激の量と関連することを示して，精神と物質の結びつきを証明した．[1]

図1-4 生理学者ヘルマン・フォン・ヘルムホルツは，色覚・聴覚について神経系の理論から研究を行い，知覚心理学に大きな影響を与えた．[1]

2. 構成主義心理学

現代心理学史の1ページとして，1879年は特に銘記すべき年である．それはヴント（Wundt, W., 1832-1920，図1-5）がライプツィヒ大学に公的には初めての心理学実験室をつくった年であり，ここに実験心理学の礎石が築かれたといえる（図1-6）．

ヴントはフェヒナーやヘルムホルツらの科学的実証の方法を学ぶ一方で，イギリスの経験主義による連想心理学の影響をも受けていた．連想とは，アリストテレスが「人間がものごとを認識するのは，自然にそなわった規則性，すなわち連想によるものだ」と指摘しているように，古くから心理作用として着目されていた．哲学者ミル（Mill, James., 1773-1836）はこの連想の観念連合は心の中の要素によるものであり（内観で観察できる），それぞれの要素があたかも化学の分子化合のように統合することによって意識が生ずるという「精神化学説」を提唱した．

ヴントの「実験」で用いた自己観察法は，イギリスの連想心理学で行われた内観とほぼ同様であるが，意識内容を純粋感覚と単一感情の構成要素に分析して，その要素によってあらゆる心理過程が説明できると考えた．彼の心理学が構成主義心理学と呼ばれるのはこのためである．

ヴントは1881年に実験心理学の最初の専門誌『哲学研究』を発刊，以来多くの実験結果を発表したが，その大部分は視覚領域におけるものであった．実験といえばわれわれは自然科学における客観的な観察法を思い出すが，彼は自己の意識に現れる経験を自ら直接的に観察する方法として実験を用いた．彼の『心理学概説』（1896年）によれば，すべての学問の始まりは感性を通して得られる「直接経験」であり，その経験をそのまま扱う学問が心理学であり，その意味で自然科学とは異なるものであるとしている．しかしこの概念による実験では，「複雑な過程」について限界があり，このような研究法としてヴントは社会的現象に関する比較研究法を採用し，晩年には『民族心理学』（1990年から1920年まで全10巻）の研究に従事した．

かくしてヴントが創設した実験室には，世界各国から多くの学者が参集した．その中には，後に精神病理学を集大成したクレペリン（Kraepelin, E., 1856-1926）を始めとして，1898年にはアメリカ心理学会の会長となったミュンスターベルク（Münsterberg, H., 1863-1916），構成主義心理学を忠実に継承した「ヴュルツブルク学派」を創設したキュルペ（Külpe, O., 1862-1915，図1-7），クラーク大学の総長として，精神分析をアメリカに導入したホール（Hall, G. S., 1844-1924，図1-8），人格や社会心理の領域に因子分析を導入したキャッテル（Cattel, J. M., 1860-1944），そしてアメリカ心理学に構成主義を伝え，終生内観を守り抜いたティチェナー（Titchener, E. B., 1867-1927，図1-9）など多彩な学才がいた．

わが国からも松本亦太郎（1865-1943）がアメリカのイェール大学留学の帰りにヴントのもとで学び，帰国後東京大学（1903）と京都大学（1908）に実験室を造った（詳しくは，8.各領域での発展（5）を参照）．

```
1800              1850              1900
```

精神物理学から

ヴント 1832　　　　　実験室創設『哲学研究』『心理学概説』『民族心理学』1920

ミュンスターベルク 1863　　　　アメリカで実験心理学 1916

キュルペ 1862　　　　ヴュルツブルク学派 1915

ティチュナー 1867　　　　構成主義をアメリカへ 1927

｝構成主義心理学

ヴントとヴントの研究室に留学した心理学者たち

図1-5　ウィルヘルム・ヴントは心理学における実験科学を樹立した.[1]

図1-6　1912年ころのヴント（中央）の実験室（Hiebsch, 1980）[5]

図1-7　オスワルト・キュルペは思考など高級な精神現象を実験的に研究し後にヴュルツブルク学派を創始した.[1]

図1-8　グランビル・スタンレー・ホールは後にアメリカ心理学会の最初の会長として活躍した.

図1-9　エドワード・ブラットフォード・ティチェナーはヴント心理学の後継者としてアメリカに構成心理学を導入し，内観的実験心理学を完成した.[1]

3. 作用心理学と機能主義心理学
（1） 作用心理学

ヴントと同時代にあって，構成主義と対立する立場をとった学者にブレンターノ（Brentano, F., 1838-1917）がいる．彼は『経験的立場の心理学』（1874年）によって，経験に基づいた作用心理学を提唱した（図1-10）．

作用とは精神の働きを意味するもので，意識の内容とは相対立する概念である．意識の内容を云々することは，意識を物的なものとみなすことであり，心理学で取り扱うべきではない．心理学では「見る作用」や「聞く作用」について考察すべきであって，見られた色や形についての意識の内容を調べるならば，それは別の学問である「現象学」で行うべきであろう．ブレンターノが考察しようとする心理現象は想像での表象である．表象は意識の内容を離れても必然的に存在するものであり，これが心理現象の特徴的なものであるとした．

同じライプツィヒ大学にありながら，ヴントの研究室には世界各国から多数の学者が参集したのに対して，ブレンターノのもとには少数ながら有能な学者が学び，後の哲学や心理学に大きく影響していった．その中には後に現象学を生み出した哲学者フッサール（Husserl, E., 1859-1938），ブレンターノの理論を発展させてグラーツ学派を創設したマイノング（Meinong, A., 1853-1920, 図1-11），そして心理学的に重要なことは，フッサールの師でブレンターノの弟子であったシュトゥンプ（Stumpf, C., 1808-1936, 図1-12）や，またエーレンフェルス（Ehrenfels, C., 1880-1933）の影響によって，後にゲシュタルト学派が誕生したことである．

（2） 機能主義心理学

さて，ドイツでヴントが実験室を創設した頃，アメリカではすでにジェームズ（James, W., 1842-1910）がハーヴァード大学に心理学の実験室を設けていた．そこでは生理学と心理学の関連について考察がなされていたが，ヴントの実験室ほど有名ではなかった．

ジェームズは『心理学原理』（1890年）で「意識の流れ」という語を初めて用いた．つまり意識は本来「要素」として説明されるような固定されたものでなく，ある「機能」をもった流れであるとしている．しかもその機能は生理学的な身体と連合したものであり，そこから刺激―身体的変化といった流れが生み出される．「泣くから悲しい」といった独自のジェームズ・ランゲ説の基本的な発想はここに由来する（図1-13）．

ジェームズの考え方は，彼の弟子の哲学者デューイ（Dewey, J., 1859-1952, 図1-14）や心理学者エンジェル（Angell, J. B., 1869-1949, 図1-15）らによって受け継がれ，機能主義心理学（シカゴ学派）の誕生をみる．デューイは『心理学における反射弧の概念』（1896年）と題する論文で，反射弧における一連の心的機能は，構成主義での要素論では説明することが不可能であり，有機体の統一的機能とみなすべきであることを主張した．

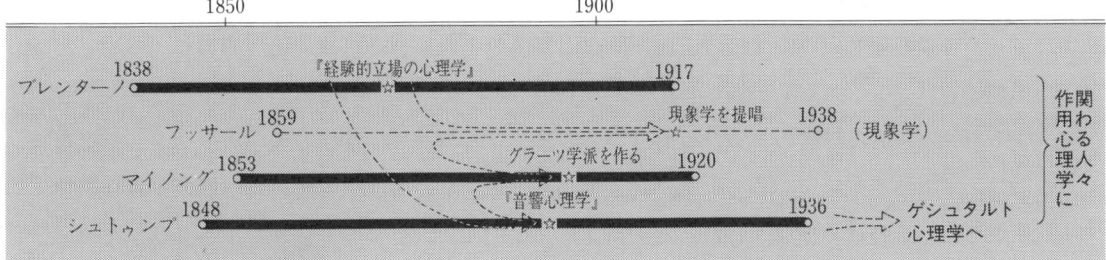

ブレンターノの影響を受けた学者たち

図1-10 フランツ・ブレンターノはヴント心理学に反対し，精神現象は物質現象とは異なり，したがって心理学では心の活動を研究すべきだとした．[1]

図1-11 アレキシス・マイノングはブレンターノの理論を更に発展させ，独自の対象論を提唱し，グラーツ学派を設立した．[3]

図1-12 カール・シュトゥンプは多くの実験による音響心理学を発表したが，ほかに「賢いハンス」と呼ばれる計算するウマの研究は有名である．[1]

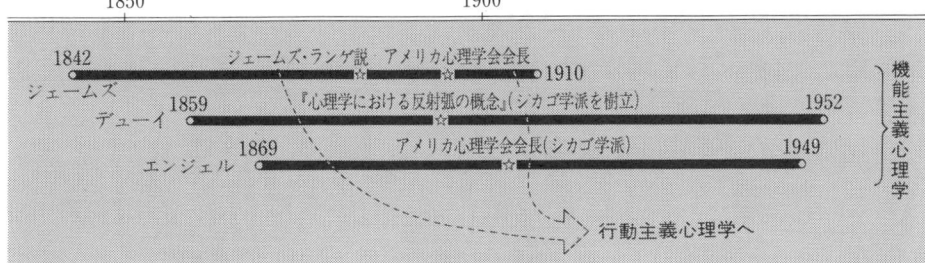

機能主義心理学（シカゴ学派）を樹立・発展させた人々

図1-13 アメリカ最大の心理学者と呼ばれるウイリアム・ジェームズは，またプラグマティズム哲学の指導者としても有名．彼の心理学の根本は「意識は流れる」にあり，機能主義を提唱した．[1]

図1-14 哲学者ジョン・デューイは思考・学習・教育の研究で心理学に大きな足跡を残した．

図1-15 ジェームズ・ロウランド・エンジェルは，機能主義での実利的目的を明確にし，機能主義心理学の体系化を行った．シカゴ学派の主導者の一人である．[1]

4. 行動主義心理学

アメリカの心理学史の中で，最も画期的な出来事の1つは行動主義の出現である．そして，その創始者はワトソン（Watson, J. B., 1878-1958）である（図1-16）．

ワトソンが現れる以前のアメリカ心理学は，ヨーロッパからの移住心理学者やヴントの影響を受けた学者らが主流をなしていたが，必ずしもアメリカの心理学者すべてが構成主義心理学に傾倒しているわけではなかった．とくにプラグマティズム哲学や，デューイおよびエンジェルらの機能主義心理学の影響を受け，しかもその観念論的な限界に飽き足らなく思っていた若い心理学者の間では，科学としての客観主義的な心理学の誕生への期待があった．このような土壌の中で新規の心理学を樹立したのがワトソンである．

ワトソンは1912年にコロンビア大学に招かれての講演で，行動主義の初めての宣言を行い，翌年に『行動主義者の見た心理学』と題した論文を出して学会の注目を集めた．彼のいう「行動」とは，外界からの刺激によって生活体が反応する一連の過程であり，したがって刺激と反応の観察によって行動主義の主目的である「行動の法則」が定立されると考えた．しかも彼は刺激と反応の因果関係を説明するのに，当時明らかにされたソビエトのパブロフ（Pavolv, I. P., 1847-1936, 図1-17）「条件反射論」に着目し，それを採用した．つまりわれわれの行動の大部分は，条件反射をつくり上げる訓練「条件づけ」と同様な学習によって形成されると考え，行動の法則を学習理論によって説明した．

ワトソンの引退後，今日の行動主義の発展に大きく寄与した心理学者としてハル（Hull, C. L., 1884-1952, 図1-18），トールマン（Tolman, E. C., 1866-1959, 図1-19）そしてスキナー（Skinner, B. F., 1904-1990, 図1-20）らの功績を挙げることができる．

ハルの研究は「条件づけ」の検討から始まり，条件反射が形成されるためにはベルの音で餌が与えられた食欲が満たされるという「欲求の低減」が必要であること，さらに欲求の低減の作用により，「強化」や「禁止」といった条件づけの形成が可能になると提唱した．彼の主著『行動の原理』は有名である．

トールマンは目的的行動主義を提唱した．目的的とは，生物の行動には環境の状況を「記号」として読みとりながら，その状況にあった行動をとろうとする（サイン・ゲシュタルト説）というものであり，したがって行動の観察可能な独立変数と従属変数から，直接観察のできない仲介変数を読み取れるとした．

スキナーは操作主義的な考え方によって，行動の観察と測定に徹した．彼は実験装置として有名なスキナー箱を考案し，動物の行動を記録し，分析することにより，$R = f(s)$の単純式で示されるように，反応（R）は刺激（S）によって測定されうるという立場をとった．またわれわれの日常行動は条件反射のようなレスポンデント条件づけよりも，自発的なオペラント条件づけによって形成される場合が多いとしている．

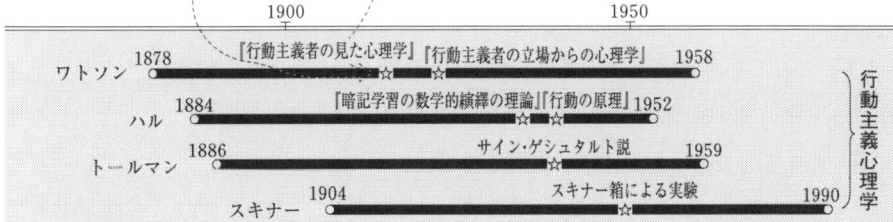

図1-16 ジョン・B・ワトソンの学者としての経歴は短かったが,心理学を純粋に客観的・自然科学的学問として行動主義を提唱した.[1]

図1-17 ソビエトの生理学者イワン・ペトロヴィチ・パブロフは消化に関する研究でノーベル賞を授賞された.彼の条件反射論は後にワトソンの「条件づけ」の理論にとり入れられる.[1]

図1-18 クラーク・レオナルド・ハルはあらゆる行動が量によって測定が可能であること,また行動の生起に「欲求の低減」があることなど条件づけの条件を論じ,新行動主義を設立した.[1]

図1-19 エドワード・チェース・トールマンはゲシュタルト理論の立場をとり入れて,目的論的行動主義を唱えた.「サイン・ゲシュタルト説」「潜在学習」「マニプランダ」など彼の概念は今日の学問に大きく影響を及ぼしている.[1]

図1-20 B.F.スキナーは,あらゆる行動はオペラントであることを,彼の考案した装置(スキナー箱)による実験を通して理論づけした.また彼の実験によるデータは,教育(プログラム学習)などの理論的裏づけともなっている.[1]

5. ゲシュタルト理論

　アメリカでワトソンが「行動主義心理学」を提唱した1912年に，ドイツのフランクフルトにおいても，3人の心理学者によって新しい共同研究が始められた．彼ら，ウェルトハイマー（Wertheimer, M., 1880-1943, 図1-21），ケーラー（Köhler, W., 1887-1967, 図1-22）そしてコフカ（Koffka, K., 1886-1941, 図1-23）である．

　3人は，作用心理学のシュトゥンプやエーレンフェルスの影響を受けた心理学者たちであり，しかも先輩たちが捨て切れなかった要素主義的な考え方を排除して，心的現象におけるゲシュタルト性を重視した．ドイツ語のGestaltに由来するゲシュタルトとは，1つの全体としてのまとまりを意味し，しかも機能的に1つの単位をなして，他のゲシュタルトと区別される体制化されたものを意味する．

　ウェルトハイマーを中心とする3人の最初の共同研究は運動視の，とくに，φ現象について行われ，『運動視に関する実験的研究』（1912年）として発表された．2つの光点がある一定の時間間隔で呈示された場合に，われわれには1つの光点が動いて見えるというこのφ現象について，個々の刺激に個々の感覚が対応するという考え方では説明がつかない．彼らはφ現象とそれをひき起こす客観的要因の総体，すなわち刺激布置との対応関係を調べて，現象が生ずるための規定条件（つまりゲシュタルト性）を見いだしたのである．

　かくして，初期のゲシュタルト理論の多くは視知覚の実験的研究に立脚するものであったが，後にゲシュタルト学派の有能な研究者たちによって，その理論は聴覚，学習，記憶，行動さらに動物心理学の領域にまで展開していった．ケーラーはウェルトハイマーとの共同研究に訣別した後，アフリカのカナリア諸島におもむき類人猿の知的行動の観察研究に従事し，その結果を『類人猿の知恵試験』（1917年）の論文にまとめた．一方，コフカは児童の精神発達をゲシュタルト理論に基づいて考察し，『精神発達の原理』（1921年）を発表，続いて1935年には『ゲシュタルト心理学原理』という大著を出版し，ゲシュタルト理論の集大成を行った．

　少しおくれてゲシュタルト学派に加わったレヴィン（Lewin, K., 1890-1947, 図1-24）は独特な着想による「トポロジー心理学」を創設した．トポロジーとは空間領域の配置の関係を非量的な数値によって表わすものであり，人間の行動を説明できるとし，『パーソナリティの力学説』（1935年）を発表した．つまり人間の行動を規定する空間を単なる環境から区別して「心理学的生活空間」と呼び，その空間内の力（ヴェクター）の作用による人間の行動（B）は，人（P）と環境（E）の両方から規定され，$B = f(P \cdot E)$の関数で表現することができるとした．

　ゲシュタルト学派には，そのほかに図形知覚で有名な「図と地」の概念をつくり上げたルビン（Rubin, E. J., 1886-1951），『色彩のあらわれ方』（1911年）などを著したカッツ（Katz, D. 1884-1953, 図1-25），また名著『視覚の本則』（1936年）などで馴染み深いメッツガー（Metzger, W., 1899-1979）など有能な研究者が出て大いに業績をあげた．

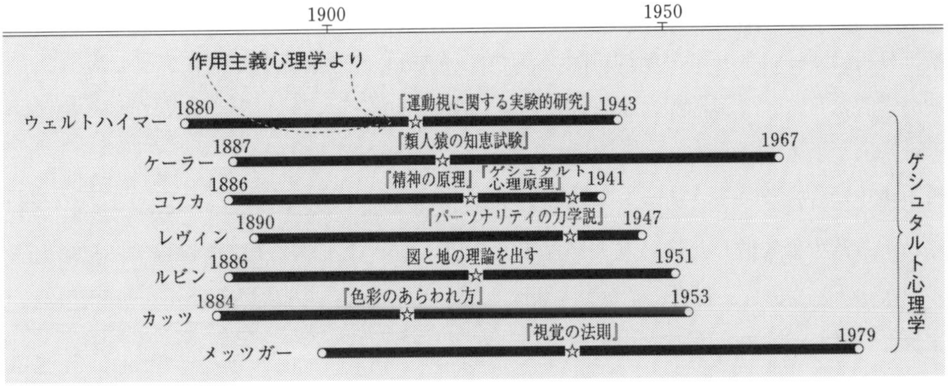

```
                        1900                    1950
             ┌────────────┬──────────────────────┬──────────┐
             │      作用主義心理学より                        │
ウェルトハイマー 1880 ┊┈┈┈┈┈『運動視に関する実験的研究』1943
             │  1887        『類人猿の知恵試験』              1967
ケーラー       ○──────────────☆──────────────────────────○
             │ 1886    『精神の原理』『ゲシュタルト
コフカ         ○────────────────心理学原理』1941
             │                  ☆        
             │  1890        『パーソナリティの力学説』1947
レヴィン       ○─────────────────☆──────────○
             │ 1886    図と地の理論を出す             1951
ルビン         ○────────☆────────────────────────○
             │1884      『色彩のあらわれ方』              1953
カッツ         ○───────────☆─────────────────────────○
             │                         『視覚の法則』   1979
メッツガー                  ○──────────────☆──────────────○
```
ゲシュタルト心理学

図1-21 マックス・ウェルトハイマーは仮想運動に関する実験結果からコフカ, ケーラーと共にゲシュタルト学説を樹立した. しかし晩年はナチに追放されたアメリカで過した.[1]

図1-22 ヴォルフガン・ケーラーのカナリア諸島での類人猿の研究は有名である. ここでの「洞察説」の理論は, 今日の学習理論においてなおも支持されている.[1]

図1-23 クルト・コフカの大著『ゲシュタルト心理学原理』はゲシュタルト理論の全貌を明らかにしようとして書かれた意欲的な論文であり, これによって彼はゲシュタルト学派での最も活動的な学者とみなされている.[1]

後期ゲシュタルト学派の代表的な人々

図1-24 クルト・レヴィンは人格理論において環境との関わりで独自の「トポロジー心理学」を確立したのは有名である.[4]

図1-25 ダヴィド・カッツは実験現象学的方法で視覚の研究を行い, ゲシュタルト心理学の確立に協力した.[1]

6. 精 神 分 析

　精神分析はオーストリアの精神科医フロイト（Freud, S., 1856-1936）によって始まる．しかも彼の学説はヒステリー治療による独自の「自由連想法」によって得た多くの臨床事例から形成されたのである（図1-26）．

　自由連想法は，フランスのシャルコー（Charcat, J. M., 1825-1893）のもとに留学中に得た催眠法による治療に失敗した後，友人ブロイアー（Breuer, J., 1842-1925）から学んだ浄化法（カタルシス法）を改良し，独自の治療法を開発した．しかしこの方法でもなかなか問題の核心にせまれない部分があり，それは患者自身に「抑圧」があるためで，それは意識の減弱した睡眠中の夢を分析すれば問題点が得られるとした．この考え方を『夢判断』（1900年）に発表したが，この頃から精神分析の構想が出来上がっていったといわれる．

　フロイトの学説の大きな特徴は，無意識を意識より優位に置いた点と，精神的エネルギーとしての「リビドー」による力動論を展開したことである．無意識は精神の「深層」に属するもので，意識が表層にあって「現実原理」に従うのに対して「快楽原理」による支配を受ける．快楽原理に従うものは「本能」あるいは「衝動」であり，これを「イド」と呼ぶ．イドから放出される性的エネルギーの「リビドー」は衝動的であり，表層に属する「自我」あるいは「超自我」の検閲作用を受けることにより，外界に適応する行動の原動力となる．日常生活の行動でリビドーの潜在性を，言い違いや過失，また芸術作品の中にも見いだすことができるし，三属の不協和が，不満，不安，葛藤を生じさせ精神機能の低下を生む場合がある．

　このようなフロイトの理論は，当時の学問的立場からみればあまりに革新的であったため，約10年もの間学問的に孤立の状態に置かれた．しかし1902年頃から徐々に関心と理解が示され，彼の周囲に小さなグループができた．このグループは後の国際精神分析学会の母体となるが，その中にフロイトの信頼を得たユングやアドラーといった有能な学者たちがいた．

　ユング（Jung, C. G., 1875-1961, 図1-27）は非凡な才能のゆえにフロイトから嘱望され，一時は精神分析学会の会長にも推薦された．しかし神経症の原因をフロイトが「エディプス・コンプレックス」によるとしたことに反対して，フロイトと訣別した．またリビドーについても，彼は一般的な生命的エネルギーとして考え，その方向性から外向と内向の性格分類が可能であるとした．アドラー（Adler, A., 1870-1937, 図1-28）もリビドーの考え方の違いでフロイトのもとを去り，パーソナリティの発達での社会的要因を重視した「個性心理学」を樹立した．彼はリビドーにより「劣等感の補償」を重視し，幼少期には誰しも大人に対する劣等感を無意識に体験し，この克服の仕方によって各人の生活様式が形成されていくと考えた．

　精神分析の理論そのものは現在では2つの大きな流れとなって発展している．その1つはフロイトの生物学的傾向を受け継ぐ，いわゆる正統分析派と称する学派であり，もう1つはパーソナリティの形成に社会・環境を重視しようとする新フロイト派の流れである（図1-29〜31）．

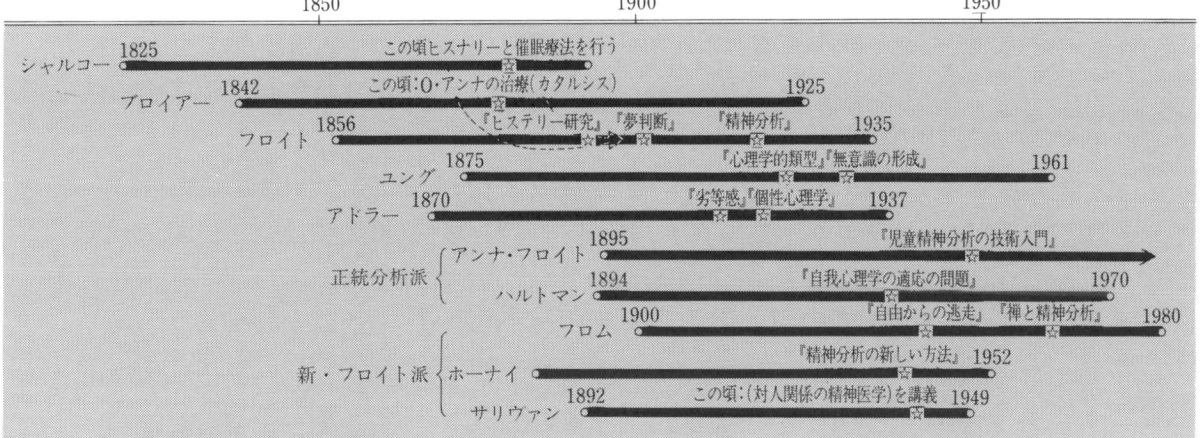

図1-26 精神分析の創始者ジークムント・フロイトはオーストリアに生れ，イギリスに亡命して没するまで，彼の臨床と研究活動はウィーンで続けられた．彼の理論は教育学や芸術に至るまで20世紀の学問に広く影響を与えた．[1]

図1-27 初期フロイト派の一人であるカール・グスタフ・ユングもフロイトと別れた後，集団的無意識など独自の無意識論を展開した．[1]

図1-28 アルフレッド・アドラーは1911年にフロイトと袂を分かつまで，精神分析の理論構築に大きく協力した．後に彼の個性心理学で，パーソナリティと社会的要因の統合を行った．[1]

図1-29 フロイトの末娘アンナ・フロイトは児童発達の領域に多くの業績を残し，正統分析派の代表者の一人と数えられる．[4]

図1-30 エーリッヒ・フロムは新フロイト派の代表的な学者の一人で，文化・社会と人間の深層の関わりを論じた独自の分析学を開いた．[4]

図1-31 カレン・ホーナイ（1885〜1952）は環境と文化に起因する基本的不安をとりあげ，これが人間に安全性と安定性を求めるよう動機づける主要な力があると考えた．[1]

7. 個人差の心理学

　ヴント以来の心理学研究の多くは本質的に一般心理学である．つまり人間を「種」全体と考えて，その一般的な心理現象を考えるのが主体であり，そこでは各個人の差にちいての考察が研究の枠からはずされていたといえる．

　個人差の心理学という表現は，ドイツの心理学者シュテルン（Stern, W., 1871-1938, 図 1-32）が 1900 年に『個人差の心理学に関する概念』という副題を著書に著したことから始まるとされるが，しかし個人個人の能力の差についての関心は大分以前から着目されていた．たとえば，ドイツの天文学者ベッセル（Bessel, F. W., 1784-1846）は，18 世紀後半に当時行われていた天体観測法（ブラッドレーの耳目法）による測定値が，各測定者によってそれぞれ差異のあることに着目し，「各人に個人差を示す方程式がある」ことを断言した．この課題を心理学的に一歩進めたのはイギリスの遺伝学者ゴールトンであった．

　ゴールトン（Galton, F., 1822-1911, 図 1-33）は進化論の提唱者ダーウィンの従弟にあたり，進化論の生物学的実証法をさらに一歩進めて人間の精神能力の測定法を生み出していった．彼は主著『天才と遺伝』（1862 年）で，全人口に対する天才の出現する頻度を統計的に明らかにし，さらに『人間能力とその発達の研究』（1883 年）で，個人の能力差についても統計的手法によって測定が可能であることを指し示した．ゴールトンが用いた統計的な「相関関係法」は後に彼の弟子ピアソン（Pearson, K., 1857-1936）によって因子分析法と発展し，今日の精神測定法の基礎をつくった点でも意義深いといえる．

　個人差の研究から出発した統計的手法は，後にイギリスの心理学者スピアマン（Spearman, C. E., 1863-1945）によって独自の因子分析法を完成させ，論文『人間の能力』（1926 年）によって，知的能力が一般因子（g 因子）と特殊因子（s 因子）からなることを証明した．また，この考え方はキャッテル（図 1-35）によってアメリカに導入され，シカゴのサーストン（Thurstone, L. L., 1887-1955, 図 1-36）などによって発展させられている．

　一方，個人の能力差の概念は知的能力の測定が可能なものにまで，それを知的検査として具体化したのがフランスのビネー（Binet, A., 1857-1911, 図 1-37）である．彼は 1904 年にフランスの文部省より小学校に特殊学級を設置するための諮問委員に委嘱され，とくに知能検査尺度の作成に従事することになる．彼はその前年に自分の 2 人の娘について行った『知能の実験的研究』で，知能を個人が生活に適応していく意識の態度としてとらえ，知能の検査項目を作ることができると考えた．友人の精神科医シモン（Simon, Th., 1873-1961）の協力を得て，1905 年に 30 の検査項目から成る精神遅滞児の知的発達を測定する尺度を作り上げたが，これが現在の知能検査の原型である．当時，遅滞児の診断が医師の不正確な主観によってなされていたのに対して，ビネーはある課題を解けるか否かによって子ども（解答者）の現時点（生育史や未来へと予見を除く）での能力差を客観的に測定することを目的としたといえる．

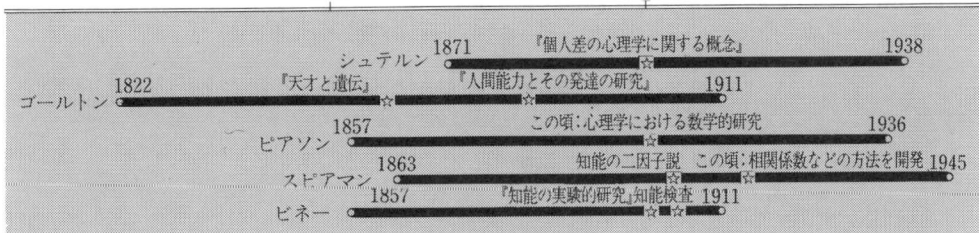

図1-32 ウイリアム・シュテルンは人格理論,児童の言語研究,知能の研究など多彩の業績を残したが,個人差心理学の提唱者として有名である.[1]

図1-33 ダーヴィンの従弟にあたるイギリスのサー・フランシス・ゴールトンは,統計的方法を心理学にも適用して,個人差の研究を行った.[1]

図1-34 ゴールトンが南ケンジントン博物館に作った実験室.彼はここでさまざまな新しい装置を用いて,大規模な心理検査を実施した.[1]

図1-35 ジェームズ・マッキーン・キャッテルはアメリカ人で初めてヴントから博士号を得た後,帰国後反応時間と個人差の問題の研究をした.

図1-36 ルイス・レオン・サーストンは知能・態度の測定など統計的方法を用いたことで有名である.

図1-37 心理学者であり精神医学者であったアルフレッド・ビネーは広範囲にわたる研究活動を行ったが,なかでも最初の知能検査の作成者として有名である.[5]

8. 各領域での発展

いずれの科学がそうであるように，心理学も基礎理論の研究と同時に，社会のそれぞれの領域で心理学をどのように活用するかという研究もなされている．つまり応用心理学も呼ばれる分野であり，それぞれの領域で発展への歩みを進めている．

（1） 教育領域における心理学

心理学が応用領域で最も早く活用されたのは教育においてである．18世紀末に発見されたアヴェロン野生児の観察は，人間の子が成長する過程で社会的同化の訓練がいかに大切かを教えた．課題は，一方では異常児の成長の実態から正常児の生育過程を省察しようとするビネーの研究に発展し，他方では生育と教育の問題の関連性を心理学的に考察しようとするゲゼル（Gesell, A., 1880-1961）やウェルナー（Werner, H., 1890-1964）らの研究，子ども思考の発達過程を論理学的に研究したピアジェ（Piaget, J., 1896-1980，図1-38）など代表的な研究がある．

一方，アメリカの心理学者ソーンダイク（Thorndike, E. L., 1874-1949，図1-39）は独自の学習説を教育領域に適用させて『教育心理学』（1903年）を著し，ここに初めて教育心理学の体系を確立した．その後，適時期の学習（レディネス）を主体とした学習理論や教育測定，教育評価などが導入されて，教育心理学は教育現場における実践的理論として急速に発達している．

（2） 臨床場面での心理学的応用

心理学が臨床的なかかわりをもつようになったのは，1896年に心理学者ウィットマー（Witmer, L., 1867-1956）がペンシルヴァニア大学にクリニークを設けたことから始まるとされている．初期の心理学者の役割は知能検査や性格検査など，検査データを提供する役割が主体であったが，第二次世界大戦後から心理技法の充実に伴って，その役割は大きくなった．

今日では，社会の需要に応じて臨床心理学は技法の理論として定着しつつあるが，その主軸をなすのは心理検査法，カウンセリング技法，心理療法などである．とくに心理療法は精神分析をはじめとして，ロジャーズ（Rogers, C. R., 1902-1987，図1-40）の来談者中心療法，ウォルピ（Wolpe, J., 1915-　）に代表される行動療法，自己暗示による意志強化をめざしたシュルツ（Schulz, J. H., 1884-1970）の自律訓練法など多岐にわたる．

（3） 心理学による社会活動の研究

人間の社会行動についての科学的研究は古くからなされていたが，社会心理学として心理学の一分野となったのは，1908年のマクドゥガル（McDougall, W., 1871-1938）の著書『社会心理学入門』より始まる．今日では，オールポート（Allport, G. W., 1897-1967，図1-41）らによって行われた実験社会心理学の領域，ミード（Mead, M., 1901-1978）らの研究で代表される文化人類学とのかかわりから発展し，流行・世論，マスコミなどの文化・集団の研究領域，そしてモレノ（Moreno, J. L., 1889-1974）のソシオメトリーなどの研究による個人相互関係の研究領域など幅広い研究が行われている．

教育心理学の発展に貢献した人々

図1-38 スイスの心理学者ジュアン・ピアジェは子供の知能の発達について認識論の発生的立場から研究を行った。[4]

図1-39 アメリカの心理学者エドワード・リー・ソーンダイクは動物の学習研究を行い、さらに教育心理学の領域において統計法を導入した。[1]

臨床心理学の発展に貢献した人

図1-40 アメリカの心理学者カール・ロンソン・ロジャーズは来談者中心療法によるカウンセリングを提唱した。

社会心理学に貢献した人

図1-41 アメリカの心理学者ゴードン・ウィラード・オルポートはパーソナリティや人間の能動性などの研究で有名である。[1]

（4） 認知科学としての心理学

　認知科学とは人間の認知活動を心的表象のレベルで説明しようとする研究分野である．研究活動は心理学をはじめ人類学，言語学，コンピュータ科学，哲学，神経科学の研究者によって，「人間の知的活動」についての学際的な研究が1950年代から徐々に行われてきた．

　心理学の領域では1967年にナイサー（Neisser, U., 1928-　）の『認知心理学』が出版されて以来，「認知心理学」という用語が公式に認められるようになった．しかしそれ以前にはすでにミラー（Miller, G. A., 1920-　）やブルーナー（Bruner, J. S., 1915-　）によって情報処理の過程を記憶や思考の研究で説明していた．また心理学領域以外でもチョムスキー（Chomsky, N., 1928-　）が文法モデルを厳密な論理数学上の体系として記述し，新たな言語学（生成文法）を提唱した．またコンピュータ科学者のニューウェルとサイモン（Newell, A., 1927-1992 & Simon, H. A., 1916-　）は人間の知的作業をコンピュータに代行させて今日の人工知能の基を開いた．さらにセルフリッジ（Selfridge, O., 1959）は「パンデモニアム・モデル」（伏魔殿モデル）と称するパターン認識のモデルを提唱し，知覚のメカニズムを説明した．

　このようにして認知心理学は1960年代頃から次第に全体像を明らかにし，今日では現代心理学の一領域として認められるようになっているが，その研究は従来からの分類では感覚，知覚，記憶，思考，言語，注意，意図などの広い領域にまたがるものであり，これからの情報社会の理論的基盤となるものである．

（5） わが国における心理学の発展

　わが国における現代心理学の導入は明治以降である．1873（明治6）年に開校された東京開成学校（東京大学の前身）ではヘボン（Haven, J., 1815-1911）の著書を西周が1878年に『奚般氏心理学』として紹介された．

　1877（明治10）年に東京大学では心理学が正式な教科目として採用され，元良勇次郎（1858-1912）が初代の心理学教授となった．彼はアメリカ経由で日本に紹介されたフェヒナー心理学を「精神物理学」として講義していた．

　元良の教えを受けた松本亦太郎（1865-1943）はその後アメリカのエール大学に留学し，帰りにヴントの実験室に学んで帰国した．帰国後彼は1903年に東京大学に，そして1908年には京都大学にそれぞれ心理学実験室を造り，わが国の実験心理学発展の礎を造ったと言える．

　大正期から昭和前期へかけてのわが国の心理学はアメリカおよびヨーロッパの心理学，とくにゲシュタルト理論の翻訳・紹介といった啓蒙時期といえるが，一方1927年に日本心理学会が発足し，機関誌『心理学』研究はオリジナル研究の発表の場ともなった．

　第二次世界大戦中一時停滞していたわが国の心理学界に，戦後アメリカ心理学の新行動主義的な学習理論や操作主義的方法などが新たに紹介されるに及んで研究の多角化が急速に進められた．さらに近年の社会的構造が複雑になるにつれて，わが国の心理学も研究室の域から社会のニーズに応ずる為の応用の段階へと進展の歩を進めつつある．

認知心理科学の発展に関わった人々

図1-42 ナイサーは彼の著書『認知心理学』で現代の認知心理学の進むべき方向を示唆した.[6]

図1-43 チョムスキーの生成文法は後の心理言語学の領域に大きな影響をもたらした.[6]

わが国の心理学創世記に貢献した人々

図1-44 元良勇次郎は東京大学における初代の心理学教授となり,後継者の育成に努めた.[5]

図1-45 松本亦太郎はアメリカ留学の帰りにヴントのもとで学びわが国最初の実験室を作った.[3]

2 感覚・知覚

1. 環境を知る働き ― 感覚・知覚・認知 ―

われわれは，つねに環境からのさまざまな刺激を受けとめている．これらの刺激は，環境に適応して生きていくうえで，不可欠の情報としての意味を持っている．われわれが環境に適応した行動をし，生存していくためには，環境（体外環境，体内環境）の様相を適確に知らなければならない．

こうした環境を知る働きが，**感覚**（sensation）や**知覚**（perception）である．感覚と知覚とを厳密に区分することはできないが，一般的には，感覚受容器が単純な刺激を受容したことによって生ずる単純な過程を感覚，感覚受容器を通して外界や自己の状態を知るより高次で複雑な過程を知覚としている．たとえば，皿の上の料理について，その色，形，匂いなどを感ずるのは感覚，「あ，ハンバーグだ」とか「おいしそう」とか認識するのは知覚ということである．また，知覚よりさらに広い意味をもつ概念として**認知**（cognition）があり，これは，学習，思考，要求，記憶，言語，推理などの効果をより考慮した場合に用いられる．

2. 感　　覚

われわれは，視覚，聴覚をはじめ，さまざまな感覚によって環境から情報を得ているわけであるが，ヒトが得る全情報量のうち，視覚はその約70％，聴覚はその約20％をにない，他の感覚は残りの10％をになっているにすぎないともいわれている．この節では，視覚と聴覚を中心に感覚過程の特徴を見ていく．

（1）刺激と感覚

生活体に作用し，反応を引き起こす可能性をもつ物理的エネルギーを刺激（stimulus）という．光刺激は目に，音刺激は耳に感受されて，視覚や聴覚の体験を生む．このように，各感覚の受容器にはそれぞれ反応を引き起こすのに適した刺激がある．これを適刺激といい，それ以外の刺激を不適刺激という．しかし，目を閉じて瞼を目尻の方から指で圧迫すると光が感じられるように，不適刺激によっても感覚が生ずることがある．

表 2-1 感覚系の分類

感覚の種類	感覚器官	受容器	適刺激	感覚の性質
視　　覚	眼	網膜（桿体と錐体）	光線	色調（色相），輝度（明度）飽和度（彩度）
聴　　覚	耳	内耳の有毛細胞	音波	高さ，大きさ，音色（音質）
皮膚感覚	皮膚	パチニ小体，マイスナー小体，ルフィニ終末，メルケル触盤など	機械的刺激，温度刺激，侵害刺激など	触・圧，温・熱，冷，痛，痒など
嗅　　覚	鼻	嗅上皮の嗅細胞	揮発性物質	花香性，果実性，腐敗性，薬味性，樹脂性，臭性などの匂い
味　　覚	舌，一部の口腔内部位	味蕾の味覚細胞	溶解性物質	甘さ，塩からさ，苦さ，酸っぱさなどの味
運動感覚	骨格筋，腱，関節	伸長受容器，腱受容器，関節受容器など	身体各部位の移動など	四肢の位置や運動方向・速度など
内臓感覚	内臓器官	自由神経終末，圧受容器，化学受容器など	圧，血糖，水分不足など身体内部の状態	空腹，渇き，排便・排尿感，痛みなど
平衡感覚	耳	内耳前庭の半規管と耳石器	重力，身体や頭部の回転や位置変化	加速・減速，傾きや正立，回転など

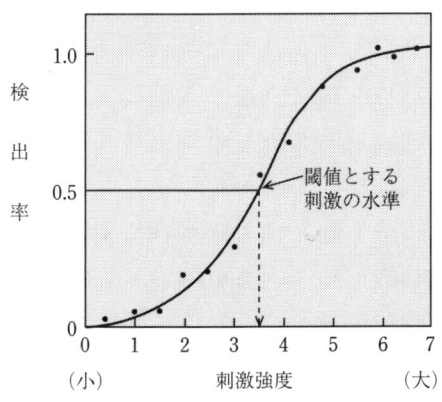

図 2-1 刺激閾の測定で得られる典型的データ
（松田，1995）[1]

表 2-2 各種の感覚のベキ指数 n

感覚の種類と刺激条件	n
明るさ（視覚 5°）	0.33
明るさ（点光源）	0.5
明度（灰色紙）	1.2
音の大きさ（両耳）	0.6
時間の持続（白色雑音の持続）	1.1
振動感覚（指先の 60Hz 振動）	0.95
重さ（重りの持ち上げ）	1.45
線分の長さ	1.1
コーヒーの香り	0.55
味（蔗糖の甘味）	1.3
味（食塩の塩辛味）	1.3
温度（腕の上の温覚）	1.6
温度（腕の上の冷覚）	1.0
電気ショック（指先，60 Hz 交流）	3.5

（Stevens, S. S., 1961 より）

感覚の種類には，五感といわれる視覚・聴覚・嗅覚・味覚・皮膚感覚の5種の感覚をはじめ，運動感覚，内臓感覚，平衡感覚などがある（表2-1）。

感覚器官には，環境にある物理的エネルギーがすべて感受されているわけではない．刺激となる物理的エネルギーの範囲は限られている．たとえば，人間の目で感受される光の波長はおよそ380〜780 nm（ナノメータ）であり，この範囲の光を色彩順に並べたものを可視スペクトルという（口絵図1参照）．また，耳で感受される音の波長は，20〜20,000 Hzの10オクターブである．

一方，受容器に適刺激が作用しても，その刺激強度があまりにも弱ければ感覚は生じない．このような感覚を生じさせることのできる最低の刺激強度を**刺激閾**（stimulus threshold）または絶対閾（absolute threshold）といい，通常は感覚が生ずる場合と生じない場合が統計的に50%になるときの刺激強度をいう（図2-1）．これとは逆に，刺激強度が強すぎて感覚の増大を感じなくなったり，痛覚を感じたりするような刺激の強さの限界を**刺激頂**（terminal threshold）という．

また，2つの刺激を同時または継時的に与えられても，刺激強度の差があまりに小さいとそれを感じることができない．差異を感じるのに必要な最小の刺激差を**弁別閾**（difference threshold）または丁度可知差異（jnd：just noticeable difference）という．弁別閾については，刺激の強度（R）に比例して弁別閾（$\varDelta R$）が増大する，つまり，$\varDelta R/R=K$（一定）という関係が成立することが知られている．たとえば，100 gに対して103 gが弁別されたとすると，200 gの場合には206 gにならないと弁別されないということである．これをウェーバーの法則（Weber, E. H., 1946）といい，この比はウェーバー比と呼ばれている．これを受けて感覚の大きさ（E）は刺激強度（R）の対数に比例する，つまり，$E=K \log R$（Kは定数）という関係が成り立つというフェヒナーの法則（Fechner, G. T., 1860）が提唱された．しかし，今日では，ウェーバーの法則やフェヒナーの法則は刺激強度の限定された範囲内でしか成立しないことも知られている．その後スティーヴンス（Stevens, S. S.）は，マグニチュード推定法による測定結果に基づいて，刺激と感覚との間のより適切な関係の公式化を試みた．マグニチュード推定法とは，さまざまな強度の刺激に対応した感覚の大きさを，標準刺激の基準値10との比率で報告させる（たとえば，ある刺激によって生じる感覚の大きさが，標準刺激によって生じる感覚の大きさの2倍に感じられたら，20と答える）という方法である．この結果提唱されたのがスティーヴンスの法則であり，感覚の大きさは刺激の物理的大きさの何乗かに等しく，その何乗かをきめる指数（ベキ指数）の値は感覚の種類によって異なるというものである．表2-2は，各種の感覚のベキ指数を示したものである．たとえば，明るさのベキ指数は0.33であり，明るさの感覚を2倍にするには，刺激強度を8倍にも増さなければならない．音の大きさのベキ指数は0.6で，ある音の2倍の大きさの感覚を生じさせるには，3倍以上の刺激強度が必要である．一方，電気ショックの指数は3.5で，刺激強度が2倍になるとショックの感覚は10倍

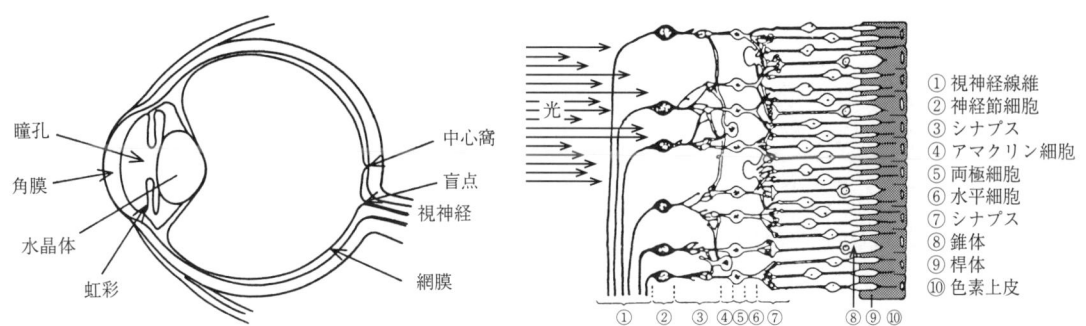

図 2-2 眼球の水平断面の構造（Hochberg, J., 1978 一部修正）　**図 2-3**　網膜の構造（Dowling & Boycott, 1966）

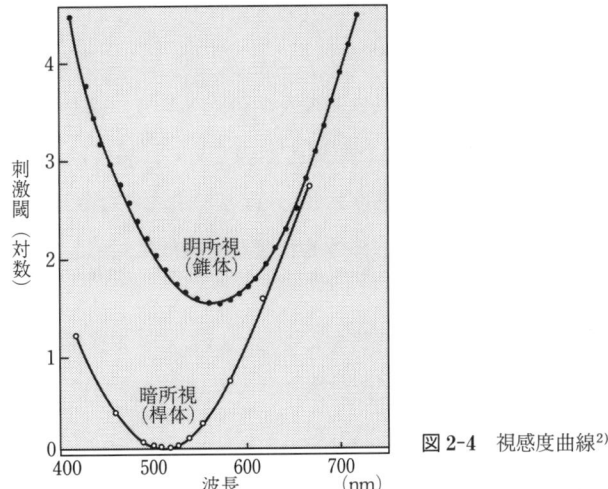

図 2-4　視感度曲線[2)]

この図を持って腕を伸ばし，左目を閉じて右目で×印を見つめたまま，ゆっくりと図を眼に近づけていくと，ある点で●は見えなくなる．その距離で●が右目の盲点に入ったためである．

図 2-5　盲点の確認

にもなる．

（2） 視　覚

（a） 視覚系の構造と機能

人の眼は直径約 20 mm の球体であり，図 2-2 はその水平断面の構造を示したものである．光は角膜を通過し，水晶体で焦点調節がなされ，硝子体を通過して網膜上に像を結ぶ．網膜には光受容細胞（錐体と桿体），両極細胞，神経節細胞，アマクリン細胞などがある（図 2-3）．錐体は網膜の中心窩に密集しており，明所で働き（明所視），色覚に関与している．桿体はその周辺部に分布しており，錐体の感じないような弱い光にも反応（暗所視）する．錐体と桿体について，波長と刺激閾の関係を測定したものが視感度曲線（図 2-4）である．光刺激は，これら光受容細胞の中で電気信号（インパルス）に変換され，両極細胞層を経て神経節細胞の軸索である視神経に伝達され，視交叉，外側膝状体を経て，大脳皮質の後頭葉にある視覚野に至る．視神経繊維の出口となる乳頭部には視細胞がないため盲点と呼ばれる（図 2-5 参照）．

（b） 暗順応と明順応

明るい戸外から暗い映画館などに入ると，はじめはまわりがよく見えないが，やがて眼が暗さに慣れてくる．このように時間とともに光に対する感度が高まっていく過程を暗順応といい，逆に暗さから明るさに慣れる過程を明順応という．図 2-6 は，暗順応の過程を光覚閾（光に対する刺激閾）の変化で示した暗順応曲線である．感度は 5 分位で 1 回目の安定期に入り，その後再び急激に上昇して視感度は 30 分ほどで最大となる．一方，明順応は 60 秒ほどで完了する．こうした変化は，錐体と桿体それぞれの機能に対応している．

（c） 色覚

電磁波の異なる波長が色の情報をになっている．さまざまな波長帯の光が網膜の錐体に受容されて赤や緑などの色の感覚（色覚）が生じる．色の違いは，波長の違いによる色相，波長の純度による彩度（飽和度），光の輝度による明度の 3 次元で記述されるのが一般的で，これを色の三属性といい，三属性によって色を系統的に表示する体系を表色系という．ところで，これら三属性のうち，彩度と明度は 1 次元的な両極性をもつ性質であるが，色相については別の性質がある．可視光の両極にある短波長のスミレ色と長波長の赤を混ぜるとスペクトルには存在しない赤紫が得られる．つまり色相に関しては，口絵図 2 に示すように円環上に並ぶことになり，これを色相環という．この色相環の円の中心を垂直に貫く軸で明度を，円の中心から外に向かう水平軸で彩度を示せば，3 次元の空間の特定場所にすべての色を位置づけることができ色の客観的表示に便利であるが，このような原理にしたがって作成されたマンセル表色系（マンセルの色立体）はよく知られている．

また，2 種類以上の単色光を混ぜると新しい色ができる．たとえば，赤いフィルターを通した光と，緑のフィルターを通した光をスクリーンの上で重ね合わせると，重なった部分に黄色が現れる．このような現象は混色（加法混色）といい，成分色の数が増すほど混合色の明度は

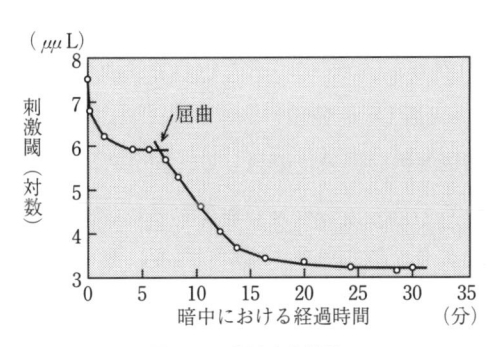

図 2-6 暗順応曲線[2]

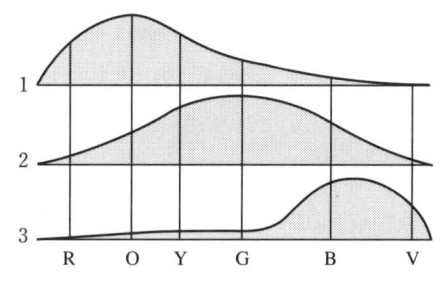

図 2-7 ヘルムホルツの基本感度曲線[3]

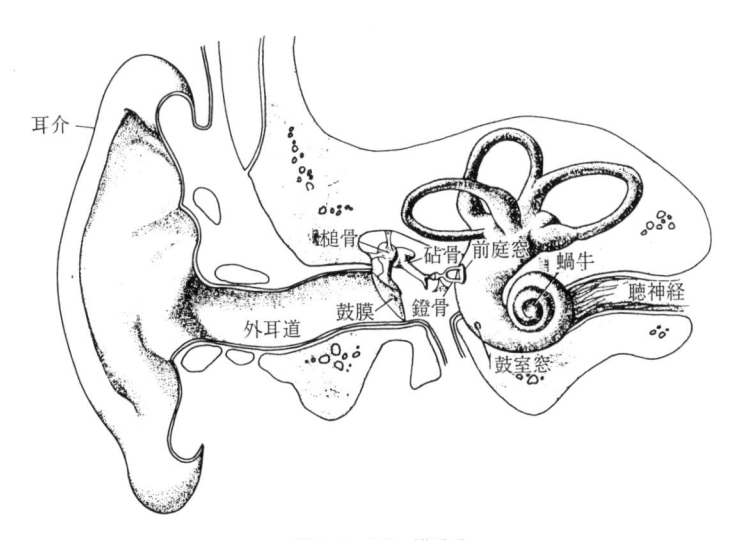

R：赤　O：オレンジ　Y：黄
G：緑　B：青　V：菫

1：長波長に対して敏感な赤（R）受容器
2：中間波長に対して敏感な緑（G）受容器
3：短波長に対して敏感な青（B）受容器

図 2-8 耳の構造[4]

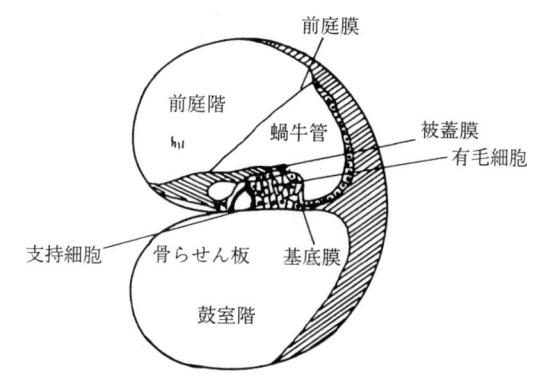

図 2-9 蝸牛の構造（Kostelijk, 1950）[5]

高くなる．加法混色の場合，赤，緑，青（青紫）の3色の混合でどんな色も作り出すことができ，これらを三原色という．一方，絵具などを混ぜ合わせる場合は成分色の数が増すほど混合色の明度は低くなるので，減法混色といわれ，原色は，赤，緑，黄である．

さて，われわれはどのようにして色を感じているのであろうか．こうした色の感受のしくみを説明する学説を**色覚説**といい，ヤング・ヘルムホルツ説（三原色説）とヘリング説（反対色説，四色説）がよく知られている．三原色説では，加法混色の現象に着目して，図2-7に示すように，三原色の波長光に対しそれぞれもっとも感受性の高い3種の受容器を想定し，すべての色の感覚はこれらの興奮の組み合わせの結果であり，また無彩色は3種が同程度に興奮した結果であるとしている．これに対し，反対色説では，網膜中に赤緑物質，黄青物質，白黒物質の3種の視物質を仮定し，それぞれの視物質は光の波長に応じて異化あるいは同化という対立的な過程のいずれかの反応を生ずるとしている．2つの学説は，以前は対立する色覚説とされてきた．しかし，現在では，両者のいずれにも生理学的な根拠が確認され，三原色説は初期の段階（錐体のレベル）の処理に，反対色説はそれ以降（遅くとも神経節細胞のレベル）の段階の処理に関連していると考えられている．こうした考えは段階説といわれている．

（3）聴　覚

音を聞くことができるのは，耳から大脳の中枢にいたるまでの聴感覚系の働きによる．図2-8と図2-9は，耳および内耳の蝸牛の構造を示したものである．音波は鼓膜を振動させ，その振動は，中耳の耳小骨（槌，砧，鐙骨）を経て内耳の蝸牛内にある基底膜からコルチ器に伝えられる．コルチ器の有毛細胞によって振動はインパルスに変換され，聴覚神経によって大脳皮質の側頭葉にある聴覚野に至る．

音の高さと大きさはそれぞれ音波の周波数（振動数）と強度（音圧）に対応している．周波数の刺激閾は20 Hz，刺激頂は20,000 Hzであることはすでに述べたが，音の強さの刺激閾と刺激頂は周波数によって異なり，周波数の低い音と非常に高い音は刺激閾が大きい．また，強度が同じでも，周波数によって主観的な音の大きさは異なって聞こえる．図2-10は，周波数による音の大きさの等感度曲線および刺激閾（最小可聴閾）・刺激頂（最大可聴閾）を示したものである．また，年齢とともに周波数の高い音の刺激閾が大きくなり，高音が聴こえにくくなることが知られている．

3. 知　覚

本節では，視知覚を中心に，その機能と性質を述べることにする．

（1）形と大きさの知覚

（a）図と地

視野全体が等質な光で満たされているとき，"もの"はなにも知覚されない．このような一様な視野を全体視野という．形が生ずるには，視野内に非等質な領域が存在しなければならな

図 2-10　音の大きさの等感度曲線（Robinson, D. W. & Dadson, R. S., 1956）[4]

① 閉じた領域

② 狭く小さい領域

③ 左右対称の領域

④ 同じ幅の領域

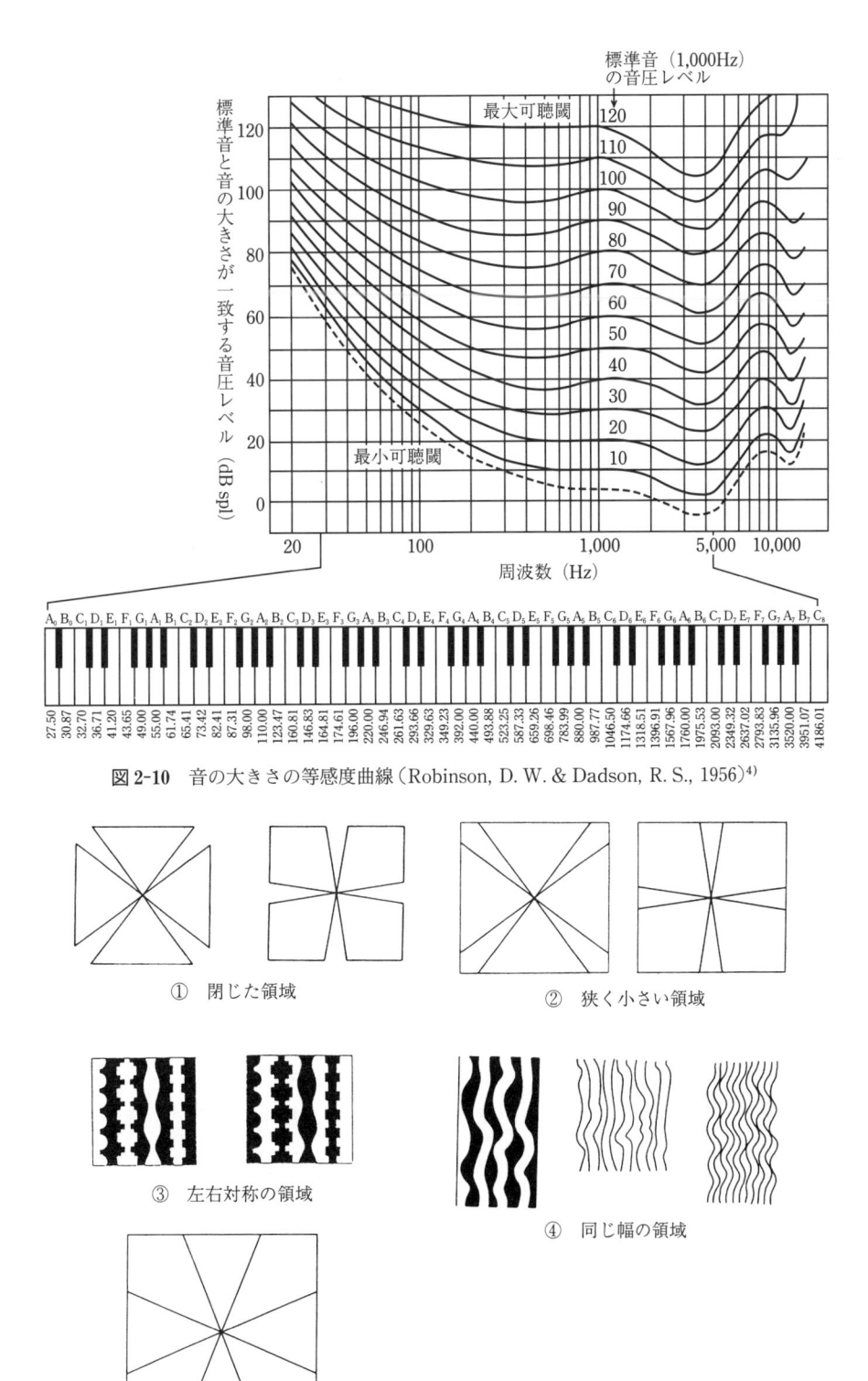

⑤ 垂直・水平に広がる領域

図 2-11　図になりやすい条件（Metzger, W., 1953）

いが，実際には外部環境はほとんどが非等質な領域である．視野のなかの異質な領域が周囲から分離して1つのまとまりを作ることを分凝といい，分凝によって形として浮き出して見える領域を**図**(figure)，形を持たない背後の領域を**地**(ground)という．言い換えれば，ある瞬間に知覚の対象となっているものが図，知覚の対象の背景となっているものが地である．たとえば，今この文章を読んでいる時，ある瞬間には「文章」の部分が図であり，次の瞬間には「読んでいる」の部分が図となる．一般には図になりやすい条件として，①閉じた領域，②狭く小さい領域，③左右対称の領域，④同じ幅の領域，⑤空間の主方向である垂直・水平に広がる領域，⑥観察者にとって見慣れた特徴的な形をもつ領域などがある（図2-11）．また，こうした図と地の関係は常に固定的というわけではなく，図になりやすさの程度が同じ2つの領域が隣接しているような場合，図と地の反転が生ずる．図2-12は，有名な「ルビンの盃」をはじめ，図―地反転現象が起こりやすい反転図形（多義図形）の例である．

ところで，図と地の分化は視覚だけに限られた現象ではなく，たとえば騒音のなかで人と話をするというような場合，その人の声が図であり，それ以外の音は地となる．こうした現象は知覚の選択性といわれている．

（b） 群化

図として知覚されたいくつかのものが視野のなかであるまとまりを作ることを**群化**(perceptual grouping)または**体制化**(perceptual organization)という．ウェルトハイマーは，群化の要因（ゲシュタルト要因）として，以下のようなものをあげている（図2-13）．

①近接の要因（図2-13-(a)）：他の条件が等しければ，視野のなかで近い距離にあるものがまとまり，群をつくる．たとえば，夜空に星座を見たり，逆に単語と単語の間を空けずに続けて書いた英語文を読むのはクイズのようになってしまうことなど．

②類同の要因（図2-13-(b)）：他の条件（たとえば距離）が等しければ，類似した性質のものがまとまる．街のなかで制服のグループが目につきやすいのはこの例である．

③共同運命の要因（図2-13-(c)）：視野のなかで運動または静止を共にするものがまとまる傾向をさす．たとえば，近接の要因によってまとまった点の群も，その群に無関係にいくつかの点を動かすと，近接の要因による群化は崩れ，動く点と静止した点の2群にまとまる．

④良い連続の要因（図2-13-(d)）：部分間で連続の可能性がいくつかある場合，なめらかに連続するものがまとまる．たとえば4本の曲線の端が互いに出会うように描かれると，互いになめらかに続く2本同士（aとb，cとd）がまとまり，交差した2本の曲線となる．

⑤良い形の要因（図2-13-(e)）：単純な，対称的な，同じ幅をもつ，などの形は，そうでない形よりも1つにまとまりやすい．ただし，良い形とは，必ずしも幾何学的に規則的な形を意味するものではなく，全体としてより統一的な形が優先する．

⑥閉合の要因（図2-13-(f)）：互いに閉じ合い，1つの面を取り囲むものは，そうでないものよりもまとまりやすい．

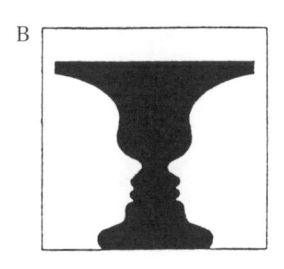

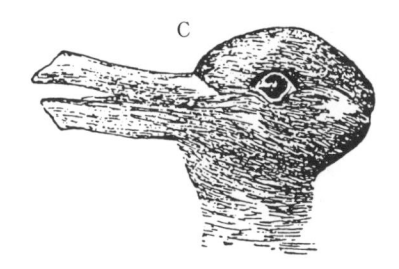

A；昼と夜（Escher, M. C., 1938） B：ルビンの盃（Rubin, E., 1921）
C：ウサギとカモ（Jastrow, J., 1900）

図 2-12　さまざまな反転図形

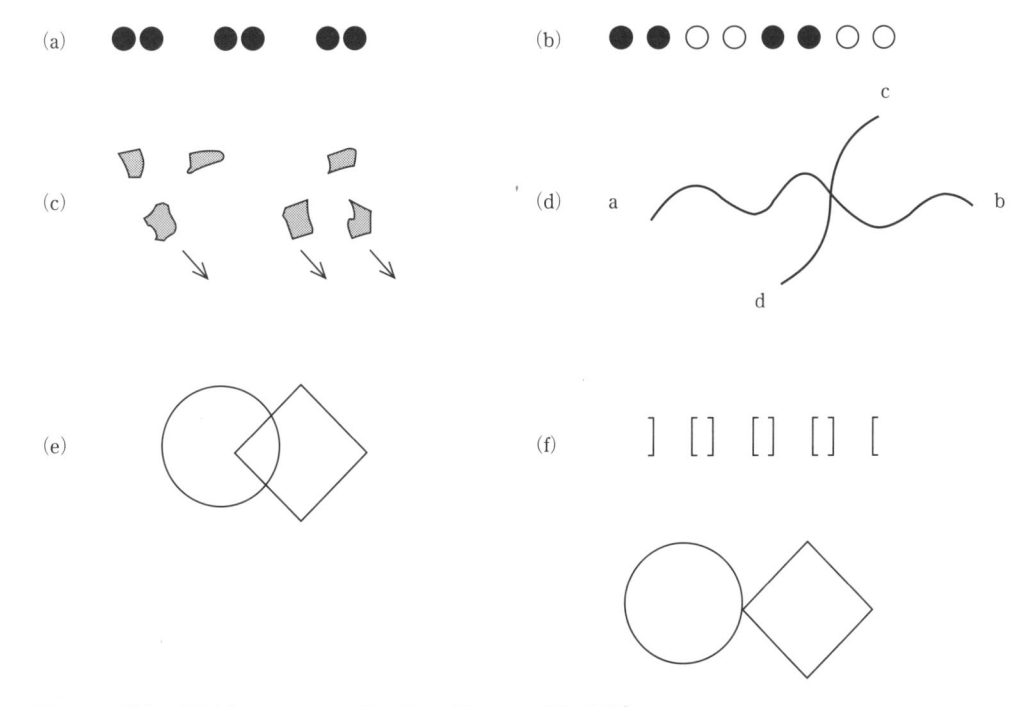

図 2-13　群化の要因（Wertheimer, M., 1923, Metzger, W., 1953）

この他，観察者の経験や態度も群化の要因となる．また，ときには群化の要因が2つ以上共存し，群化が同方向に強化される場合もあれば，競合する場合もある．そのどちらに従ってまとまるかを決定するのは個々の要因ではなく，視野が全体として最も簡潔で秩序あるまとまりを形成しようとする傾向であり，これをプレグナンツの原理という．主観的輪郭（図 2-14）や透明視（図 2-15）はこの原理のあらわれとみなされている．

（c） 錯視

知覚が計量的に測定された物的対象の状態とは異なった関係で現れることを錯覚（illusion）といい，視知覚における錯覚を**錯視**（optical illusion）という．とくに，平面上に特定の布置で描かれた図形の長さ，面積，方向，角度，曲線などが，実際の計測結果と著しくずれて知覚されるものを幾何学的錯視といい，数多くの錯視図形が考案されてきた．今日知られている錯視図形の原型は，ほとんど 19 世紀後半から 20 世紀初頭にかけて発見・創作されたもので，発見者の名前をつけて区別されることが多い（図 2-16）．

（d） 恒常現象

物の形や大きさの知覚は，網膜に映った像の形や大きさに従っている．見る人から対象までの距離が2倍になれば，網膜像は 1/2 になるはずである．ところが実際にはそのようには知覚されない．たとえば，両方の人指し指を一方は眼前 20 cm，もう一方は 40 cm の位置に置いて見てみると，ほぼ同じ大きさに見える（図 2-17）．閉じているドアは長方形，半開きのドアは平行四辺形のはずであるが，どちらも長方形に知覚される（図 2-18）．また，白いシャツを昼間直射日光の下で見るのと夜の室内で見るのでは反射する光の量はかなり違うはずであるが，どちらも白さはほとんど変わらない．このように，物の大きさや形，色，明るさなどが変化しても，知覚される変化の程度は実際の変化より小さく，対象の客観的属性とあまり変っていないように知覚される傾向を知覚の**恒常現象**（constancy phenomena）という．

知覚の恒常現象は，安定した生活環境の知覚を保障する働きをもち，これによって安定した行動を可能にしている．

（2） 奥行知覚

空間内における対象の立体感や遠近，あるいは3次元的なひろがりの知覚を**奥行知覚**（depth perception）という．網膜に映る外界像が2次元であるにもかかわらず，われわれは安定した3次元空間を知覚している．

3次元の知覚が成立する要因として，まず生理的要因（一次的要因）としては，①対象までの距離によって水晶体のふくらみが変化する水晶体の調節作用，②対象を両眼で見るとき対象までの距離に応じて回転する両眼の輻輳角（両眼輻輳），③両眼視差がある．このうち，①と②はその効果が 2 m 前後までの近距離の把握に限られている．③は，両眼の網膜像の横ズレをいい，このようなズレをもつ網膜像を融合させることによって奥行感が得られる．ステレオグラムといわれる横ズレのある2枚の像を実体鏡（ステレオスコープ）を通してみると，立

図 2-14　主観的輪郭（Kanizsa, G., 1976）　　　図 2-15　透明視図形の一例（Metzger, W., 1953）

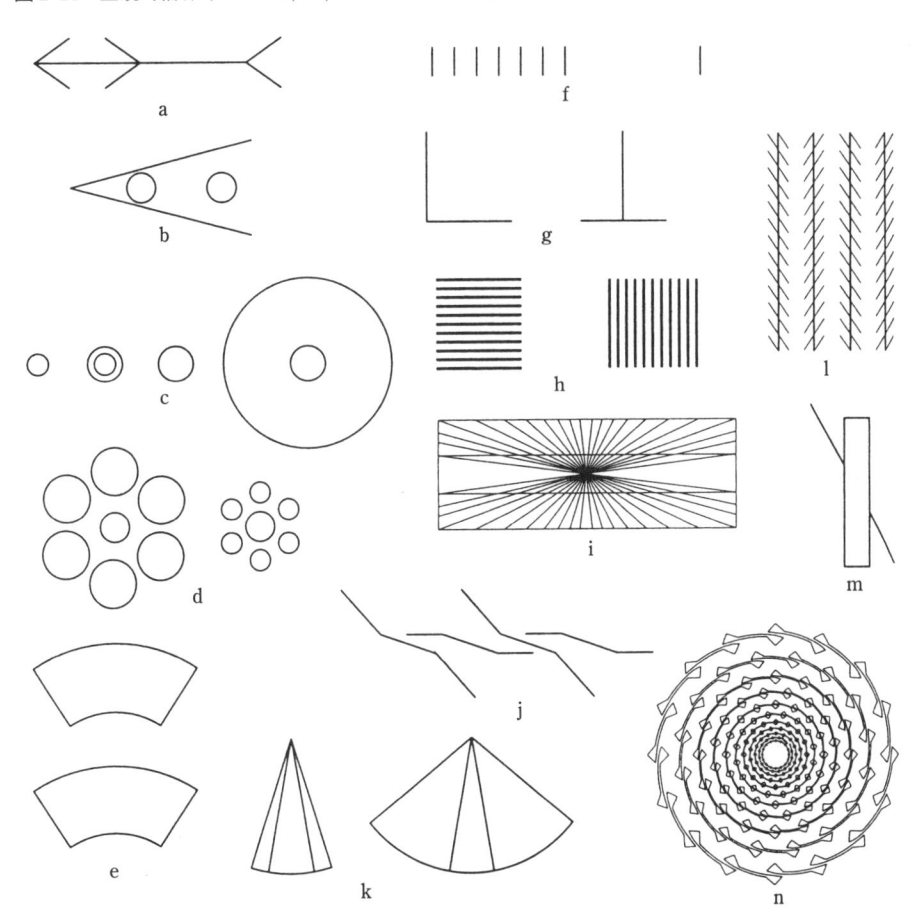

a. ミュラーリエル錯視，b. ポンゾ錯視，c. デルブッフ錯視，d. エビングハウス＝ティチェナー錯視，e. ジャストロー錯視，f. オペル＝クント錯視，g. 水平垂直錯視，h. ヘルムホルツ錯視，i. ヘリング錯視，j. リップス錯視，k. ヴント錯視，l. ツェルナー錯視，m. ポッゲンドルフ錯視，n. フレーザー錯視

図 2-16　幾何学的錯視図形の例[6]

体像が得られる（実体鏡視）のは，この効果を示している．口絵図3と図2-19は，ステレオグラムの例であるが，とくに後者のような図をランダム・ドット・ステレオグラム（RDS: random dot stereogram）という．また，心理的要因（二次的要因）としては，移動しながら遠近の異なる対象を見るとき，近いものはより大きく動いてみえるという運動視差や，相対的大きさ，陰影，重なり，きめの勾配，絵画的手がかり（大気遠近法，線遠近法）などの刺激布置がある（図2-20）．絵画的手がかりを利用して現実にはありえない空間を平面上に表現するだまし絵作品も数多く描かれている（図2-21）．

（3） 運動の知覚

われわれの知覚特性は，刺激の物理的特性とは必ずしも単純に対応していないが，これは運動の知覚においても同様である．実際には動いていないものが動いてみえたり，客観的な運動とは異なる運動が知覚されたりする．運動が知覚されるのには次のような5つの場合がある．

① 実際運動：視対象が客観的に動いている時の運動の知覚であるが，運動の速さや方向の知覚は空間的枠組の影響を受ける．たとえば，長方形の窓を通して，一定の速度で上下に運動する刺激ディスプレイと，これらの窓の大きさ，刺激の大きさ，刺激の間隔をそれぞれ1/2にしたディスプレイを観察すると，後者の3つの条件では見かけの速度はもとの2倍に感じられる．この現象をブラウン効果あるいは移調現象という．また，図2-22のように，窓の背後で斜めの線分を動かすと，窓の形によって線の動く方向は異なって見える．

② 仮現運動：空間内で静止した視対象が継時的に出現・消失をくり返すと運動が知覚されるもので，映画やアニメーション，電光ニュースあるいはパラパラ漫画などがこの例である．この運動が生ずるためには，時間間隔が大切であり，たとえば2つの光点や線分を提示する場合，0.06秒程度の間隔の時になめらかな運動（ファイ現象）が生ずる（最適時相）．間隔が短かすぎると2つが同時に見え（同時時相），長すぎると別々に見えてしまう（継時時相）．

③ 誘導運動：雲間の月を眺めていると，客観的には雲が動いているのに月の方が動いているように感じられる．このように，動いているものが静止して見え，静止しているものが動いてみえる現象をいう．一般に，より小さく，囲まれた対象が動いて見えやすい．図2-23は，これを応用した例として知られているビックリハウスの仕組みである．

④ 自動運動：暗室内で小さな静止光点を注視するときのような，空間的な手がかりのほとんどない場合に，光点が動いてみえる現象をいう．自動運動は一般に不安定で不規則な動きが知覚されるが，見え方には個人の主体的要因（依存的な性格など）の影響も指摘されている．

⑤ 運動残効：一定方向へ動く対象をしばらく見た後で静止した対象を見ると，この静止対象が逆方向に動いて見える現象をいう．滝の流れなどを見ていて，まわりの風景に目を転じると，風景が逆に動いて見える現象（滝錯視）などがこの例である．

（4） 色の知覚

色の違いは，色相，彩度，明度の三属性で表されることはすでに述べた．しかし，現実には

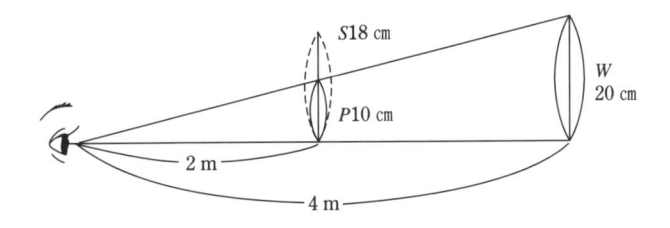

観察者から4mのところに標準刺激Nとして直径20cmの円盤を置き，2mのところに直径10cm〜20cmの各種大きさの円盤を比較刺激Vとして用意し，Nと同じ大きさのVを選ぶ．網膜像が同じ大きさになるVは直径10cmだが，通常はもっと大きい18cmぐらいのVが選ばれる．

図 2-17　大きさの恒常性の実験布置の一例（野澤，1995）[7]

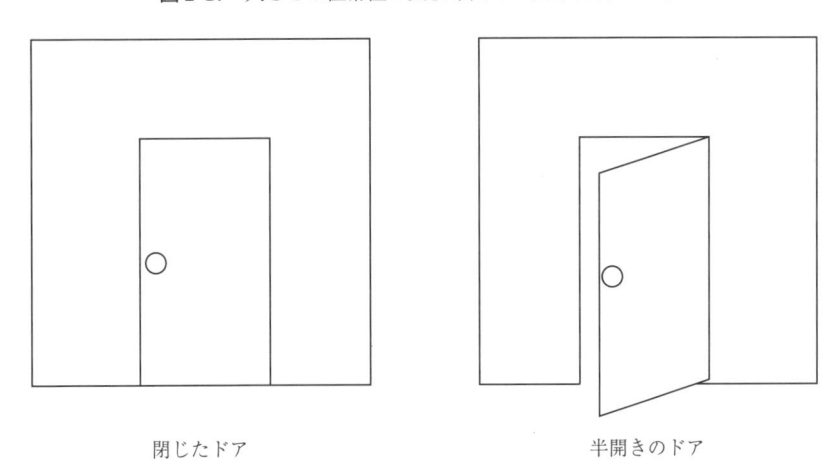

閉じたドア　　　　　　　半開きのドア

＜どちらも長方形と知覚される＞

図 2-18　形の恒常性の例

左眼用画像　　　　　　　右眼用画像

左眼用画像　　　　　　　右眼用画像

実体鏡を使わなくても，視線ができるだけ図形と垂直になるように，左眼用図形を左目，右眼用図形を右目で見て，両方をうまく融合させると正方形が浮き上がって見える．

図 2-19　ランダムドットステレオグラムとその構成（Julesz, B., 1960, 1971）[7]

色を見るさまざまな条件によって同じ色であっても異なった見え方をする．たとえば，それを光源の色として見るか物体の表面の色として見るかで，見え方が異なることがある．カッツ（Katz, D., 1911）は，この色の現れ方について，ついたての小穴を通して観察するような場合の色の見え方である開口色（面色），最も一般的な物体の表面としての色の見え方である表面色，色水が水槽に入っている場合のようにその色に3次元的な厚みが感じられるような見え方である空間色などを指摘している．

また色は，距離，大きさ，温度，重量などの知覚的判断に影響を及ぼし，感情的効果ももつ．観察者に寒い，冷たいという印象を与える色のことを寒色，反対に暑い，暖かい印象を与える色を暖色といい，一般的に，青系統の色が寒色，赤系統や黄系統の色が暖色として知覚されることが知られている．物理的に等距離にある物体でも，手前にせり出して見える進出色と後ろに引っ込んで見える後退色がある．また，同じ面積であっても，色によって大きく見える膨張色と小さく見える収縮色がある．暖色は進出色・膨張色，寒色は後退色・収縮色となりやすいこと，明るい色の方が暗い色よりも進出色・膨張色になりやすいことなどが知られている．

さらに，複数の色が組み合わされる（配色）と，単色の場合とは異なる心理的効果を生む場合がある．複数の色の配色が調和するかしないか，どのような心理的効果をもつかなどについては，これまでに多くの理論が提案されている．口絵図4はその一例であるが，衣食住にかかわる領域をはじめ，さまざまな視覚的環境の色彩を目的に適するように，計画的に配色をする色彩計画（color planning）といった分野が関心を集めるようになってきている．

（5）社 会 的 知 覚

知覚対象のもつ物理的条件だけでなく，その対象の社会的価値や意味，あるいは知覚者の要求，経験，期待，態度などの個人的要因も知覚に影響を及ぼすことがある．これらの要因によって，①対象の明るさや大きさといった属性の判断，および，②対象自体の検出の難易度が影響を受ける．

ブルーナーとグッドマン（Bruner, J. S. & Goodman, C. C., 1947）の硬貨の大きさ判断の研究によれば，実際の硬貨は同じ大きさの厚紙円板より大きく見え，さらに高額の硬貨ほど，また貧しい子どもは裕福な子どもよりも過大視の量が大きくなる傾向のあることが指摘されているが，これは①の例である．②に関しては，知覚者にとって不快な刺激，嫌われる刺激は知覚されにくいという知覚的防衛（perceptual defense）の現象がある．これに対して価値の高い刺激が知覚されやすい現象を知覚的促進（perceptual sensitization）という．ポストマンら（Postman, L. et al., 1948）は，価値観に関係する単語をタキストスコープによって瞬間呈示すると，別に測定された個人の価値観の違いによって，単語に対する反応時間が異なることを見出した．すなわち，価値の高いと見なされる単語に対する反応は早く，逆に価値の低い単語に対する反応は遅いのである．またマクジニス（McGinnies, E. E., 1949）は，性的なタブー語を

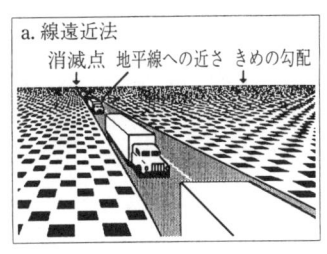

a. 線遠近法
消滅点 地平線への近さ きめの勾配

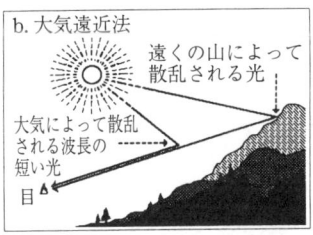

b. 大気遠近法
遠くの山によって散乱される光
大気によって散乱される波長の短い光
目

(a) 線遠近法を用いた絵．平行線は，絵の中では消滅点に収斂し，同じ大きさの対象——きめも含まれる——の像は，距離が遠くなるほど小さくなる．　(b) 大気遠近法の原理．太陽の光の中の主に波長の短い光は大気によって散乱されるため，遠くにある対象ほど，淡く青みがかって見える．

図 2-20　奥行き知覚の心理的要因（Shepard, R. N., 1990）[8]

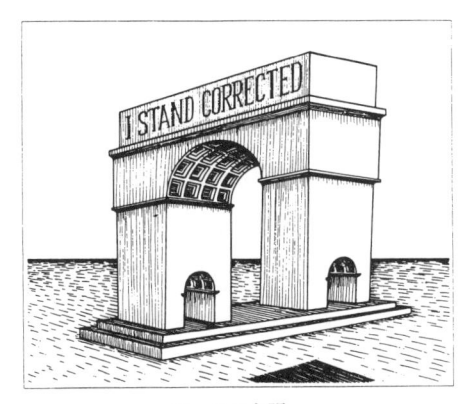

アーチの主張 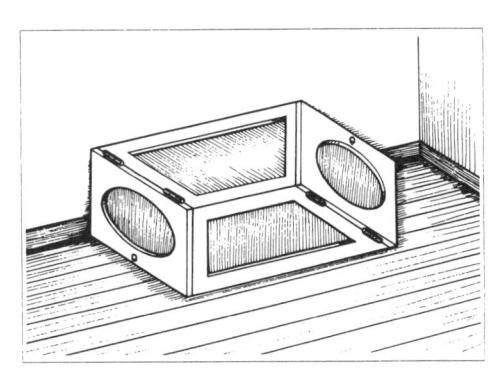　　　　　　　手品師の箱

図 2-21　だまし絵（Shepard, R. N., 1990）[8]

同様に呈示すると，普通の単語に比べて呈示時間を長くしないと知覚できないことや，知覚の前には情動変化の指標である皮膚電気反射（GSR）が顕著に現れることを示した．これらは，いわゆるニュールック心理学（new look psychology）における代表的な実験結果に基づく概念である．

4. 知覚の発達

　生まれたばかりの新生児が知覚している世界はどのようなものであり，また，それは子どもの発達とともにどのように変化していくのであろうか．1950年代の終わりから1960年代にかけて，新生児・乳児の知覚を研究するための種々の新しい方法が開発されて新生児・乳児の知覚世界についての理解が進み，発達の基盤は乳児期の終わりまでにほぼ完成することが明らかになってきている．

　子どもの感覚器官は出生時までにかなりできあがっているが，視覚系についていえば，水晶体の厚さを調節して焦点を合わせるなど眼球そのものの機能や，両眼を輻輳して1つのものを見るとか，動くものをすばやく眼で追うといった眼球運動の統制はまだ未熟である．しかし，新生児においても，授乳を受けるときの母親の顔との距離（平均19 cm）にあるものをはっきりと見ることができるのは母子関係の成立という観点からも興味深い．また，提示される視覚対象によって反応に差があることが知られており，たとえば，ファンツ（Fantz, R. L., 1966）は，新生児と生後2〜6か月児に図2-24に示すように6種類の円板を提示して注視時間を調べた結果，両群とも人の顔を注視する時間が長いことを示している．

　ギブソンとウォーク（Gibson, E. J. & Walk, R. D., 1960）は，視覚的断崖装置（図2-25）を用いて乳児の奥行知覚の実験を行った結果，断崖をはさんでの母親の呼びかけに対し，はいはいのできる6〜14か月児のうちの大多数は断崖の上を渡って移動することができなかったことから，人間は自ら移動可能な発達段階に達するまでには奥行知覚が成立するとしている．

　眼球運動は視覚走査をにない，知覚的探索活動を支えている．図2-26は，3歳児から7歳児までの視覚走査を調べたものであるが，年齢とともに走査範囲が広がり，より体系的な走査が行われていることが分かる．また，対になった家の絵（図2-27）の異同を判断する課題を3歳から9歳までの子どもに与え，眼の動きを記録したところ，6歳までの幼児はすべての窓をチェックせずに簡単に異同を決めてしまうのに対し，7歳以上の児童は注意深く組織的に探索活動を行い，誤りなく異同を判断できることが示された（Vurpillot, E., 1976）．

5. 知覚と情報処理

　コンピュータの発達は，心理学にも大きな影響を及ぼした．コンピュータを心の1つのモデルとして人間の脳の高度な情報処理のメカニズムを解明し，またこれをコンピュータの人工知能（AI：artificial intelligence）のシステム開発などに生かそうとする試みが盛んに行われて

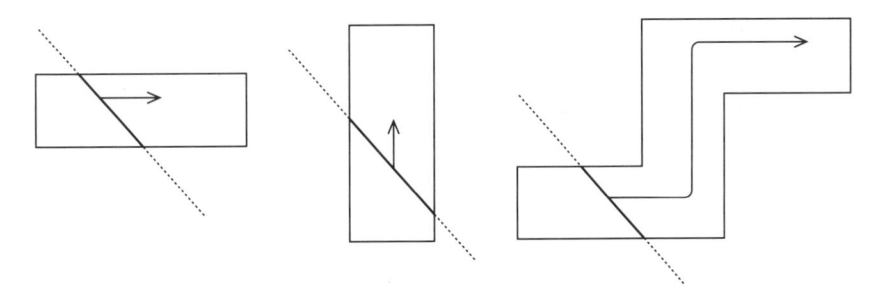

図 2-22 窓枠の形と知覚される運動方向（Metzger, W., 1953）

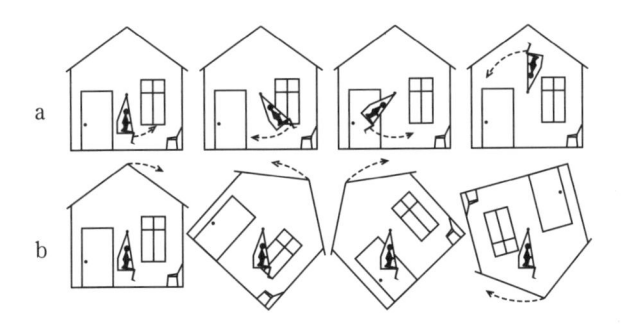

a）見かけの運動　b）実際の運動　家が揺れて宙返りする．しかし，なかで腰掛けている人はそれに「気づかない」．この場合，静止しているのはブランコだけであるにもかかわらず，自分の方が動いて宙返りするように思われる．

図 2-23 ビックリハウス（Metzger, W., 1953）

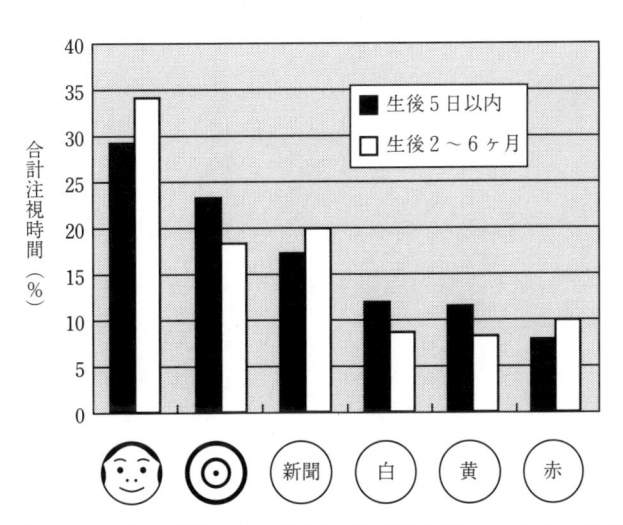

図 2-24 6種類の刺激に対する乳児の注視時間（Fantz, R. L., 1966）

きている．

　知覚研究の領域も，単に見る，聞くといった機能にとどまらず，外界からの刺激がどのように情報処理されて認知過程全体が展開されていくのかといった，従来の知覚研究では限定できない範囲に拡大してきており，その１つの例にパターン認識（pattern recognition）の研究がある．たとえば，われわれが「心」という文字を読む時，それがどのような書体や大きさで印刷されていても，また乱雑に手書きされたものであっても，視覚的なシンボルは瞬時にして心の中の有意味なことばに変換される．人間の精神活動は，このようなすぐれたパターン認識の機能に依るところが非常に大きい．

　パターン認識の研究とは，感覚器官に到達した外界の信号がどのようにして１つのまとまりのある意味をもつ知覚経験に変換されるかを調べることである．パターン認識を人間の脳やコンピュータシステムの中の記憶情報と刺激のもつ入力情報とが照合される過程と考え，その際，記憶情報はどのような形で用意されるのか，照合の過程は記憶情報と入力情報のどちらにより多く依存するのかなどが検討され，いくつかの有力なモデルが提案されてきた．今後も，情報科学や神経科学との連携を深めながら，人間の情報処理過程全体を視野に入れた知覚研究が一層進むことが期待されている．

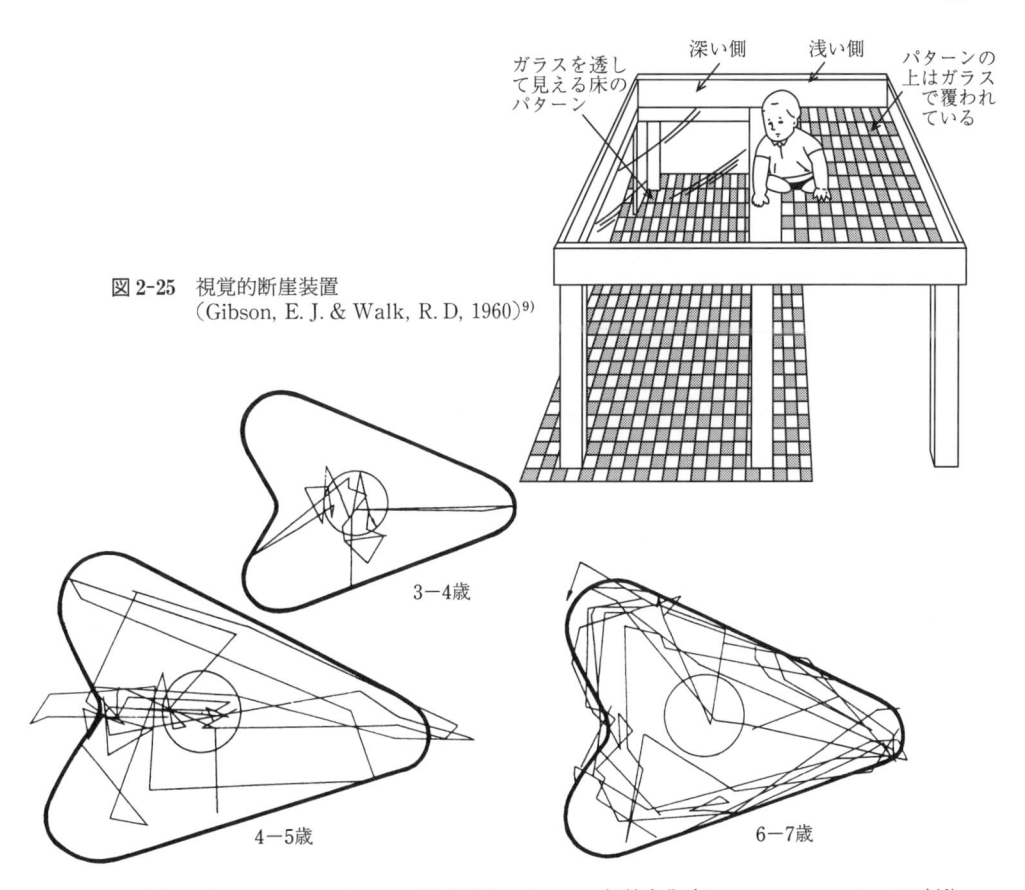

図 2-25 視覚的断崖装置
（Gibson, E. J. & Walk, R. D, 1960）[9]

図 2-26 視覚的な形を走査しているときの眼球運動パターンの年齢変化（Zaporozhets, A. V., 1965）[10]

3—4歳

4—5歳

6—7歳

図 2-27 窓の異同判断（Vurpillot, E., 1976）

3　学習

1. 学習の定義

「学習」という語は，一般的には「勉強」とほぼ同義に使われることが多く，漢字や外国語の単語の記憶，算数・理科の問題解決のしかたなどを学ぶといったことが連想される．しかし，心理学においては，知識の獲得ばかりでなく，運転やスポーツの技術の獲得，政治的思想や態度の習得，特殊な欲求の形成（たとえば日本に育った人だけがもつ松茸や梅干しに対する食欲）などをも含む範囲の広い概念である．なかには，未成年の飲酒や喫煙のように好ましくない方向への変化もあり得る．

すなわち心理学では，「練習・訓練などのような経験によってもたらされる比較的持続的な行動の変容」を学習と定義している．つまり，経験と関係なく単に時間の経過で起こる成熟による行動の変容と区別し，さらに疲労や薬物などによる短期間の行動変化とも区別している．

生体の行動は，生得的行動と習得的行動に分類される．生得的行動には走性，反射，本能行動の3つがあり，それ以外の行動は習得的行動，つまり後天的な経験を通じて学習された行動である．下等動物であるほど生得的行動によって生活している．蜂や蟻などのようにかなり複雑な行動をすることも可能であるが，種に属するどの個体にも同様に発現し，個体の特殊性はあまりないうえに，適応できる状況が限定された固定的なものである（図3-1）．

人間にも反射や本能的な行動があるが，昆虫のようにそのような生得的行動に依存して生きているのではなく，後天的な経験を活用する方が主である．こうして新しい行動様式を学習することができるために，人間は生得的行動では適応できないような状況に直面しても，それぞれの個体が柔軟に適応していくことができるのである．

学習の成立過程を説明する主な枠組みとして，連合理論と認知理論が挙げられる．

2. 連合理論

学習の基となっている経験は，さまざまな要因が複雑に絡み合っており，科学的に記述するのは難しい．そのため，条件を厳密に統制することのできる実験場面において，単純化され統

(1) 複雑さ・精密さ
a ラングドッグアナバチは，幼虫の餌としてキリギリスモドキ（しかもメス）を特に選んでつかまえる．そして，毒針で神経筋を刺して麻痺させる．麻痺した獲物は幼虫を傷つけることも腐ってしまうこともなくて好都合である．

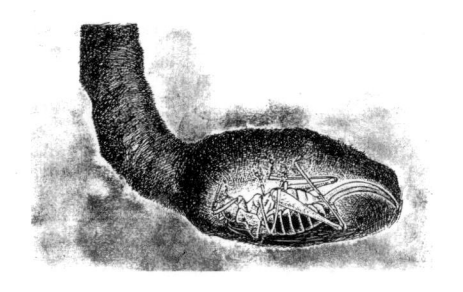

b ラングドッグアナバチの巣穴の中で，あおむけにされたまま起きあがれないキリギリスモドキ．この獲物の大あごもツメも届かない安全な場所に，ハチの卵が産みつけられている．

(2) 融通のきかなさ
c ラングドッグアナバチはキリギリスモドキをしとめると，触覚をくわえて巣穴まで運ぶ．

d ところが，キリギリスモドキの触覚を切ってしまうと…

e 短くてくわえようのない触覚の根元をくわえて引っ張ろうとするが，うまくいかない．

f さらに触覚を根元から切り落としてしまうと，頭をくわえようとする．しかし，頭は大きくかたくてすべるのでくわえることができない．せっかく見つけて微妙な麻酔まで施した獲物を，触覚がないというだけで結局諦めてしまう．

g また，一旦獲物を巣穴に入れて産卵も済ませてしまうと，目の前でその獲物を取り上げてしまっても，ハチは平気で空っぽの巣穴を戸締まりして行ってしまう．

⇒本能による行動にも驚くほど精密で複雑なものがあるが，手順を狂わせることは決してできないし，突発事態に柔軟に対応することもできない．

図 3-1　本能行動の例（Fabre，奥本（編・訳），見山（画），1996）[1]

制された経験と行動との連合の過程，つまり条件づけ（conditioning）の過程として研究されてきた．

条件づけは，生得的な行動を学習の対象とする「レスポンデント条件づけ」と，個体の能動的な行動を学習の対象とする「オペラント条件づけ」に分類される．

（1） レスポンデント条件づけ（古典的条件づけ）

食べ物が口に入ると唾液が分泌される，熱いやかんに触れると思わず手を引っ込めるといった，特定の刺激によって受動的に誘発される行動をレスポンデント行動という．このレスポンデント行動を，以前は全く関係のなかった刺激に（たとえば唾液分泌をメトロノームの音という刺激に）結びつける手続きを**レスポンデント条件づけ**（または古典的条件づけ）という．

この現象はロシアの生理学者パヴロフ（Pavlov, I. P., 1849-1936）によって発見された．パヴロフは犬の消化腺について研究しているときに，犬が飼育係の足音や鍵の音を聞いただけで，また食器を見ただけで唾液を流すことに気づいた．唾液分泌は食べるための生得的反応であるが，パヴロフの犬は食べ物が与えられる前に予期的に唾液を分泌していたのである．そこでパヴロフは図3-2のような装置を用いて体系的な研究を行った．典型的な実験は，犬にメトロノームの音を聞かせ，直後に肉片を与えるというもので，これを何度か繰り返すとメトロノームの音だけでも唾液が分泌されるようになる（図3-3）．

肉片という刺激に対して唾液を分泌するのは生得的な反応である．このとき，肉片を**無条件刺激**（US; unconditioned stimulus），唾液分泌を**無条件反応**（UR; unconditioned response）という．目に風を吹きつけるとまぶたを閉じるのも無条件反応である．一方，メトロノームの音は，唾液分泌とは関係しない中性刺激であり，これが引き起こすのは耳をそばだてるといった反応（定位反応）である．ところが，繰り返し肉片という無条件刺激と対にして与えられると，やがて唾液分泌を引き起こすようになる．このとき，音を**条件刺激**（CS; conditioned stimulus），唾液分泌を**条件反応**（CR; conditioned response）という．条件反応という語は，「無条件刺激と条件刺激が対提示される」という特定の条件のもとで起こる反応という意味である．

条件刺激（メトロノームの音）と無条件刺激（肉片）とを対にして提示すること，またこの手続きによって条件反応が強まることを**強化**（reinforcement）といい，強化の回数が増すほど条件反応（この場合メトロノーム音による唾液分泌）が強められる．

逆に，条件づけが成立した後，無条件刺激を伴わずに条件刺激だけを提示していると，条件反応が弱まる．これは**消去**と呼ばれる．消去により減少した反応も，しばらく条件刺激を与えずに休止期間をおくとある程度回復が見られる．これを**自発的回復**という．

レスポンデント条件づけの一般的な過程を図式化したものが図3-4である．

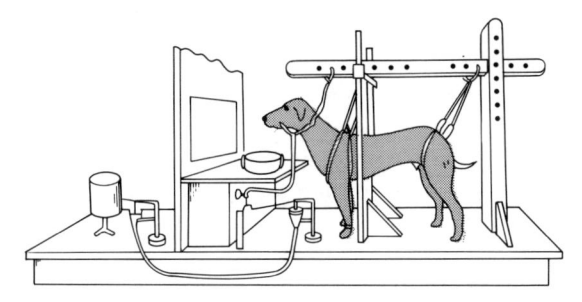

図3-2 レスポンデント条件づけの実験装置（Yerkes & Morgulis, 1909）[2]

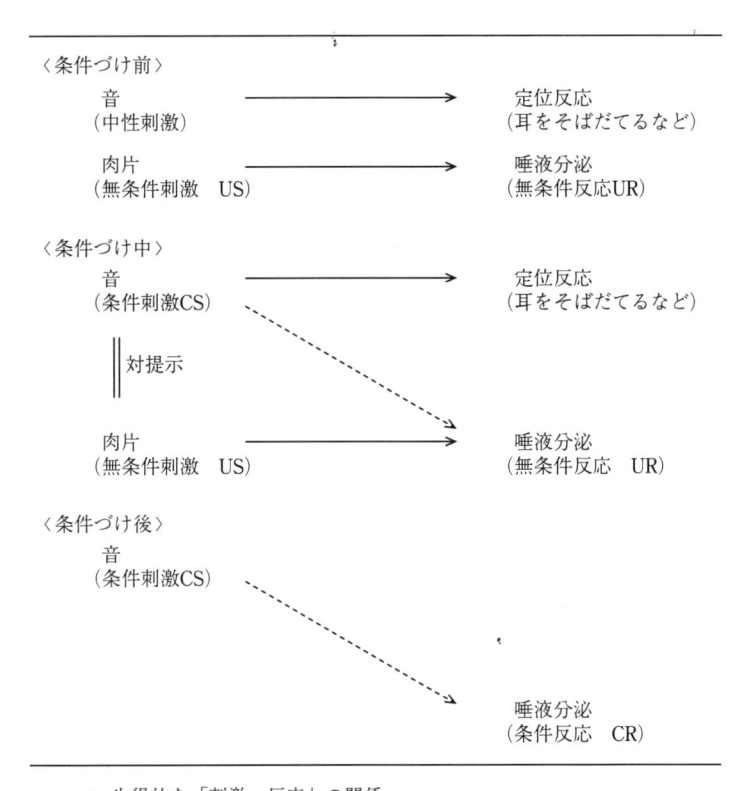

〈条件づけ前〉

音　　　　　　　　　　　　　　定位反応
（中性刺激）　　　　　　　　　　（耳をそばだてるなど）

肉片　　　　　　　　　　　　　唾液分泌
（無条件刺激　US）　　　　　　　（無条件反応 UR）

〈条件づけ中〉

音　　　　　　　　　　　　　　定位反応
（条件刺激CS）　　　　　　　　　（耳をそばだてるなど）

‖ 対提示

肉片　　　　　　　　　　　　　唾液分泌
（無条件刺激　US）　　　　　　　（無条件反応　UR）

〈条件づけ後〉

音
（条件刺激CS）

　　　　　　　　　　　　　　　唾液分泌
　　　　　　　　　　　　　　　（条件反応　CR）

⟶　生得的な「刺激－反応」の関係
----▶　音と肉片の対提示によって成立した新しい「刺激－反応」の結びつき

図3-3 レスポンデント条件づけの過程

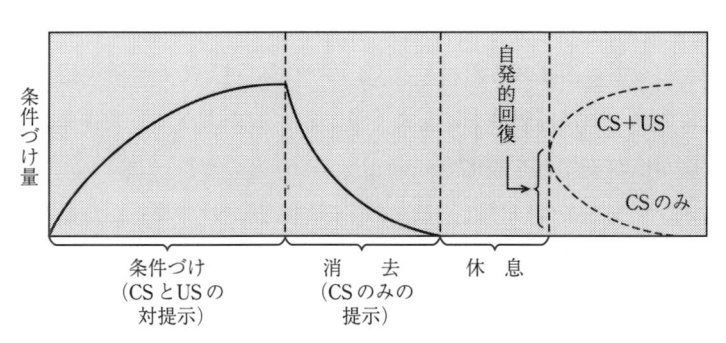

図3-4 レスポンデント条件づけの獲得と消去（Kimble, G. A., 1956 より改変，羽生，1988）[3]

（a） 時間的接近と随伴性

図3-5は，条件刺激と無条件刺激の時間関係を示したものである．（1）が標準的な方法で条件刺激に少し遅れ，無条件刺激を条件刺激に重なるように提示する．（4）のように，一定時間おいて無条件刺激を提示する手続きは時間条件づけともいわれるが，一定時間ごとに条件反射が生じるようになる．これは前のUSからの時間経過がCSとして働くためと考えられる．条件反応の獲得速度や最終的な大きさは，延滞条件づけ→痕跡条件づけ→同時条件づけの順に小さくなり，（6）のようにCSとUSの提示順序を逆にする逆行条件づけではほとんど不可能である．

図3-6は人間の瞬目条件づけ（目に空気を吹きつけることで瞬きをする反応を条件づける）の資料である（McAllister, 1953）．条件刺激の開始から無条件刺激の提示までの時間が250〜700ミリ秒のときに条件づけが最適であった．

伝統的には，条件刺激と無条件刺激の対提示によって，いわば自動的に条件刺激と条件反応の連合が成立すると考えられていた．しかし近年，認知の重要性が指摘されている．1960年代後半に，条件刺激と無条件刺激の時間的接近よりもそれらの**随伴性**が重要であることが示された（Rescorla, 1967; 1988）[6)7)]．つまり，条件刺激が無条件刺激の提示を予告するかどうかが問題であり，条件刺激は無条件刺激を予期させる信号として認知されることが条件づけを成立させる条件であると考えられる．

（b） 情動の条件づけ

パヴロフは犬の唾液分泌という特定の反応のみを対象として研究を行った．しかし，条件づけ研究がワトソンによってアメリカで心理学に導入されるようになると，条件づけの適用範囲が徐々に広げられていった．対象も人間などさまざまな動物に広がり，また扱われる行動の種類も多様化して，ついには人の有意識的な行動にまで適用されるようになった．そのような研究のなかで，ワトソン自身による「幼児を対象とした恐怖反応の条件づけ」が有名である（Watson & Rayner, 1920）．

生後11か月のアルバート坊やは大きな音に対しては恐怖を示したが，白ネズミのことは怖がっていなかった．けれども，アルバートが白ネズミにさわったときに大きな金属音を出すということを繰り返した結果，アルバートはネズミを見ただけで泣き出して逃げるようになった．さらに，アルバートは白ネズミだけでなく，ウサギに対しても恐怖反応を示し，ネズミほどではないが毛皮のコートにも恐怖を示した（図3-7）．このように，条件刺激と類似した刺激に対しても，反応が広がることを**般化**（generalization）という．

こうしてレスポンデント条件づけは，元来の生得的行動だけでなく，情動や意味・価値などの認識といった高次の精神活動にまで適用範囲を広げられていった．

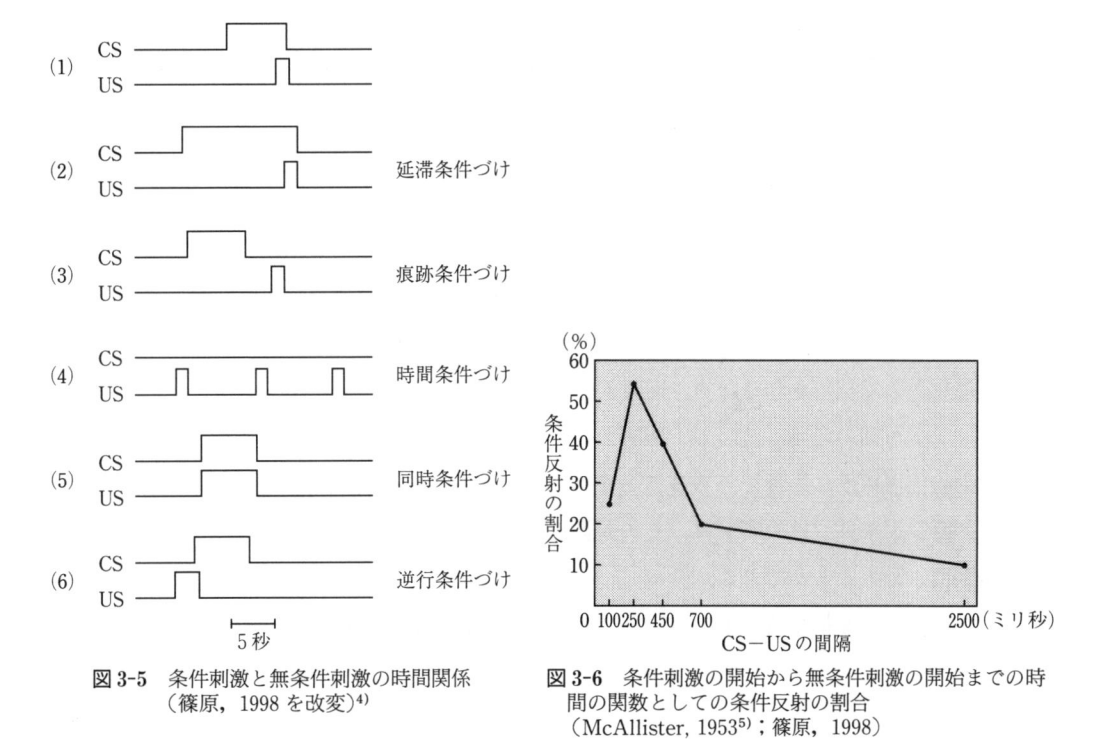

(1)	
(2)	延滞条件づけ
(3)	痕跡条件づけ
(4)	時間条件づけ
(5)	同時条件づけ
(6)	逆行条件づけ

図 3-5　条件刺激と無条件刺激の時間関係（篠原，1998 を改変）[4]

図 3-6　条件刺激の開始から無条件刺激の開始までの時間の関数としての条件反射の割合
（McAllister, 1953[5]；篠原，1998）

1) 条件づけ以前には，子どもは白ネズミに対して積極的に行動する．

2) 子どもが白ネズミを見ているときに大きな音を鳴らす．

3) 白ネズミを恐れて，逃げる．

4) 恐怖反応は，白いもの，毛のあるものに広く般化する．

条件づけ前 [ネズミ　――――――→ 顕著な反応なし
　　　　　　強　音(US)　――――→ 恐怖反応(UR)]

条件づけ後 [ネズミ(CS)　――――→ 恐怖反応(CR)]

図 3-7　白ネズミに対する恐怖の条件づけ（Watson & Rayner, 1920）[8]

(2) オペラント条件づけ（道具的条件づけ）

レスポンデント条件づけは当初と意味合いを違え，対象とする行動を生得的行動に限らなくなったが，唾液を分泌させる肉片，恐怖を引き起こす金属音などといった行動を誘発する刺激の存在は不可欠であった．

しかし，日常の行動は必ずしも先行する刺激の存在が必須ではない．挨拶などの社会的行動にしろ，勉強や移動などの行動にしろ，特定の刺激によって引き起こされるのではなく，生体が能動的に自発するものである．こうした自発的行動を**オペラント行動**というが，その多くは何らかの目的（たとえば他者からの好意や好成績を得る，目的地に到着するなど）を達成するための道具として利用されるため，道具的行動とも呼ばれる．

オペラント行動の自発に対して，報酬または罰といった一定の刺激を与えることによって，その行動の出現頻度に影響を与えることを**オペラント条件づけ**（または道具的条件づけ）という．オペラント条件づけの研究は，その起源をソーンダイク（Thorndike, E. L., 1911)[9]の**効果の法則**に求めることができる．

ソーンダイクは簡単な留め金のついた問題箱（puzzle box）と呼ばれる箱（図5-1．p. 81）に空腹のネコを入れ，ネコが箱からの脱出をどのように学習するかを観察した．最初ネコは外に出ようとさまざまな行動をとるが，そのうち偶然に留め金をはずし，外に出て餌を食べる．これを繰り返していると，次第に留め金をはずすことに無関係な行動は消えていきネコはすぐに脱出できるようになる（図3-8）．偶然の成功とその繰り返しにより進む学習を試行錯誤学習という．ソーンダイクは，試行錯誤でさまざまな行動を行っているとき，ある行動の後にすぐさま望ましい効果がもたらされれば，その行動が選択的に強められると考え，これを効果の法則と呼んだ．

スキナー（1938)[12]は，スキナー箱と呼ばれる装置を用いてさらに発展した研究を体系的に行った．スキナー箱はレバーを押すと餌が出るようになっている（図3-9）．空腹のネズミをこの装置に入れると，ネズミははじめこの中を動き回っているが，そのうち偶然バーを押して餌を食べる．これを繰り返すと，バー押し反応の頻度が増大する．

このようにある反応に対して望ましい報酬（これを**強化子**という）が与えられると，その反応の生起確率が増大する．これがオペラント条件づけ（または道具的条件づけ）であり，特定の反応に随伴して強化子を与えることを**強化**という．

（a）強化スケジュール

条件づけの実験において，反応に対する強化子の与え方を**強化スケジュール**という．

ある行動が自発したときに毎回強化を与えることを連続強化といい，反応の一部に強化子を与えることを部分強化（間欠強化）という．ソーンダイクの問題箱では試行ごとにネコが脱出するので必然的に連続強化となったけれども，スキナー箱の登場によって部分強化が可能になり，より精緻化された研究がなされるようになった．いつどの反応に強化を与えるかについて

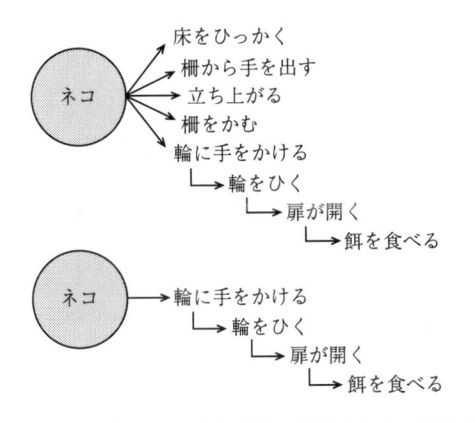

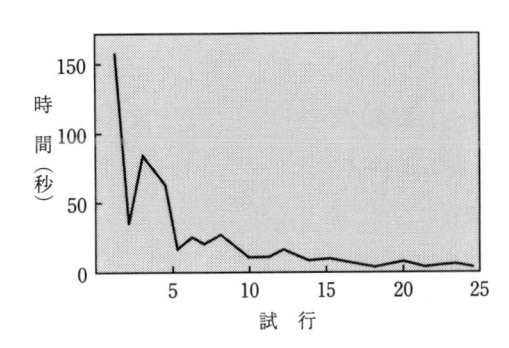

(1) ネコの試行錯誤の様子（今田，1996）[10]　　（2）ネコの学習曲線（Thorndike, E. L., 1898）[11]

図 3-8　ソーンダイクの問題箱実験

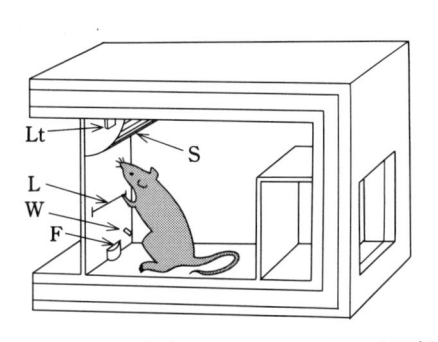

図 3-9　ネズミ用スキナー箱（Keller & Schoenfels, 1950）[13]
L：レバー　F：餌皿　W：給水バルブ　Lt：ライト　S：スクリーン

は4種類のスケジュールが考えられる（表3-1）．

　固定比率スケジュール（FR）では，一定回数反応すると次の強化が与えられる．達成した仕事の量に応じて報酬が与えられる場合にたとえられる．最も短期間で安定した反応が得られ，強化に必要な反応の数が少ないほど短期間で学習される．

　変動比率スケジュール（VR）も反応回数を基準に強化を与えるが，強化子を得るために必要な反応回数が変動するものである．FRに比べて反応の安定までに長くかかるが，安定してからは高頻度かつ一定の反応が得られる．

　固定時隔スケジュール（FI）は一度強化があると，一定時間経過しなければ次の強化子が与えられない．たとえば月給制のようなものである．強化直後には反応が減り，強化直前に反応が増えるという他にはない特徴がある．

　変動時隔スケジュール（VI）はFI同様時間を基準に強化子が与えられるが，時間配分が変動する．反応の安定にやや長期間を要するものの，安定してからは一定の反応が得られる．ただしその反応率はVRに比べて少ない．

　（b）　反 応 形 成

　オペラント条件づけは，被験体が自発した行動を強化することによってその行動を条件づけるものである．偶然に自発する可能性の低いような行動や新しい行動を獲得させることを**反応形成（シェイピング：shaping）**という．目標とする反応に到達するまでをいくつかの段階に区切り，各段階で最終的反応により近づくように強化を行う．そして小さなステップを徐々に進むことにより，漸進的に目標とする反応に接近させていくのである．

　このシェイピングの原理に基づく教授法としてプログラム学習がある．学習内容を細かいステップに分けて系列的に配置し，段階ごとに即時に強化しながら目標とする高度な水準まで順次無理なく到達させるというものである．スキナーは，プログラム化された課題が直線的に並ぶ直線（リニア）型プログラムを提唱した．直線型プログラム学習の基本原理を表3-2にまとめた．また，図3-10に示したように，学習者の反応に応じて複数の系列を用意する枝分かれ型，特定の反応を繰り返す者を治療プログラムに進める型などがある．

　コンピュータを用いて学習を支援する教授学習システムをCAIというが，プログラム学習の形式はCAIにおいて積極的に利用されている．

　（c）　学習性無力感

　先にレスポンデント条件づけにおける時間的接近と随伴性を問題にし，接近性よりも随伴性を認知することの方が重要であることを述べた．オペラント条件づけについても，伝統的には反応に対してすぐ強化子を与えれば，反応は自動的に強化されると考えられてきた．しかし，自分の反応と強化子が随伴しており，強化子を自分でコントロールできるという認知が重要であることがわかってきた．

　セリグマン（Seligman, 1975）[15]は，自分の反応と無関係に，避けることのできない電撃を

表3-1 強化のスケジュール

強化の間隔を いかに設定するか \ 次の強化までの間を いかに設定するか	Ratio 反応の回数を基準に設定する	Interval 時間を基準に設定する
Fixed 規則的に設定する	固定比率スケジュール（FR）	固定時隔スケジュール（FI）
Variable ランダムに設定する	変動比率スケジュール（VR）	変動時隔スケジュール（VI）

表3-2 プログラム学習の原理

① 積極的反応の原理
　学習者は反応を能動的に自発しなければならない（オペラント行動）．
② 即時確認の原理
　正誤情報は，学習者の反応に随伴し即座に与えられなければならない．
③ スモールステップの原理
　学習内容は小課題に分割され，目標達成までを細かい段階に分けて着実に習得して積み上げていく．反応形成の応用であり，学習者が誤答する可能性の小さい「やさしい」課題を積み重ねていくことで目標を達成する．
④ 学習者自己ペースの原理
　学習者の個人差を尊重し，学習者自身のペースで学習が行われる．
⑤ 学習者検証の原理
　プログラムに従って学習したにもかかわらず，目標に到達できなかった場合，原因は学習者ではなくプログラムの方にあるという考え方．プログラムの善し悪しは学習者によって検証されるので，習得状況に応じてプログラムは改良されなければならない．

加えられた犬は，その後の回避学習場面において障壁を飛び越えれば電撃から逃れられるにもかかわらず，もはや自ら障壁を飛び越えようとしない，つまり回避学習が成立しないことを見いだした．犬は，自分の反応と結果とは無関係であると学習してしまい，後の学習課題の遂行が妨害されたのである．

彼はこれを，経験によって無力感が獲得されたという意味で**学習性無力感**（learned helplessness）と呼び，このような障害が起こるのは，「反応と強化子が随伴しない」という一般的な認知を犬がもったためとした（図3-11）．

レスポンデント条件づけにおいて条件刺激と無条件刺激の随伴性が重要であったのと同様，オペラント条件づけは生体が反応と強化子との随伴性を認知して初めて成立するということができる．

（3）行動療法

学習理論の臨床的応用として行動療法がある．つまり，神経症や恐怖症などの不適応行動を過去の誤った学習の結果であると見なし，不適応行動の変容や除去とともに新しい行動の学習を目指す治療の体系である．

レスポンデント条件づけに基づく系統的脱感作法，オペラント条件づけに基づく報酬学習やトークン・エコノミー法，バイオフィードバック療法などがある．

バイオフィードバック（biofeedback）は自律神経系支配下の不随意反応を条件づける手法である．血圧や心拍，脳波などは生体が意識しない不随意反応であり，反応したこと自体が知覚されないため反応―強化関係が成り立たず，条件づけは不可能であると考えられてきた．そこで，血圧や呼吸，心拍，脳波，筋電位などの情報を音や光など本人が知覚できる形に置き換えることによってフィードバックを可能にし，自己コントロールできるようにした治療法がバイオフィードバック療法である．

連合理論から導かれた行動療法は，人間の認知機能を軽視しているという批判がある．そこで，認知過程の重要性を考慮し，イメージや自己教示などの内的な過程の操作を取り入れて行動変容を図る認知療法もある．

3. 認知理論

条件づけだけを行動変容の原理とする見方では，高次の精神活動による変化を説明することは難しい．刺激―反応の連合説は行動の一部分しか扱えないといった批判から，学習における認知過程が注目されるようになった．

（1）洞察説

経験の全体性を主張したゲシュタルト心理学派の1人であるケーラーは，「類人猿の知恵試験」と呼ばれる一連の実験を行い，チンパンジーの問題解決行動について調べた．

図3-12（1）のように餌までの間が障害物で遮られている状況を用意したところ，チンパン

〈直線型〉

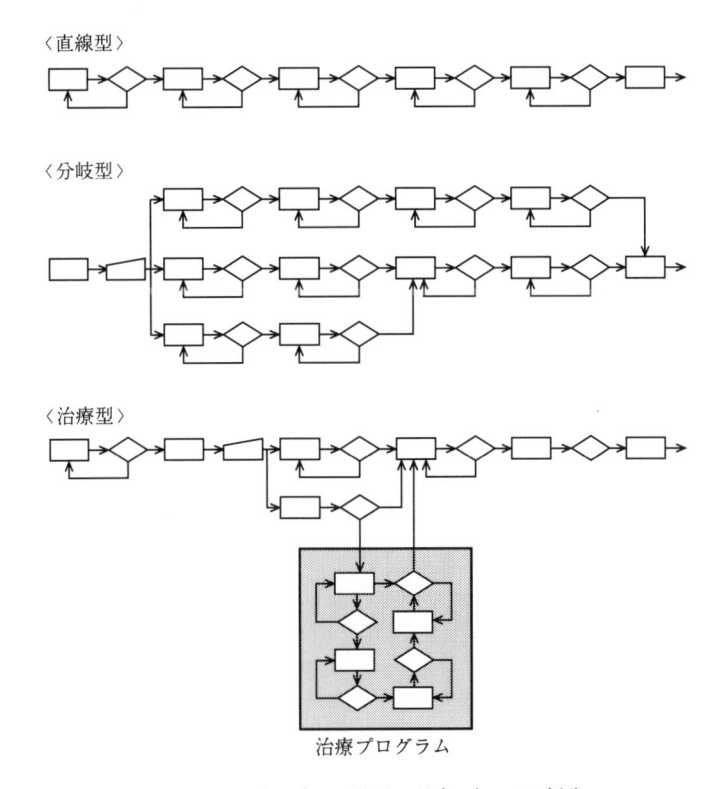

〈分岐型〉

〈治療型〉

治療プログラム

図 3-10 プログラム学習の型（田中，1992）[14]

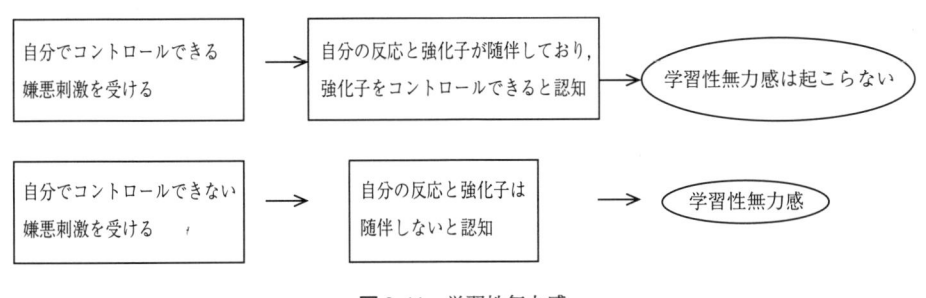

| 自分でコントロールできる嫌悪刺激を受ける | → | 自分の反応と強化子が随伴しており，強化子をコントロールできると認知 | → | 学習性無力感は起こらない |

| 自分でコントロールできない嫌悪刺激を受ける | → | 自分の反応と強化子は随伴しないと認知 | → | 学習性無力感 |

図 3-11 学習性無力感

ジーは障害物を迂回して餌を手に入れた．

オリの外の届かないところに餌があるという状況では，手の届くところにある棒を使い，餌を棒でたぐり寄せて食べた（道具の使用，図3-12（2））．

また図3-12（3）のように，状況によっては，届かないところの餌をとるために台を積み重ねたり，2本の棒をつないだりし，道具の製作も行うことが観察された．

上記いずれの状況においても，チンパンジーの問題解決行動は手当たり次第の試行錯誤の結果ではなく，なめらかで首尾一貫しており，問題場面の構造と対応し，それまでの行動を中断して突然生ずるものであった．ケーラーはこのような学習を**洞察学習**と呼んだ．

「洞察により1回の試行で成立する学習も存在する」という考え方は，ソーンダイク以来の「すべての学習は刺激と反応の結合が強まるにつれて漸増的に成立する」という考え方とは真っ向から対立するものである．洞察学習は，問題場面（目標物と障害物の位置関係，道具および道具製作のための材料など）を「手段―目標」という文脈でとらえ直し，その結果得られた**見通し**によって生ずると考えられる．

コフカもケーラーと同様に，ソーンダイクやワトソンを批判し，学習は知覚的な場の再体制化に基づいてなされることを強調した．

（2）場理論（field theory）

レヴィンは生体と環境の全体的力動関係の重要性に注目し，行動が個人と環境の相互作用に依存して生起するものと考え，行動 B を人 P と環境 E の関数とする $B=f(P \cdot E)$ の式をたてた．またこれら諸要因の全体を**場**（field）と呼び，人とその物理的心理的環境を含む生活空間を行動の場と考えた．学習は生活空間に依存して生じ，生活空間が領域によって分化して，領域間が新しい機能的連絡を生ずること，あるいは場の認知構造の変化によって生ずるとした．

（3）サイン・ゲシュタルト説

トールマンは新行動主義者（ワトソン的行動主義の行き過ぎを是正する方向としてその後に生まれた心理学の流れ）であるが，認知説の立場に立ち，サイン・ゲシュタルト説と呼ばれる理論を唱えた．

トールマンは，初めの数試行は餌を与えず（無強化試行），途中から餌を与え始める（強化試行）という手続きでネズミの迷路実験を行った．その結果図3-13に示したとおり，無強化試行の間はほとんど成績が変化しなかったけれども，11日目の強化試行に入ると急激に成績は上昇し，最初から強化試行を行ったネズミの成績と変わらなくなった．

この急激な成績の上昇は，無報酬で迷路を通行している間に通路全体の構造についての認知が成立しており，報酬を与えられることでそれまで潜在的であった学習が顕在化したためといえる．こうした学習を**潜在学習**という．潜在学習という語は，学習者が意識しないけれども学習が生じているという意味でも用いられる．

トールマンはこの実験的事実に基づき，学習は刺激―反応の結合ではなくて，記号―形態―

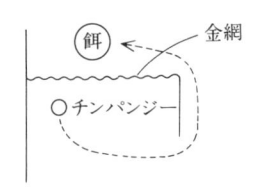

(1) まわり道

チンパンジーはまわり道をして金網の外にある餌を食べる

(2) 道具の使用

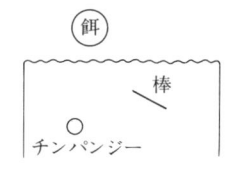

チンパンジーは棒を使っておりの外の餌をとって食べる

(3) 道具の製作

図 3-12 チンパンジーの問題解決行動（Köhler, W., 1917）[16]

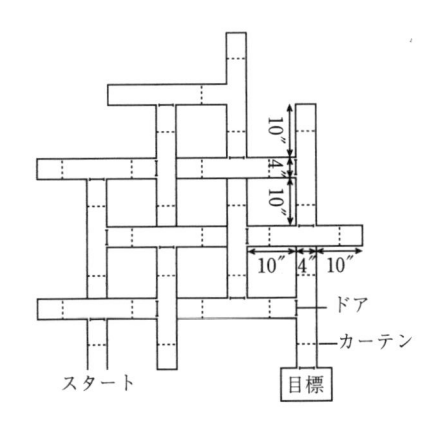

(1) 実験に用いられた迷路

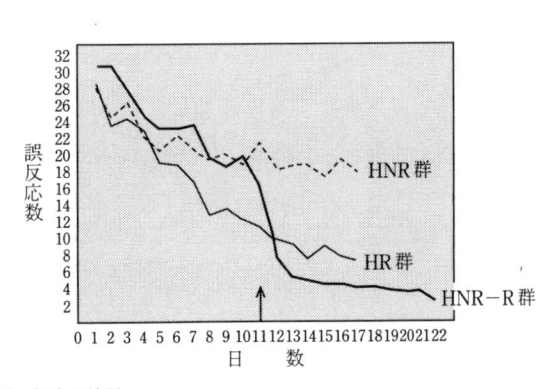

(2) 実験の結果

HNR 群は目標に餌はない．HR 群は学習のはじめから餌を与えられた．

HNR-R 群は10日目まで餌はなく，11日目から餌を与えられたグループである．HNR-R 群の誤りは11日目以降急速に減少している．

図 3-13 潜在学習（Tolman, 1932[17]；篠原，1998 より改変）

期待（sign-gestalt-expectation）の形成であるとした．この意味において，トールマンの理論は期待説とも呼ばれる．

トールマンはゲシュタルト心理学の考えかたをさらに進めて，われわれの認知対象はまとまりを持ち体制化された知覚として成立するばかりでなく，記号（sign）・記号対象（significate）・特定の手段目的関係（means-end relation）をもった「命題」を含むより大きな全体（サイン・ゲシュタルト）の部分なのであると主張した．たとえば，椅子はそれを構成する部分の集合としてではなく，「座ると休むことができる」・「乗って高いところのものをとることができる」といった手段―目的関係を表す命題をも含めて受容されると考える．

こうした考え方を背景として，ある標識（記号）について「このように行動すればこうなる」（手段―目的関係）という意味が把握されること，場面の構造についての意味が行動によって認知されることが学習であるとするのがトールマンの理論である．

4. 学習の様相

学習の進行を量的に把握するため，成績を縦軸，試行数や試行時間を横軸にとってグラフに表したものを**学習曲線**（learning curve）という．

図3-14に典型的な学習曲線を示したが，学習曲線の型は学習材料，学習者の能力などによって異なる．一般的には，最もよくみられるのは負の加速度曲線である．それに対して正の加速度曲線は，最初は学習がなかなか進行しないが，適当な手がかりと正反応が見出されると反応が容易となり急速に学習が完成してしまう場合にみられる．正反応が見出されてもその定着のためにさらなる反復が必要な場合にはS字状の曲線となる．

練習の初期には順調に進歩するが，練習を継続していると進歩が緩やかになって一時停滞しその後さらに練習を継続していると再び進歩を示すことがある．この停滞現象を**高原現象**（プラトー；plateau）と呼ぶ．高原現象は，無意味綴りの学習や運動技能の学習，芸術など長期にわたる技能の学習などの場合にしばしばみられ，学習者の意欲や興味の低下，疲労などによって生ずるほか，学習の進歩につれて行動の体制を改変すべきときにも起こる．

（1）技能の学習

自動車の運転や楽器の演奏をする場合には，運動の熟練が重要である．自動車の仕組みや音楽についての知識を得ることも役には立つだろうが，知覚情報に運動動作を協応させなければならず，練習を重ねて身体の動きが熟練したものに変化することが必要となる．こうした技能を**運動技能**（motor skill）という．将棋やチェスなどのように，運動よりも認知的・知的な側面が重視される技能は**認知的技能**（cognitive skill）と呼ばれる．

技能学習に関する最初の実験は，モールス信号を用いた電信技術の学習過程について行われた（Bryan & Harter, 1997）．図3-15はその練習過程を示した学習曲線であるが，練習に伴って成績が向上しており，途中にところどころ高原現象がみられる．ブライアンとハーターはこ

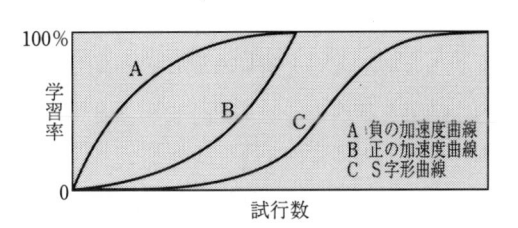

図 3-14　学習曲線の型（梅本，1978）[18]

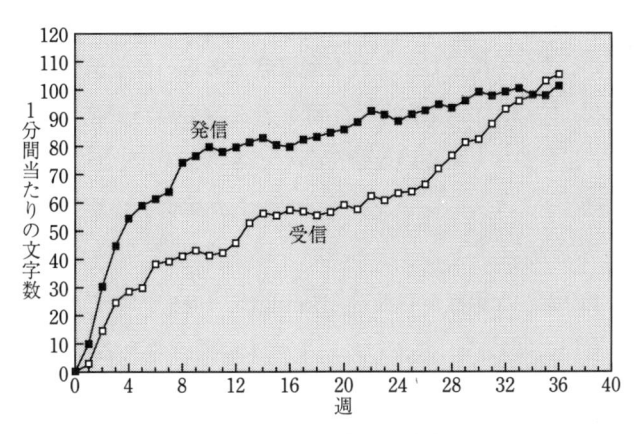

図 3-15　練習による電信の発信・受信作業の上達（Bryan & Harter, 1897[19]）

の高原現象について，受信・発信する対象がはじめ文字単位でとらえられていたのがやがて語単位，さらにいくつかの語のまとまり単位でと変化する時期に相当していると考え，上達に伴って知覚と運動の協応に質的な変化が起こっている可能性を指摘した．

　技能学習は一般に表3-3に示したような3つの段階に分けることができる．

　最初は課題がどのようなものであるかを把握する認知の段階である．

　次の連合の段階は，さまざまな刺激入力と適切な動作とが結びついていく時期である．1つの動作を行うごとに視覚的に結果を確かめて次の動作に移るということを繰り返し，練習を重ねて上達していく．練習とは単に動作を反復することではなく，自分の動作の結果が目標とどのくらいずれていたかについてのフィードバック，いわゆる**結果の知識**（knowledge of result；KR）が不可欠である．この段階ではまだ遂行に意識的な注意を要する．

　最終的には自律の段階となり，一連の動作はまとまってスムーズに遂行されるようになる．それまで視覚的に統制してきた行動も内的な統制に移っていく．この段階では，動作を意識したり言語化したりすることは却って遂行の妨げになる．

（2） 行動の学習

　われわれの行動習慣は必ずしも直接的な経験を繰り返して条件づけられるのを待つことによって学習されるわけではない．子どもが友だちやテレビの登場人物を見ているだけでまねするように，他者の行動を見ることを通じて間接的に学習される行動も多い（たとえばテーブルマナーといった社会的慣習など）のである．

　バンデュラ（A. Bandura, 1925-　）は，直接自らが強化を得ることがなくても，観察のみによって学習が成立することを指摘し，これを**観察学習**あるいは**モデリング**と呼んだ．

　バンデュラら（1963）は，大人が攻撃的な行動をとるのを見た子どもたち（3〜6歳児）は，モデルを観察しない子どもよりも多くの攻撃行動をすることを示した．興味深いことに，実際のモデルばかりか，映画やアニメーションをモデルとした場合も攻撃行動の模倣が起こった．この結果を図3-16に示した．

　観察学習は，表3-4のような過程からなる（Bandura, 1986）．モデルに賞や罰を与えることは4番目の動機づけ過程に関わると考えられ，モデルが罰せられるのを観察した子どもたちは，モデルが報酬を受けるのを観察した子どもたちに比べて攻撃行動を示すことが少ない．ただし，モデルの行動を再現するように言われてジュースなどで誘われると，やはり模倣行動を示した．つまり，モデルを罰しても新しい行動の学習自体は阻害されないのである．

（3） 知識の学習・思考の学習

　知識や思考の学習にとってとくに重要なのは，認知構造の質的な変化である．

　知覚や記憶，思考などといった情報処理のしかたにおける個人差を認知スタイルという．これは学習者側の要因に対する教育的な配慮より生まれた概念であるが，図3-17はそのうちの1つである「衝動―熟慮」を調べるケイガン（Kagan, J., 1929-　）のMFFテストの刺激例

表 3-3 技能学習の段階

1	認知の段階	課題を理解し，いかになすべきか考える．
2	連合の段階	練習を通して，知覚─運動の連合が形成される．
3	自律の段階	意識的努力をしなくても，正反応が自動的に行われる．

（Fitts, 1964[20]）に基づいてまとめた）

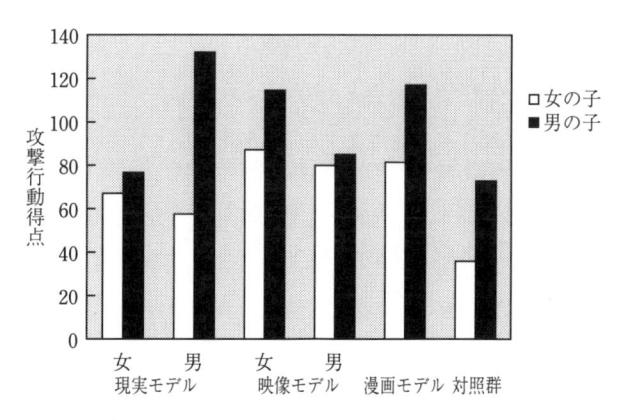

図 3-16 攻撃モデル観察の効果（Bandura, A, *et. al*, 1963）[21]
被験児は，モデルがビニール人形を罵りながら殴ったり蹴ったり馬乗りになったりするという攻撃行動をするのを観察した．
現実モデル条件：大人のモデルが攻撃行動をするのを観察する．
映像モデル条件：大人のモデルの攻撃行動を映画に撮ったものを観察する．
　　現実モデルと映像モデルには，モデルが男性のものと女性のものがある．
漫画モデル条件：黒猫が攻撃行動をする漫画アニメーションを観察する．
統制群：攻撃行動を観察しない条件．
被験児は，攻撃行動を観察した後，同じビニール人形を含めた玩具のある遊戯室に案内された．そして遊戯室での自由遊び場面が観察され，攻撃行動を得点化された．

である．これは標準刺激図形と同一の図形を1つ選ばせる課題であり，反応は早いが誤りの多い場合を衝動型，反応は遅いが誤りの少ない場合を熟慮型とする．

発達的に衝動型から熟慮型へ移行することが報告されているが，熟慮型であるためには，答えを吟味する内的過程が成立し，認知的抑制が働くことが必要である．発達につれて，十分に視覚的分析をするとともに，行動を統制して性急な反応や衝動を抑制することができるようになってくると考えられる．また認知過程への気づきや調整にとって，言語の果たす役割も大きい．言語の発達につれて認知的な操作は自己内対話によって行われるようになり，内言（Vygotsky, 1934）[24] によって自らの思考や行動を調整できるようになるからである．

わが国におけるMFFテストのデータは，小学校入学を境に熟慮型への急激な変化を見せ，入学後はさらに早さと正確さを併せもった「効率型」へ移行するという特徴をもっている（波多野，1974）[25]．この結果は，一斉授業中心の学校の雰囲気や学校特有の期待・価値観などから受ける影響も大きいことを示していると思われる．

80年代以降，自らの反応を吟味するという認知的な力の重要性が学習においても注目されている．「自分の認知過程についての認知」のことを**メタ認知**（metacognition）といい，認知的な能力についての知識をもつこと，認知状態を把握すること，自分の認知行動をコントロールすることなどを指す．ツィンマーマン（Zimmerman, 1990）[26] は，学習におけるメタ認知的方略を**自己調整学習**（self-regulated learning）**方略**とし，これを自発的に用いる学習者を自己調整学習者と呼んでいる．生涯学習社会となりつつある現在，自分の認知過程について理解を深め，適切な方略を自ら求めるようになることが重視されている．

表 3-4 観察学習の下位過程

① 注意過程	モデルへ注意を向ける．
② 保持過程	観察したものを記憶しておく．
③ 産出過程	記憶されたものを実際に自分の行動として再生する．
④ 動機づけ過程	行動を遂行するかどうか決定する．

(Bandura, A., 1986)[22]

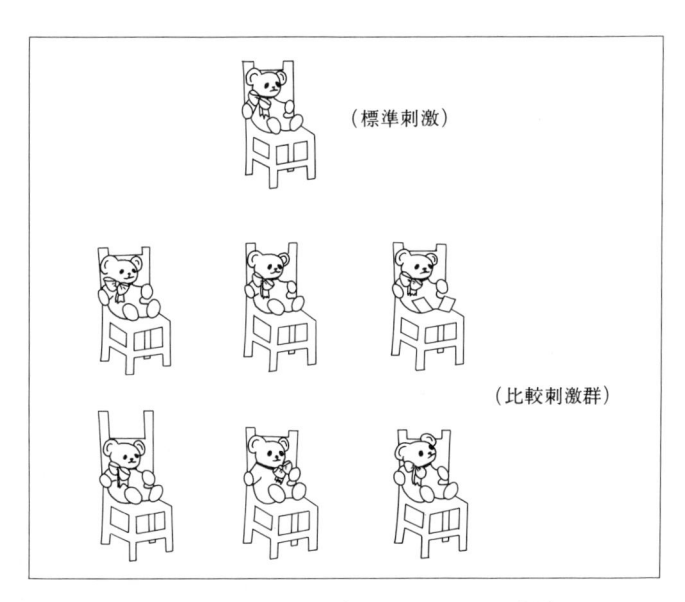

図 3-17 MFF テスト (Kagan *et al.*, 1964)[23]

4 記憶

1. 記憶の過程と記憶の種類

　記憶は，何かを覚え込み，それを一定期間覚えておき，その後に思い出すという過程をたどる．覚え込むことを記銘といい，一定期間覚えていることを保持という．この間に記憶が失われることがある．忘却である．失われずに保持されていても記憶内容が変わってしまうことがある．これは記憶の変容である．これらの全体は**記憶の過程**と呼ばれている．記憶の過程の要約が図4-1に示されている．保持している記憶の程度は，表4-1のように，**再生法**や**再認法**などで想起することによって測定される．再生法には，対連合学習で対になったものを記銘し，その後でその対の一方から対の相手を再生する適中法的再生，ランダム順に呈示された項目の記銘後に，記銘したときの順序は問わないで思いつくままの順序で再生する自由再生，および系列学習法で一連の項目を出現の順序も含めて記銘し，記銘後に記銘時の順序も含めて再生する系列再生などがある．一般的には，再生よりも再認のほうが思い出しやすい．

　記憶の内容からみた種類には，運動の記憶，無意味綴りなど意味のないものの機械的な記憶，嗅覚や触覚など各感覚内容に対応した記憶，文字や数字や記号の記憶，単語の記憶などがある．要素的な記銘対象は記銘項目といわれ，その記憶は項目記憶である．項目間のつながりの記憶は連合または連想の記憶であり，複数の項目の順序を覚えるのは順序記憶である．記憶の内容による種類は多様である．

　運動の仕方や処理の仕方などの記憶は**手続的記憶**であり，知識として知っていることの記憶は**宣言的記憶**である．宣言的記憶は，さらに意味記憶とエピソード記憶とに分けられる．**エピソード記憶**は，いつ，どこで，だれが，などが明示できる具体的，個別的な出来事の記憶であり，**意味記憶**とは，いつ，どこで，のような個別性のはっきりしない一般的な抽象的な意味内容の記憶である．一般的な単語や概念の記憶は意味記憶に属する．後述するように，意味記憶については，記憶の構造も検討されている．

　表4-2はエピソード記憶についての実験的研究の結果の1つである．この実験で記銘の対象になっている項目は24個の単語である．1語ずつ順次に1回呈示され記銘する．記銘時にこ

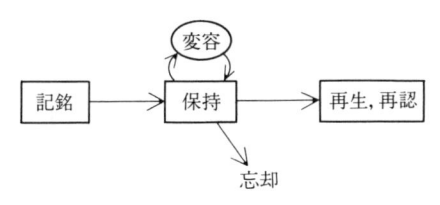

図 4-1 記憶の過程

表 4-1 記憶測定の一般的な方法

系　列　再　生	覚えるべき項目，たとえば15個の名詞などが1つずつ一定の順序で呈示され，それを記銘する．その後，覚えた項目を覚えたときの順序通りに想起する．項目だけでなく順序も正しく再生することが求められる．
自　由　再　生	覚えるべき項目，たとえば15個の名詞などが1つずつランダム順で呈示され，それを記銘する．その後，覚えた項目を想いつくままに答える．つまり，想起の順序は記銘のときの順通りでなくてよい．
適中法的再生	覚える内容は対である．いくつかの対 S_1-R_1, S_2-R_2, S_3-R_3, …, S_n-R_n の各々が順次呈示され記銘する．S_1, S_2, …, S_n は刺激項目，R_1, R_2, …, R_n は反応項目と呼ばれる．記銘後，刺激項目 S_i だけが順次呈示され，それに対応した反応項目 R_i の再生が求められる．
再　認　法	覚えるべき項目，たとえば15個の名詞などが1つずつ呈示され，それを記銘する．これらを記銘項目と呼ぶ．記銘後，記銘項目や記銘項目でない新しい項目が呈示され，それが記銘項目であったと思ったら「はい」，そうでないと思ったら「いいえ」と答える．

表 4-2 3種類の検索手掛の存在の下での標的語の再生確率

手掛	実験II*	実験1	実験2	実験3
入力時手掛	.65	.63	.59	.61
実験室以外からの連想	.23	.15, .30	—	—
標的語のコピー	—	.24	.22	.32, .38

*このデータは Thomson, D. M. and Tulving, E. (1970)[1] の実験IIの第6群からのものである．

(Tulving, E. and Thomson, D. M., 1973)[2]

の記銘対象語を呈示するときに，個別的な状況となる．実験場面の文脈を設定するために，記銘の対象になっている語と同時にその弱連想語1語を呈示する．すなわち，大文字で書かれた記銘対象語の少し上の方にその弱連想語1語が同時に小文字で呈示される．実験に先立って，その弱連想語は記銘対象語の再生の際に役立つ旨の教示がなされている．記銘後，3条件下で記銘語の再生が求められた．記銘の際に同時に存在した弱連想語が呈示され，それを手掛かりとして再生をする場合（入力時手掛かり条件），記銘時には呈示されなかった記銘対象語の強連想語が手掛かりとして呈示され再生をする場合（実験室以外の手掛かりからの連想条件），およびこの強連想語から自由連想をさせ，自由連想で出てきた語を書かせ，その中に記銘対象語があるがそれに○をつけさせる場合（標的語のコピー条件）についての結果が，表4-2である．連想で引き出すには相対的に強い強連想語でも，記銘時の個別的な状況の**文脈的手掛かり**となっていないと再生には役立たない．連想で引き出すには相対的に弱い弱連想語の手掛かりでも記銘時の個別的文脈を構成するようになっていれば，それからの再生はよい．個別的状況を作りあげている入力時の手掛かりの記憶，つまりエピソード記憶が存在していることと，それが後の再生時に手掛かりとして役立つことを示している．これは，「手掛かりが想起を促進するためには記銘時にその手掛かりが記銘対象語に付け加えられなければならない」とするタルヴィング（Tulving, E., 1983）[3]の**符号化特殊性原理**を支持することにもなる．

　図4-2は，思考や判断などの認知的な働きのための**作業記憶**の存在を示す実験の1つである．実験群には，あらかじめ6桁の数字を記憶させておいて，短い文の意味の真偽の判断を求める．統制群には前もって数字を記憶させておくことなしに，短い文の意味の真偽の判断だけを求める．判断に要する時間を測定すると，実験群は統制群よりも，判断時間がより長くかかった．実験群は，判断に使う作業場としての記憶が数字の前負荷によって狭められ，作業がしにくくなり，時間がより長くかかったと考えられる．作業記憶が使われていることを示している．

　イメージ記憶の存在を示す実験もある．図4-3がその例である．対連合学習の実験である．関連のない具体名詞2語の対が順次1回だけ呈示されそれを記銘する．イメージ群は，記銘の際に2語を関連づけるイメージを頭に浮かべるように教示されている．統制群は通常の対連合学習である．1リストは20対である．1リストの呈示が終了すると，対の一方の語が呈示されその対の相手の語を再生する（直後テスト）．5リストの終了後に，5リスト全部についてもう一度再生（遅延テスト）をする．再生結果の図4-3では，いずれの場合もイメージ群の方が圧倒的によい．人間の記憶では，言語的にコード化された記憶に加えて，イメージ記憶も主要な働きをしているといえる．絵のような対象は，イメージによる符号化と言語による符号化の両方がなされるので，絵の記憶の方が言語の記憶よりも良くなるとするペイヴィオ（Paivio, A., 1971）[6]の**二重符号化説**の関連でも考えられる．

　意識的な想起の対象とはならないで存在する**潜在記憶**がある．図4-4は，潜在記憶の**プライミング効果**の実験である．この実験では，ひらがなで書かれた単語を使って，潜在記憶を対象

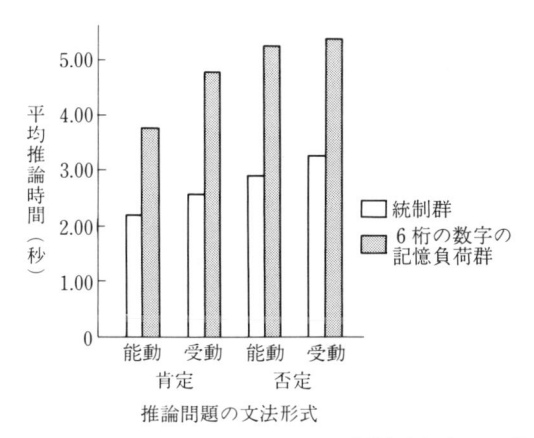

図 4-2 記憶負荷群と統制群におけるそれぞれの問題形式ごとの平均推論時間（Baddeley, A. D. and Hitch, G., 1974）[4]

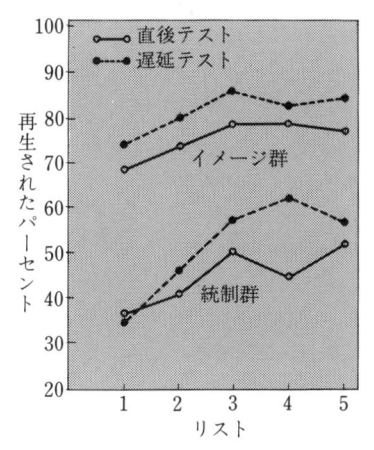

図 4-3 イメージ群と統制群における5リストの直後再生と遅延再生（Bower, G. H., 1972）[5]

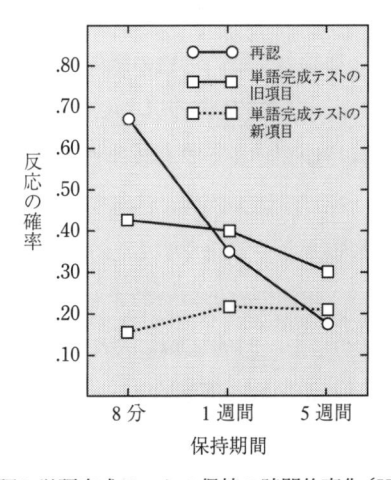

図 4-4 8分から5週間に及ぶ再認と単語完成テストの保持の時間的変化（Komatsu, S. and Ohta, N., 1984）[7]

にした**単語完成テスト**と，顕在記憶を対象にした再認テストを行った．潜在記憶の単語完成テストでは，以前に**プライム刺激**として呈示されたひらがな表記の単語が，ひらがなの一部が空白の虫食いの形で出され，それを単語に完成することが求められる（旧項目の単語完成テスト条件）．顕在記憶は意識的な想起の対象となる記憶であり，通常の再認テストを行った．潜在記憶の効果との比較のために，前にプライム刺激として呈示されなかった単語の完成テストも行っている（新項目の単語完成テスト条件）．結果の図 4-4 では，旧項目条件は新項目条件より成績がよく，またその効果は再認テストに比べて長期間にわたって持続して存在している．旧項目条件ではプライム刺激の想起の意識がないが，潜在記憶として存在して単語完成テストの効果をあげている．プライミング効果の他に，自転車の乗り方や水泳の仕方など，それほど明確に意識されなくても，または明確に言えなくても，記憶から取り出してその行動をすることができる．このような行動の仕方の記憶は手続的記憶であるが，これも潜在記憶に属している．

　表 4-3 は**記憶術**の例である．記憶術が覚えられていて必要なときに使われることがある．つまり，自分の記憶の仕方の記憶があることになる．自分の記憶は今記銘しようとしている対象や内容についてどの程度であるかを評価したり，それを自分が記銘するときの傾向や程度を判断したりする．また，自分がその記銘に関して使うことのできる記憶術的な方略や記銘の仕方を選択することがある．記銘結果について評価を行うこともある．このように，自分の記憶のあり方や記憶の仕方・方略など，自分の記憶について覚えていて必要に応じて使う記憶がある．つまり，記憶の記憶であり，**メタ記憶**と呼ばれている．

　これまで見てきた記憶の他にも，記憶の種類や内容がある．たとえば，これから先の未来の行動の計画などを覚えておく展望記憶，文や物語の記憶，保持期間や保持様式のちがいに対応した記憶などもある．文や物語の記憶については，記憶の構造のところでとりあげる．

2. 感覚記憶，短期記憶，長期記憶

　記憶の保持時間や保持様式などにも差異があり，感覚記憶，短期記憶，および長期記憶の 3 種の分類が行われている．この 3 種類の記憶の特性の概要が，表 4-4 に示されている．これら 3 者の間の関連についても考えられ，**二重貯蔵モデル**などの形で提出されている．図 4-5 はその 1 つの例である．**感覚記憶**の保持期間は長くても数秒まででごく短く，保持様式も感覚的なトレースの形で保持されている．感覚記憶の内容に注意を向けたり，そのカテゴリを認知したり，その名称を認知し音声化の処理やコード化をすると，**短期記憶**に取り込まれる．短期記憶は，現在の意識の中にあるという 1 次記憶に近いものでもある．その保持期間は数十秒までであり，"電話をかけるときに電話番号を一時的に頭に入れておく"程度のものである．短期記憶の多くは，聴覚的にコード化された内容を**復唱**（リハーサル）する様式で保持されている．短期記憶の容量，すなわち保持していられる項目数はチャンク（1 つにまとまっていると認知された 1 群のこと）単位でおよそ 7±2 程度である．感覚記憶の容量はこれよりも大きく十数

表 4-3 記憶術の種類と特徴

記憶術	適した対象・条件	内　　容
押韻法（rhyming method）	項目どうしの関係や規則性が重要である場合	語呂合わせの一種．一定のリズムをつけて，誤りがあるとリズムが狂うようにする． 例：「瓜にツメあり，爪にツメなし」 「Thirty days hath September, April, June, and November（30日あるのは，9月と4月と6月と11月）」
頭字法（first-letter method）	有意味な単語からなる系列で，項目の順序関係はどうでもよい場合	項目の最初の音や文字だけを適当な順序で並べかえて意味のとおる文や単語の形にする． 例：「むすめふさほせ」（百人一首の1字きまりの7首） 「HOMES」（アメリカの五大湖）
連結法（link method）	有意味な単語からなる系列で，項目の順序関係が重要である場合	A，B，C，D，…の項目があったとすると，AとBをイメージで結びつけ，次にBとC，CとD，と順にイメージでつないでいく．
物語法（story method）	〃	項目をつぎつぎと組み込んで，全体として1つの物語や文章を構成する．
場所法（method of loci）	〃	ふだんから自分がよく知っている場所を選び，その場所の中の特定の部分に記憶すべき項目のイメージを配置していく．
ペグワード法（peg-word method）	〃	あらかじめ番号数字と同じ韻をふむ具体物（one is a bun（1＝パン），two is a shoe（2＝靴），three is a tree（3＝木），…；ペグと呼ばれる）を覚えておき，記憶すべき項目とペグとをイメージでつないでいく．
数字―子音法（digit-consonant method）	電話番号のように数字が羅列されている場合	数字をアルファベットの子音に変換し，適当に母音を挿入して，いくつかの単語に置き換えてしまう．
イメージ化（imagery method）	単語など，それ自体が意味をもつ場合	具体的なイメージを作って覚える．できるだけ奇抜なイメージが有効である場合が多い．

（清水寛之，1995）[8]

表 4-4 記憶の3過程の特性

特性＼過程	保持時間	保持様式	記憶容量
感覚記憶	数秒まで	感覚的トレースの形で	10数個まで
短期記憶	数10秒まで	多くは，聴覚的コードのリハーサルの形で	チャンク単位にして平均7個
長期記憶	数分から数10年，またはそれ以上	固定された形，または意味関連のつけられた形で	実質的に無限

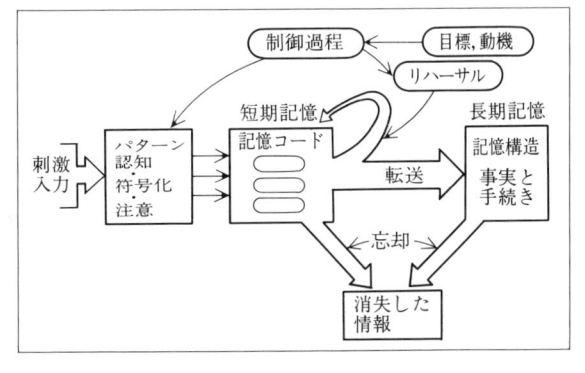

図 4-5 最近の記憶モデルで一般的に仮定されている構造的要因と制御過程図（Hilgard, E. R. and Bower, G. H., 1975）[9]

個はある．リハーサルには，短期記憶に保持しているだけの機能の**維持リハーサル**と長期記憶化の働きをする**精緻化リハーサル**がある．短期記憶の内容は精緻化リハーサルされたり，意味処理すなわち記銘対象の意味を考えるなどのより深い処理がされたりすると長期記憶になる．**長期記憶**は，現在の意識になく取り出すのに努力のいる2次記憶とほぼ同じと考えられる．長期記憶は，意味的関係の構造をなして保持されることが多く，その容量は事実上無限である．

　図4-6は**視覚的感覚記憶**の実験結果である．**部分報告法**とか同時呈示法とかサンプリング法とか呼ばれる方法を用いている．この実験では，18個の文字が1行に3文字ずつ6行に配列されて同時に呈示され記銘する．呈示時間は50ミリ秒である．呈示のときの背景の明るさは，明条件と暗条件の2条件である．呈示終了後，一定時間（長くて5秒）経過後，再生を求める信号音が鳴る．信号音にはあらかじめ知らされている6種があり，呈示時の文字の6行に対応している．6種のうちの1つが鳴ると，それに対応した1行の3文字だけの再生が求められる．この再生数に6をかけることで，全保持数の推定値を求める．全部の再生報告を求めると，報告の時間がより長くかかり，感覚記憶の保持時間が短いため，報告している間に記憶が消えるものもあり，データが不透明になる．これを避けるために，再生の時間が短い部分報告を求めた．結果の図4-6から，直後の容量は約16個にもなっている．背景の視野が明の条件と暗の条件とでは差があり，明条件では消失が速く，0.5秒ですでに短期記憶の容量まで減っている．保持時間の短いこの視覚的感覚記憶は**アイコニックメモリ**とかVIS（視覚的情報貯蔵）とも呼ばれ，残像とは異なる．聴覚的感覚記憶についても類似の研究がなされ，その記憶は**エコイックメモリ**またはAIS（聴覚的情報貯蔵）と呼ばれている．

　短期記憶のうちのかなりの部分は，聴覚的コードでリハーサルによって保持されている．リハーサルで保持されていることを検証した実験の結果の例が図4-7である．短期記憶での**リハーサルを妨害**すると短期記憶は保持しにくくなることを示すことで検証した．この実験法は**ディストラクター法**または**ブラウン・ピーターソン法**と呼ばれる．実験は，記銘，保持，再生の順に行われるが，保持期間中にリハーサルを妨害する作業が入る．実験者が3文字の子音（例CHJ）を言い，被験者はそれを聞いて記銘する．その後すぐに，実験者が3桁の数字を言うので，被験者はすぐにその数字を復唱し，その後，一定の保持期間（3, 6, 9, 12, 15, 18秒）の間，定間隔で鳴る音に合わせて，与えられた数から始めて3または4ずつ順次暗算で減算をして答えていく．保持期間が終わると赤ランプがつくので，初めに記銘した3文字を再生する．結果の図4-7は，3文字の保持という比較的簡単な短期記憶でも，急速に失われていくことを示している．数字の減算がリハーサルを妨害したために記憶から失われたと考えられる．

　短期記憶からの忘却は，単なる時間の経過に伴う減衰ではなく，他の項目の記憶活動からの干渉によることを示した実験が図4-8である．**プローブ法**による．1桁の乱数16個より成るリストを用意し，その数字が1秒に1個または1秒に4個の呈示速度の条件で順次聞かされ記銘する．これに引き続いて信号音が鳴り，信号音に続いてリスト内の数字が1つだけもう1度

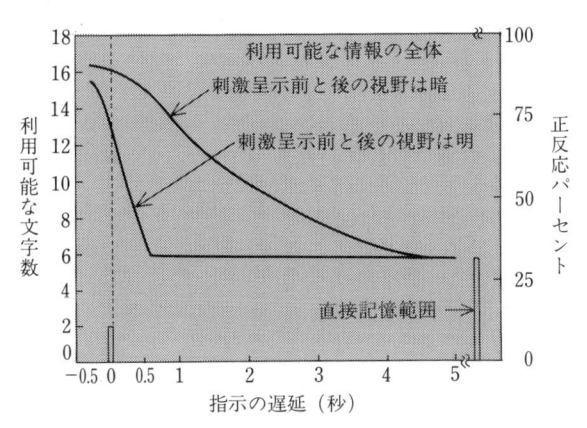

図 4-6 2種類の刺激呈示条件下での観察者に利用可能な情報．右のたて軸は部分報告の平均の正確さである．左のたて軸は利用可能な貯蔵文字数の推定値である．両呈示条件に対する直接記憶範囲の平均が右に示されている．刺激の呈示が左下に示されている．（Sperling, G., 1963）[10]

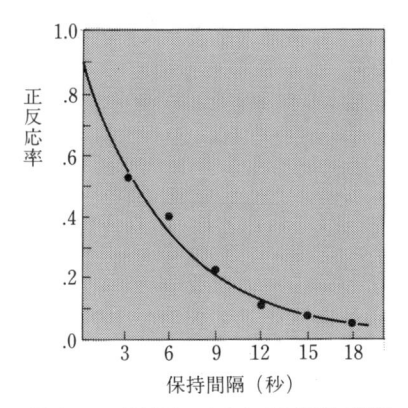

図 4-7 保持間隔の関数としての，潜時 2.83 秒以下になされた正再生率（Perterson, L. R. and Peterson, M. J., 1959）[11]

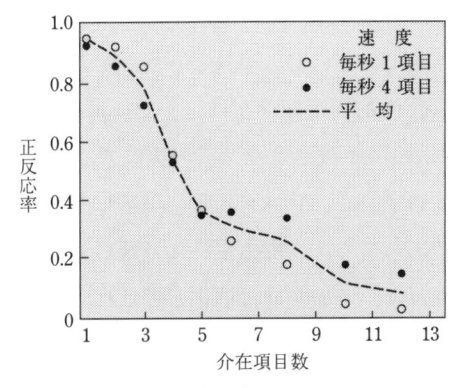

図 4-8 数字によるプローブ法の実験の結果（Waugh, N. C and Norman, D. A., 1965）[12]

呈示される．この数字が**プローブ**（さぐり針）となる．記銘時にこの数字の次に出現していた数字を再生して答える．この方法では，再生の対象になっている数字が記銘されてから再生されるまでの間に，他の記銘項目（数字）がいくつ介在したかがわかる．呈示速度もわかっているので保持時間もわかる．他の項目の再生は求めないので，他の項目を再生することによる影響を除外できる．図4-8の結果は，正反応率を**介在項目数**で整理すると両速度条件ともほぼ同じになることを示している．低速呈示条件では保持時間が4倍かかっているにもかかわらず，その差は忘却に影響せず，介在項目数すなわち他の記憶活動が等しいと忘却も同じになる．

　短期記憶の内容がリハーサルされると長期記憶になっていくことを示した実験が，図4-9である．相互に関連のない名詞20語が，1語ずつ順次カードで呈示され記銘していく．呈示時間は1語に5秒ずつであった．記銘時には声に出してリハーサルをするように求められていた．リハーサルはカセットテープに録音された．呈示が終了すると，2分間の自由再生が求められた．各語が再生された割合と記銘時にリハーサルされた回数とを図示したのが，図4-9である．再生結果の**系列位置曲線**のうち後部の高まりは**新近性効果**と呼ばれ，短期記憶に残っていたものから再生されたと考えられるが，再生曲線の前半部分の高まりは**初頭効果**と呼ばれ，すでに長期記憶化された成分から再生されたと考えられる．この長期記憶成分からの再生の程度はリハーサル回数と対応し曲線が重なっている．リハーサル回数が多いほど長期記憶化が進む．

　長期記憶化された記憶の保持期間は長い．図4-10は，長期記憶の保持の程度について調べた5つの研究の結果を1つの図にまとめたものである．調べた保持期間は10分から2年にまで及んでいる．この中では，音節の記憶より詩の記憶のほうが良い．意味的関連のあるものほど保持されやすい．長期記憶の特徴であろう．なお，この図での保持は節約率で示されている．

3. 記憶の構造

　記憶の構造は主として長期記憶について研究がなされている．多くの内容が長期にわたって保持されているので，その構造がどうなっているかが問われている．記憶に取り入れられた時間的順序で機械的に詰め込まれているのか，それとも何らかの構造をなして整理されて保持されているのかである．記憶の意味的構造の存在は，すでにボウスフィールド（Bousfield, W. A., 1953)[15]の**群化**の実験によって示唆された．この実験で，動物，植物，人名，職業の各カテゴリーから15語ずつ計60の名詞を，ランダム順に呈示して記銘し自由再生を求めると，記銘時の呈示順序はランダムであっても，自由再生時には同じカテゴリーの名詞が続いて想起される傾向のあることが見出された．この傾向は**群化**と呼ばれ，同じ意味カテゴリーに属する名詞は，記憶の中でまとめられて保持されている構造の存在が示唆された．

　その後，もう少しはっきりとした形の記憶の構造の考えが，図4-11のようなコリンズとキリアン（Collins, A. M. & Quillian, M. R., 1969)[16]の**意味的階層構造モデル**として提出された．このモデルによると，意味は記憶の中で樹形図的階層構造のネットワークをなしている．根も

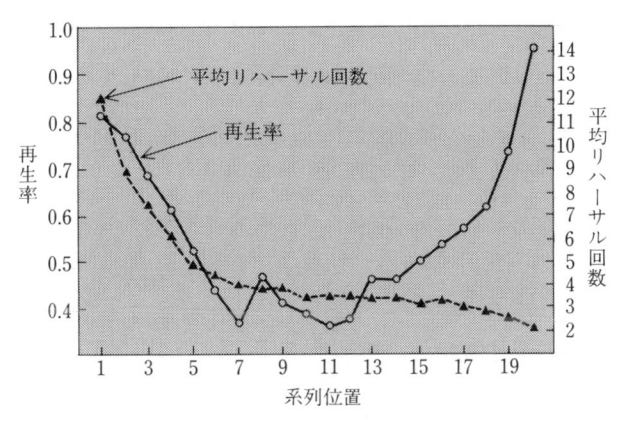

図 4-9 系列位置の関数としての，項目の平均再生率と項目の平均リハーサル回数（Rundus, D., 1971）[13]

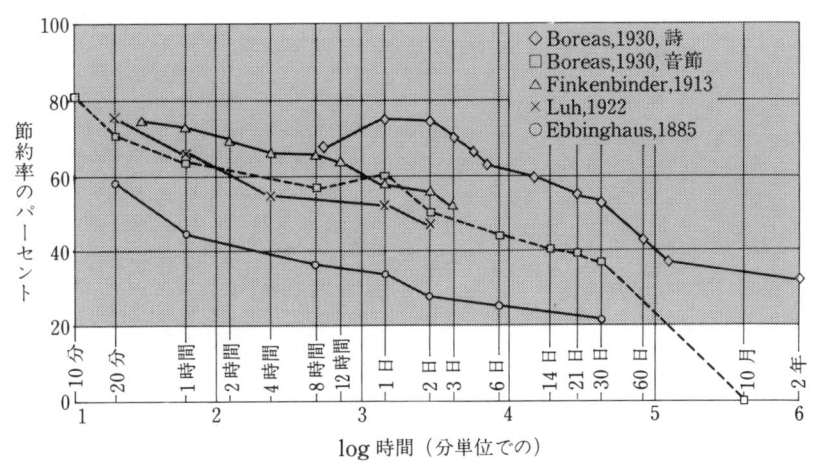

図 4-10 保持期間の対数尺度の横軸に対してプロットされた保持曲線．一番上の曲線の記銘材料は詩であり，それ以外の曲線の記銘材料は，音節である．（Woodworth, R. S. and Schlosberg, H., 1961）[14]

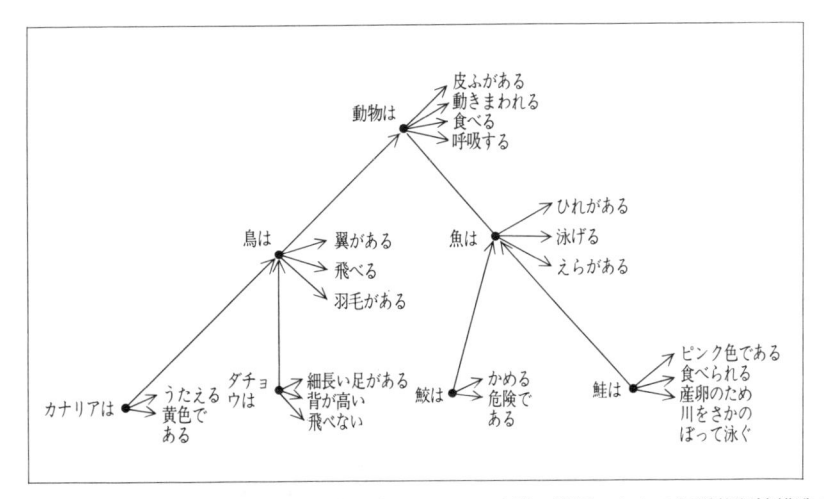

図 4-11 Quillian の意味記憶の理論から鳥と魚について 3 水準の階層からなる仮説的記憶構造の図示（Collins, A. M. and Quillian, M. R., 1969）[16]

とや枝分かれのところは節点と呼ばれ各概念に対応する．上位概念の節点は下位概念の節点より上に位置する．各節点には，その概念のもつ共通特性が付随している．図4-12は，この考えを検証する実験の結果である．この実験では，「カナリアは鳥である」「カナリアは動物である」などの文が呈示され，その文の意味の真偽の判断を求められ，判断に要する反応時間が測定された．カナリアと動物のようなネットワーク上でより隔たっている2つの節点を含む文の判断は，カナリアと鳥のようなより近い2つの節点を含む文の判断よりも，記憶検索に時間がかかるため反応時間はより長くなることが予測された．実験結果はこれを支持している．

しかし，**カテゴリーの典型性効果**の実験がなされ，概念カテゴリの意味的階層構造モデルだけでは説明しにくい現象のあることが指摘された．この効果を示した実験の結果が図4-13である．同じカテゴリーに属する成員でも，そのカテゴリーの典型的な成員についての文と典型的でない成員についての文とでは，主語と述語の間のリンク数は等しいが真偽の判断に要する反応時間は異なる．典型的な成員の文のほうが速い．成人よりも子どもの方がその差が大きい．

このようなことを踏まえて，図4-14と図4-15で示される**意味的特徴モデル**が提出された．記憶の中で，各概念や語の意味は，図4-14のように特徴の集合として表されている．特徴の左側の添字は，その特徴の定義性の程度を示す．特徴は定義性の程度により2種類に分けられる．定義性の高い特徴は定義的特徴であり，その概念や語の属するカテゴリーの定義に必須なものである．定義性の低い特徴は特有の特徴であり，個別的な特徴を付加している．この記憶構造に基づく，文章の真偽の判断過程は図4-15のようになる．2段階の**特徴比較モデル**となる．「コマドリは鳥である」という文が与えられると，コマドリと鳥の2つの名詞の特徴リストを検索し，まず定義的特徴と特有の特徴とを含む全体的類似性xを決定する．次に，xを2つの基準値C_0およびC_1と比較する．xがC_0より小ならば偽と反応し，C_1より大ならば真と反応する．xがC_0とC_1との間にあれば，さらに定義的特徴だけを比較し，一致していれば真と反応し，一致していなければ偽と反応する．このモデルによれば，カテゴリーの典型性効果が説明できる．同一のカテゴリーに属する成員でも，典型的な成員の場合は図4-15で全体的類似性が高いので第1段階の比較で$x > C_1$となり，反応時間が短い．典型的でない成員の場合は全体的類似性がそれほど高くはないので，第2段階までの比較が必要になり，反応時間がより長くかかる．

表4-5のような記憶における**フレーム構造**や表4-6のような**スクリプト構造**の提案もなされている．**フレーム構造**は，記憶内の概念的知識を表現するための共通の枠組みであり，表4-5の例のように，スロットとその値をとり，構成部分要素や他の多様な概念との連関を含むことができる．値にはデフォルト値が存在する．この枠組みは日常の認知過程で用いられ，談話などで理解に必要なときにとくに直接表現されていない部分について，デフォルト値が用いられる．**スクリプト**は，多くの人が同様に行うルーチン化された日常行動に対応した知識構造の枠

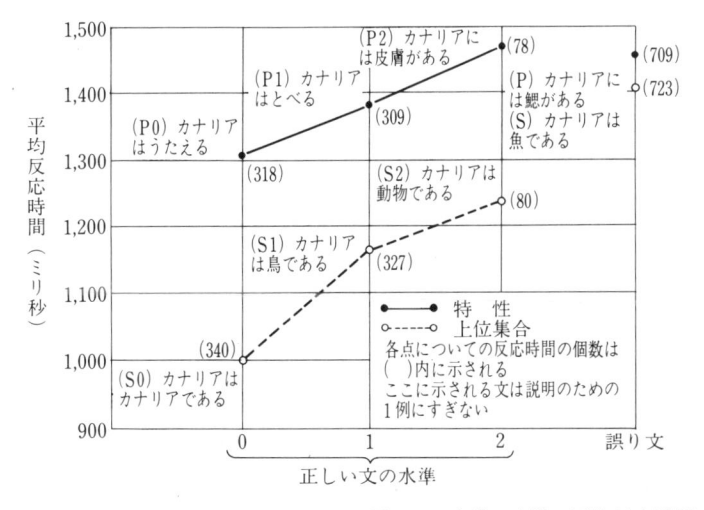

図 4-12 異なった2つのタイプの文に対する3水準の実験の平均反応時間 (Collins, A. M. and Quillian, M. R., 1969)[16]

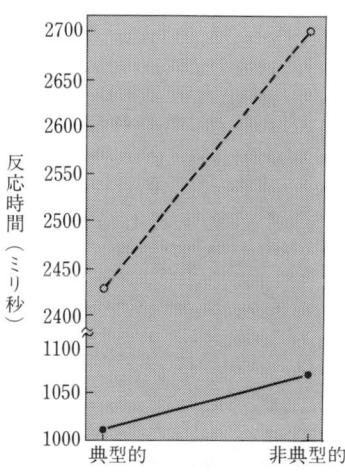

図 4-13 真の典型文と真の非典型文に対する正反応の反応時間(--)は子ども；(—)は成人．(Rosch, E., 1973)[17]

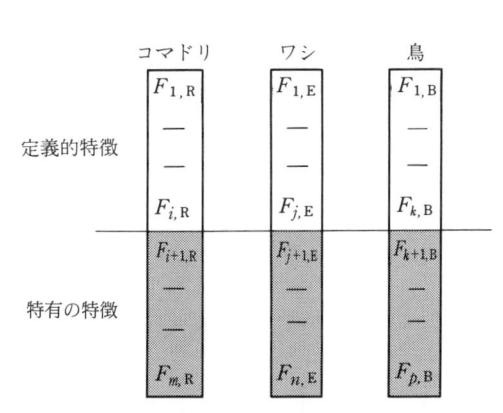

図 4-14 3個の辞書的項目の意味をいくつかの意味特徴によって表したもの．（どの特徴Fについても，最初の添字は相対的な定義性の程度を示している．その数値が低いほど定義性の程度は高い．2番目の添字は特定の項目に属していることを示している．R は robin（コマドリ）を，E は eagle（ワシ）を，B は bird（鳥）を示している）．(Smith, E. E., Shoben, E. J. and Rips, L. J., 1974)[18]

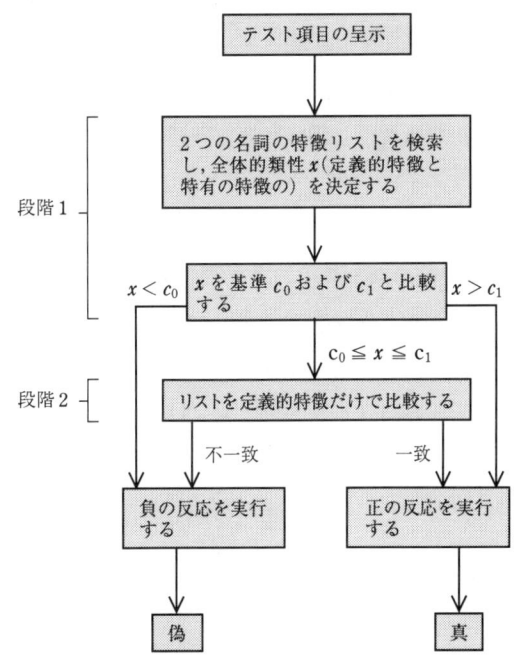

図 4-15 意味のカテゴリー分類課題についての2段階特徴比較モデル (Smith, E. E., Shoben, E. J. and Rips, L. J., 1974)[18]

組みである．表 4-6 のレストラン内での定型的な行動パターンが，その 1 つの例で，レストラン・スクリプトと呼ばれている．記憶内で日常行動の多くはこのように構造化されていて，それに基づいて多くの日常行動がなされていると考えられている．

　1 つ 1 つの単語や概念の記憶構造だけではなく，文章で表現されたまとまりのある内容の意味の記憶の構造，およびその構造へ至る過程すなわち，文を読み，意味を理解し，構造をつくる過程についても研究がなされている．その 1 つに **ACT モデル**がある．文の意味の記憶から，意味の理解，推論，文の学習と生成，帰納，言語獲得などまで，結局は高次の知的活動を対象にしたモデルである．このモデルでは，長期記憶は宣言的知識と手続的知識とから成る．宣言的知識は，図 4-16 のように，命題と集合関係とを中心にした**樹形図的意味ネットワーク**の構造をしている．この図は，"In a park a hippie touched a debutante." という 1 つの文の意味の記憶内構造を ACT のネットワークで表した例である．小文字のアルファベットの節点はそれぞれの概念を表している．線はリンクであり関係を表す．S は主部，P は述部，R は関係，A はアーギュメント，W は語彙，# は数である．W リンクの矢印の根もとは概念，矢印の先はそれに対応した語彙である．このネットワークは，修正や追加や合成がしやすい．手続き的知識は行動の仕方の集まりであり，**プロダクション・ルールの集合**から成る．1 つのプロダクション・ルールは条件部分と行為部分とから成る．ネットワーク上の活性化されているところが条件部分に適合すれば，そのプロダクション・ルールの行為部分が実行される．行為としては，意味ネットワークの作成，追加，修正，外へ向かっての反応などもある．

　物語のような長い文章で記述された内容の記憶の構造についても考えが提案されている．ソーンダイク（1977）[22] の書き換え規則的な**物語文法**の提案がその 1 つである．この考えによると，物語の記憶構造は，表 4-7 のような起承転結に相応する「設定」「テーマ」「プロット」「解決」の基本枠組と書き換え規則構造から成り，それらの部分はさらに起承転結から成ることがあり，次々と深く入れ子になることができる．この考えの検証を試みた実験の 1 つが図 4-17 である．物語の表現構造がこのような入れ子構造になっている物語（a）と，そうでない構造になっている物語（テーマ部分が後にくる条件（b），テーマ部分を除いた条件（c），エピソードの順序を無視して羅列した条件（d））とを記銘させると，（a）の方の再生がよい結果になった．また，物語の部分の階層レベルが 1（入れ子構造の一番外側）に近いほど再生がよい．（a）条件の物語の構造が，物語の記憶の構造に適合していることによると考えられる．

4. 記憶と脳

　記憶は脳のどの部位にどのような形で存在するのであろうか．記憶を脳の機構からとらえようとする試みもなされている．人の脳障害の事例から考えたり，動物実験を基に検討したりされてきた．たとえば，図 4-18 のように，大脳の左右両方の側頭葉の内側部に損傷を受けた（図では脳部位の説明のために，右側には損傷のない脳が表示されている）イニシャルが H.

表4-5 犬のフレーム構造の例

スロット	値
上位概念	ほ乳類
本体名	犬
品種	スピッツ
存在	ペット
飼い主	一郎
〜	〜
足	4本
性質	キャンキャンなく

(Minsky, M., 1975参考)[19]

表4-6 レストランスクリプトの概略．下位事象の定形的な継起のパターン構造（スクリプト）が記憶にあると考えられている

```
レストランへ入る
座るテーブルを決める
テーブルに座る
ウェイトレスが来る
メニューを見る
注文する料理を決める
注文する
  〜
レジへ行く
代金を支払う
レストランを出る
```

(Schank, R. C. and Abelson, R. P., 1977 参考)[20]

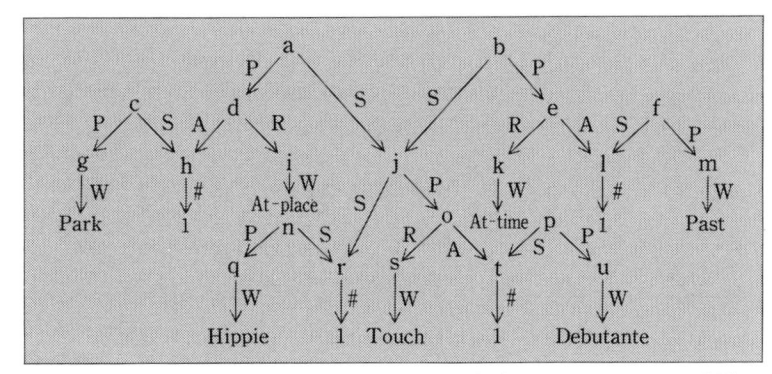

図4-16 ACTの表現方法の多くを示している例（Anderson, J. R., 1976)[21]

表4-7 物語文法

規則番号	規則
(1) 物 語	⟶ 設定＋テーマ＋プロット＋解決
(2) 設 定	⟶ 登場人物＋場所＋時間
(3) テーマ	⟶ （事件)*＋目標
(4) プロット	⟶ エピソード*
(5) エピソード	⟶ 下位目標＋試み*＋結果
(6) 試 み	⟶ { 事件* / エピソード }
(7) 結 果	⟶ { 事件* / 状態 }
(8) 解 決	⟶ { 事件 / 状態 }
(9) 下位目標 目標	⟶ 求められた状態
(10) 登場人物 場所 時間	⟶ 状態

（　）は任意の要素．　*は繰り返しを許す要素
(Thorndyke, P. W., 1977)[22]

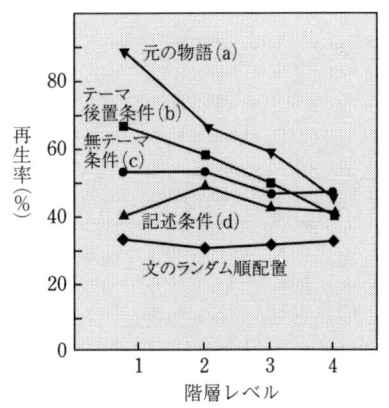

図4-17 階層レベルの関数としての文の再生率
(Thorndyke, P. W., 1977)[22]

M.のケースについての記録では，重篤な**前向性健忘**が報告されている．知能は普通よりもよく，短期記憶の機能も保たれているが，長期記憶化されない．脳損傷以前の古い記憶は想起できるが，脳損傷以後の経験が記憶として残らない．新聞を読んでも記憶に残らない．食事をしたことも忘れてしまう．新しく引っ越した家の間取りも，家への道順も覚えられない．新しく会った人についても記憶に残らない．日常経験がすべて記憶に残らない．しかし，覚えることすべてができなくなっているのではない．動作的なことは覚えられる．星形に描かれた線を鏡を通して見ながらなぞる鏡映描写の課題は学習でき，なぞれるようになる．

側頭葉の内側部にある**海馬**という脳部位には，図4-19に示されるような**長期増強**と呼ばれる現象があることも知られている．つまり，動物で海馬に高頻度の電気刺激が与えられると，その電気刺激がなくなった後でも数時間またはもっと長くの期間にわたってそこの神経の興奮しやすさが持続されることが見出されている．また，海馬は隣接する海馬傍回を通して各連合野とも神経接続がなされている．他の脳損傷のケースをも合わせて考えると，側頭葉の内側にある海馬という部位が，日常の出来事の記憶を定着させ長期記憶化させるまで，記憶内容に対応した神経回路の活動を繰り返し行わせる働きをしていると考えられる．

しかし，上記の記憶障害のケースで述べたように，すべての記憶定着に海馬が関わっているのではなさそうである．**小脳**には，図4-20に示されるような**長期抑圧**の現象が見出されている．また，図4-21の実験で示されるように，サルのクリック音と報酬の水との対呈示による口の運動の古典的条件づけでは，条件づけが進むにつれて，被殻や尾状核という**大脳基底核**の脳部位では，条件刺激に対応して明確な反応を示す神経細胞が増加している．この種の学習に被殻や尾状核などの脳部位が関与していることが考えられる．宣言的記憶の定着には海馬が関わっているが，少なくとも運動の仕方などの手続的記憶の固定には，海馬よりも他の脳部位，たとえば大脳基底核や小脳が関わっていると考えられる．また，**前脳の基底部**に障害のあるケースでは，人の名前，顔，職業などのような要素的部分的な記憶はできるが，それらを結びつける記憶が失われていることも報告されている．**文脈や関連付けの記憶**は，前脳の基底部などの連合野が関わっていることが考えられる．

5. 記憶の忘却と障害

記憶の忘却は，記憶の種類とその保持様式に対応して考えられる．**感覚記憶**はトレースの形で保持されているので，感覚記憶のところでもみたように数秒足らずのごく短時間で時間の経過に伴って減衰していく．視覚的感覚記憶で視野が明るい条件のときは減衰がより速いことが示されたように，他の入力からの干渉を受け，それによる減衰もありうる．

短期記憶における**忘却**は，図4-8でもみたように，短期記憶内の他の項目からの干渉によることが考えられる．短期記憶の容量は小さく，平均で約7個程度であるので，すでに満員になっているところへ新しい項目が追加されると，すでにある項目をまとめるなどの特別の処理を

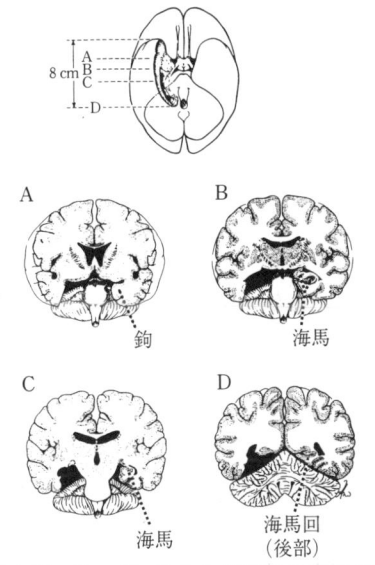

図 4-18 Scoville による側頭葉の内側の左右両側の切除の障害の範囲を示す脳の図式的断面図（Milner, B., 1970）[23]

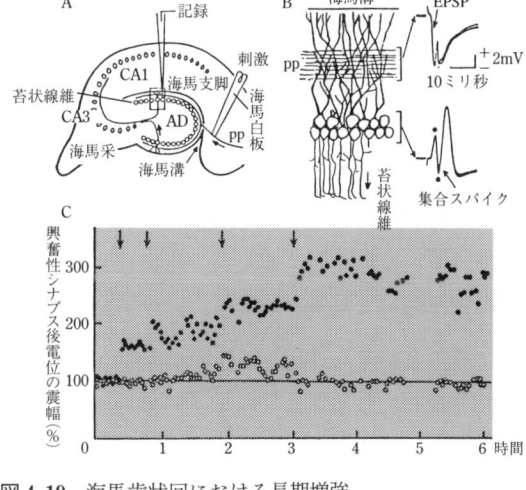

図 4-19 海馬歯状回における長期増強
A：穿通路（pp）を刺激し，歯状回（AD）の分子層から顆粒細胞の集合 EPSP を記録．
B：A の長方形部分の拡大図．分子層では顆粒細胞の集合 EPSP が，顆粒細胞では集合スパイクが記録される．
C：反復刺激した側（●）と対照側（○）の集合スパイクの振幅．縦軸：刺激前の振幅に対する割合，横軸：反復刺激後の時間．矢印の時点で刺激．（Bliss, T.V.P and Lømo, T., 1973）[24] の2つの図（図1のA, Bと図4のC）の合成．

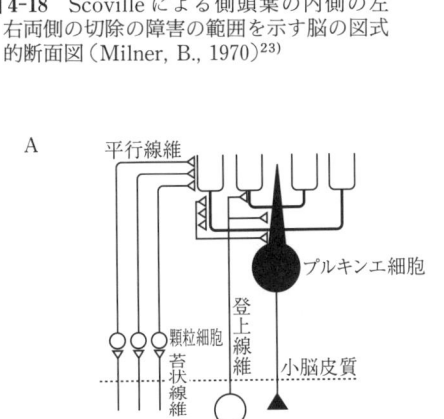

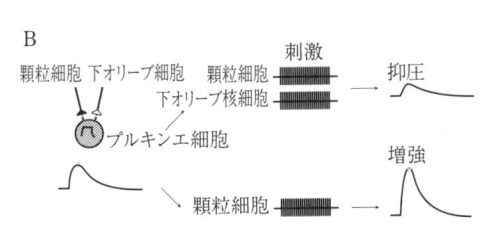

図 4-20 A：小脳皮質内の主要な神経回路，B：顆粒細胞・プルキンエ細胞間シナプス伝達の長期抑圧と増強
顆粒細胞と下オリーブ核細胞の同時高頻度刺激により長期抑圧が，また顆粒細胞の単独高頻度刺激によっては増強が引き起こされた．（平野丈夫，1997）[25]

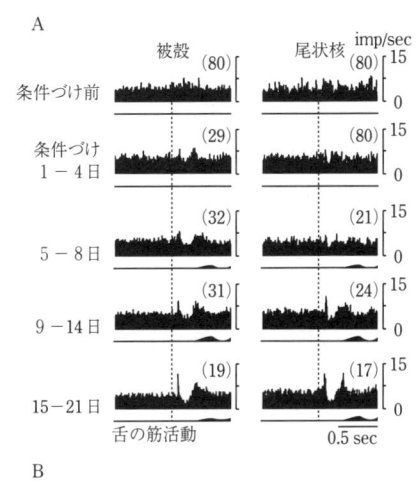

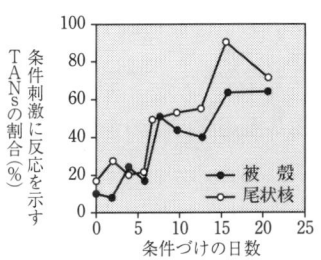

図 4-21 クリック音と報酬の条件づけに伴う線条体の持続的放電型ニューロン（TANs）の条件刺激に対する反応の形成
A：多数のニューロンの集合加算ヒストグラムであり，（　）内の数字は加算に含まれるニューロン数．下のトレースは舌の筋活動を加算したもの．条件刺激の時点でそろえてある．B：反応する TANs の増加．（木村實，1997）[26]

しない限り，前からあった項目が追い出され消失する．また，図4-7でみたように，リハーサルが妨げられると維持できなくなり，忘却することも考えられる．

長期記憶における**忘却**については，以前に不使用説，すなわち記憶を使用しないでいると時間の経過とともに減衰していくとする考えがあった．しかし，この考えはジェンキンスとダレンバッハ（Jenkins, J. G. and Dallenbach, K. M., 1924)[27]の実験によって否定された．この実験では，10個の無意味綴りを記銘した後，一定時間睡眠していた条件と目を覚ましていた条件とで，その後の記憶を調べた．睡眠していた条件の方が無意味綴りの再生がよく，目を覚ましていた条件の方が忘却が多かった．このことから，長期記憶の忘却は他の記憶などからの干渉によることが考えられ，**干渉説**が提出された．他の項目の記憶からの干渉による忘却に，逆向抑制と順向抑制がある．表4-8は**逆向抑制**を示した実験である．まず20語から成る文を，原学習として指定された回数（2回，4回，または8回）だけ繰り返し記銘する．次に20語の長さの別の文を挿入学習として指定された回数（0回，4回，または8回）だけ記銘する．その後で原学習に使用した文を4回だけ再学習として記銘する．表4-8の結果は，再学習の第1試行における正反応数，すなわち挿入学習後の再生数である．挿入学習を実際は行わなかった条件（0回挿入）に比べて，挿入学習を行った条件では，原学習の再生が低下している．すなわち，挿入学習の記憶により原学習の記憶が抑制されたと考える．これを逆向抑制という．

図4-22は**順向抑制**に関する14の実験結果を1つの図にまとめたものである．ここの実験はすべて，〔先行リストの学習〕→〔原学習〕→〔原学習の再生〕の順に行われている．図4-22の結果の要約では，先行リストの学習が多いほど，原学習の再生が低下している．原学習の記憶に対して，先行リストの記憶が抑制を働かしていることが考えられ，これを順向抑制という．

逆向抑制や順向抑制の他にも，長期記憶に対する干渉的要因，すなわち結果的に再生できず現象としての忘却を生じさせる要因が考えられている．これには，**反応競合説**がある．この説から考えやすい例は，刺激項目が同じaで反応項目がbまたはcであるような異なる2つの対連合学習を行う場合である．まず原学習a—bを行い，次に挿入学習a—cをした後に，aを手掛かりに原学習のbを再生する．aにはcも連合しているので，反応bとcの再生が競争をする．より強い項目が再生され，それによって弱い項目の再生が抑えられる．cの項目の反応が強いと，bは再生されずに侵入の誤反応cが生じる．これが反応競合説である．この考えでは説明しきれない逆向抑制の要因xがあることを示した研究が図4-23である．まず18個の無意味綴りを原学習として学習し，次に挿入学習をし，その後で原学習の再生をする．原学習の再生に生じる逆向抑制の中には，挿入学習からの侵入による誤反応（図中，あらわな反応競合によるRI）もあるが，それ以外の要因xによる逆向抑制（図中，要因xによるRI）もあることを示している．後者の抑制は挿入学習の回数とともに増加する傾向にあることから，消去に相当する学習解消によるものと考え，逆向抑制はこの要因xと挿入学習の反応競合との2要因によるとしている．

表4-8 挿入学習後の原学習項目の平均再生数

挿入学習の試行数	原学習を2試行	原学習を4試行	原学習を8試行
0	8.67	9.08	14.42
4	3.58	5.58	10.92
8	2.08	5.08	9.42

(Slamecka, N. J., 1960 より)[28]

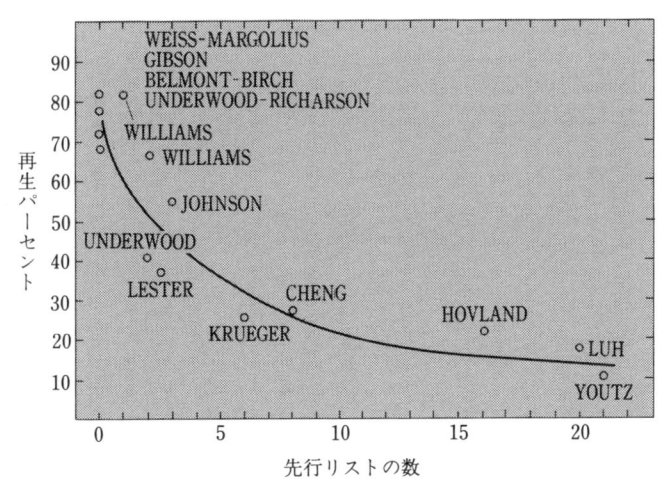

図 4-22 学習された先行リスト数の関数としての再生．これは多くの研究から求められた．左から右に Weiss and Margolius, Gibson, Belmont and Birch, Underwood and Richardson, Williams, Underwood, Lester, Johnson, Krueger, Cheng, Hovland, Luh, Youz のものである．(Underwood, B. J., 1957)[29]

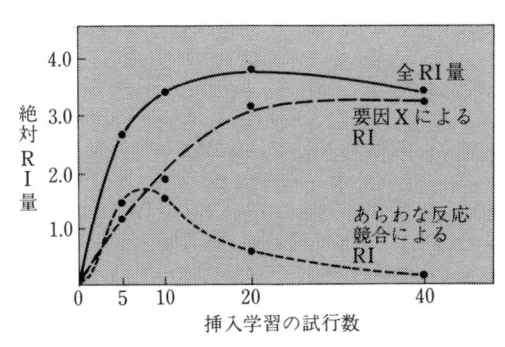

図 4-23 挿入学習の程度と RI の量との関係 (Melton, A. W. and Irwin, J. M., 1940)[30]
＊挿入0での再生と挿入後の再生との差

忘却は，原学習を後続の学習が**学習解消**することによって生じる逆向抑制であるとする考えを支持する実験が図4-24である．A—Bの対連合学習の後，A—Cの対連合学習を行うと，A—Cの学習の試行数の増加につれて手掛かりAに対して反応Cの再生傾向は増し，それと反対にほぼ同じ程度だけ反応Bの再生傾向は減少していく．Cが学習される分だけ，その代わりにBの学習が解消されていくとみると，学習解消説を支持することになる．

記憶の忘却の原因については，不快な経験に関連した記憶を抑圧するためとする**抑圧説**もある．この説を支持する実験が図4-25のツェラー（Zeller, A.F., 1951）[32]である．この実験では，4群とも，音節の30個の対の対連合学習をした後，直後の第1回目を含めて合計6回の再生テストを受けた．3回目の再生の前に不快な作業をさせられた第1群と第2群とは，中性的な作業をした第3群と第4群に比べて，再生が著しく低下した．この第1群と第2群でも，5回目の再生の前に前回の不快を取り除く作業をすると，5回目，6回目の再生は回復した．

記憶障害による忘却もある．記憶の主な障害は，大橋博司（1969）[33]によると，表4-9にある**健忘症**である．**前向健忘**は，新しい記憶が全般的につくれず覚えられない障害であり，慢性アルコール中毒によるコルサコフ症候群など脳の器質的障害によるものが多い．**逆向健忘**は，頭の強打で意識を失った事件やショッキングな出来事などの直前または時間的にしばらく前までさかのぼっての事柄が全般的に想起できない障害であり，器質性と心因性とがある．**脱落性健忘**は，連続した時間的経過の中で，一定期間だけの記憶がない障害であり，てんかん発作や意識障害に起因することが多い．**選択性健忘**は，特定の出来事や場所や人について思い出せない障害であり，心理的外傷などからの心因性のものが多い．**系統的・要素的健忘**は，特定の系統の単語がなかなか出てこないとか，特定の感覚モダリテイ，たとえば色とか形などの単語が出てこないなどの障害であり，器質性である．**周期性健忘**は，二重人格における記憶で，人格が交替すると，一方の人格のときに覚えた記憶はもう一方の人格状態のときには思い出せない．

忘却しないで失われずに保持されていても，記憶内容が変わってしまうことがある．**記憶の変容**である．記憶の変容に一定の傾向が認められる．たとえば，バートレット（Bartlett, F.C., 1932）[34]の行った実験で，聞き慣れない文化からの民話など聞き慣れない話を，英国の大学生に聞かせて記銘させ，その後再生を繰り返していくと，**強調化**（ある部分がより極端な方向に変えられる），**単純化**（細部，とくに聞き慣れない細部が欠落する），**合理化**（自分たちの知識の枠組みから見て，つじつまの合う方向に，または期待される方向に変えられる）など，記憶の変容に一定の傾向が認められた．合理化の傾向は，図4-26と図4-27のような図形と単語を用いたカーマイケルら（Carmichael, L.L. et al., 1932）[35]の実験でも見られた．図4-26のように曖昧図形を単語といっしょに呈示して記銘すると，描画再生では，図4-27のように同じ曖昧図形でもいっしょに呈示された単語の方向に変容している．

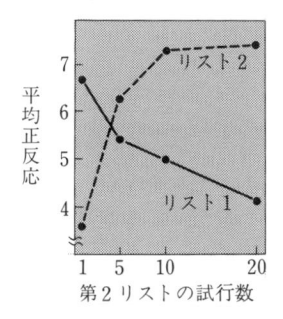

図 4-24 A-B, A-C方式で正しく再生された反応項目のうちそれの刺激項目とリストが確認できた反応項目の平均数 (Barnes, J. M. and Underwood, B. J., 1959)[31]

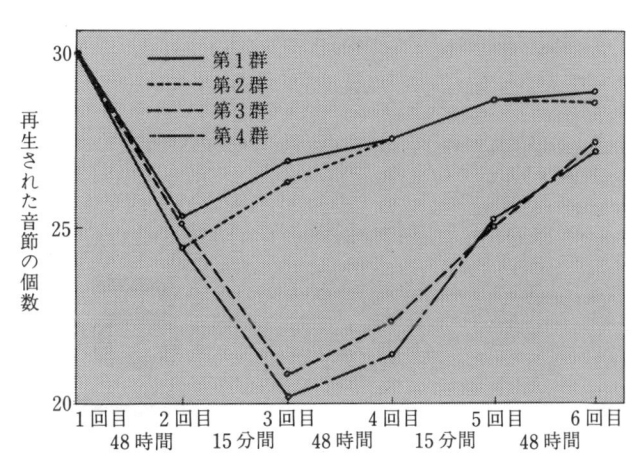

図 4-25 (Zeller, A. F., 1951)[32]

表 4-9 主な記憶障害

前 向 健 忘	新しい記憶を作ることができない．コルサコフ症候群, 老人痴呆, 進行麻痺など器質性精神症に多くみられる．
逆 向 健 忘	いったん獲得できた過去の記憶が全般的に想起できない．新しい記憶ほど失われやすい．器質性脳障害による場合と心因性による場合とがある．
脱 落 性 健 忘	一定の時間だけの記憶がすっかり脱落している．てんかん発作などの意識障害があった期間などが該当する．
選 択 性 健 忘	一定の情景や特定の出来事・人物などについて想起できない．心的外傷と結びついていることが多い．
系統的要素的健忘	一定の語彙や特定の外国語など想い出せない．頭部外傷などによる．
周 期 性 健 忘	二重人格などで，ある人格状態と別の人格状態とが周期的に交替して生起し，一方の状態のときには他方の状態のときの記憶が想起できない．心因的である．

(大橋, 1969)[33]

図 4-27 あいまいな図形の記憶に及ぼす言語の効果の研究 (Carmicheal, L. et al., 1932)[34] の結果の図の一部分. 残りの7つについては図5-12を参照.

図 4-26 視覚的に知覚された形の再生に及ぼす言語の効果の研究のための図形とラベル (Carmicheal, L. et al., 1932)[35]

5 思考・言語

　人間の営む最も高次な行動特性は，思考と言語である．思考と言語はそれぞれ独立に機能することもあるが，人間においては相互に伝達の手段としての言語が思考の道具として用いられ，それによって人間の問題解決能力を格段に増大させている．また，人間の思考過程も，言語がその基礎にあり，複雑なメッセージの伝達を可能にしている．このような思考と言語の働きは，人間の意識と深い関わりをもつ．意識は複雑な思考過程であり，反射的な感覚支配レベルの行動には含まれない．その意味において，言語は必ずしも意識の必要条件ではない．しかし，人間における最も特徴的な状態では，非言語的行動（身振り，サインなど）を除いて，通常言語による内言（個体内交信）や外言（個体間交信）の過程と深く関わり合う．この章では思考の仕組みと言語の特性について述べる．

1.　問題解決の過程

　人間が何らかの問題に直面し，それを解決しなければならないとき，問題解決に至る思考過程にはさまざまな方法がある．人間はいかにして問題解決に至るのであろうか．問題解決過程について考えてみよう．

（1）　試行錯誤と洞察

　ソーンダイク（1898，1911）は問題箱と呼ばれる箱の中にネコをいれ，その行動観察から試行錯誤説（trial and error）を説いた．問題箱は図5-1に示される．空腹で，しかも狭いところに入れられることを嫌うネコは獰猛な顔つきでこの問題箱から出ることを考える．箱の外にはえさが置いてある．この狭苦しい箱の外にある餌をいかにして食べることができるか．まずこの箱から脱出して，自由の身にならなければならない．ネコは箱の中を走り回り，爪を立て，箱の取っ手を歯で食いちぎろうとしたり，飛び跳ねたりあらゆる果敢な行動をする．このような試行錯誤をくり返すうちに偶然にもひもを引くか，踏み板を動かすうちに扉が開き，ネコは箱の外に出ることができる．このような問題解決を一度学習したネコは問題箱の中に入れ

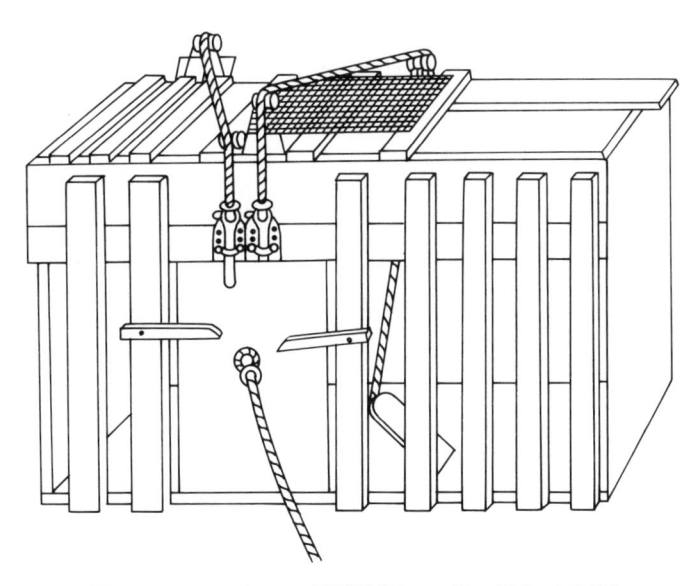

図 5-1　ソーンダイクの問題箱（Thorndike, E. L., 1898）[1]

ると直ちにひもを引っ張り，あるいは踏み板を動かして箱の外に出ることができるようになる．このような問題解決の仕方を試行錯誤説と言っている．次に，図5-2を見てみよう．目標物である餌に直接達する経路が遮断され，遠回りをしなければ餌にありつくことのできない場面を設定する．ニワトリは餌に真っ直ぐに向かって進み，柵にぶつかると右往左往してうろたえる．偶然に柵の切れ目のところに到達して問題解決することができる場合があるが，ニワトリの場合は必ずしも速やかにこの問題を解決することができない．解決に至る道がネコの問題箱のように試行錯誤的である．

　これに対して，イヌはすぐに周辺をかぎまわり，向きを変え，柵を迂回して餌に到達する．チンパンジーや1歳半の幼児はこのような回り道の課題を容易に解決することができる．一方，周囲を柵で囲まれ，回り道が不可能な場合は道具を使用して状況を洞察し，問題を解決することができる．ケーラー（1924）はチンパンジーを被験体にして，多くの実験を行い，洞察説を唱えた．図5-3はチンパンジーが檻の中に入れられ，手の届かないところに餌が置かれている．檻の中には短い棒，外には長い棒が置かれている．チンパンジーは檻の隙間から手を伸ばして，バナナを取ろうとするが，手が届かない．辺りを睥睨して身近にあった短い棒を取り，外にある長い棒をたぐり寄せ，長い棒を用いてバナナを取ることに成功した．このことはチンパンジーが2本の棒と餌（バナナ）を見て，問題解決の方法を見出した，つまり，道具を使って問題解決ができるという見通しに成功し，「手段―目的」関係の体制化を行うことができたことを意味する．チンパンジーの洞察，見通しによる課題解決である．ケーラーの洞察説という．

　人間の場合ははじめは試行錯誤的問題解決が重要な働きをするが，多くの場合，洞察力に依存する．先の見通しがないような人間の思考活動はあまり歓迎されない．しかし，人間は洞察力を欠いていても，当初，でたらめで試行錯誤的行動を繰り返すうちに，次第に組織的な行動を取り入れ，体制化された行動をするようになる．

（2）情報処理的アプローチの基礎（GPS）

　情報処理的アプローチの先駆的研究者であるニューウェルとサイモン（1963）は，課題解決過程を状態空間分析という考え方で説明した．彼らは問題状況を問題解決前の状態「初期状態」から，解決状態「目標状態」を含んだある種の状態空間（課題解決空間）であると考えた．空間内で状態を移動する手続きを操作子（operator）という．

　図5-4の「ハノイの塔」と呼ばれるパズルで考えてみよう．このパズルでは，初期状態は一番左の棒に全ての円盤がある状態であり，目標状態は一番右の棒に全ての円盤がある状態である．操作子は，移動可能な円盤を一枚ずつ移動するという手続きを表している．この概念を用いることによって，問題を解くことを「状態空間中で初期状態から目標状態へ至る操作子系列を発見すること」ととらえることが可能である．彼らは，人間の問題解決の過程をGPS（general problem solver――一般問題解決器）と呼ばれる情報処理モデルで説明した．

a
ニワトリの解決の仕方

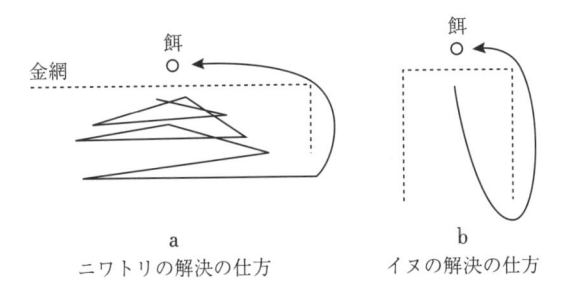

b
イヌの解決の仕方

図5-2 回り道（Köhler, W., 1917）

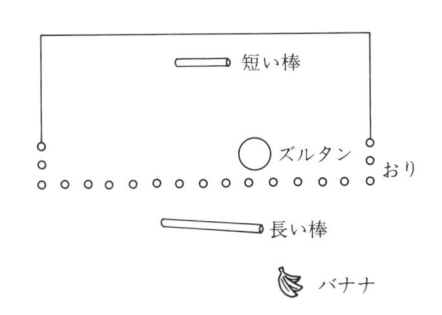

図5-3 ケーラーの実験（Köhler, W., 1924）[2]

GPSの第1の基本的な解決方略は「目標と差異が最も小さい状態になるように操作子を選ぶこと（手段―目標方略）」である．問題1のハノイの塔の場合でいえば，初期状態で次に選べる操作子は最小の円盤を真ん中の棒にもっていくか，右の棒にもっていくかのどちらかであるから，状態Aと状態Bに関する目標状態にいたる差異を比較する．

　目標状態は，3つの棒に全ての円盤を移動する状態であるので，少しでも目標状態に近い状態（この場合Bの方）を評価計算に基づいて，選択するようになっている．各状態でより右の棒に多く，円盤が状態の評価を高めるように決めておけば，目標状態に近づくような選択は，図中ではなるべく右下に移動するような操作子を選ぶことに対応する．しかし，この方略だけでは，必ずしも解決にたどり着けるとは限らない．たとえば，状態Fでは状態Hになるように選択することが評価が高いので，状態Hから先は，評価が低くなる方向へしか動かせなくなってしまう．目標状態に到着するためには，いったん目標状態から遠ざかるような手順が必要とされる問題では，正解にたどり着けることが保証されていない．このように解決に至るためには遠回りしなければならない場合でも，人間は巧みにこの遠回りをして解決することができる．

　GPSでは，この遠回りを可能にする問題解決メカニズムを，「目標状態から逆算して副目標を設定方略（副目標設定方略）」として説明できる．ハノイの塔の問題でいえば，3枚の円盤を全て右の棒へ移動する最終目標の副目標として「一番大きい円盤を右の棒に移動すること」が選ばれる．3枚の円盤を移動するためには，まず，一番大きい円盤が移動されなければならないからである．この副目標を副目標1とすれば，この副目標1にはさらに，「上の2つの円盤を真ん中の棒に移動する」という副目標2が存在する．さらに，この副目標2には，「2番目に大きい円盤を真ん中に移動する」という副目標3が存在する．

　このように，副目標設定方略では，手段―目標方略のような目標に向かって前向きにすすんでいく方略（前向き探索）ではなく，逆に目標のほうから，逆算して後ろ向きに進んでいく方略（後ろ向き探索）が可能である．GPSでは，これらの2つの方略（手段―目標方略と副目標設定方略）を併用することによって，人間の巧みな問題解決行動を説明しようとした．ニューエルとサイモンのモデルは，簡単で，説明力のある情報処理モデルであり，今日の問題解決研究に大きな影響を与えている．

　これら2つの方略は，手段―目標方略では必ずしも正確にたどり着くことができないこともあるし，副目標設定方略では問題の性格によっては副目標がうまく設定できない場合もあるという欠点がある．このような欠点をもちながらも，これらの方略が問題解決に有効であることがハノイの塔の問題解決に役立つことも明白である．このように比較的簡単で，解決に有効に働くが，必ずしも解決の保証がない方略をヒューリスティック（heuristics）と呼ぶ．また，図5-5のような組み立て除去法によって最大公約数を求める問題のように，実行すれば必ず解決するような手続きのことをアルゴリズム（algorithm）と呼ぶ．

[問題1] ハノイの塔

初期状態のように3枚の円盤が1本の棒に通っている．今，以下の条件で円盤を1枚ずつ動かして，目標状態にしたい．どのように動かせばよいか？

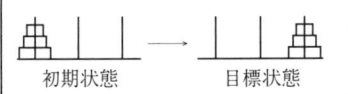

初期状態 → 目標状態

条件1．円盤は1枚ずつ移動する．
条件2．小さい円盤の上に大きい円盤を乗せてはならない．

＜問題解決空間＞

――――― 目標状態に近い（各状態間の相対的関係） ―――――→

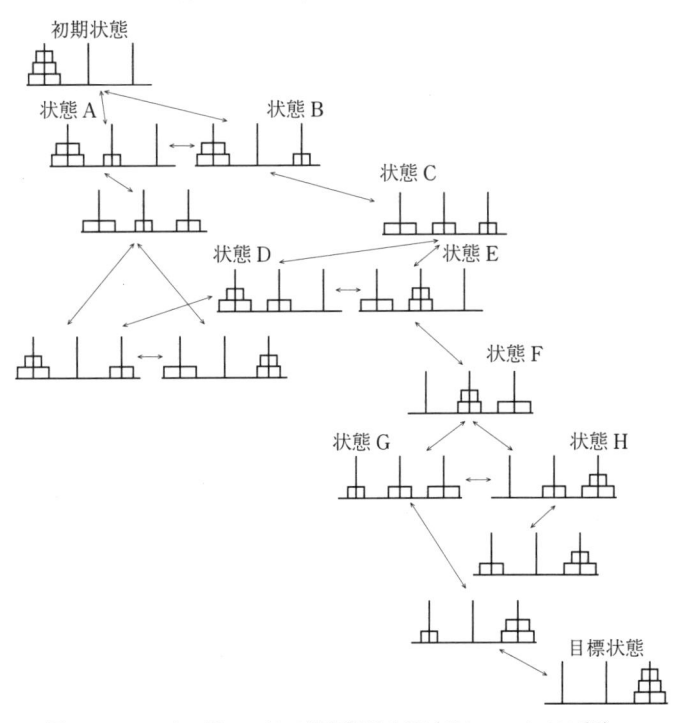

初期状態
状態A　状態B
　　　　状態C
状態D　状態E
　　　　状態F
状態G　状態H
　　　　目標状態

図5-4 ハノイの塔における問題解決空間（Chi, et al, 1981）[3]

168－120－96 の最大公約数を求める

2	84	60	48
2	42	30	24
3	21	15	12
	7	5	4

解決アルゴリズム

1. 共通な因数で割っていって，割り切れなくなるまで続ける．

2. 式に出てきたこれらの数字を全部掛ける．

答え　4×2×3＝24

図5-5 組み立て除法による最大公約数を求めるアルゴリズム

人間の日常の問題解決場面を考えると，数学や物理の問題を公式やアルゴリズムを基に解いて行くような場合を除いては，ヒューリスティック方略が用いられる．心理学的課題は大勢がこの方略をとる．それは人間が一度に処理できる情報量には限界があるからである．また，日常的な多くの問題は，ハノイの塔のような初期状態，目標状態，操作子が明確にされている問題ではなく，目標状態が漠然として不明確な場合が多く，解決に至るアルゴリズムが存在しないことが理由としてあげられる．

ドゥンカー（Duncker, K., 1945）は被験者に問題を与えてその時の思考過程を分析した．図5-6 に図示されるように，問題解決は一般解から機能解，特殊解へと段階を追って進行していくことが分かる．これも，ヒューリスックによる問題解決である．ニューウェルやサイモンが開発した問題解決のためのコンピュータプログラムである GPS にも，ヒューリスックの重要性が示されていることは言うまでもない．

（3） 問題解決に及ぼす諸要因
（a） 機能的固着と構え

問題解決において，過去の経験や知識がプラスの効果をもたらすだけでなく，マイナスの効果をもたらすことも少なくない．ドゥンガーは図5-7に示されているような問題箱を被験者に提示した．問題箱では，3個の紙の箱，マッチ棒，押しピン，ロウソクが材料として用いられた．問題は，ロウソクを床に垂直に取りつけランプとして使うことであった．1つの解決法はロウソクと押しピンとマッチ棒が箱の中に入れられてあった（事前利用）．他の1つはロウソクと押しピンとマッチ棒が箱の中に入っていなかった（非事前利用）．被験者は，箱に物を入れられて与えられた場合の方が，空の箱の場合よりも問題解決は困難であった．これは，箱に物を入れておく事が，箱の容器としての機能を固着させ，箱を燭台として用いる発想を妨げたためと考えられる．このように，過去経験が作用して，物のいろいろな機能についての考えを制限することをドゥンガーは機能的固着（functional fixedness）と呼んでいる．

また，ルーチンス（Luchins, A. S., 1942）の水瓶問題の実験も，問題解決の「構え」が柔軟な思考を妨げる要因になることを示している．この実験の問題は，A, B, C の 3 個の容量の異なる水瓶を用いて，大きな水槽から一定量の水を汲むことであった．表5-1に示されているように，問題1から問題5までは［B−A−2C］によって解決できる．問題6と問題7は［B−A−2C］でも解けるが，［A−C］，［A＋C］と言う簡単な方法で解ける．しかし，問題1から順々に［A−B−2C］という手順で解いてきた被験者は，問題6や問題7でも問題1から問題5までの解決法に拘り，構えができていて時間のかかる方法で問題を解くのである．これらのことから分かるように，経験や過去の知識，習慣に固着すると，問題解決を遅らせたり不可能にしてしまう．

（b） ヒントの効果

問題解決においてヒントが与えられると解決を容易にする．

ドゥンカーの放射線問題

「ある医師が胃に悪性の腫瘍をもつ患者を担当した．その患者は，体力が弱っていたため，外科手術を行うことはできなかった．しかし，腫瘍は一刻も早く取り除かなければ，患者は死亡してしまう．そこで，その医師は，放射線治療を考えた．放射線を腫瘍にある程度以上の強さで照射すれば，潰瘍は破壊される．ただし，その場合，腫瘍が破壊されるかわりに，その放射線が通過するところにある健康な組織も破壊されてしまう．逆に弱い放射線を用いれば，健康な組織は大丈夫だが，今度は，潰瘍を破壊することができない．では，どうすればよいか？」

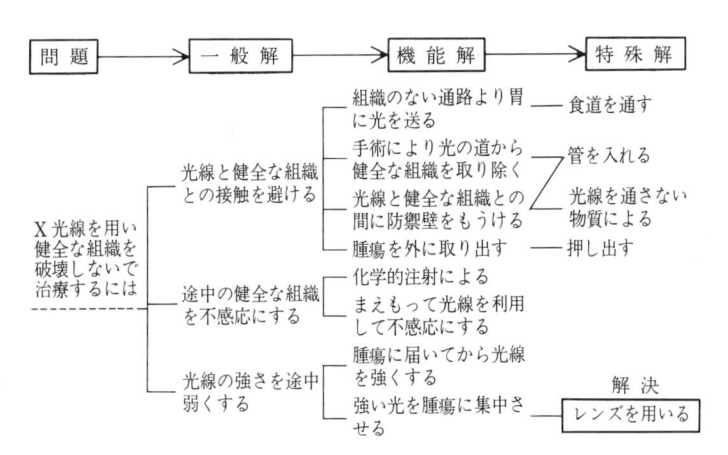

図 5-6　放射線問題の思考過程（Duncker, K., 1945）[5]

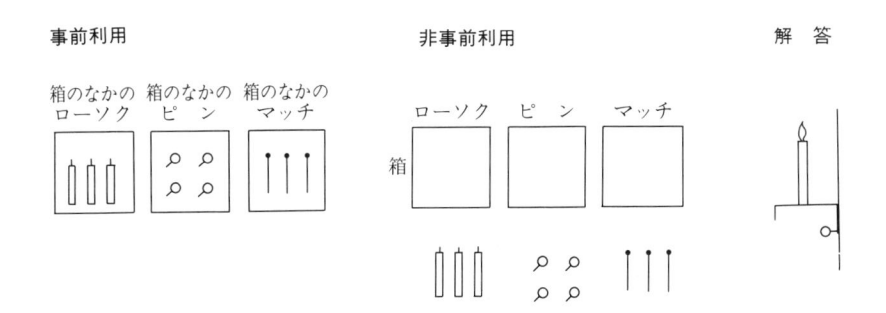

図 5-7　ドゥンカーの箱問題（Duncker, K., 1945）[5]

マイヤーの実験（Maier, N. R. F., 1930）は天井の低い廊下を実験場にして，その床の上にチョークで2つの目印をつける．1組の材料が与えられ，それを組み立て，それぞれの床の印の上にたれるような振り子を作るという問題が与えられる．材料は図5-8（a）に並べてあるようなものである．天井の高さよりもやや短い棒が2本，もっと短い棒が2本，締め具が1つ，針金に2本，錘2つ，その他鉛管数本，チョークが数本ある．これらの材料をもっていて，天井から2本の振り子をたらすにはどうすればよいか．マイヤーの15人の被験者はだれ1人解決に至らなかったが，そこで，彼は解決のための3種類の「ヒント」を与えた．

1) 継ぎ竿を作る金具を用いる．
2) 棒を固定するには物の間に狭み込む．だが，この2つのヒントでは47人中ただ1人の正解者しかいなかった．そこで，第3のヒントを与える．
3) 実験者は針金をもって，床に印のついている真上の天井から吊り下げる実演をする．

これは有効で，22人中8人が正解した．正解は金具で天井に届く長さの継ぎ竿を作り，棒の両端に針金で錘を下げたのを結びつけ，この棒を継ぎ竿で天井に押しつけて固定する．

第1と第2のヒントが解決過程の単なる部分的な過程だけを示したのに対して，第3のヒントはその部分をどのように結びつけるかという「方向」を示したものであり，問題を解く道具を作るにも，その問題の構造がどのような道具を要求しているかを十分に吟味することが必要である事を示している．図5-8（b）が正解である．

2. 推　理

一般的に推理とは，言語的に表現された既知の命題を基に，新たな命題を論理的に導き出す過程を意味する．心理学では広義には問題解決の場面で，生活体がすでにもっている経験，あるいは情報を内的に編成して，直接得た情報に新たな解決の方法を見出して行く過程をいう．このような広義の推理は，人間の行う日常の簡単な問題解決場面で多く見られ，課題が複雑になるにつれて問題解決のための模索を試行錯誤的に行うのが通例である．推理は形式論理上，1) 一般命題から個別的命題に導かれる帰納的推理（deduction），2) 個別的命題から一般的命題を導き出す演繹的推理（induction）に分けられる．

また，帰納的推理には概念形成の問題が深く関係している．

ここでは，これらの推理の仕組みについて述べる．

（1）帰納的推理と演繹的推理

帰納的推理とは限られた個々の事実についての命題から一般法則を抽出するもので，後に述べる概念学習の中に含まれている．科学的法則の大部分は帰納的推理に基づいており，得られる情報からいかに正確に真実を発見するかという洞察力が重要な用件となる．

演繹推理とは1つ，あるいはいくつかの命題が前提として与えられ，与えられた前提（premise）のみから必然的に正しいと証明されるような結論を導き出すもので，いわゆる3段

表5-1 ルーチンズの水かめ問題[7]（Luchins, A. S., 1942）

問題	使用する水がめの容積* A	B	C	くみ出す量	解決法
1	21	127	3	100	B－A－2C
2	14	163	25	99	B－A－2C
3	18	43	10	5	B－A－2C
4	9	42	6	21	B－A－2C
5	20	59	4	31	B－A－2C
6	23	49	3	20	B－A－2C または A－C
7	15	39	3	18	B－A－2C または A＋C

*単位はクウォート

	被験者数	B－A－2Cによる解答（％）	A－C／A＋C による解答（％）	他の解決又は無解答
実験群	79人	81％	17％	2％
統制群	57人	0％	100％	0％

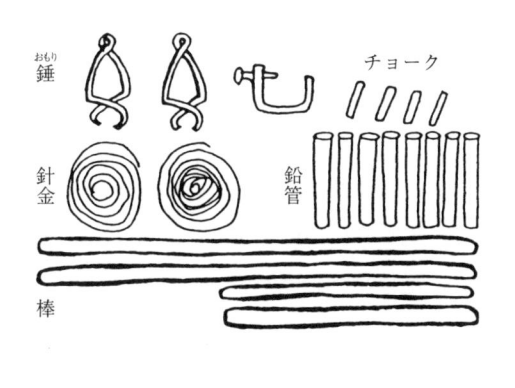

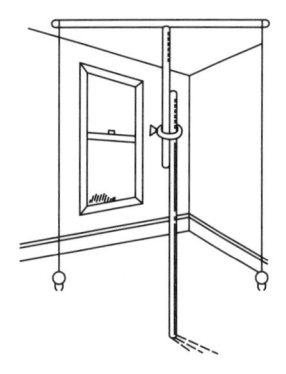

（a）振り子問題の道具一式　　　　　（b）振り子問題の解決

図5-8 （Maier, N. R. F., 1930)[8]

論法が典型的な方法である．アリストテレス以来の形式論理学がその代表である．

しかし，3段論法の形式論理と心理学的論理は一致しているのだろうか．表5-2はレフォード（Lefford, A., 1946）の3段論法の実験で，彼は被験者に3段論法を記述した文章を見せ，結論が前提から見て妥当なものであるかどうかを評定させた．問題1と問題3はどちらも「全てのAはBであり，全てのBはCである，従ってAはCである」と言う形式であった．結果は問題1は問題3より誤りが多く（いずれも正解），問題2は問題4より誤りが多かった（どちらも間違い）．

これらは，論証の形式は同じであっても，情緒的な内容をもつ結論が，情緒的でない内容をもつ結論より，誤りを犯しやすいことを示すもので，内容的誤りと呼ばれる．

また，チャップマンとチャップマン（Chapman, L. J., and Chapman, J. P., 1959）は被験者に2つの前提を文字の形式で与え，どちらが正しい結論であるかを選ばせた．表5-3にいくつかの典型的な前提と選択された結論の比率が示されている．「これらのどれでもない」が全ての場合において正答であったが，被験者はかなりの高い比率で誤りを犯している．その理由は，2つの前提のもつ形式が，一定の形式の結論を受け入れやすくさせているからだと思われる．たとえば，「全ての〜は〜である」という肯定的前提は肯定的結論を，「〜でない」という否定的前提は否定的結論を受け入れる雰囲気を作り出す．被験者は前提に類似した結論を容認する傾向がある．

これらの研究例から見られるように，人間の演繹的推理はあまり論理的ではない．われわれは，いつも論理的に推理していると考えがちであるが，各自のもつ情緒や形式的な言葉によって偏った判断をすることを認識しておこう．

（2） 帰納的推理と概念形成

種々の前提からある結論を導き出す過程そのものが帰納的推論の重要な側面である．

たとえば，　動物Eの仲間には，大きくて，毛深く茶色で4つ足のものがいる．
　　　　　　動物Eの仲間には，大きくて，毛のない茶色で4つ足のものがいる．
　　　　　　動物Eの仲間には，小さくて，毛のない茶色で4つ足のものいない．
　　　　　　動物Eの仲間には，大きくて，毛深く茶色で2本足のものはいない．
　　　　　　動物Eの仲間には，大きくて，毛がなく，黒くて4つ足のものがいる．

と言う事実から，Eと言うのは大きくて4つ足の動物であるという結論を出すであろう．これはEは何物かという仮説でもあるし，またEの概念であるといってもよいであろう．帰納的推論は概念形成（concept formation）の問題とも深く関係していると考えることができる．しかしこのように考えるとき，1つの疑問が浮かぶ．確かに，帰納的推論は概念形成とはいえ，子どもたちは自然のうちにさまざまな概念を獲得して行く過程や，ある動物を見てこれは鳥だ，とカテゴリー化する過程も概念形成の過程と見ることができようが，医者が悪性腫瘍かどうかに思い悩む場合や科学者が実験事実から仮説を構成する過程と同列に扱うことがよいかど

表 5-2　演繹的推理に及ぼす信念や感情の効果 (Lefford, 1946)[9]

1. 戦争の時代は繁栄の時代であり，繁栄はおおいに望ましい．それゆえ戦争はおおいに望ましい．
2. すべての共産主義者は急進的な思想をもっており，すべてのCIO（産業別労働組合会議）の指導者たちは急進的な思想をもっている．それゆえすべてのCIOの指導者たちは共産主義の代理人である．
3. 哲学者たちはすべて人間であり，すべての人間は誤りをまぬがれえない．それゆえ哲学者たちもまた誤りをまぬがれえない．
4. すべてのクジラは水中に住んでおり，すべての魚も水中に住んでいる．それゆえすべての魚はクジラでなければならない．

表 5-3　演繹的推理における雰囲気効果 (Chapman, et. al. 1959)[10]

前提	被験者の結論の比率				
	すべてのSはPである	あるSはPである	すべてのSはPではない	あるSはPではない	これらのどれでもない
すべてのPはMである すべてのSはMである	.81	.04	.05	.01	.09
すべてのMはPである どんなSもMではない	.02	.03	.82	.05	.08
すべてのPはMである あるMはSである	.06	.77	.02	.06	.07
あるMはPである すべてのSはMではない	.01	.06	.62	.13	.18
あるMはPではない すべてのMはSではない	.03	.07	.41	.19	.03
すべてのMはPではない あるSはMではない	.03	.10	.24	.32	.32

ガウスの子ども時代の創造的問題解決[13]

　ガウスが6歳の少年であった時，先生がクラスの子どもたちに，「君たちのうちで，誰が一番早く，1＋2＋……＋9＋10の和を求めることができるか」と尋ねた．他の子どもたちが一生懸命に計算している時，ガウスはいち早く手をあげて「できました」と言った．先生は驚きの声を発した．ガウスがどのように答えたかは記録にはない．しかしウェルトハイマー (Wertheimer, M.) は，かれが，1＋2＝3，3＋3＝6，6＋4＝10……45＋10＝55のようなありきたりの演算ではなく，図に示すような構造を把握したのであろうと述べている．

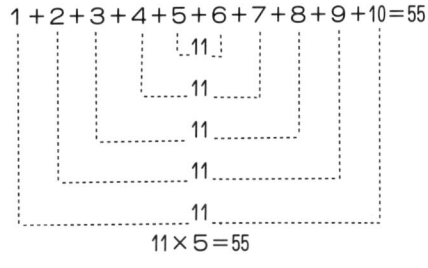

```
1＋2＋3＋4＋5＋6＋7＋8＋9＋10＝55
        11
      11
    11
  11
11
11×5＝55
```
(Wertheimer, M. 1945)

うか問題である．この問題に答えるには知覚と記憶，思考のすべてを考慮に入れて考えなければならない．カテゴリー化の問題と帰納的推論の関係についてはポズナー（Posner, 1989）の解説が参考になる．

ブルーナーら（Bruner, J. S., Goodman, J. J., & Austin, G. A., 1956）の概念形成に関する研究は現代の認知心理学にとっては記念碑的ともいえる古典的研究である．

彼らは当時としては新しい次のような実験を行った．図5-9はそこで用いられてた刺激パターンである．各パターンは4つの次元（属性）を取ることができ，各次元において3つの値のどれかを取る．実験者はあらかじめ正解とする概念（たとえば十字架が2つというように）を決めておき，被験者にそのパターンを次々に見せていく．被験者は実験者の決めた概念を知らないまま，それぞれのパターンがその概念にあっているかどうか（正事例＋か負事例－か）をあてていく．この判断ごとに正解か誤りかが知らされる．被験者が正しく正事例を言い当てることができるようになると，その概念が達成されたと考える．

さて，今図5-10のような系列が与えられたとしよう．図中のパターンの横に示された＋と－はそれぞれ正，負事例であることを示す．この系列から何が概念であると推論できるだろう．「2個の円か，または2つの枠」がその答えである．概念としては今のようなOR（選言）概念，「2つの十字」のような数と形という2次元の結合からなるADN（連語）概念，「枠と数と図形の数の一致」というような，関係概念などについて実験が行われた．このような事態に直面すると被験者は概念についての仮説を立て，新しい事例ごとにその仮説を検証し，必要に応じて仮説を修正していく．被験者の仮説の立て方はこの例のようにパターンを一枚ずつ提示していく事態では，全体方略か部分方略かのどちらかを選択する．全体方略では最初の正事例のもつ全ての特徴をもつものが概念であるとの仮説が立てられる．この仮説に合わない事例に出会うと不適切な特徴が削られる．この方略では現時点での仮説を記憶しておくだけの過去の事例についての記憶は必要とはせず最適な方略と言える．知的水準の高い被験者ほどこの方略を取った．部分方略は，最初の正事例から可能性の高そうな特徴だけを選び出してそれを仮説とする．この方略では，負事例に出会うと仮説を立て直すことになるが，その際，過去の事例の正確な記憶がないと，過去の事例に矛盾しない新しい仮説を立てることができない．概念に関してなんらかの予備知識があるときには効率的な方略と言えるが，一般には失敗の多い方略である．部分方略から始めて全体方略に変えるなど，経験に応じて方略を変更することが多い．

さらに，複雑な概念形成の過程は次の分類実験によって知ることができる．図5-11に例示されるように，年長組の児童や成人に種々の多数の図形を1つずつ提示し，それらの図のもつ共通の特性にしたがって一定の命名をすることを分類させる．この図の中には，具体的な物の図形，無意味な図形，数を表す図形の各種が含まれているのであるが，実験の結果は具体的な物の図形が一番分類が容易で，次が無意味図形，数を表す図形が最も困難であった．このこと

次元	値
図形の色	緑, 黒, 赤
図形の形	十字, 円, 正方形
枠の本数	1本, 2本, 3本
図形の個数	1個, 2個, 3個

図 5-9 概念学習の実験材料 (Bruner, J. S., *et al*., 1956)[11]

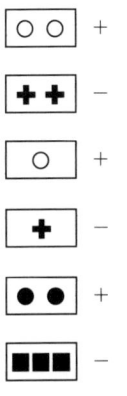

図 5-10 正事例 (＋) からある概念を形成することができる．
(Bruner, J. S., *et al*., 1956)[11]

は具体的な物の概念に比べて，無意味な形や数のように抽象性の水準が高い概念形成が困難であることを示すものと考えられる．

3. 言語の特性と思考
（1） 言語の機能と内言・外言

人間は，言語記号を自分自身の中で自己発信，自己受信しながら，思考の道具として利用し，問題解決することはすでに述べた．このような言語の機能は，人間の発達過程において，外言（固体間交信）から内言（固体内交信）に分化していくと考えられる．

ピアジェ（1923）は幼児が集団内で発する自発的な言葉を分析し，5，6歳児までは聞き手の存在を考えない自己中心語が，7，8歳以降は聞き手に対する働きかけを含む社会的言語（報告，排除，命令）が優勢になることを発見した．このことから彼は，5，6歳児はまだ自己中心性の特徴が強いが，発達に伴い次第に社会的言語が優位に現れるようになるとした．ピアジェの発達理論の流れは図 5-11 に示されている．

ヴィゴツキー（Vygotsky, L. S., 1934）は普通児を聾啞者のグループや外国人の子どもの中に入れてみたり，部屋の外で大きな音を立てたりすると，自己中心語の量が著しく減少することを見出した．このことから，彼は自己中心語は，社会的言語が未熟なために生ずるのではなく，社会的相互交渉的な場において，他者との交信として出発した言葉，すなわち，外言が，思考の道具として内言に移り変わる過度期に出現し，形式上は外言として外に現れているが，その働きは内言であると考えた．

このように人間は思考の道具として固体内交信に言語を用いるばかりではなく，それによって自分に命令を下し，一定の行動を自発的に行う．内言による自己発信，自己受信の過程を通じて，人間は自らの行動の組織と自己調整を行うのである．なお，ピアジェ理論への批判は表 5-4 にまとめてある．

（2） 言語の調整機能と言語化の効果

ルリア（Luria, A. R., 1957）は「押せ」という命令と「押すな」という命令の遂行が発達的にどのように変わるかを調べた．このきわめて興味深い研究の流れを受けて，子どもでも言語命令が媒介的な役割をするかどうかという問題が取り上げられている．

ルリアは，幼児に赤いランプがついた場合にはボタンを押し，青いランプがついた場合はボタンを押さないという課題を与えた．初めは 3〜4 歳の子どもはこのような課題に解答できなかったが，赤いランプがついたとき「押す」といわせ，青いランプがついたときは何もいわなかったところ，正確に答えることができるようになった．ただし，「2 回」押すという指示に対しては 1 回しか押すことができず，言語の調整機能はこの段階ではまだ十分ではない．この段階では，言語の意味内容を利用して行動を調節するというより，言語は掛け声的な働きをしているに過ぎない．しかし，5〜6 歳の子どもになると，「2 回押せ」とか「押すな」というよ

ピアジェは発達段階には2つの構造があり，7〜8歳を境目に可逆的（安定し融通の効く合理的判断のできる発達段階），不可逆的（不安定で自己中心的，固定的で融通のきかない発達段階）な知的行動によって分けられると考える．

その理論の核となるのは，「個体と外界の相互作用」による．ピアジェの述べた主要概念の流れを以下に示す．

1：個体と外界の相互作用
　　生理的相互作用 ── 新陳代謝 ── 物理的秩序
　　心理的・社会的相互作用 ── 行為・行動 ── 機能的秩序

2：行為・行動
　　感情・情動（操作・価値の体系）
　　認知・認識（関係の構造化）

3：知能・思考（安定した認知的構造のバランス状態）

4：適応
　　同化（外界を自己のシェマに取りれる．）
　　調節（外界に応じて自己のシェマを変える．）

5：発達
　　発達段階的に高次のバランス状態を実現してゆく．
　　そこに，構造的非連続と機能的連続が見られる．

6：発達段階と発達方向

感覚運動段階	機能的連続	表象的段階
構造 ──────────────→		構造
（不安定，固定的，自己中心的）	内面化，意識化	（安定，可逆的，可変的）

図5-11　ピアジェの認知発達理論の流れ

表5-4　ピアジェ理論への批判

　認知言語心理学の発展により，ピアジェ理論にはいくつかの批判が提示されている．

　ピアジェは動物学から出発し，その生物学的研究から，児童の自己中心性，それに基づく言語，推理，道徳，世界観の獲得を臨床的問答法によって明らかにした．知能の発達に重要な要素となる言語と認知の発達的課題は「発生」と「構造」の両者を考えなければならないというこれまでになかった発達心理学の理論である．しかし，ピアジェようなの理論も以下の2点から批判されている．

1) ピアジェの言及する発達段階全体を支配する一つの構造は存在せず，個々の領域毎に固有の構造が存在するのみで，その形成も個人の経験量に依存することが多い．この批判は特に認知心理学の領域の研究者によって提示されているが，しかし，この批判も個々の研究者によって異なり，充分な理論は提示されていない．

　ちなみにピアジェの具体的操作の構造は抽象代数学的性質，「群」，「束」の性質を混合して作成されている．それらは以下の5種類である．1 合成律（結合の演算が定義されていて，どの2個の要素の結合も新たな1個の要素となる），2 可逆律（結合された2個の要素はもとどおり分離可能），3 結合律（異なる方法で要素を結合しても同じ結果となる），4 同一律（他の要素に結合されても変化を与えない要素が存在する），5 同義反復（同じような要素をいくら結合しても変化が生じない）．その他，7歳〜8歳頃になると結合の法則のほかに，「保存」という，いかなる操作を加えても集合や質，量に変化が生じないことを知る発達段階がある．この年ごろが認知言語の発達段階の分かれ目になる．

2) ヴィゴツキーやワロン（Wallon, H. 1979-1962）により論争の対象となったものでピアジェの認知と理論操作能力発達には発達のキーポイントがあるとする．そこで，ピアジェの理論には自他の関係性，情動，人格的側面が無視されているというものである．感覚運動的段階にこの傾向が顕著であるとされる．

うな複雑な課題に対しても正しく反応できるようになる．

　ガエニとスミス（Gugne, R. M. & Smith, E. C., 1962）は図5-4の「ハノイの塔」と呼ばれる問題を解決する際の言語化の効果について検討している．3本の棒があり，棒1には最小の円盤が一番上で順に3枚はめ込まれている．問題は1度に1枚の円盤を動かすこと，円盤を重ねるときは大きいものの上に小さいものを重ねることという制限のもとで，円盤を棒1から棒3へ全部移すことであった．条件としては，言語化条件と非言語化条件があった．言語化条件では，円盤を移動する際にその理由を言語化するように教示された．その結果，言語化条件の方が非言語化条件よりも解決までの所要時間が少なく，円盤の移動回数も少なかった．これは明らかに言語化が問題に含まれている基本的な法則についていろいろと考えさせたためと考えられる．このことから言語化は人間の思考や行動調整に重要な役割を果たしている．

　カーマイケルら（1932）の記憶実験によると，図5-12のようにあいまいな形をした図形を，一方の被験者群にはa，他方の被験者群にはbという12名を与えておいた後で，その図形を再生させると，同一の図形でも，その命名に沿った方向に変形して再生される．また，図5-13に示されるような図形では類似した刺激対象でも，はっきり異なった名称をそれぞれに与えると，刺激対象間の相互の弁別が良くなる傾向があり，それを同一のものとしてまとめて認知する傾向があるとされている．

（3）言語と認識

　思考の媒体としての言語，ことに母国語の習得がどのように成されるかを解明することが言語と思考の関係を知る上で重要な課題である．いわゆる，思考心理学，言語心理学の共通の課題で，この解明の手掛かりとして提起されたものがチョムスキー（Chomsky, N., 1957）の「生成文法理論」である．この理論はオートマトンの計算能力に関する厳密なモデルに基づくもので，その中には言語能力，言語の創造性，文法の厳密な定義といった現代理論言語学の基礎となる重要な概念が網羅されている．つまり，言語とは有限個の記号（文字の連鎖）から生成される無限集合として定義される．文を構成するための規則としての文法は有限の集合であり，それがコンピュータにおけるアルゴリズムと同様の働きを成して文が生成されるというのである．そのアルゴリズムは有限であるから，正常な知能をもった子どもであれば5歳くらいまでには必ず「母語の文法」を習得してしまう．そのアルゴリズムの根幹を成すのがチョムスキーの変換規則（transformation rule）であり，これによって文の背後にある深層構造が表層構造へと転化する．彼は人間には「言語機能」という，種に固有な能力が生得的に備わっており，それが人間に高度な言語を理解させ，人は言葉を話し，母語の獲得を容易にするのであるという．母語の文法を習得しているから，彼らは他国語も習得できる．

　脳神経科学が発達した今日，チョムスキーの生成文法論は人間の言語システムという高次の抽象的な思考体系の解明やコンピュータにおけるパターン認識の開発に貢献した．なお，認知科学の基盤が形成されている今日，生成文法論は認知科学にとって必要不可欠な理論を構成し

再生図	命名a	刺激図形	命名b	再生図
	びん		あぶみ	
	三日月		文字C	
	蜜蜂の巣箱		帽子	
	眼鏡		亜鈴	
	船の舵		太陽	
	銃		ほうき	
	2		8	

図5-12 命名による再生図形の変容(Carmichael, L., *et al*, 1932)[14]

図5-13 分類問題(Heidbreder, E., 1946)[12]

ているといわれる．チョムスキーは言語学は心理学，生理学の下位領域であると一貫して主張している．遺伝子の分子構造が発見されている今日，生成文法論のような言葉の仕組みについての精緻な理論を根底にして「言葉と脳」の関係を考えて行くことが21世紀の課題であるとも言える．

（4） 思考・言語の病理

　思考・言語の病理の典型的な例は失語症である．失語症とは，脳神経における音声言語に関係した末梢受容器や表出器官が健全であるのに，言語の表出や理解が正しく行われない場合をいう．舌や口が自由に働き，声も自由に出せるが，しゃべろうとすると言葉が出てこない運動失語症と自由に話すことができ，耳もよく聞こえるのに他人の話していることが全く理解できない感覚性失語症の2種類がある．

　失語症の研究は1970年代になって，言語能力と言語運用という概念上の区別をさまざまな症状にあてはめた結果，言語運用は失われているが，言語能力は保たれているのではないかと考えるようになった．この問題はチョムスキーの生成文法論の影響によって今日著しい発展を見せている．言語理解を含めた失語症の研究は，「言語学的失語症学」といわれている．

　近年，欧米の科学者の間で注目を集めている言葉の障害に，特異性言語障害と呼ばれる症候群がある．聴覚，調音，認知能力に障害はなく，自閉症でもないのに，多くの子どもが4歳から5歳の間に獲得する時制，核，人称，性，数などの文法のある側面に限って常に間違える障害である．このような症状がある家系に限って現れ，遺伝的要因が考えられている．

　図5-14はイギリスのある家系を3代にわたって調査した結果を示したもので，共通した文法の障害が30名中16名に認められた（萩原，1998）．通常，特異性言語障害の発生率は全人口の約3％であるといわれるが，この家系の場合は53％である．これは家族性言語障害と診断される．1990年にこのような研究が発表されて以来，この問題は人間の言語の生得性や言葉と脳の間の関係，言語獲得のメカニズム，さらには人間の言語の遺伝的基準の本質に迫るものとして多くの研究者の間に関心が深まっている．

4. 創造的思考

　太古より創造を成す才能は神聖なものとして崇められ，古代神話では卓越した偉業を為し遂げて人々から感謝され，神格化された多くの神々について語っている．火の発見者プロメテウス，最初の鍛治屋ウルカヌス，文字の発明者ヘルメス，最古の医学校の創立者アスクレピオスなど枚挙に暇がない．今日では，偉大な科学者，医学者，芸術家など多くの独創的な天才にはそれなりの資質と努力の積重ねが必要であることが知られている．

　ワラス（Wallas, G., 1962）は人間の高次の思考過程がどのような筋道をたどるかを次の4段階に分類している．

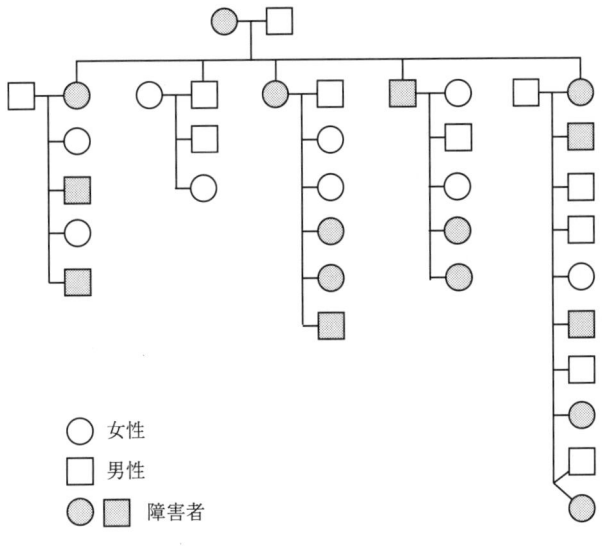

図 5-14　イギリスのある家族性言語障害の家系図[16]

1) 準備期（preparation）　問題の特性を吟味し解決に至るための情報を集め，問題解決の準備をする．
2) 孵化期（incubation）　問題を頭に焼きつけ，無意識的にあたためる．絶えず問題の所在が潜在的に確保されており，問題解決への示唆が生まれつつある．
3) 啓示期（illumination）　目標が明確に現れ，突然解決の道が開かれヒントが与えられ，解決不能と思っていたことが一瞬のひらめきで前兆的に告知（intimation）される．いわゆる，アハー体験（aha experience）であり，ケーラーの洞察（insight），ヴェルトハイマーの中心転換（recentering）と同質の現象である．
4) 検証期（verification）　課題が解決し，細部を立て直して修正し終結する．

数学者ポアンカレや化学者ケクレの体験における4段階の過程が表5-5に示されている．

このような段階は日常的に研究者の多くが経験することであるが今日ではさらに錯綜した創造的思考の過程があるとされている．ジョンソン（Johnson, D. M., 1972）は近代の科学的課題解決の研究を展望し，次のような創造的思考の過程をまとめている．

連合的機制（associative mechanism），問題解決への構え（problem-solving sets），情報検索（seeking information），データの表現と変換（representing and transforming the data），認知構造の構造化と再構造化（organizing and reorganizing cognitive structure），判断過程（judgment process），さらに，コンピュータ・シミュレーションを付け加えている．

表5-5 ポアンカレとケクレの体験

（1） ポアンカレの体験 　「つづいて，わたしはその関数を二つの級数の商によってあらわそうと思った．この考えは，完全に意識的な，また反省を経た考えであった．すなわち，惰円関数との類推がわたしを指導してくれたのである．もしかかる級数が存在するとすれば，その性質は如何なるものであるべきかをたずねて，困難なく，わたしはテータフックス級数とよぶ級数をつくるに至った． 　このとき，わたしは当時住んでいたカンを去って，鉱山学校の企てによる地質旅行に参加したのであった．旅中の多忙にとりまぎれて，数学上の仕事のことは忘れていた．クータンスに着いたとき，どこかへ散歩に出かけるために乗合馬車に乗った．その踏段に足を触れたその瞬間，それまでかかる考えのおこる準備となるようなことを何も考えていなかったのに，突然わたしがフックス関数を定義するに用いた変換は非ユークリッド幾何学の変換とまったく同じであるという考えがうかんできた．馬車内にすわるや否や，やりかけていた会話をつづけたため時がなく，験証を試みることはしなかったが，しかしわたしは即座に完全に確信をもっていた．カンに帰るや，心を休めてゆっくりと験証をしてみたのであった」．
（2） ケクレの体験 ケクレはベンゼン（C_6H_6）の構造式を見いだすのに苦心していた．当時は（A）のような式が提案されていたが，Cの結合が余ったりしてきわめて不満足なものであった．ある夜，ケクレは原稿を書きながら暖炉に向かって居眠りをはじめたとき，ふと眼の前に原子が躍りはじめ，蛇のようにのたうちまわりもつれあっているのをみた．そして1匹は自分の尻尾をくわえた．この蛇のイメージによって，彼はベンゼンが，これまで考えられてきたように，炭素原子が連鎖上に並ぶものではなく，（B）のように，環状に並んでいるという考えに導かれたのである．

（村田，1983）[21]

6 知能

1. 知能の概念
(1) 知能とは
「あの子は頭がよい」というとき,われわれは知的活動に影響を及ぼす比較的安定した個体的要因として「知能」という概念を用いている.知能とは知的活動に関係する領域での個性であり,知的な能力の個人差を意味する概念である.知能とは解決の仕方が直接,間接に与えられていない事態で,それを見つける能力でもある.

(2) 知能の定義
現在のところ確定した知能の定義は得られていないが,これまで行われてきた定義は,知能のどの側面を強調するかによって異なり,表6-1に示すような4タイプに分類することができる.

① 抽象的思考能力説:サーストン,ビネー,ターマン(Terman, L. M., 1877-1956)らによれば,知能とは,「問題場面で概念やシンボルを効果的に使用して,問題を処理する能力」である.

② 環境への適応能力説:ピントナー(Pintner, R., 1960)やシュテルンによれば,知能とは,「生活の中の比較的新しい場面において,適切に自己を適応させていく能力」である.

③ 学習能力説:ディアボーン(Dearborn, W. F., 1923)によれば,知能とは,「学習する能力,または経験によって獲得していく能力」である.

④ 操作的定義:ボーリング(Boring, E. G., 1886-1968)は,知能を「知能検査によって測定されたものである」と定義した.

これらを総括した知能の定義として,今日かなり広く受け入れられているのは,ウェクスラー(Wechsler, D., 1896-　)のものである.彼は知能とは,「目的的に行動し,合理的に思考し,環境を効果的に処理するための個人の総合的,全体的能力」であると定義した.この定義は,知能を狭義の知的能力だけでなく,動機づけや適応要因なども含むと考えている.また知能検査(図6-1)および知能指数(IQ: Intelligence Quotient)については第11章の検査,測定に詳しい.

図 6-1 検査風景

表 6-1 知能の定義

定義のタイプ	主な主張者	わかりやすい点	問　題　点
（a）抽象的な思考能力	ターマン ビネー	知能を高度な精神能力として定義	子どもや動物の知能をどう考えるのか
（b）適応能力	シュテルン ピントナー	知能を広く解釈している	適応の面からみると，感情・健康といったものも含まれる
（c）学習可能性	ディアボーン	学校での学習については理解しやすい	学校教育外の学習活動に必ずしも適用できない
（d）（操作的）	ボーリング	知能検査によって測られたものとする	知能理論の発展性を期待しにくい

（住田，1986）[1]

2. 知能の構造と機能

知能を知能テストで測定したものと仮定し，テストで測定した結果を分析するという手法は，知能研究を大きく発展させた．すなわち，知能とは何かという問題が，知能はどのような因子から構成されているかという問題に発展した．

（1）知能の構造

知的活動には，いろいろな種類のものがあり，これらが1種類の一般的知能ともいうべきものに支配されているのか，あるいは，種々の知的活動を規定する別々の知能の因子によるのかという問題は，古くから議論の的であった．頭の良し悪しという表現に見られるように，一義的な知能が仮定される一方，われわれは各種の知的分野で一様にある水準の能力を示すわけではなく，数字の記憶は非常に得意だが文章を書くことは苦手という人もいれば，その逆の人もいる．つまり，個人の知能は1本のものさしで測れるものではなく，質的な差が存在すると考えられる．

各種の知的活動における能力を説明するために，種々の知能検査から得られた測定データが相関分析の技法を用いて分析された．知能の構造を説明するためにいくつの因子を仮定すればよいかという点に関しては諸説があり，代表的なものは以下の通りである．

（a）2因子説

スピアマンは，1,100名の児童に対して，知能を測定すると思われる94種の検査（感覚，思考，記憶，心的速度，注意など）を実施し，彼が考案した二因子分析法という統計学的手法を用いて検査成績を分析した．その結果，知能の構造は，経験の理解，関係の抽出，相関の抽出など全ての知的活動に共通する「一般知能因子」（g因子）と，これとは独立した各検査のみに依存する「特殊因子」（s因子）との2因子から成り立つと考えた（図6-2）．一般知能因子は個人によってさまざまな値をとるが，同一個人内においては各課題を通じて不変であり，一般的な知能を表している．彼はこの一般知能因子を知能の本質的なものと考え，知能検査はこの一般知能因子を測定すべきであると主張した．彼はその後の研究によって，特殊因子間にも共通して働く「群因子」（言語，数，精神的速度，注意，想像）があることを示した．

（b）多因子説

サーストンは，218名の大学生に57種類の知能検査を実施し，各検査項目の得点を重因子分析法によって分析した結果，13個の因子を抽出した．さらに710名の中学生に93種類の検査を実施して同様の分析を行い，10個の知能因子を抽出した．そしてこの両方に共通し，しかも性質の明らかな基本的因子として，図6-3に示す7因子を挙げ，これを「基本的精神能力」と名づけた．すなわち，サーストンは知能を比較的独立したいくつかの因子の集合体と考えた．

① 知覚能力因子（P）　：一対の対象をすばやく知覚することに関する因子
② 記憶因子（M）　　：機械的で簡単なことの保持，再生に関する因子
③ 言語概念理解因子（V）：言語による表現を理解することに関する因子

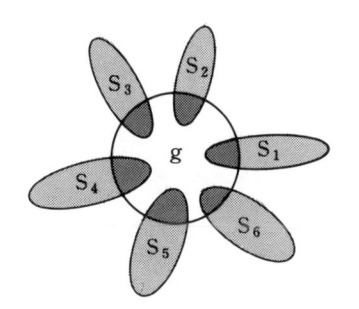

○ 円内一般因子
◯ 検査が一般因子をもっている割合
◉ その検査だけがもっている特殊因子

図6-2　スピアマンの二因子説（Spearman, C. E., 1904）

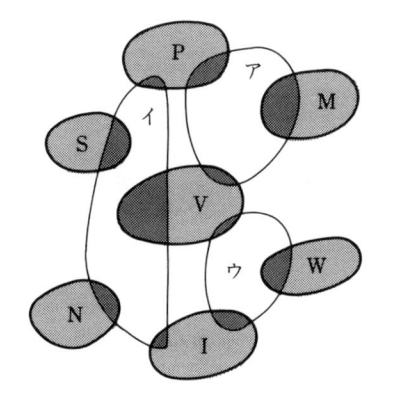

P（Perceptual speed）知覚能力因子
M（Memory）記憶因子
V（Verbal meaning）言語概念理解因子
W（Word frequency）言語流暢性因子
I（Induction）推理的帰納因子
N（Number）数的処理能子因子
S（Space）空間的物体理解因子
ア
イ ｝知能活動，または知能テスト
ウ

図6-3　サーストンの多因子説（Thurstone, L. L., 1941）

④ 言語流暢性因子（W）　：言葉を書いたり，話したりするための基礎能力に関する因子
⑤ 推理的帰納因子（I）　：文字系列などに含まれる法則性や原理を発見することに関する因子
⑥ 数的処理能力因子（N）：簡単な数の計算を正確に速く行うことに関する因子
⑦ 空間的物体理解因子（S）：事物の大きさと空間関係を知覚することに関する因子

（c）階層群因子説

ヴァーノン（Vernon, P. E., 1956）は，スピアマンの二因子説を発展させて，一般知能因子を基本にした知能因子間の階層化を考えた．すなわち知能の各因子は，それぞれ独立しているのではなく，図6-4のような階層を成していると考えた．まず，すべての知的作業に共通する一般因子（g）があり，その下に2つの大群因子がある．V：ed因子は言語や数や教育に関連する因子群であり，K：m因子は空間関係の理解や知覚に関する動作的，実際的機能の因子群である．V：ed因子はさらに言語的因子や数的因子などに，一方K：m因子は空間的因子や機械的能力因子などの中群因子に分かれている．さらにその下には小群因子が，またその下には特殊な才能，適性，気質，性格特性などの特殊因子を仮定した．

（2）知能の機能

ギルフォードは，知能の本質的な働きを情報が入力され，処理されて，出力されるという情報処理過程であると考え，知能に関する情報処理的アプローチの先駆となった．これは知能を構造だけでなく，体系的に集積した能力ないし機能であるとし，これによってさまざまな種類の情報が処理されると考えている．

（a）知性の立体モデル

ギルフォード（Guilford, J. P., 1967）は，知的活動を，ある内容をもった対象に知的に働きかけ，すなわち操作を行った結果，所産が得られる過程として考えた．彼はこの考えに基づき，知能の因子分析的研究によって確認された多くの因子を分類して，図6-5に示すような「知性の立体モデル」を考えた．このモデルは

1. 内容：知的操作の対象となる入力情報の素材や内容
2. 操作：情報を処理する心的操作
3. 所産：情報処理の結果

の3次元空間によって知能の構造を表している．これらの3つの次元は，それぞれ次のような内部カテゴリーをもっている．

1. 内容の4カテゴリー：①図形的情報（視覚的，聴覚的，触覚的情報），②記号的情報（あるものの代用，代表として使われる文字，数字，符号などから得られる情報），③意味的情報（文章や文脈から得られる情報），④行動的情報（人の表情，動作，態度などから得られる情報）

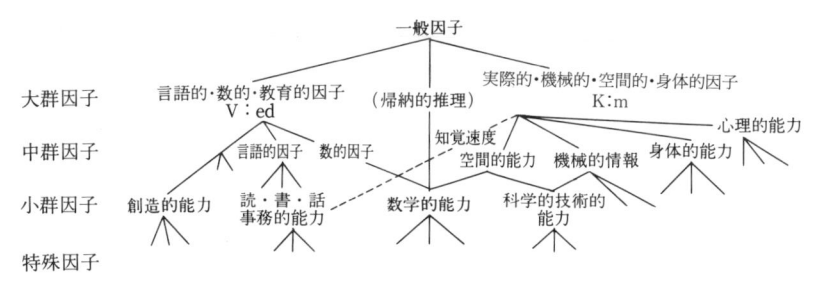

図 6-4 ヴァーノンの階層群因子説（Vernon, P. E., 1961）[2]

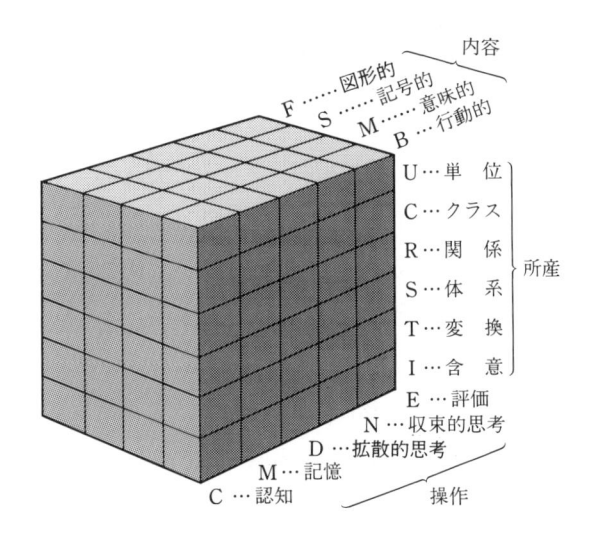

図 6-5 ギルフォードの知性の立体モデル（Guilford, J. P., 1967）

2. 操作の5カテゴリー：①認知(情報の発見，認識，理解)，②記憶(情報の保持)，③拡散的思考(与えられた条件下で，できるだけ多くの可能性を考え出す働き)，④収束的思考(与えられた条件から1つの最適な答えを導き出す働き)，⑤評価(情報の妥当性や信頼性などを判断する働き)

3. 所産の6カテゴリー：①単位(対象の特徴を示す実体，個別的知識．たとえば青い三角形の布片，音楽のコード，印刷された単語，犯罪の意味)，②クラス(個別的知識の集合としての類概念，一連の類似した単位の背景にある概念作用．たとえば矩形，高い調子の音，-ingで終わる単語，仕事)，③関係(相似，類比，反対など2項目間の関係概念．たとえば1オクターブ離れた2つの音，アルファベット順の2つの名前，Henryと喧嘩したMaggie)，④体系(相互に関連した3つ以上の項目．たとえば，卓上の物体の配置，メロディやリズム，一連の行為の計画)，⑤変換(情報の修正，変更．たとえば物体の視知覚的な働きの変化，メロディのバリエーション，ある人のムードが一変すること)，⑥含意(与えられた情報から推測や予想して得られる情報．たとえば，いたずら書きに書き加えること，稲妻から雷を予測すること，軽いという語から重いを連想すること)

彼は，知能を3つの次元からとらえ，$4 \times 5 \times 6 = 120$個の1つ1つのブロックがそれぞれ知能因子に対応しており，これらは実際の知能検査によって測定できると考えた．たとえば，いろいろな言葉の中から，指示された言葉と同じ意味の言葉を見つけだすという問題は，〈意味的〉〈認知〉〈単位〉の能力に対応している．

(b) 認知コンポーネント・アプローチ

知能を認知的な情報処理過程と考える認知的アプローチの内，1つは知能を反応時間などの単純な課題遂行能力に還元しようとする認知相関アプローチであり，今1つは，知能を測定する課題自体を分析し，その遂行過程を情報処理モデルで記述する認知コンポーネント・アプローチ(Sternberg, R. J., 1977, 1985)である．コンポーネントとは理論的に重要な処理の単位であり，知能に関連するいくつかの認知課題に対して共通の基礎となる概念である．スタンバーグは図6-6に示すように知能をコンポーネント，経験，文脈の3つの下位理論から説明し，コンポーネントは①メタコンポーネント(遂行コンポーネントの準備や実行の制御)，②遂行コンポーネント(課題方略を実行するときに使われる管理的でない働き)，③知識獲得コンポーネント(課題遂行のための種々の知識を獲得する働き)から成立していると考えた．さらに彼は新奇性に対処する能力と処理を自動化する能力から成る経験と，個人が生活している現実的な環境への合目的な適応あるいは環境の選択，再形成から成る文脈との3つの下位理論に基づいて知能の活動を説明した．

3. 知能の形成

知能が生まれつき遺伝によって決定されているのか，あるいは生後の経験や学習によって決

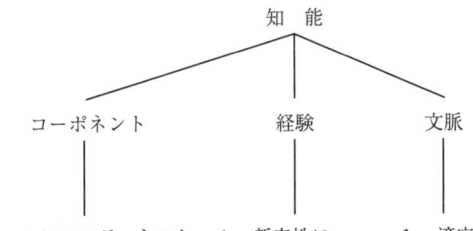

```
                    知　能
          ┌───────────┼───────────┐
      コンポーネント   経験        文脈

  1. メタコンポーネント   1. 新奇性に      1. 適応
                          対処する能力
  2. 遂行コンポーネント                    2. 選択
                       2. 処理を自動化
  3. 知識獲得              する能力       3. 形成
     コンポーネント
```

図 6-6　認知コンポーネント・アプローチ（Sternberg, R. J., 1985）[3]

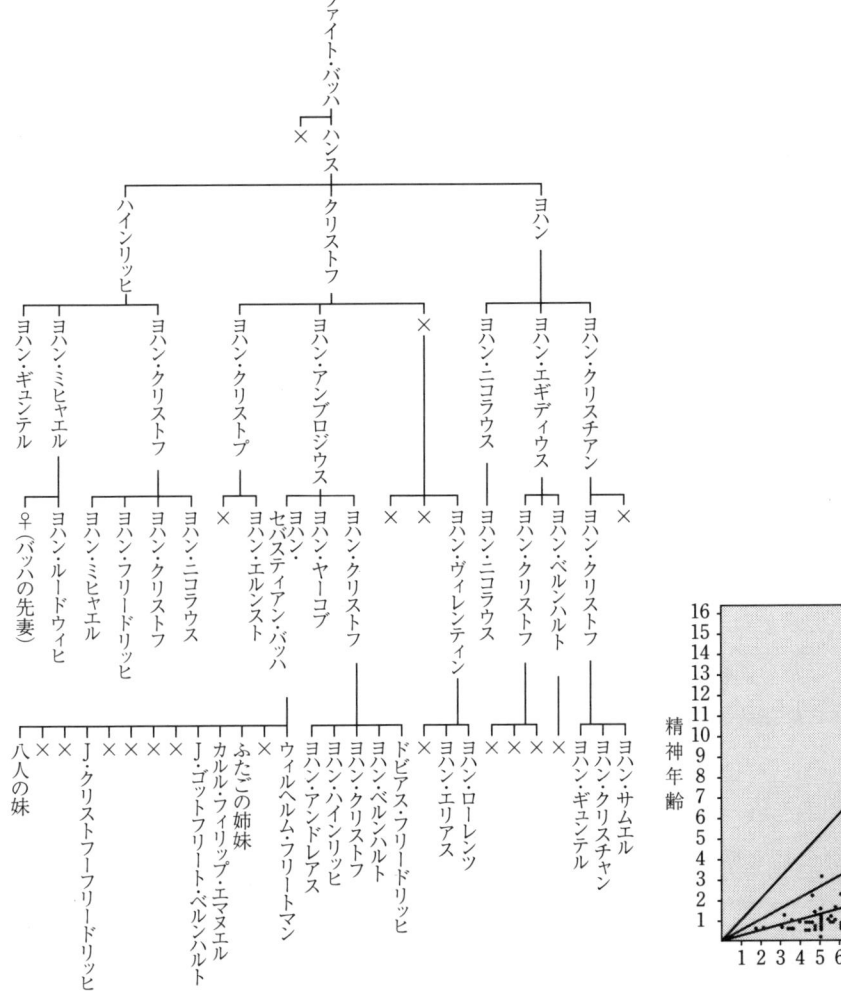

図 6-7　バッハの家系（宮城，1967）[4]
　　　（×印以外はすべて音楽家）

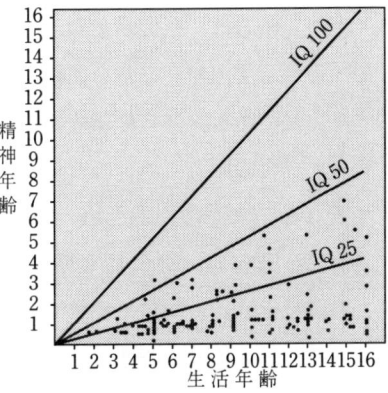

図 6-8　フェニールケトン患者の IQ 分布（Scriver, C. R. et al, 1980）[5]

定されるのかという論争は，古くから繰り返されてきたが，現在では極端な生得説や極端な経験説は影をひそめ，遺伝，環境両面および本人の主体性のいずれもが重要であることが明らかにされている．

（1） 知能と遺伝

知能と遺伝の関係は，家系研究法，養子，双生児に関する研究等によって知ることができる．ゴルトン（Galton, F., 1822-1922）は，イギリスの偉人，天才の家系を調べ，その近親者には一般人口の期待値の 100 倍以上も多く優秀な人物がおり，血縁関係が密接なほどその出現率が高いことを明らかにした．ダーウィン家も世界的な天才が何人も輩出している．さらに優れた家系として音楽家のバッハ家（図 6-7），数学者のベルヌーイ家，日本画の狩野家などがよく知られている．反対に，知的遅滞者が多く出た家系を調査した研究にはゴダード（Goddard, H. H., 1912）のものがよく知られている．彼は，アメリカ独立戦争のとき戦地で知的発達遅滞の女性と関係し，戦後故郷で正常な女性と結婚したマルチン・カリカックの双方の家系を 6 世代にわたって調査した．正常な女性との子孫 496 人はすべて正常者であったのに対し，精薄の女性との子孫 488 人のうち，正常者は 46 人，知的発達遅滞者 143 人，私生児 36 人，売春婦 33 人，アルコール中毒者 24 人，てんかん患者 3 人，犯罪者 3 人，幼児死亡 82 人，であった．また図 6-8 に示されるように，フェニールケトン尿症は常染色体劣性障害で，出生直後からフェニールアラニンの食事制限を充分な期間にわたって実施しなければ，重篤な精神遅滞が出現することが多い．

一般の家系について，ライネールは両親 2,675 人とその子ども 10,071 人の親と子の知能の類似度を測定した．その結果，両親がともに優秀な場合には，子どもの 70％が優秀な知能をもち，逆に両親ともに知能が劣っている場合には，60％が知能が低かった．図 6-9 に示されるように，ブチャードらは（Bouchard, T. J. & McGue, M., 1981）比較される個人が生物学的に近くなるにつれて，相関係数の値が増大する傾向を報告している．図 6-10 に示されるように，子どもの知能と実の親の教育水準（知能の代理物）との相関は，子どもの加齢とともに増大し，およそ 0.35 位になる．一方，子どもと里親との相関はいかなる時点でも 0.10 を越えることはない．

双生児法とは，遺伝的条件が等しい一卵性双生児相互の差と，遺伝的には兄弟と変わりがない二卵性双生児相互の差を比較することによって，遺伝的要因と環境的要因とを分離しようとする方法である．とくに環境の影響を考慮するため，同じ環境で育った場合と異なった環境で育った場合の両方について資料を集めるのが有効である．環境が全く何の役割も果たさないとするなら一卵性双生児については相関係数 1.00，二卵性双生児については 0.50 の一致が期待される．図 6-11，図 6-12 に示されるようにオズボーン（Osborne, R. T., 1980）から抜粋された資料によれば，特定の認知能力からみても，知能に関しては，一卵性双生児間の相関がきわめて高く，異環境一卵性の方が同環境二卵性よりも相関が高く，遺伝的要因が強い．

このように知能の形成およびその個体差が遺伝によって影響されることは明らかである．しかしながら，知能が生まれつき変わらず，知能指数によって知能がここまでしか伸びないと決

図 6-9　IQ に関する家族の相関（Bouchard & McGue, 1981）[6]

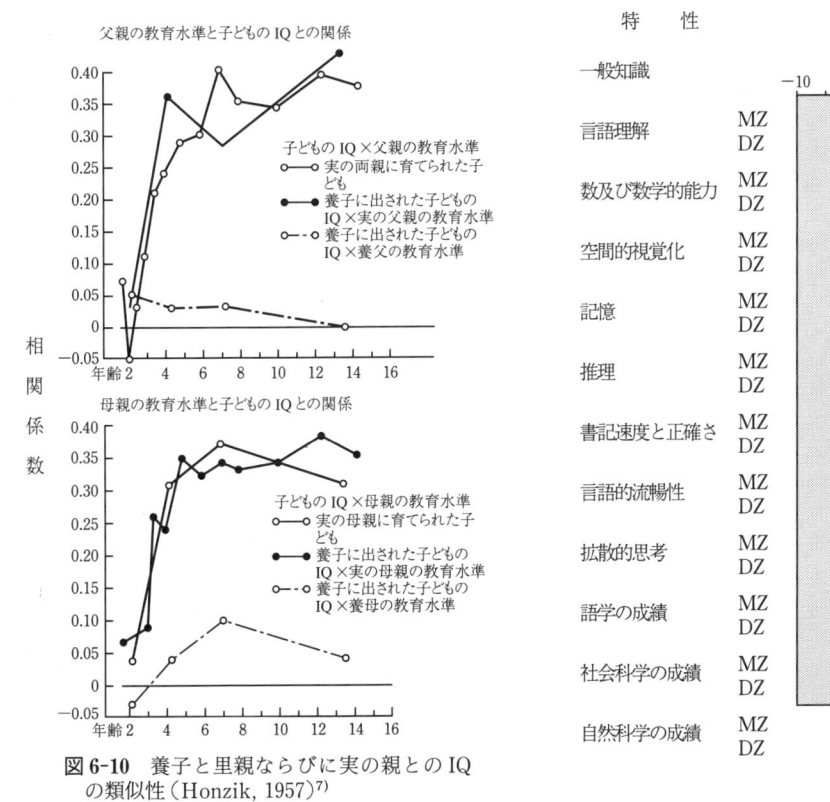

図 6-10　養子と里親ならびに実の親とのIQの類似性（Honzik, 1957）[7]

図 6-11　さまざまな能力についての双生児研究（Osborne, R. T., 1980）[8]

MZ：一卵性双生児
DZ：二卵性双生児
▲　重みづけられた平均値

まっていると考えるのは明らかに誤りである．知能の生得説は必然的に宿命論的な見方を導き，知能の高低をわれわれの努力を越えたものとみることで，後天的に知能を伸ばそうとする試みを無意味にすると同時に，知能の測定や評価を過度に重要視する危険性がある．

（2） 知能と環境

遺伝的素質だけでなく，文化的環境条件もまた知能の発達に大きな影響を及ぼす．われわれは環境との相互作用による経験によって新しい活動形式を獲得する．知能の形成，発達には，多種多様な環境要因が影響を与えるが，環境内の個々の要因が，知能に対してどのような形で促進または抑制の効果を及ぼすかについては，必ずしも明らかではない．図6-13に示すように，子どもの知能は多くの場合親のそれを上回っており，学業成績は生育環境の影響が大きいといわれている．

知的発達を充分促進しない劣悪な環境に育った「文化遮断児」は正常な発達を遂げることが難しく，リー（Lee, E. S., 1951）は，当時黒人に対する制度的差別の厳しかったアメリカ南部から北部のフィラデルフィアへ移住した黒人の子ども達について，IQがどう変化したかを調べている（図6-14）．その結果によると，移住後は着実にIQが向上し，北部で生まれ育った黒人との差が小さくなること，しかも移住の時期が早いほどその差が小さくなることを示した．

ベイリー（Bayley, N., 1954）は，両親の学歴と子どもの知能との関係を追跡研究した．その結果，図6-10に示す結果とほぼ同様に，1歳前後までは無相関あるいは負の相関さえ認められるが，4，5歳になると急激に相関が高く（$r=0.55$）なり，IQの水準は親の学歴水準に近づくこと，しかもそれ以後はほとんど変化しないことを示した．さらに彼は，親の養育態度と子どもの知能との関係を調べ，愛情ある受容的な母親の子どもはその後高い知能水準に達するが，敵意ある拒否的な母親の子どもは初め高い水準の発達を示していても次第に下降傾向を示すことを報告した．これは，生後数年間の家庭環境が，知的発達に大きな影響を及ぼすことを示唆している．

ヘーバーら（Heber, R. et al., 1972）は，知的発達にとって経験が重要な働きをするということを実験によって証明した．IQ75以下で経済的にも貧しい母親をもつ黒人幼児20名が生後3か月から6歳にかけて綿密に計画された保育を受けた．一方，母親には子育ての技術や家事一般に助言を与え，収入の増加が家庭環境の改善につながることを理解させ，より良い就職の機会を提供した．そして子どもに対して，3か月ないし6か月ごとに知能検査を実施した．その結果，実験的な保育を受けたグループ（実験群）と受けないグループ（統制群）を比較すると，IQに差がみられた．しかもその差は生後14か月までは少ないが，次第に差異が生じ，2歳になると，その差違がIQ25にも拡大し続け，その後5歳半までこの差違は維持された．

これらの研究は，文化的環境の貧困，母子間のコミュニケーションの不足，感覚的，運動的な経験の阻害などの状態におかれると，子どもは充分な知的発達を遂げることができず，しかもそれが発達初期であればあるほど，その後の発達に決定的な影響を及ぼす「母性剝奪

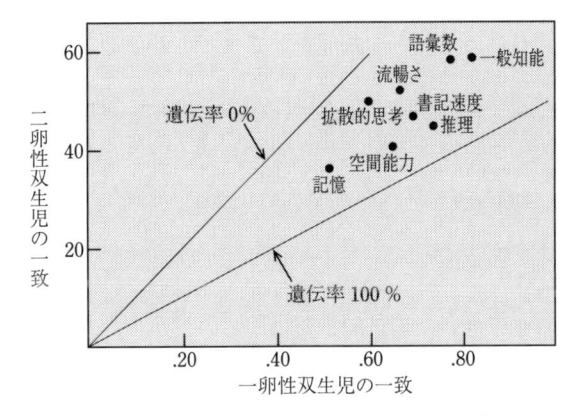

図 6-12　知的能力と IQ に関する一卵性双生児ならびに
二卵性双生児の相関プロット（Osborne, R. T., 1980）[8]

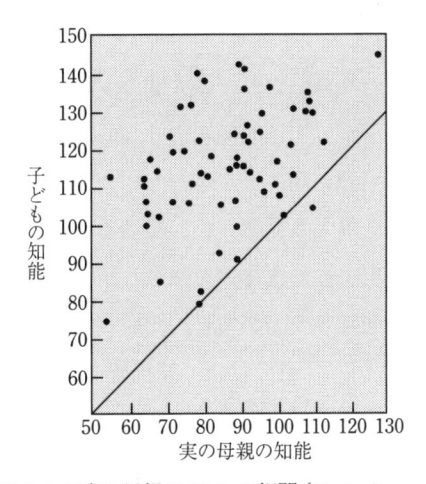

図 6-13　67 人の養子とその実の母親の IQ との相関（Vadenberg, S. G. et al, 1985）[9]

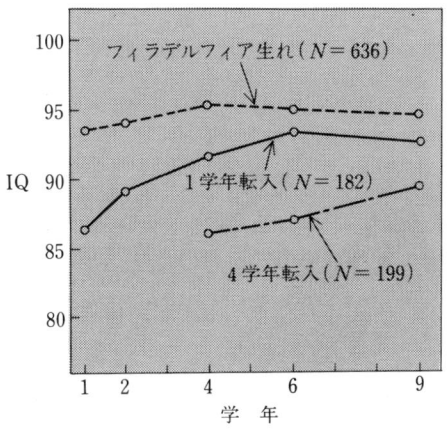

図 6-14　フィラデルフィアへ転入した黒人児童の IQ の伸び（藤永，1972）[10]

(maternal deprivation)」の状況を示唆している．

　環境説は環境さえ整えれば，子どもの知能をどこまでも伸ばせるという楽観性を有しているが，実際にはどのような環境を与えたとしても，子どもたちの知能を等しく無限に伸ばすことは不可能である．さらに環境説は，知能の発達に対して後天的な学習や練習の影響を過大視する傾向があり，知能が発達しないのは本人の努力が足りないと決めつける危険性をはらんでいる．

（3）　知能と知力

　子どもの知能は親から受け継いだ遺伝的素質によるのだから，教育は何の力にもならないという生得説が誤りであると同様に，後天的な経験や学習によって人が無限に進歩できると仮定する経験説も誤りである．この両者の働きを考えに入れた折衷的な見方がシュテルン（Stern, W.）の輻輳説である．彼は発達とは単に生まれながらの性質が徐々に表われてくるだけのものではなく，また外界からの影響に対する反応としてだけ生ずるものでもなく，内的性質と外界とが働きあって生ずると考えた．

　一方，ピアジェは環境との関わり合いにおける人間の主体性を重んじ，発達においても，親から遺伝的な素質を受け継いだ子が，物理的環境や社会的環境からただ受働的に影響を蒙むるのではなくて，環境を積極的に自分の側にとり込むという観点から環境の影響を論じた．彼はすでに獲得した活動様式や能力を最大限発揮して，環境に働きかけることが発達には最も重要だと考え，発達における本人の自主性や主体性を強調し，相互作用説を主張した．知能を示すと考えられるあらゆる行動には明確な要因があり，知能と知的意欲とを統一的にとらえた知力（波多野ほか，1977）という概念が，発達においては重要な役割を果たす．好奇心等の知的意欲は環境からの応答性によって育成され，効力感や自信となって，知能の発達を促進する．

　精神発達遅滞とは，一般的な知的機能が明らかに平均よりも低く，同時に適応行動における障害を伴う状態が発育期に表れるものを指している．IQ 50から70程度の軽度の場合にはそれに見合った教育が可能であり，必要である．IQ 20ないし50程度では日常生活を過ごせるための訓練が可能であり，重要である．IQ 25ないし20以下の場合には絶えず保護を必要とする．

4.　知能の発達

　知能の発達を考えるとき，まず問題となるのは「何を知能の指標とするか」ということである．これには，2つの立場がある．第1の立場は，知能検査から得られた精神年齢やIQを指標とするものである．すなわち，知能を量的なものとしてとらえ，その発達経過を研究しようとする立場である．これに対して第2の立場は，知能を「操作」の質的変換としてとらえ，それが年齢とともにどのように変化するかを研究しようとするものである．後者の立場はピアジェによって代表される．

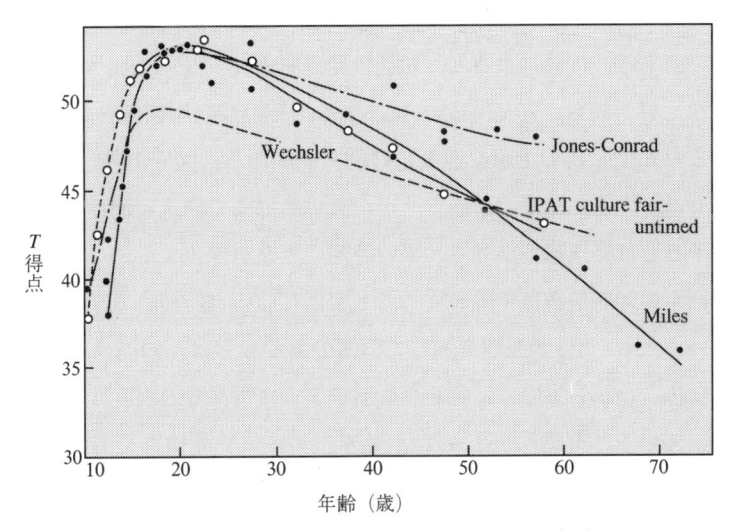

図 6-15　知能発達曲線 (Cattell, R. B., 1971)[11]

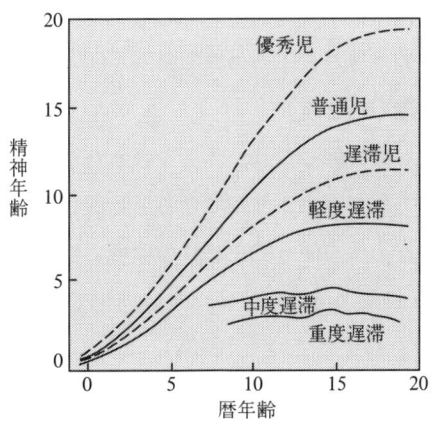

図 6-16　知能発達の個人差 (Pressey, 1933)[12]

（1） 知能の量的発達

　知能を量的なものとしてとらえた場合，それはどのように発達し，またいつまで発達し続けるのであろうか．図6-15は年齢に伴って知能偏差値がどのように変化するかという諸研究の結果を示したものである．これによると，知能の発達曲線は15歳前後まで直線的に急上昇し，その後は緩やかな上昇が続き，20歳頃最大値となる．その後高原状態を保つが，25歳頃から下降し始める．また知能発達の上限や速度には個人差がある．図6-16に示されるように，知能の優れた子どもほど発達の速度が急激で，かつ高い年齢まで発達し続ける．これに対して知能の劣っている子どもは発達速度が遅く，早い時期に発達が停止する．

　今まで，同一個人の知能指数は年齢が増しても変化しないといわれてきた．これを「知能指数の恒常性」という．もしIQが生涯を通じて恒常であるならば，知能は遺伝によって規定されていることになる．しかし実際には表6-2に示すように恒常性の程度は年齢段階や期間によってかなり異なっている．狩野（1960）らは，鈴木ビネー式知能検査を用いて小学校から中学3年生までの9年間にわたり，知能指数の変化を追跡研究した．表6-2に示すように①知能検査の間隔期間が大きい程，知能指数の変化幅の大きい子どもが増加する．②知能検査の間隔期間が5年以内であれば，児童の約50％は±5以内の変動であり，±10以内の変動まで含めると約80％を占める．これらの結果は，知能指数の恒常性はある程度認められるが，その変動幅もかなり大きいことを示している．

（2） 知能の質的発達

　ピアジェは，知能を適応としての思考と行為であるとし，図6-17に示されるように発達につれて可逆性をもった知的操作体系が成立していくと考えた．このような立場から，彼は一連の実験の結果に基づいて，質的に異なる4つの発達段階を明らかにし，発生的認識と呼んだ．

（a） 感覚運動的知能の段階（0〜2歳）

　新生児は手のひらに触れたものを握ったり，乳房を吸ったり，人の声に反応したりする．このようにいつでも行動となって繰り返すことができる活動様式を，ピアジェは「シェマ」と名づけた．子どもは最初，反射シェマを使ってまわりの環境に働きかけて，これを自己の内部に取り込もうとする（同化）．さらに手持ちのシェマでは同化できないときや新しく取り入れた情報によってシェマそのものを修正していく（調節）．この同化と調節によって，乳児は次第に種々の感覚運動的シェマを獲得し，それらを互いに協調させつつ，目的と手段の関係を理解していく．この時期で重要なことは，自分の行動が事物の世界に何か変化を引き起こすという「因果関係の概念」と，事物が見えていないときでも，それは存在し続けるという「物の永続性」の概念とを獲得することである．

（b） 前操作的段階（2〜6歳）

　子どもは，はじめ哺乳壜を口に含ませるまで泣き止まなかったのであるが，前操作的段階になると壜を見せるだけで泣き止むようになる．これは哺乳壜が食物のシンボルとして認識さ

表6-2 IQの恒常性

IQ変化幅	間 隔 年 数							
	1	2	3	4	5	6	7	8
± 0〜 5	66.8	52.3	50.3	50.2	50.8	43.3	42.3	23.0
± 6〜10	25.0	30.3	29.8	27.8	28.1	28.1	26.5	15.9
±11〜15	6.5	12.8	12.1	13.5	12.0	18.1	15.9	9.5
±16〜20	1.2	3.4	5.6	4.5	4.9	4.8	6.8	16.7
±21以上	0.7	1.2	2.1	3.1	4.1	5.7	8.3	34.9
延べ人員	1296	1043	808	599	416	266	132	126

注：間隔年数とは2回の測定間の年数を表し，小学1年のときの検査結果と小学4年のときの検査結果との差は4となる．数値は人数比（％）である．

（狩野，1960）

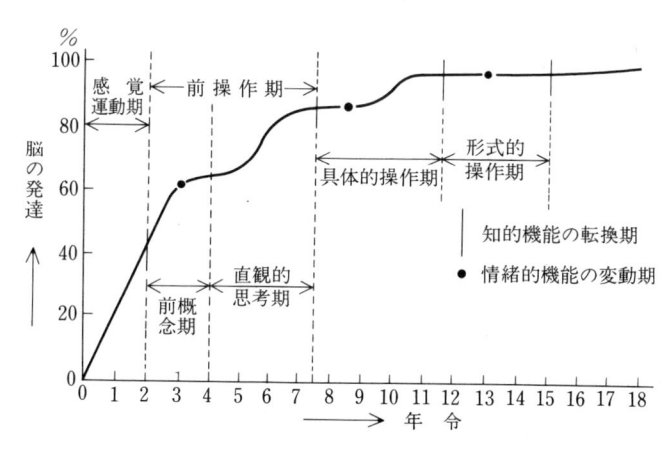

図6-17 脳の機能と知的，情緒的機能の発達の関係（安藤，1972）

れ，予期するという行動が成立しているからである．このような象徴機能の発達には，ごっこ，見立て，模倣，描画などの「象徴遊び」がきわめて重要な役割を果たす．象徴遊びが可能だということは，イメージを有し，表象的レベルでの思考がなされていることを意味する．またこの象徴機能を基礎にして，言語も使用できるようになる．しかしこの時期の子どもは，対象の知覚的変化に惑わされたり，自分の欲求や感情に縛られるなど，自分自身の視点に中心化して物を見たり，考えたりする．これを「自己中心性」という．

（c） 具体的操作の段階（6, 7～11, 12歳）

7, 8歳頃から「保存の概念」が獲得され，思考も脱中心化してくる．たとえば底面積が異なる2つのコップに同量のビーズを入れて見せ，どちらが多いかを尋ねると，子どもは見かけの変化に惑わされないで，量の不変性を主張する．その理由を尋ねると，①もとの形に戻せば同じになる（逆操作による可逆性），②取り去りも増やしもしないから同じ（同一性），あるいは③広くなった代わりに低くなったから同じ（相補性操作による可逆性）などの返答がある．このことからこの時期の子どもには，すでに量の保存が成立していることがわかる．しかしこれは，事物が実際に子どもの前にあって，見たり，触れたりできる場合に限られている．

（d） 形式的操作の段階（11, 12歳～）

青年期が近づくと，実際の事物や事象から離れて言語や記号だけで抽象的に思考できるようになる．そして命題論理を適用して，仮説的に考えたり，全ての可能な組み合わせを考えることができるようになる．やがて青年期を過ぎる頃になると，成人の知能に達する．

（3） 知能の生涯発達

何歳になったら何ができるという年齢依存的な生得説が誤っているとすれば，何歳になったらこういう能力は必然的に衰えるとみる見方も同様に間違っているかも知れない．図6-15に示されるように，知能は20歳以降はゆるやかに下降するが，知能のあらゆる側面が年齢とともに低下する訳ではない．ジョーンズら（Jones, H. E. & Conrad, H. S., 1933）は，アメリカ陸軍A式知能検査の下位検査のうちから代表的なものを取り上げ，その成績が年齢とともにどのように変化するかを研究した．図6-18に示されるように，一般知識と語彙は20歳まで急激な発達がみられ，以降は高原状態かあるいはゆるやかな上昇が60歳頃までみられる．これに対して，素早い反応を必要とする類比と数系列は20歳頃が頂点で，それ以降急激に衰退する．ウェクスラー（Wechsler, D.）の横断的研究においても，同様の傾向がみられる．すなわち一般的知識，一般的理解，単語問題などの言語能力は，あまり衰退せず老年期にもかなりの水準を維持しているが，一方，積木模様，絵画配列，符号問題などのように速度，柔軟性，空間理解を必要とする能力は，20歳から24歳頃に頂点に達し，それ以後は衰退する傾向がある．社会的適応と最も関係の深い知的能力というのは，さまざまな問題場面において，どれ程多様な解決を案出することができるかということであるから，知的能力を維持するためには「平穏な生活」は決して望ましくない．やりがいのある課題を見つけて意欲的に暮らすことが必須であり，維持で

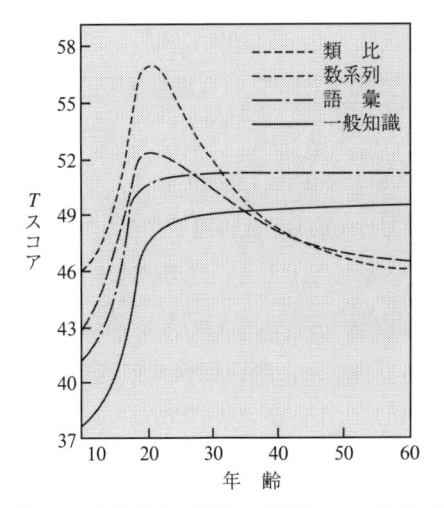

図 6-18　知能下位検査に見られる知的能力の発達と衰退（Jones, E. H. & Conard, H. S., 1933）[13]

きる能力を大切にするとともに，若いときからの備えが不可欠であることは言うまでもない．

5. 学習と知能
（1） 知能と創造性

　今まで心理学において，「創造性」はかなり広い意味で使われていたが，1950年代のギルフォードらによる知的能力に関する因子分析的研究を契機にして，創造性の構成因子を確定するための研究が増大した．ギルフォードは「知性の立体モデル」の操作の次元で，思考の形式を収束的思考と拡散的思考とに区別し，前者は知能に関係し，後者は創造性に深く関係すると考えた．彼は創造性を構成する主な因子として，①流暢性因子（次々と多くのアイディアを出せる能力），②独創性因子（非凡な反応を生み出す能力），③柔軟性因子（固定観念にとらわれないで多方面にわたる解決法を考えられる能力）を抽出した．さらに④問題に対する敏感さの因子（問題点を敏感に読みとる能力），⑤綿密性の因子（条件を考慮して計画を立てる能力），⑥再定義の因子（物事を頭の中で分解して，もう一度再構成する能力）などの因子を報告した．

　今まで行われた知能と創造性の関係についての研究によると，両者の間には，無相関あるいは低い正の相関しか認められていない．創造性検査の成績とIQの相関係数は，ウェルチ（Welch, L., 1946）の研究では0.27，トーランス（Torrance, E. P., 1966）の研究では小学5年生0.12，小学6年生0.01，そしてウォラックとコーガン（Wallach, M. A. & Kogan, N., 1965）の研究では0.09と低い．またゲッツウェルスとジャクソン（Getzels, J. W. & Jackson, P. W., 1962）の研究では，表6-3に示すように知能検査で上位20％以内の者と創造性検査で上位20％以内の者とが一致するのは30％にすぎなかった．また，創造性因子の中では，流暢性の因子とは相関が認められるが，学年が進むにつれて低くなっている．このように知能の高い人が創造性も高いとは限らないし，創造性の高い人が必ずしも知能が高いわけではない（図6-19）．しかしながら創造性を充分発揮するためには，ある程度の知能水準が必要であり，この創造性の発揮に必要な水準はおよそ115～120であるといわれている．

（2） 天才の知能

　天才と呼ばれる人の多くは，一般人ではIQ140以上は100人中に1人の割合であるのに対して，図6-20に示すような卓越した知能を備えている．天才は最高の創造的才能に由来する業績は無論のこと，多くは悲劇的な末路を辿るその運命によって，強く印象づけられている．精神病質や精神病などの狂気もまた人を天才たらしめるに有力な要素であり，ランゲ・アイヒバウム（Lange-Eichbaum, W., 1951）は，ある地方の全住民の中の精神障害者で病院に収容されている人だけでも多くても0.5％であるのに対して，300～400人の天才を考えると生涯に一度は精神病的な状態を示した者が12～13％になると報告している．彼は天才とは後世になって作品とその運命から造り上げられる面が多いと指摘している．

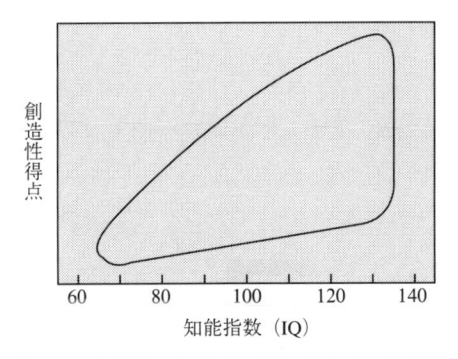

図 6-19 創造性と知能（Guilford, J. P., 1967）[14]

表 6-3 知能と創造性

	人数	基　準		IQ 平均	学力偏差値平均
		知　能	創造性		
高知能群	28	上位20%	20%以下	150.0	55.00
高創造群	24	20%以下	上位20%	127.0	56.27
全　員	449			132.0	49.91

（Getzels & Jackson, 1962）

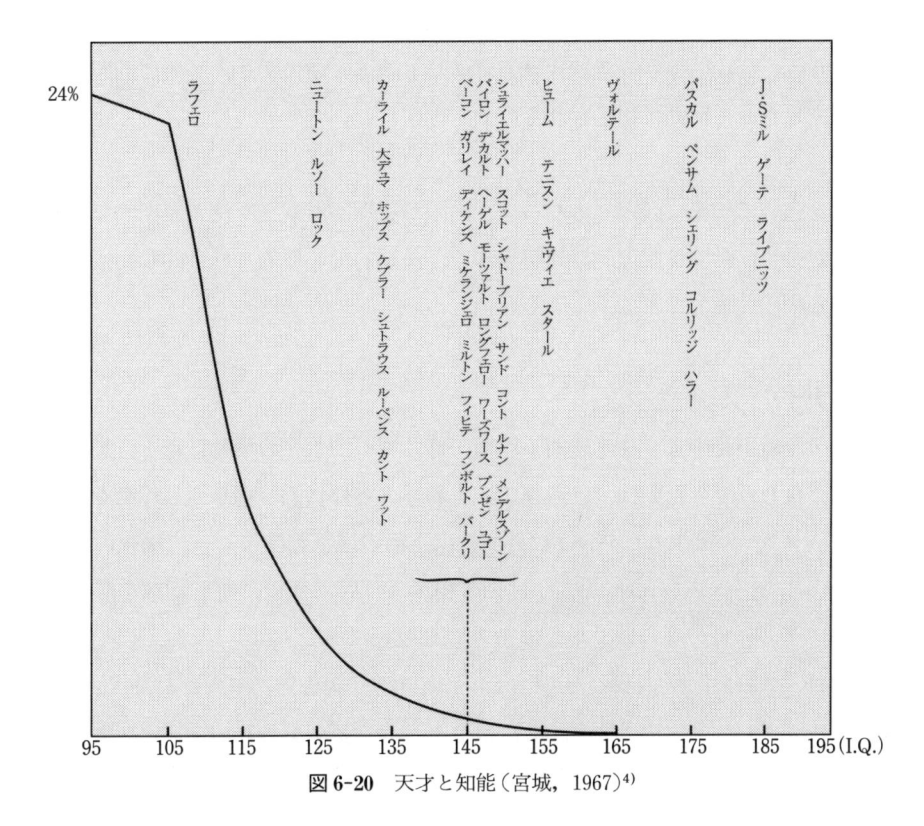

図 6-20 天才と知能（宮城，1967）[4]

7 動機づけ

1. 動機づけ（モチベーション）とは

　誰しも空腹がつのればじっとしておられず，食物を探し，食べるという行動に駆り立てられる．飢えは食事行動の先行条件である．行動の先行条件を動機（motive）あるいは動因（drive）といい，先行条件により一連の行動が生起する過程を動機づけ（motivation）という．心理的欲求が生じれば，これを満たす対象（誘因；incentive）へと有機体を向かわせるエネルギーが蓄積される．蓄積されたエネルギーが限界を超えるとさまざまな思考や行動が生起する．
　このような過程を動因という概念で説明したのは精神分析の祖フロイトが最初である．
　動機づけには行動を活性化し，方向づけ，行動が完了するまで持続させる機能がある．それゆえ動機づけられた行動の強さや持続性は通常よりも著しく増大する．一般に動因は行動を喚起し，動因を充足させる行動は強化されるので，学習において動機づけはとくに重要な役割を果たしている．
　動因と動機を強いて厳密に区別するならば，動因が生理的な基礎を持つ短期的な動機づけ過程を表すのに対して，動機は生理的機構が曖昧な，長期的で心理的，社会的な動機づけ過程をも包括している幅広い概念である．

2. 動機づけのメカニズム

　飢え・渇き・睡眠不足のような生理的不均衡，怒りや不安などの情動による行動の喚起は動因という概念で扱われてきた動機づけ過程で，生活体の内部状態が脳を介し行動を活性化している．アンダーソン（Anderson, 1958）は外側視床下部の電気刺激によって満腹の羊がなお食べ続ける事を示した．ヘス（Hess, 1954）は猫の視床下部腹内側核に電気刺激を与えることによって怒りや攻撃の対象のない偽りの怒りや攻撃を喚起できた（図7-1, 2）．こうした食事行動や攻撃行動は，大脳の間脳（視床，視床下部）や辺縁系（扁桃体，中隔野，帯状回）を中枢としており，ノルアドレナリン，ドーパミン，セロトニンなどの脳神経活性物質が促進的あるいは抑制的に関与している（図7-3）．マグーン（Magoun, 1958）の覚醒説では，外部からの感覚

図7-1 植え込み電極で間脳を刺激して情動的―防御反応が誘発されたネコ (Hess, E. H, 1954)[1]

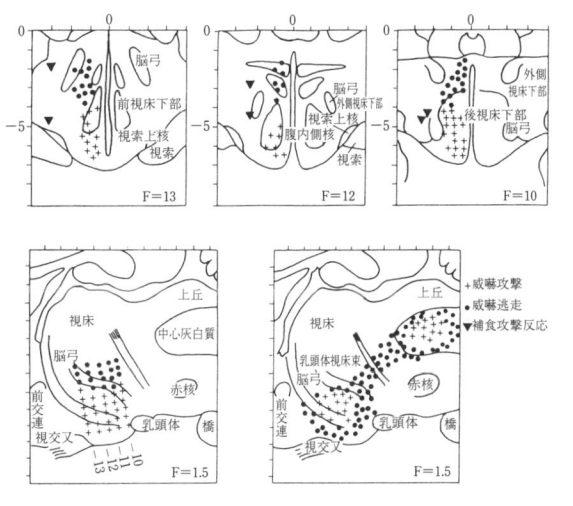

図7-2 ネコの視床下部電気刺激により各種情動行動を起こす部位
　ⅠのA 前額断面図(左から右へ次第に尾側になる)
　BC 矢状断面図(中線より1.5 mm外側. 各々, 左側が頭側, 右側が尾側)(Kaada, B. R., 1967)[2]

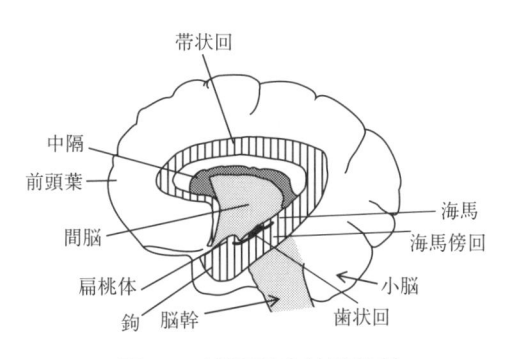

図7-3 大脳辺縁系(斜線部分)

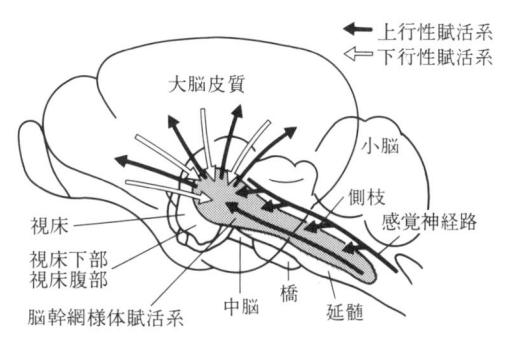

図7-4 網様体賦活系を模型的に示したもの (Magoun, H. W.)[3]

情報は中脳網様体へも側枝を出して大脳皮質全体の覚醒レベルを高めるので，これを網様体賦活系あるいは非特殊賦活系といった．一方，大脳皮質から網様体に働きかける下行性の賦活系は身体緊張を高める（図7-4）．ゲームやギャンブルに熱中したり，競争などの社会的相互作用によって行動が活性化したり，発表や提出物の締切が迫ることで緊張が高まり，練習や執筆活動が活性化されるのは，間脳よりも大脳皮質の前頭前野の関与が大きく，皮質の興奮が視床・視床下部を経て身体緊張を高める下行性の賦活系が関与していると思われる．たとえば，炭坑事故で前頭葉を損傷した鉱夫は感覚や運動，記憶には何の障害もなかったが，意欲が乏しくなり無感動になったと報告されている．また精神病の外科的治療法として行われていた脳の前頭葉切除（ロボトミー）の結果にも意欲の低減や感情の障害が認められる．意識や行動の活性化は生活体内外の刺激によって中脳，間脳，大脳皮質という脳の活動を通じて行われる．

3. 動機の種類

マスロー（Maslow, 1948）は，動機には欠乏による不快感や緊張を解消し最適の状態に戻すことによって満足感を得ようとする欠乏動機と，目標を成就し，困難に挑戦しようとして自ら緊張を作り出し，それらの達成や克服から満足が得られる成長動機（満足動機）の2種類があると指摘した．生理的動機や情緒的動機は前者で内発的動機や達成動機は後者にあてはまる（表7-1）．欠乏動機は充足によって休止するが，成長動機は充足によって休止しないで，次々と無限に新しい動機づけを喚起していく．さらに動機には生理的な動機づけから，心理的な動機づけ，社会的な動機づけへと階層性があり（図7-5），一般的には下位の動機が充足されれば，より上位の動機の充足を目指すのであるが，どの階層の動機の充足を優先するするのかは個々人の状況や特性によってさまざまである（図7-6）．個体や種の保存のため生得的に備わった動機もあり，経験によって後天的に獲得された動機も数多い．以下の節ではこれらの詳細をとりあげる．

（1）生理的動機

生活体がその生命や種を維持していくうえで必要不可欠な要求や生得的にその刺激に対する強い要求を満たす行動への動機を生理的動機として分類する．生理的動機は要求の対象が生理的均衡や化学物質であり，経験の影響を受けることが比較的少ない．

（a）生得的解発機構（IRM；Innate Releasing Mechanism）

エソロジーの領域では，解発刺激と本能行動は合鍵と錠前の関係に例えられ，遺伝的に決定された鍵刺激（生得的解発刺激；IRS）もしくは信号刺激によって一連の行動が解発される．鍵刺激によって解発される補食，生殖，営巣などの本能行動は一般に固定的で柔軟性が乏しく，学習による変容は行われにくい．本能行動は固有の特殊エネルギーをもち，そのエネルギーが蓄積され，高まるにつれ，その行動へのモチベーションが強くなり，僅かな刺激によって，その発動を抑えている生得的解発機構が解除される．チンバーゲン（Tinbergen, 1948）が報告したように繁殖期のとげうおの雄はテリトリーに侵入してくる同種の雄に攻撃する．この

表 7-1 欠乏の動機と満足の動機

	欠乏の動機 （生存と安全を求める）	満足の動機 （喜びと刺激を求める）
身体に関連して	飢え，渇き，酸素欠乏，冷熱，苦痛，その他身体的不快状態を避ける．	味，かおり，音などの感覚的な喜び，性的満足，身体の安楽，運動などを求める．
環境に関連して	危険なもの，いやなものを避ける．将来の生存や安全のためにたくわえる．環境を清潔で，安定的にしておく．	楽しむためのものを所有する．ものをつくったり発明したりする．環境を理解する．問題を解く．ゲームをする．新しいものや変化を求める．
他人との関係に関連して	対人的ないざこざや敵意を避ける．集団所属や，地位の確保．集団の行動基準を守る．	愛．人や集団との積極的同一化．独立性．人を助ける．人を理解する．
自我に関連して	劣等感を避ける．恥，罪の意識．恐れ，不安を避ける．自己同一性を保つ．	自信と自尊心．自己表現．成し遂げたいという気持やがんばってやってみようという気持．自分がこの世で意味のある存在だと感じること．

（Krech & Crutchfield, 1958, 訳語は東洋による）

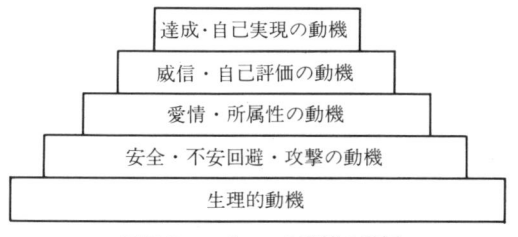

図 7-5 マズローの動機の階層

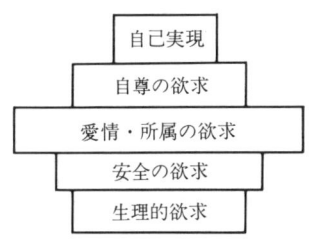

（ピラミッド：生理的動機／安全・不安回避・攻撃の動機／愛情・所属性の動機／威信・自己評価の動機／達成・自己実現の動機）

図 7-6 愛情・所属欲求優位のタイプ

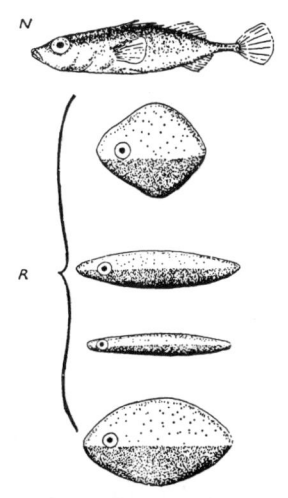

（生理的欲求／安全の欲求／愛情・所属の欲求／自尊の欲求／自己実現）

図 7-7 とげうおの攻撃行動
（Tinbergen, N., 1957）

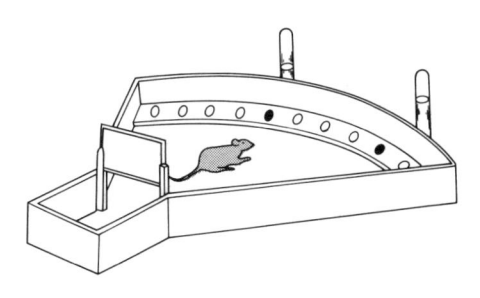

図 7-8 カフェテリア実験（Yong, P. T., 1940）
　この装置はセルフサービス方式の食堂のような装置で，カルシウム，リン，糖，蛋白質，脂肪，ビタミンなどの栄養素が自由に選んで食べられるようにしてある．ある種の栄養素の欠乏したネズミをこの中に入れておくと，そのネズミは欠乏した栄養素を選ぶようになる．激しい活動を強制された後のネズミは，カロリーの高い栄養素を選ぶようになる．

攻撃行動の鍵刺激は雄の腹部の赤色であり，水槽に映る赤い自動車ですら攻撃行動を解発する（図7-7）．一方，ケージで飼育されているリスが存在しないクルミを集めて隠す仕草をしたり，鳥籠で育てられ，練り餌を食べ，虫を捕食したことがないムクドリが虫を捕らえ呑込む仕草をすることが観察されている．直接的な鍵刺激（IRS）が不明である本能行動は真空行動といわれる．この場合は，体内のホルモン濃度の変化が固有のエネルギーを蓄積した（動因を高めた）結果，真空行動のような本能行動が自発的に解発されたのであろう．

（b） ホメオスタシス性動機

飢え，渇き，性的欲求，排泄欲求，外温変化，睡眠不足などによって生理的不均衡が生じると，身体を最適の生理的コンディションに戻そうとするホメオスタシス（恒常性維持）機構が働き，摂食・摂水・排泄など生理的均衡を取り戻す行動が喚起される．このような動機をホメオスタシス性動機という．さらに生活体は蛋白質，ミネラル，ビタミンなどの栄養素の不足があれば，そのとき不足している栄養素を含んだ食物を選択するといわれる．デービス（Davis, 1928）は生後6か月から12か月の幼児に栄養素の組成が異なる食物約20種の中から自由に選択して食事できる（カフェテリアフィーディングという）ようにして約1年間育てたところ，異常なく育った．実験当初くる病の徴候のあった幼児は肝油を選択的に摂取したと報告されている．ヤング（Young, 1945）はネズミをカゼイン（蛋白質）抜きの餌で飼育しておき，糖とカゼインを自由に選択させると，カゼインを選ぶことを示した（図7-8）．ところが，ビタミンB_1を欠乏させたネズミでは，必ずしもB_1を含む水溶液を選択しなかったというようなホメオスタシスを否定する結果も報告されている．さらに人間の場合では相当の極限状況でない限り，ホメオスタシスでは動機づけを説明できない．たとえば飢えの動機のような単純な例であっても，通常は胃袋の収縮といった末梢からの情報，脳幹にある視床下部で検知された血液中の血糖値，ご馳走の味や匂いや食事時間等の認知レベルほか複数要因の影響を受けているからである（図7-9）．

（c） 誘因動機

空腹のネズミは生理的均衡を保つためには，蔗糖液を選ぶべきであるにも拘らず，栄養分を全く含まない甘味の強いサッカリン（人口甘味料）液を選ぶ．麻薬やアルコールなどの薬物やタバコ，コーヒーなどの嗜好物は摂取しなくても生理的不均衡を起こさないが，常習性があるので動機の対象（誘因）となりやすい．ときには，これらの誘因はホメオスタシス性の動因よりもはるかに強力で健康や生命を脅かすことすらある．バーを押せば脳内の報酬領域へ電気的刺激が得られるように学習したラットは食事もせずに10時間に80000回バー押しを続けたという実験結果から，オールズ（Olds, 1955）はホメオスタシスによる動機づけを否定し，動因ニューロンと誘因ニューロンとは独立しているとした（図7-10, 11）．このように個体の生命維持とは無関係で時にはこれとは相いれない生理的刺激（誘因）を求めて行動が喚起される動機づけは誘因動機づけと呼ばれている（図7-12）．

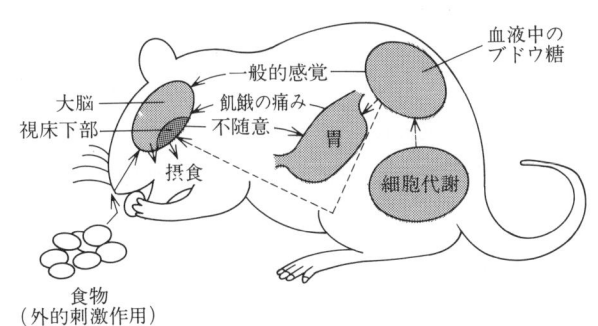

図7-9 飢餓の生理的機制．点線は生化学的あるいはホルモンによる効果を示し，実線は神経性の刺激作用を示す．この図は，食物が摂取されそれからブドウ糖が得られる機制が示されている．もしあらゆる種類の食料が含まれる場合には，はるかに複雑になるであろう．（J. P. Scott. Animal Behavior. Chicago: Univ. of Chicago Press, 1958）

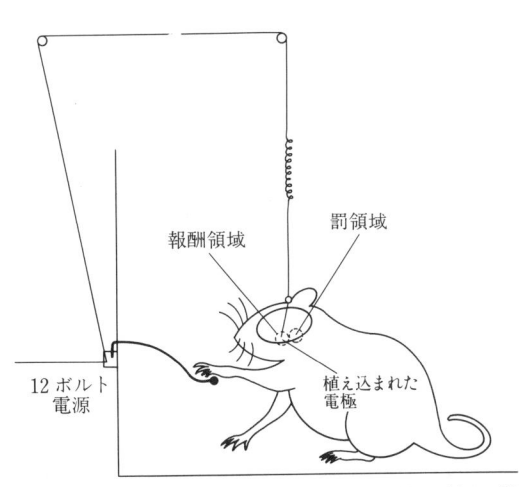

図7-10 脳の自己刺激．脳の「報酬」領域に電極が植え込まれた動物が，適度の電流を流すためにスキナー箱の梃子を押すことを学習する．梃子を押すと，スキナー箱の上のところに取り付けられた軽いしなやかな電線を通じて電流が流れる．「罰」領域における刺激作用はネズミにとって不快である（Olds., J., 1955）

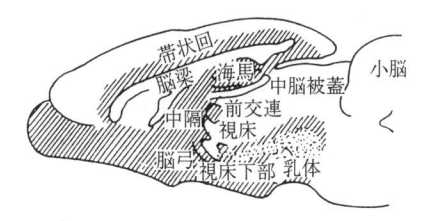

図7-11 脳内自己刺激
ラットの脳内自己刺激法とそれにより明らかにされた報酬効果のある部位（斜線部）と罰効果のある部位（点描部）．

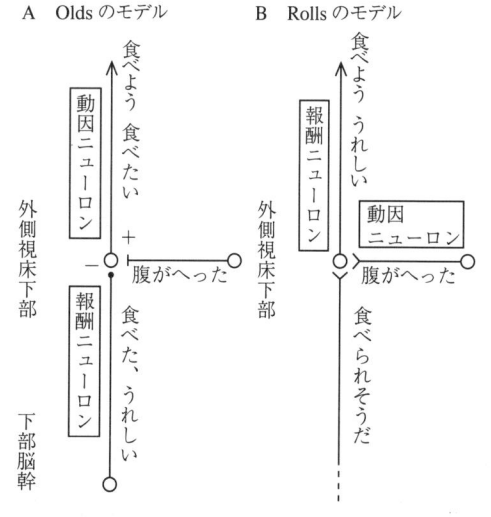

図7-12 動因ニューロンと報酬ニューロンに関するオルズのモデル（A）とロールスのモデル（B）

（2） 心理的動機

生存に直接的に関わらないが，それなくしては生活が無味乾燥となってしまうようなさまざまな刺激や活動を求める動機で，主として個人内で完結する動機を心理的動機とする．心理的動機は経験や記憶などの大脳皮質の働きが関与している．他者の存在による行動促進や他者との関わりが主要な決定因となる動機は社会的動機の節でとりあげる．

（a） 性動機

性行動を動機づけるのは，睾丸や副腎皮質，卵巣で作られる性ホルモンである（図7-13）．さらに異性の匂いや姿が性的動機づけにおける強力な誘因となるし，身体とくに性器への接触・圧迫などの皮膚刺激は性行動を直接的に喚起する．性ホルモンの分泌や交尾行動の動機づけには大脳辺縁系，間脳の視床下部が関与しており，この部分の破壊や電気刺激は性行動を昂進させたり，阻害したりする．しかし，性経験のある雄ネズミは去勢（睾丸摘出）後も2/3が交尾を行い，サルでは去勢後にも性行動はみられる．生後すぐ同種の仲間から隔離されて成長した動物は性ホルモンにより性行動の活動水準が高まるが，同種の仲間ではなく育ててくれた異種の異性が求愛行動の誘因となる．このように経験や記憶などの心理的過程，いいかえれば大脳皮質が性的動機づけに関与しているのである．とくに人間の性行動では経験の影響が大きく，また，同性愛のように異性ではなく同性が性動機の誘因となるケースもあるし，フェチシズム（拝物愛）のように下着や履物，身体部分や，特殊な服装などが性的行動の誘因になるなど個人や文化によって誘因の種類は実に多様である．これは大脳皮質が性行動に関与しているからであり，性的行動の逸脱度は女性よりも男性の方が大きい．

（b） 情緒的動機

突然の大きな物音や見慣れぬ人や物，ヘビや暗闇，死体などに対する恐れ，身体の拘束に対する怒りなど生得的と考えられる情緒もあるが，経験や学習によって喚起される情緒もある．白い部屋で電撃を与えられたネズミは，もはや電撃は与えられなくても，白い部屋から逃れようとする（図7-14）．それは電撃の感覚的痛みからの逃避ではなく，電撃が与えられるかも知れないという恐怖に駆られてのことである．大勢の人の前で発表やスピーチをしなければならないとき，大抵の人は失敗への不安から発表やスピーチの準備に駆り立てられる．このように適度の情緒は日常生活での活動水準やパーフォマンスの水準をあげる．しかし，あまりにも失敗への不安が強ければ，思考や行動が混乱し，発表やスピーチの準備だけでなく他の行動も阻害されてしまう（図7-15）．さらに恐怖や不安などの情緒は正常な行動だけでなく，しばしば不適応的な不安解消行動を活性化する．何度も何度も手を洗い，清潔さを確認しなければならない強迫神経症（洗手強迫）では不潔恐怖がその儀式的行動を動機づけている．

要求充足行動が阻止されたとき発生するフラストレーション反応は怒りなどの強い情緒を伴う．このような強い情緒は破壊や攻撃行動，行動の固着（間違った行動を繰り返す），退行的行動（乳幼児のような幼稚な問題解決）などを動機づける．

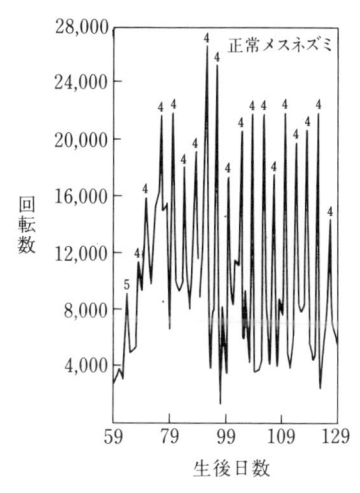

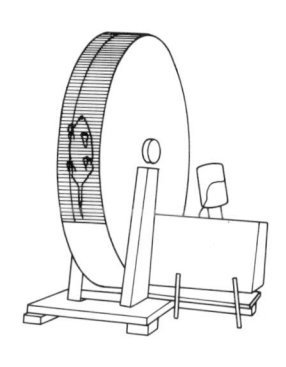

図7-13 メスネズミの性周期と活動量(回転数)の関係(Wang, G. H., 1923)
メスネズミの性周期は約4日である．発情期には回転数が著しく増加しているが，発情間期では減少している．右の図は，この実験に用いる回転車である．

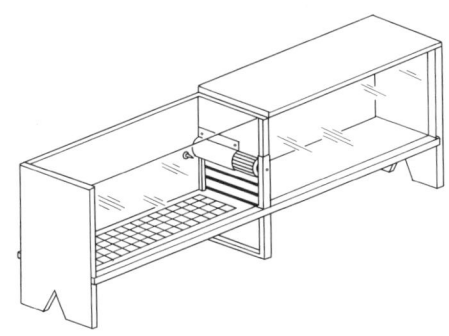

図7-14 ミラーの獲得性動因の装置．動物に対して左側の白い部屋の格子を通じて電気ショックを与えることができる．右側の安全な黒い部屋に入るには，白黒の横縞に塗ってある落し戸を開けなければならない．これは実験者がボタンを押しても開くし，動物が白い部屋の左側にある梃子を押しても，あるいは落し戸の上の車輪をまわしても開く．(Miller, N. E., 1948)

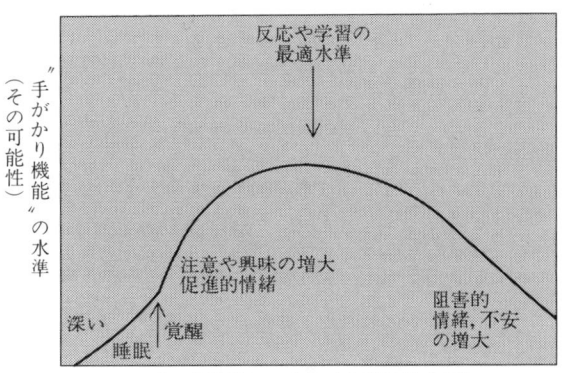

図7-15 情緒の強さと動機(Hebb, D. O., 1955)

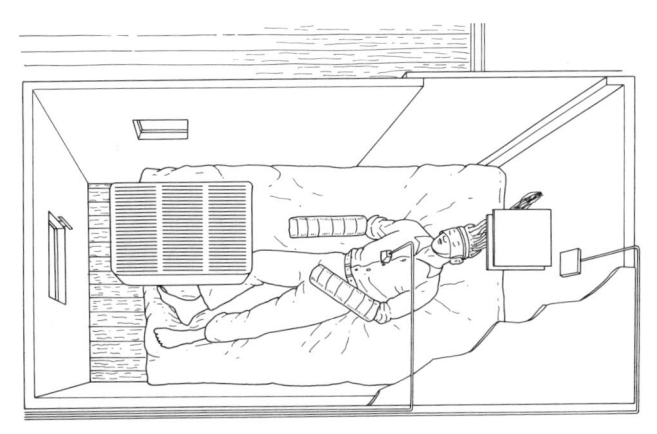

図7-16 感覚遮断の実験(Heron, W. T., 1961)

(c) 内発的動機

生理的不均衡の回復，感覚的刺激物の摂取，情緒的緊張の解消などを目的として行動が喚起されるのではなく，感覚的体験や活動そのものという内的満足が生活体にとって行動の目的である動機づけを内発的動機づけという．偉大な発明・発見を支えてきた人間の限りなき探求心や冒険心はこうした内発的動機に根ざすものである．

a. 感性動機

古典的な動機づけの概念では，飢や渇き，暑さ寒さ，痛みにさらされると，そこから逃れようとする動因が高まり，身体を快適な状態に保つために行動が動機づけられる．マッギル大学で行われた実験は，高額の日当で雇われた学生の被験者たちを，図7-16のように感覚を遮断して知覚の負担をなくし，この上なく快適な状態に置き，疲れる仕事は何もさせなかった．ところが2日も経たないうちに，被験者は単純な計算もできない程混乱し，幻覚さえ現れ，実験の中止を求めたのであった．この感覚遮断実験は人間が生存上必要な生理的均衡よりも，環境からの刺激を自ら求める感性動機に影響されることを示している．芸術やスポーツ，スリルなどの感性動機はしばしば，われわれの日常生活においても，空腹や痛み，暑さ寒さから逃れる動機よりも優先することがある．

b. 好奇動機

生後3か月の乳児ですら見慣れた刺激が変化したり，新奇な刺激が提示されると敏感に反応する．バーライン（Berlyne, 1958）は生後3～9か月の乳児が単純な図柄よりも複雑な図柄のほうをより注視することを見出した（図7-17）．バトラー（Butler, 1953）によれば，図7-18に示したような2つの窓のついた小部屋に閉じ込められたサルは，30秒間外を眺めるだけのために青色の窓を開けることを学習し，飽きずに反応し続けた．このとき窓の外に他のサルがいる場合や玩具の汽車が動いている場合，窓を開ける動機づけは強かったが，大きな犬や悲鳴をあげているサルがいる場合には，窓開けが学習出来ない程動機づけは低かった．このように好奇動機はあまりにも新奇性が強いとかえって動機づけが弱くなる．

c. 操作動機

子どもの頃運動場に座ると理由もなく，小石を投げたり釘で地面に線や模様を描いたものである．人間や動物はこれという目的もなく歩き回ったり手足を動かしている．身体やモノを動かしたり，道具を意のままに操作しようという動機を操作動機という．ハーロー（Harlow, 1950）は図7-19, 20に示したようなパズルをサルに与えたところ，サルはこのパズルを解いても餌がもらえないのに12日間も飽きないでこのパズルを続けた．このときパズルを解けば餌を与えるような手続きでは，サルはパズルに熱中するものの，餌が与えられなくなるとパズルに興味を示さなくなってしまう．人間の幼児に自由に絵を描かせ，描く度にほめると，幼児は絵を描かなくなってしまう．これらの例は活動が手段となるのではなく目的となるほうが持続性があるという内発的動因の特性を如実に示している．外的な報酬がなく，逆に心身や生計

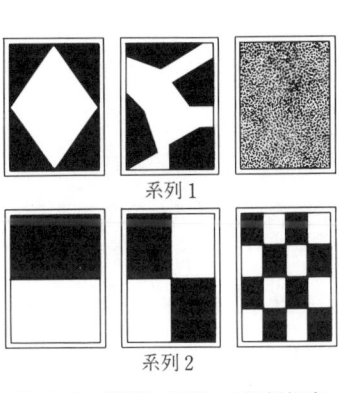

図7-17 複雑な図形への注視傾向
（Berlyne, D, E., 1958）

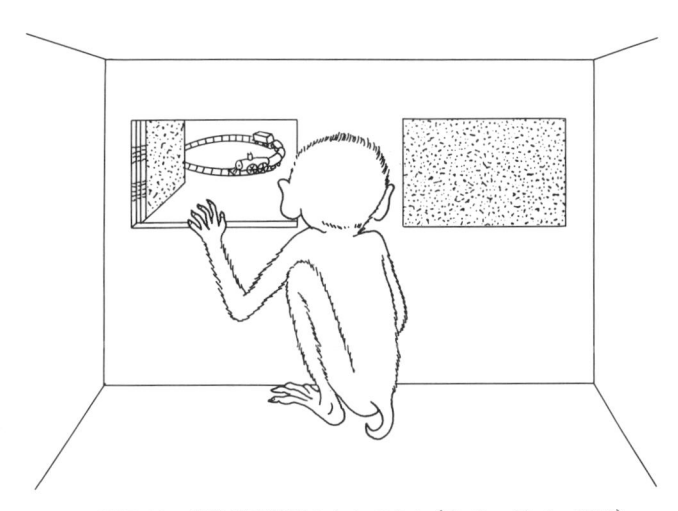

系列1

系列2

図7-18 視覚探索装置のなかのサル（Butler, R. A., 1953）

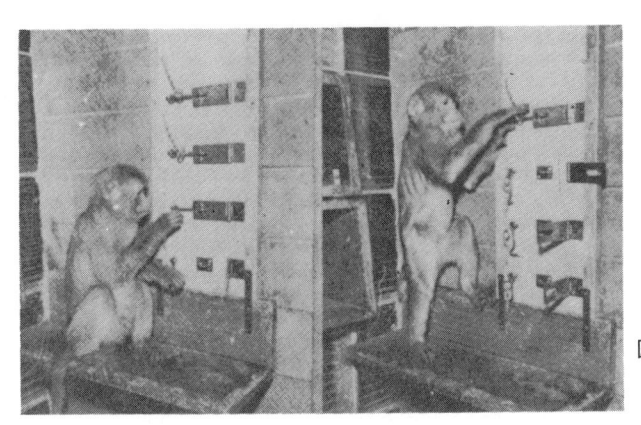

図7-19 パズルを解くサル（Harlow, H. F., 1953）

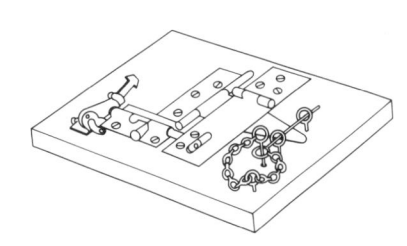

図7-20 サルの操作動機づけを研究するために用いられた6個の仕組みのある機械的パズル。サルは外因性の報酬なしでパズルを解くことを学習する。（Harlow, H. F., 1950）

表7-2 喫煙と肺癌との関連に関する反応者の意見：認知的不調和の例

	関連があると考えられたパーセント		
	実証された	実証されない	意見なし
喫煙家でない人	29	55	16
軽い喫煙家	20	68	12
適度な喫煙家	16	75	9
はげしい喫煙家	7	86	7

（Festinger, L., 1957）

132　第7章　動機づけ

に犠牲に払ってまでも創作活動やスポーツ，技術の上達，TV ゲーム，コンピュータ操作などの上達に熱中するのも内発的動機によるものである．

　d．認知的動機

　自分の知識や信念と矛盾するような情報に接すると，不協和（思考過程内における矛盾や不一致）が生じ，これを協和させるため，新たな知識や情報を探そうとする．フェスティンガー（Festinger, 1957）によれば，喫煙習慣のある人は"喫煙が肺癌やその他の病気の発症率を高めるという発表が証明済みである"と信じない（表7-2）．自分の行為が健康に有害であることを聞かされて不協和を生じた喫煙者は「タバコを吸わなければイライラして胃潰瘍になる」という認知要素を付加して，不協和を与えた情報を無効にしようともする．購入時に他の車種も考慮した新車購入者にとって自分の新車の短所を認めたくはない．そこで新車購入者の65%は自分の車種についての新聞広告を読むが，迷ったが購入しなかった車種の新聞広告を読んだのは40%であった（Festinger, 1957）．このように思考過程内における矛盾や不一致をなくそうとする動機を認知的動機という．さらにフェスティンガーは，極度に退屈で単調な作業を1時間させられた被験者に1ドルあるいは10ドルの報酬を渡すという条件で次の被験者に「その実験が楽しかった」と，嘘を言わせる実験を行った．実験後，報酬を貰って嘘を言った被験者に，その作業がどれほど楽しかったかを再評価させたところ，10ドル貰った被験者よりも，1ドルしか貰わなかった被験者の方が作業をより楽しいと再評価した．この実験では恐らく1ドル位で嘘を言ってしまったという認知的不協和を低減するため，自己の行為を正当化しなければならず，作業に対する認知を変えるような動機づけが生じたのであろう．

（3）社会的動機

　人間は誰しも，誰かと一緒にいたい，他者から認められたい，他者とともに楽しみ，競争し優越したいなど他者との相互作用の中で生活している．他者との社会的相互作用を求めるなど他者の存在による行動の促進を社会的動機づけという．学習理論の立場では，金銭や愛情の追求などの社会的動機は飢えや渇きといった生理的動因を1次強化子として学習された2次的動因である．結婚するためにせっせと金を貯めていたが，結婚が破談になり，もはや目的が消失した後もなお金を貯め続け，手段であった貯蓄そのものが目的と化してしまうように機能的自律性によって形成された動機は後天的に形成された社会的動機である（Allport, 1937）．しかし，接触動機のように，明らかに生得的と考えられる動機も存在する．

　（a）接触動機

　子どもの母親への愛着は，学習理論によれば，空腹を満たしてくれる1次動因の充足から派生してくる2次的動因であった．ハーローは子ザルの空腹を充足する哺乳瓶をつけた針金製の代理母親と愛着の要求を満たす布製の代理母親をつくり，2つの動機を分離して哺育した．子ザルはミルクを飲むときしか針金製の代理母ザルに寄り付かず，ほとんどの時間を布製の代理母ザルで過したことから（図7-21），愛着が接触動機という生得的な社会的動機によるもので

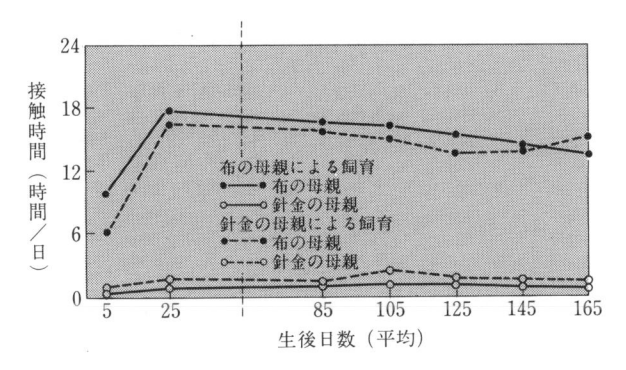

図7-21 布の母親で飼育されたサルと針金の母親で飼育されたサルの双方の母親との接触時間（Harlow, H. F., 1958, 1965）

表7-3 女子学生における親和傾向と不安の関係

実験条件	えらばれた待ち方			
	一緒	気にしない	ひとり	計
高不安	20	9	3	32
低不安	10	18	2	30

（Schachter, 1959）

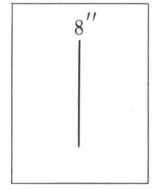

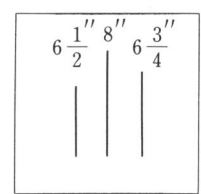

図7-22 アッシュの用いた刺激[5]

図7-23 アッシュの実験場面（Crutshfield, R. S and Krech, D., 1962より）

表7-4 サクラの人数の効果

サクラの人数	1人	2人	3人	4人	8人	16人
誤判断の平均	0.33	1.53	4.0	4.20	3.84	3.75
被験者の人数	10人	15人	10人	10人	50人	12人

（Asch, 1951より）

あることが明らかになった．また，子ザルのときから母親や仲間から隔離して育てられたサルは成熟しても交尾行動がうまくできなかったり，出産したわが子に全く関心を示さず子育てができなかったことがハーローによって報告されている．保母の数が少なくスキンシップを通じて愛着の要求が満たされないで育った孤児院の幼児は，たとえ生物的な栄養は満たされていても罹患率が高く，ホスピタリズムとよばれる発達，情緒障害を起こすことが，ボウルビー（Bowlby, 1962）によって報告された．このように接触動機という社会的動機が満たされない場合には，幼い子どもの正常な発達が脅かされるのである．

（b） 親和動機

人間は人に囲まれて生まれ，育ち，生活している．人と人とを結びつけ，親密な人間関係を維持しているのが親和動機である．言い替えれば，気心の分かり合える友人や仲間を求めるのが親和動機で，この動機ゆえに，協力し合い，相手に気を配り合うのである．また，人間は不安な状態に置かれると親和動機は高まる．シャクター（Schachter, 1959）は女子学生の被験者に痛い電気ショックを与えるかもしれないという強い不安を与え，実験までの10分間を独りで待つか，他の人と一緒に待つかを選ばせた．約60％の被験者は独りで待つよりも他の人と一緒に待つほうを選んだ．一方電気ショックは痛くないと告げられた低不安群で他の人と一緒にいるほうを選んだのは30％にしか過ぎなかった（表7-3）．さらにシャクターのこの実験から一人っ子と長子の方が親和動機が強く，子どものときからの体験が親和動機と関連があることが示唆された．また親和動機は友だちや自分が不利益を受け，空腹や拷問の痛みなどを受けても仲間のために我慢するように，時には生理的動機よりも優勢となるのである．

（c） 同調・服従への動機

アッシュ（Asch, 1955）は標準刺激と同じ長さの線分を3本の比較刺激の中から選ばせるという簡単な課題の実験で，被験者の選んだ線分とは異なる線分をわざと他のメンバーたちに選ばせた（図7-22, 23）．集団実験の結果，正しい知覚判断を下した筈の被験者は戸惑い，自らの判断を他の人々の誤った判断の方へ修正しようとする．誰しも自分の知覚や判断が集団の他のメンバーたちと違っているとき，自分の知覚判断に自信をなくし，集団に同調しようとする動機が働く．しかし，自分と同じ知覚判断を表明した被験者の数が多ければ，集団に同調しようとする動機は弱くなる（表7-4）．

ミルグラム（Milgrum, 1963）は学習における罰の効果を実験するという設定で，教師役の被験者は，威厳ある大学教授の指示に従って生徒役の被験者が間違う度に強い電撃を与えるという実験を行った．もちろん生徒役の被験者は実は実験の協力者で，実際には電撃は与えられていないのである．電撃発生装置のスイッチのパネルには15ボルトから450ボルトまでの目盛り表示があり，「弱いショック」から「危険・極度に強烈なショック」まで4段階に区分されている．生徒役の被験者は電撃が与えられる度に大げさに文句を言い，電撃が強くなるにつれてうめき声を上げ抗議する，180ボルトを超えると苦痛に満ちた悲鳴をあげる．被験者は多

図7-24　TAT（マレー版）

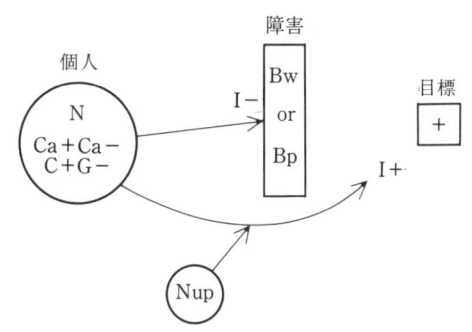

図7-25　目標達成への一連の行動様式
（McClelland, D, C. et al., 1953, p.109）
N　　達成への欲求
Ca＋　成功的達成の予想
Ca－　失敗的達成の予想
C＋　成功に対する喜びの感情
C－　失敗に対する悲しみの感情
Bw　外的環境の障害
Bp　個人的欠陥による障害
I　　目標達成のための手段的活動
　　（＋成功した後，－失敗した時）
Nup　目標到達への援助者の存在
（宮本美沙子『やる気の心理学』）[6]

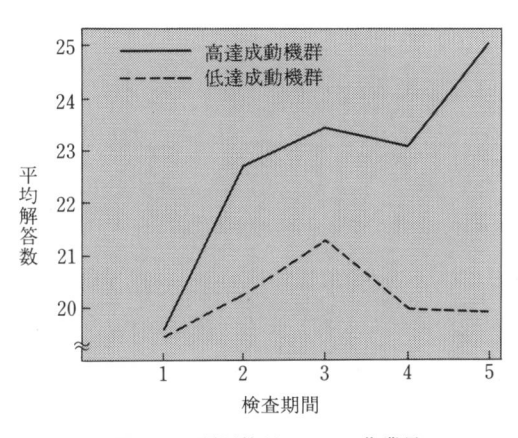

図7-26　語順整理テストの作業量
（Lowell, E. L., 1952）

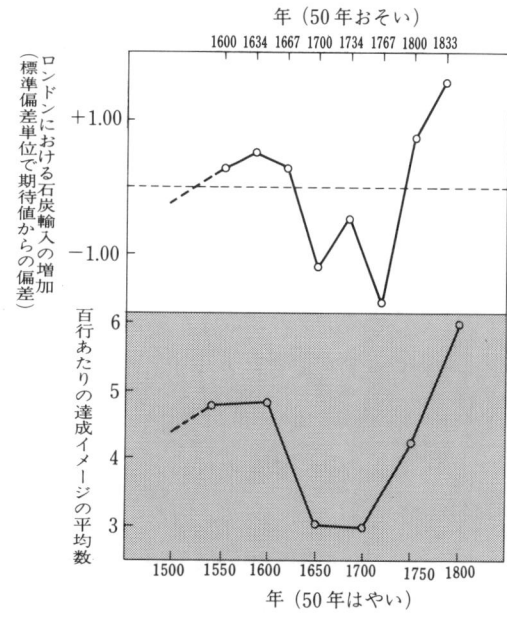

図7-27　英国の文学作品（1500-1800年）における平均達成要求水準と50年後のロンドンにおける石炭輸入の増加速度との比較（McClelland, 1961；宮本美沙子『やる気の心理学』）[6]

くの志願者の中から選ばれたごく普通の健常な社会人であり，実験前には実験者に命令されても学習者に強いショックを与えることを拒否すると言っていたにもかかわらず，その62％は実験者の指示通りに，450ボルトまで電気を与えつづけた．精神科医や心理学専攻学生たちの予想では，450ボルトまで電撃を与え続ける被験者はせいぜい1％程度であった．この実験は人間が権威ある人物にいかに服従しやすいかを如実に示している．

(d) 達成動機

障害を克服して困難な課題を達成し，高い目標にチャレンジし，他人と競い他者より良い成績をとりたいという動機を達成動機という．マックレーランド（McClelland, 1948）は，達成動機を成功への欲望と簡潔に定義した．そしてTAT図版（図7-24）を用いて絵中の人物の"現在の状況"と"その経緯""今後の成行き"などについて想像物語を作らせ，物語中に出現した成功や失敗への予想，障害，援助などの9つの下位次元（図7-25）から達成動機の強さを測定した（1961）．一般に達成動機が強ければ行動の遂行も大である（図7-26）．さらにこの方法を用いて各時代の代表的な文芸作品や教科書中の達成動機を測定し，達成動機が強いほど国家が経済的に繁栄しているという関係を示した（図7-27）．マクレーランド，アトキンソンらは，達成動機が高い人に共通した行動特性として個人的責任の受容，適度の危険への挑戦的態度，自己の活動結果についての関心を持つ，などが挙げられる．

アトキンソン（Atokinson, 1957）は，課題を達成しようとする動機の強さ（T_S）は成功への主観的な確率（P_S）と目標のもたらす魅力すなわち誘意価（I_S）と成功への動機（M_S）との関数であるとして，$T_S = P_S \times I_S \times M_S$ で表わした．これを簡潔にすれば，動機＝期待（成功確率）×報酬（誘因）×欲求となる「報酬×欲求」は個人の主観的な価値と同義であるので，後に"動機づけの強さ＝期待×価値"というアトキンソンの動機づけ期待モデルが生まれた．

達成動機づけと関連深い概念として，ロッターの統制の位置とワイナーの原因帰属がある．ロッター（Rotter, J. B., 1966）はある事態での責任の取り方にたいして，統制の位置（ローカス・オブ・コントロール）という概念を用いて，これを説明した．すなわち運やチャンス，他人の力といった外的条件に責任を帰する認知の仕方を「外的統制型」とし，自己の能力やスキルといった内的条件に責任を帰する認知の仕方を「内的統制型」とした（表7-5, 6）．内的統制型と学業成績とは正の相関をもつ（ステフェンス Stephens）．ワイナー（Weiner, B., 1972, 1986）はできごとの原因についての認知を外的，内的という統制の位置だけでなく，固定的か変動的かという安定性の次元，個人に統制可能か不可能かの統制の次元をも考慮に入れた（表7-7）．たとえば，課題の困難度や運，素質などは統制不可能であるが，努力は統制可能である．課題の困難度は外的統制でかつ安定的であり，個人の統制が不可能である．一方，個人の能力は内的で，安定的で個人の統制が不可能である．一般にやる気の高い人は成功を高い能力と努力に，失敗を努力不足に帰属させる．

表 7-5 外的統制・内的統制の例

---
1. 交通事故を起こすのは，ほとんどの場合，
   運が悪いためです（外）
   自分の不注意のためです（内）
2. 学年末試験で良い成績がとれたのは，たぶん，
   その時には試験勉強をたくさんしたから（内）
   その時の試験問題がやさしかったから（外）

表 7-6 ロッターの統制の位置

	内的統制	外的統制
固定的	能力	課題の困難度
変動的	努力	運

表 7-7 原因帰属の3次元分類

	統制可能		統制不可能	
	安定	不安定	安定	不安定
内的	自己の安定的努力	自己の不安定的努力	自己の能力	疲労，気分 自己のスキルの変動
外的	他者の安定的努力	他者の不安定的努力	他者の能力 課題の困難度	運，気分，他者のスキルの変動

(Rosenbaum, 1972)[7]

8　感情・情動

1. 情動と感情
（1） 情動・感情とは

　最近はペット型の玩具に人工知能が搭載されるようになるなど，ロボットや電子型機器に人間に似た反応を仕組むことが増えてきている．これらの機器に組み込まれているのは数種類の情動パラメータ（たとえば，最初のAIBOでは喜び，悲しみ，怒り，驚き，恐怖，嫌悪の6種）でしかないが人間とのコミュニケーションに応じて変化し，人間らしい感情や情動に働きかけることで，単純な機械の応答とは思わせないような工夫がなされている．人間は，外界からの働きかけに対して，身体的反応を伴う一過性の強烈な気分の変調を示すことがある．「怒り」，「悲しみ」，「驚き」などと呼ばれるこのような現象は，日常生活においてもさまざまな形で現れてくるが，一般に情緒とか情動（emotion）と総称されるものである．
　これに対し，日常われわれは，「気持ち」「感じ」「思う」などの表現を用いる心情の変化を示すこともある．このような，身体的表出を伴わない，純粋に精神的で主観的な現象としての心の動きは感情と呼ばれる．暖かい感情とか冷たい感情と表現されることもあるように，触覚的な側面をもつこの現象は，英語でもフィーリング（feeling）と呼ばれている．これは，何かに心を打たれたり，何かに心が触れたときに生ずる心の揺れを表現しているのである．

（2） 情動の発達

　感情や情動は，大人においては非常に多様で複雑な内容をもっている．しかし，小さな子どもではそんなにたくさんの情動表現は起こらないものである（図8-1）．大人にみられるさまざまな情動の種類は，子どもの発達とともに，赤ちゃんの頃の単純な興奮反応が，次第にいろいろな感情や情動へと分化していくことで生じてくるのである．
　図8-2は，ブリッジェス（Bridges, K. B. R., 1932）が乳幼児の観察を通して見いだした情動の発達図式である．乳児の成長とともに，さまざまな刺激に対する情動反応が特殊化し分化していくのである．生後間もない時期から観察される不快の情動は，生後4か月から6か月にかけて，より特殊な「怒り」，「嫌悪」，「恐れ」という情動に分化していく．一方，生後間もない時

図 8-1

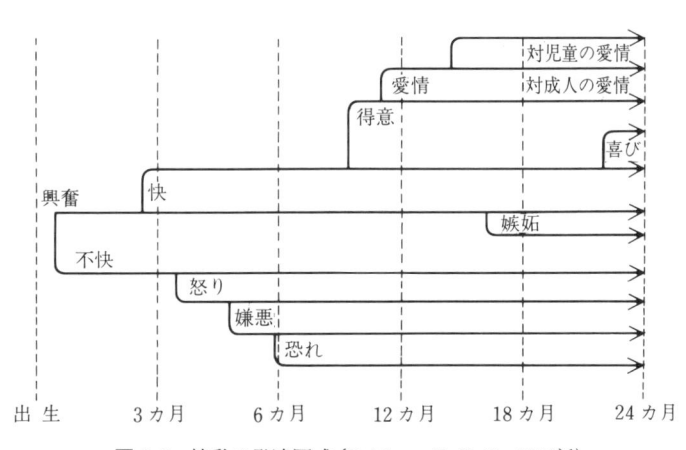

図 8-2 情動の発達図式（Bridges, K. B. R., 1932）[1]

期には生理的微笑にしかすぎない快の情動は生後3か月頃に分化し，満1歳頃になると「得意」や「愛情」へとさらに分化していく．このようにして生後2年目頃までには，「嫉妬」や「喜び」などを含む，成人にみられる情動の基本的な型がほとんどみられるようになるのである．

2. 情動の生理学的基礎

（1） ペーペッツの回路

ペーペッツ（Papez, J. W., 1932）は，大脳にみられる解剖学的な回路が情動行動を司る重要な役割を果たしていると指摘した．この回路とは，図8-3に示されるように，視床下部から始まって，視床前核を通って帯状回へと伝達される．ここからさらに，神経伝導は海馬から脳弓を通って再び視床下部に戻るのである．最初の興奮が十分に強いと，この閉じた回路は興奮状態のフィードバックを繰り返すことになり，非常に強烈な神経系の興奮をつくり出すことになる．その後，帯状回での神経興奮は近傍にある大脳皮質に影響を与え，大脳皮質の興奮が情動の主観的経験の原因となる．また，視床での神経興奮は遠心性の神経を通して内臓や骨格筋へ影響を与え，情動に際しての全身的な反応を生じさせるのである．

（2） マクリーンの内臓脳

マクリーン（MacLean, P. D., 1949）は，これに対して情動を司る大脳の部位が「内臓脳」にあると指摘した．図8-4に示される内臓脳（灰色の部分）は，大脳の中でも最も古い型の脳であり，その位置から大脳辺縁系（limbic system）とも呼ばれている．下等な動物では，大脳のこの部位は臭覚に関連していて，食物を探したり，求愛したり，縄張りを守ったりする役割を果たしているために臭脳と呼ばれる．しかし，人類では，内臓脳のうち海馬と帯状回とが非常に発達しているために，臭覚よりも内臓活動や情動反応の制御を主に司っている器官なのである．

一般に，感覚刺激から生じる神経伝達は脳幹にある網様体を刺激したり，ホメオスタシスのメカニズムにより保たれている体内の生化学的な平衡状態に影響を与えたりする．網様体は視床や大脳辺縁系を通して大脳全体を賦活するシステムであり脳幹網様体賦活系とも呼ばれるものである．情動が生起している際の脳波の活性パターンは，網様体賦活系を電気的に刺激することで生じる脳波と類似していることが知られている．

感覚刺激が網様体を刺激すると，意識が覚醒するとともにペーペッツの回路に興奮が生じる．また，ストレス刺激によって生ずる身体内のバランスの崩れは，ホルモンの分泌（アドレナリンや副腎皮質活性ホルモンなど）や心臓血管系の変調（心拍率や血圧の上昇など）を引き起こす．これらの変化は，血管を通して視床下部や辺縁系に達することにより内臓脳に興奮を引き起こす．いずれにしても，大脳の情動回路には海馬が含まれていることは重要である．海馬は記憶形成の回路としても重要な働きを持っているため，強い情動的体験の記憶（PTSDなど）は非常に強固なものとなりやすい．さらに，最近の研究では，感情の基礎となる好悪の判断に際して扁桃体（図8-5）が重要な役割を果たしていることも明らかにされている．

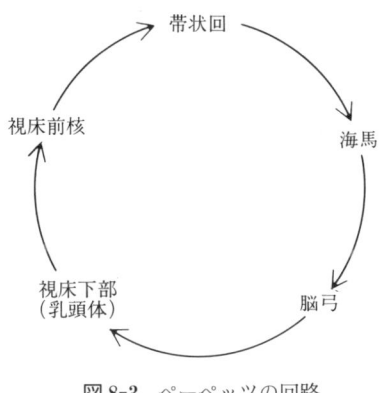

図 8-3　ペーペッツの回路
（McLean, P. D., 1949）[2]

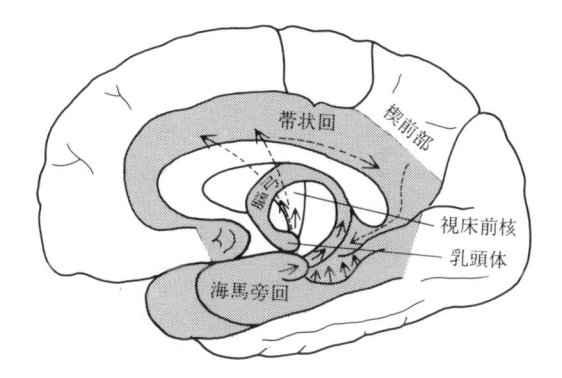

図 8-4　マクリーンの内臓脳
（McLean, P. D., 1949）[3]

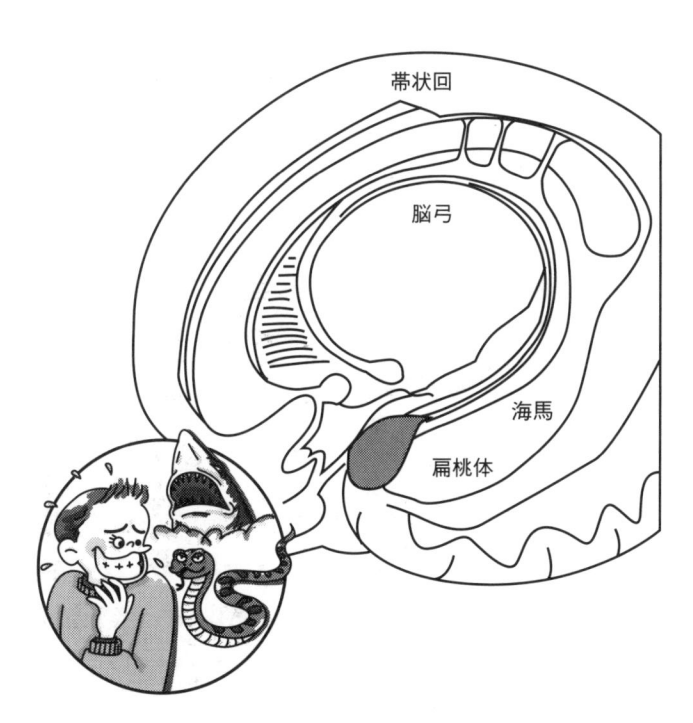

図 8-5　扁桃体の役割

（3） ジェームズ・ランゲ説

　情動の主観的経験と肉体的に表出される情動反応との関係は，古典的な常識心理学においては，「ピストルを持つ強盗を見て」「恐い」と感じるがゆえに「身体が震える」とみなされる．これに対して，ジェームズ（1890）とランゲ（Lange, G. C., 1885）は，今日ジェームズ・ランゲ説と呼ばれる情動理論を発表した．情動のジェームズ・ランゲ説は，情動経験に先行して内臓や身体の情動反応が生じると仮定する．感覚刺激は，先に内臓や骨格筋を興奮させ末梢的な反応を引き起こす．このような末梢の変化を大脳が認知すると初めて情動感が感じられるのである．すなわち，先の場面で「ピストルを持つ強盗を見て」，身体が「震える」がゆえに「恐い」と感じるのが正しい時間的順序であると主張するのである（図8-6の（a））．

（4） キャノン・バード説

　キャノン（Cannon, W. B., 1929；1871-1945，図8-7）はネコの中枢神経系の連絡を外科的に切除する実験の結果に基づいて，ジェームズ・ランゲ説を批判する形で情動のキャノン・バード説を提唱した．キャノン・バード説では，情動の生起に際して視床が重要な役割を果たすと考えられている．通常，視床の機能は大脳皮質により抑制されているために，視床は感覚入力の単なる中継点である．「ピストルを持つ強盗」を見ることは非常に強い刺激であるため，視床は大脳皮質からの抑制力よりも強い興奮を生ずる．そのため，大脳皮質からの抑制が解除されると，視床に組み込まれている活性化パターンが起動されるのである．すると，視床は運動中枢である視床下部を通して，内臓および骨格筋と同時に大脳皮質にも強い神経インパルスを送る．したがって，大脳皮質の興奮（「恐い」と感じる）と自律神経系および骨格筋肉系の活性化（身体が「震える」）とが同時に生じることになるのである（図8-6の（b））．

（5） シャクター・シンガー説

　シャクターとシンガー（Schachter, S. & Singer, J., 1962）は，情動体験に際しての社会的文脈（context）の重要性を強調した．それによると，われわれが体験するさまざまな情動は，生理学的覚醒が生じている際の，周囲の文脈に依存していると考えられている．

　この仮説を検証するために，彼らは被験者にエピネフリン（アドレナリン）を投与して人工的な覚醒状態をつくり出した上で実験を行った．彼らは，被験者を4群に分け，新しいビタミン剤が視力に与える効果を測定するための実験を行うと教示したのである．このうち3群には実際にエピネフリンが注射されたが，1つの群には何も効果をもたない偽薬が与えられた．3つの群のうち2群には，それぞれ薬についての，正しい情報と誤った情報が与えられ，残りの1群には何も情報が与えられなかった．これらの被験者群の半数には"多幸症"条件，残りの半数には"怒り"条件を設定すると，正しい情報を与えられた群と偽薬の群とでは，実験的に導入された情動的条件の影響をほとんど受けないことが示されたのである．誤った情報を与えられた群では，多幸症条件では幸せの報告が，怒り条件では怒りの報告が有意に増加し，実験的情動条件が大きな影響力をもつことが示された．このことは，生理学的な覚醒状態が情動体

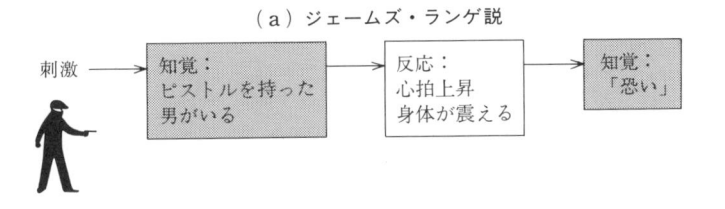

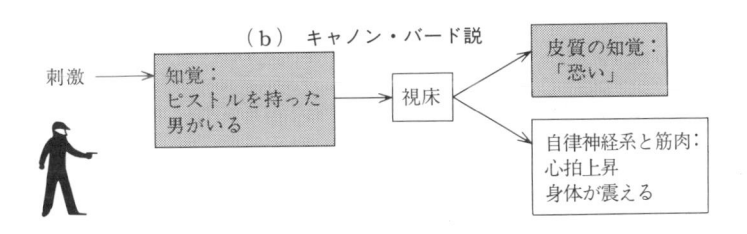

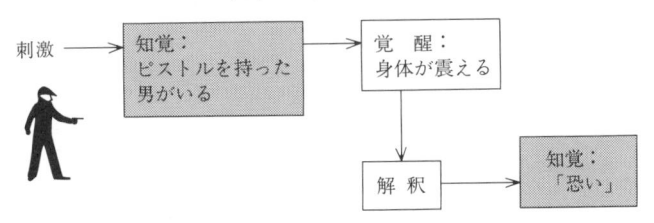

図 8-6　3 種類の情動理論（Silverman, R. E., 1982）

図 8-7　キャノン（Gleitman, H., 1996 より）

験のための準備状態をつくりはするものの，情動体験の内容を決定するためには，その覚醒が生じた際の社会的文脈についての認知が必要であることを示している．すなわち，「ピストルをもつ強盗を見て」生起する生理学的覚醒（身体が「震える」）を，そのときの状況に従って（身体に「危害が及びそうだ」と）解釈することにより「恐い」と感じるのである（図8-6の(c)）．

3. 情動の表出
(1) 表情の進化説

ダーウィン（Darwin, C., 1872; 1809-1882）は，『人間と動物における情動の表出』という本で，情動に伴う身体的表出について初めての体系的な研究を行った．ここでは，情動の表出パターンが種の進化や保存のために生物学的に有用なものであることが示されている．たとえば，恐怖の表情（図8-8）では，上瞼が強く引き上げられて，目が見開かれると同時に額にしわがよる．さらに，恐怖の対象から回避するかのように顎が引かれ，空気を求めてあえぐかのように口が開く．そして同時に，強い自律神経系の興奮のために，毛が逆立ち，青ざめ，冷や汗をかくのである．これらの反応は，恐怖の対象からの攻撃に対し安全の手掛かりを探すための視覚的情報を増やすため，また，攻撃によりケガをした場合の出血を最小限にとどめるために，種の保存に役立つ有用な反応であると考えられる．

日常われわれは，他人の立ち居振る舞いや姿勢や音声などを手掛かりとして他人の情動状態を知ることができる．劇や映画を見る際には，登場人物が演じる役柄について，観客は皆同じ感情を共有するものである．役者は，観客に間違いなく情動を伝達するために，多くの手掛かりを用いて演技をする．その中でも，人間において最も重要な情動判断の手掛かりは顔面表情であると考えられる．人間の頭部に存在する表情筋は，他の種の生き物に比べて非常によく発達している．そのため，人類には他の生き物に比べて，はるかに多様な表情が分化して表出されるのである．最近の表情フィードバック仮説によると，顔面表情は，1つ1つの感情に特有な，生得的に備わっている"プログラム"により起動されると考えられている．これと同様に，他人の表情を観察する場合にも，やはり生得的な認知・解釈の機能が備わっていると考えられる．すなわち，われわれは誰にも教えてもらわなくても，他人の表情が何を意味しようとしているのか，正しく知ることができると考えられるのである．顔面表情のいくつかは，発達のきわめて初期においても表出される．生後2週目の新生児ですら，生理的微笑反応を自発的に表出する他に，大人が示す舌を出したり，口を開けたりする表情に反応して，同じ表情を模倣することが知られている（Meltzeff, A. N. & Moore, M. K., 1977, 図8-9）．

(2) 表情写真の研究

フェレキー（Feleky, A. M., 1914）の研究は，表情の認知に関する心理学的実験として代表的なものである．フェレキーは種々の情動を表す多数のポーズを写真に撮り，その中から86枚を選び出し，それらを100名の被験者に110の情動名のいずれかに分類させた．

図8-8 恐怖の表情(Darwin, C, 1872)[8]

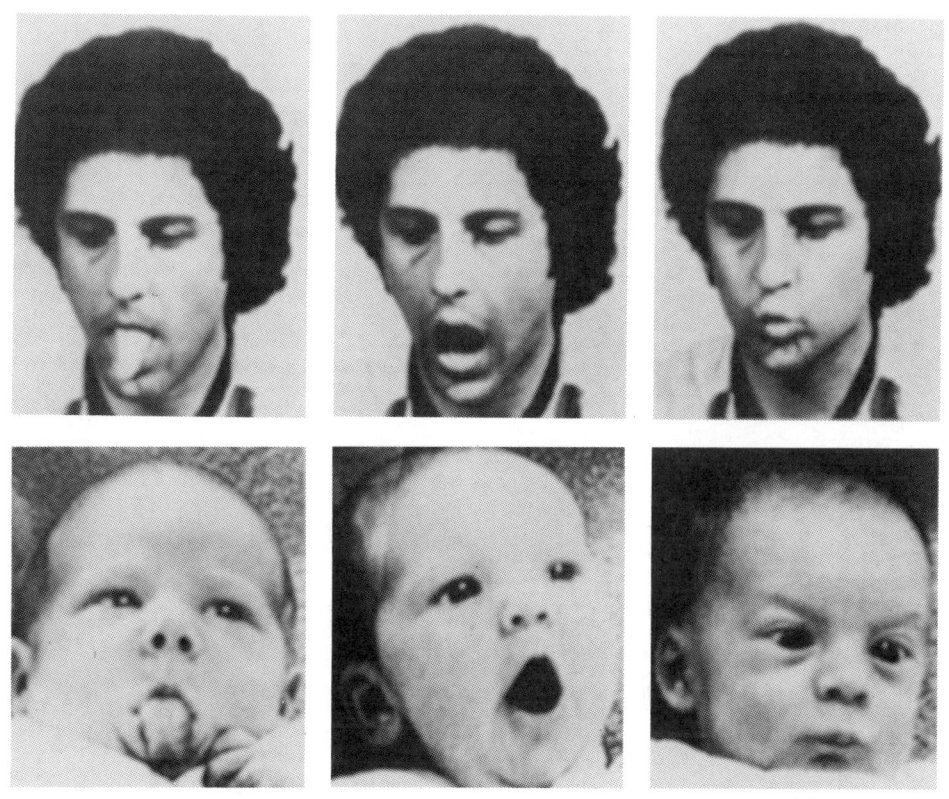

図8-9 新生児による表情の模倣(Meltzeff, A. N. & Moore, M. K., 1977)[9]

図8-10は，そのうち正しい認知が比較的容易であった写真である．それぞれの表情の特徴は次のとおりである．

① 笑いの表情では，大きく伸び上がるような姿勢をとり，大きく開けた口と目尻が下がる表情が現れる．
② 信仰心の表情では，合掌する手と上目遣いの目線により至上の存在へのあこがれが示される．
③ あざ笑いの表情では，相手を拒否するかのように歯を食いしばり，正視をしないために目線は横を向く．
④ うぬぼれの表情は，手のひらを見せて，その上に頭をのせるようにし，上方を仰ぎ見ることで，目下の存在を意に介さない様子を示す．
⑤ 怒りの表情では，にらみつける目つきと牙を剥く口の形とにより強い決意を示すとともに，手でつかみとった存在に対し象徴的に噛みつこうとする．
⑥ 絶望の表情では，将来にみるべきものがないために目の焦点が合わなくなり，支えを求めるために頭部に手を添えようとする．

写真からわかるように，ここでは表情による手掛かり以上に，手や姿勢による表現（怒り，絶望，信仰心では手，笑いでは姿勢そしてうぬぼれでは両者）が情動認知のための重要な手掛かりを与えている．その他の表情写真では，分類結果が散らばってしまって共通した認知の困難さが示されたのである．ただし，フェレキーの研究では分類カテゴリーが多すぎるために，結果のばらつきが大きくなったとも考えられる．

（3） シュロスバーグの表情の円環説

ウッドワース（Woodworth, R. S., 1938）は，表情の分類を容易にするために，情動判断のための6つの尺度を作成した．シュロスバーグ（Schlosberg, H., 1952）は，この尺度を用いて俳優がポーズした表情の写真を分類させる実験を行った．彼は，被験者に72枚の写真のそれぞれについて，①愛・幸福・愉快，②驚き，③恐怖・苦しみ，④怒り・決意，⑤嫌悪，⑥軽蔑の6カテゴリーのどれに当てはまるか分類させたのである．写真1枚ずつについて，おのおののカテゴリーに分類された回数を得点化すると，写真が情動の内容をよく表しているときには，どれかのカテゴリーに得点が集中することになる．

たとえば，③恐怖・苦しみのカテゴリーに得点が集中する写真では，①愛・幸福・愉快⑤嫌悪⑥軽蔑には得点が非常に少なくなるのに対し，②驚き④怒り・決意の得点は比較的高くなるのである．また，⑥のカテゴリーに得点が集中する写真の場合，②③④のカテゴリーでの得点が非常に少ないのに対し，⑤①のカテゴリーに対する得点が比較的高くなる．これは，表情写真に対する情動判断が，隣接する情動カテゴリーとは混同が起こりやすいが，隔たったカテゴリーとは混同されにくいことを示している．さらに，①と⑥とは最も隔たったカテゴリーではなく，比較的よく混同され似かよった尺度であることが示されたのである．すな

①笑い　　　　　　　　②信仰心　　　　　　　③あざ笑い

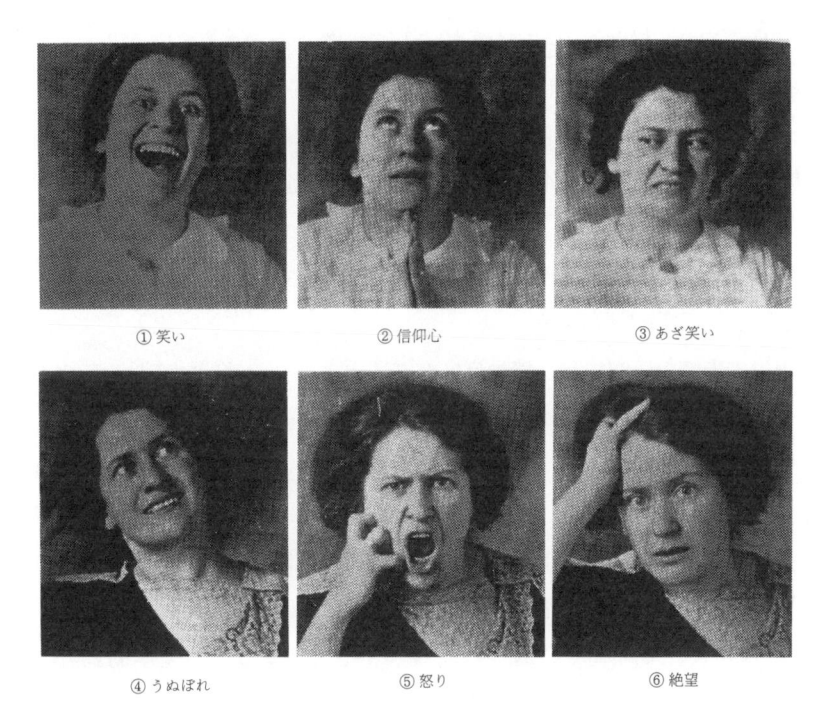

④うぬぼれ　　　　　　⑤怒り　　　　　　　　⑥絶望

図8-10　フェレキーによる表情写真（Geldard, F. A., 1962）[10]

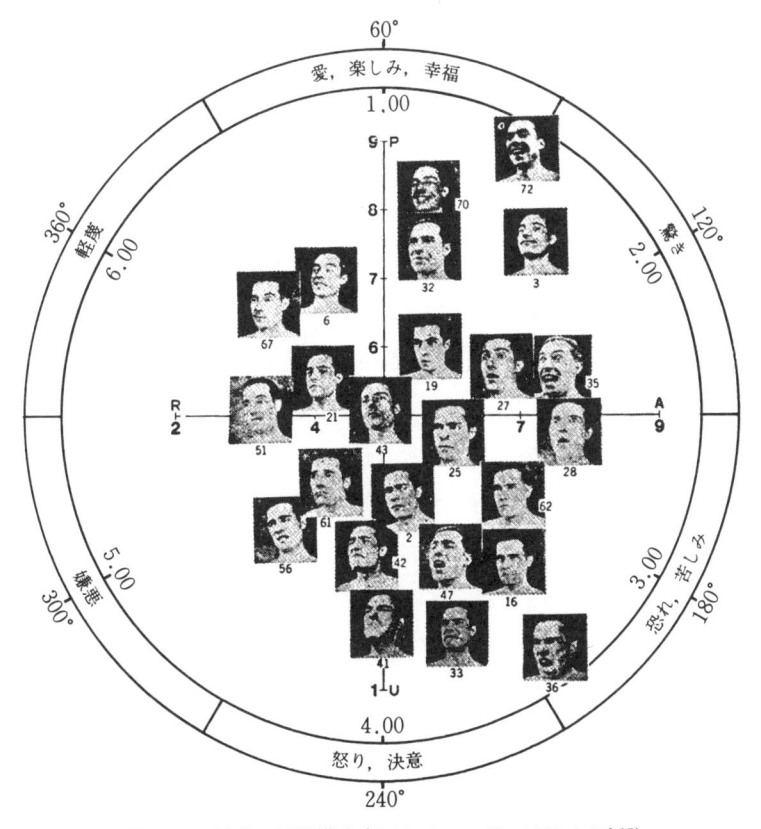

図8-11　情動の円環構造（Schlosberg, H., 1952より）[15]

わち，ウッドワースの6尺度は円環的な配置をしていると考えられる．

シュロスバーグは，この円環が①から④に向かう快（P）—不快（U）次元と②と③の境界から⑤と⑥の境界に向かう注意（A）—拒否（R）次元の2次元により説明されると考えた．72枚の写真は6つの尺度の得点に従って，この2次元平面上に位置づけられる．図8-11は，情動カテゴリーの円環構造と，その上における表情写真の布置とを示したものである．70番と41番とは快と不快の代表的な表情であることが知られる．

（4） エクマンの表情評定法

顔写真を用いる表情の研究では，情動反応がダイナミックな時間的変化を示すのにもかかわらず，ある一瞬の固定した状態しか提示できないという欠点がある．シュロスバーグの研究にもみられる情動判断の混同は，ビデオテープを用いて表情の生起過程を連続的に再生すればかなり改善されるであろう．しかし，この欠点にもかかわらず多くの研究者が表情写真を用いる研究を続けている理由の1つは，情動判断の混同が起こりにくい写真，すなわち，判断の一致率が高い写真が見出されれば，表情をもっとも効果的に表示する顔の部位が特定できるためである．図8-12は異なる文化の間でも，幸せ，悲しみ，嫌悪のような基本的表情に高い類似性があることを示している．さまざまな表情に関連する顔の部位が明らかになれば，複数の表情部位を合成することで，中間的表情や複合的表情を人工的に作り出せるのである．エクマンら（Ekman, P., Friesen, W. V., & Tomkins, S. S., 1971）は，驚き，恐れ，怒り，嫌悪，幸せ，悲しみの6情動について，表情写真を用いた評定システム（FAST；Facial Affect Scoring Technique）を作成した．エクマンらは，顔面を「眉・額」，「目」，「鼻・口・あご」の3領域に区分し，それぞれの領域で，情動判断の一致率の高い写真を示している．図8-13は驚きの表情における FAST の素材の例である．

（5） 表情フィードバック仮説

イザードとトムキンズ（Izard, C. E. & Tomkins, S. S., 1966）による表情フィードバック仮説は，ジェームズ・ランゲ説が仮説した内臓や身体器官における末梢的変化の代わりに，顔面の表情筋から大脳皮質へのフィードバックに基づいて感情体験が生ずると考えている．自律神経系の興奮を中心とする末梢的変化のパターンは，人間が有している多彩な情動の種類に比べるとはるかに単純なものである．これに対して，表情筋の反応パターンは十分に種類が多いのである．イザードによれば，基本情動として，興味，喜び，驚き，悲しみ，怒り，苦悩，軽蔑，恐れ，羞/恥，罪の10種類が挙げられる．これらの情動に伴う顔面や内臓や筋肉の反応は，皮質下の中枢に備わる生得的な"プログラム"により起動され，1つ1つの情動に特有な反応パターンをつくり出すと考えられる．情動の活性因子が存在するとき，その情動のためのプログラムが格納されている皮質内中枢の特定の番地を呼び出すことで，一連の情動反応を引き起こすことができる．このことは，喜怒哀楽といった基本的な情動といえども，ソフトウェアの修正により，自由にその表現形式が変形されうることを示している．この修正過程は学習

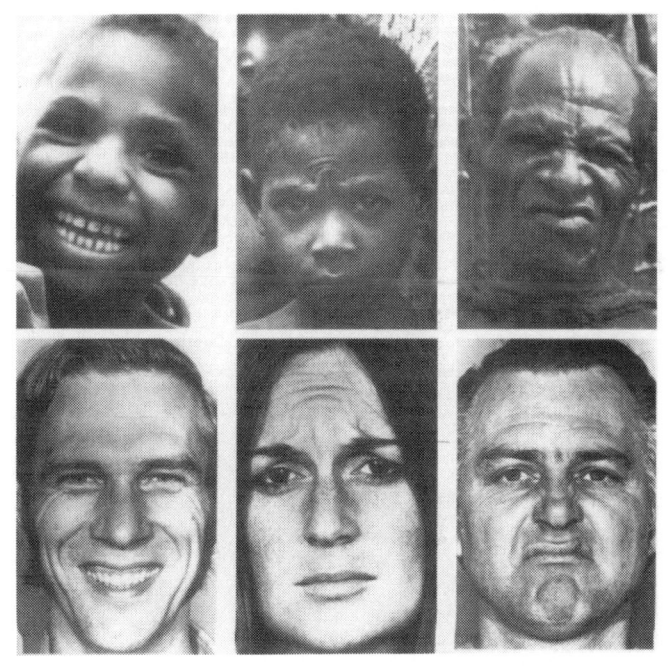

図 8-12　幸せ，悲しみ，嫌悪の表情（Ekman, P., 1982）[11]

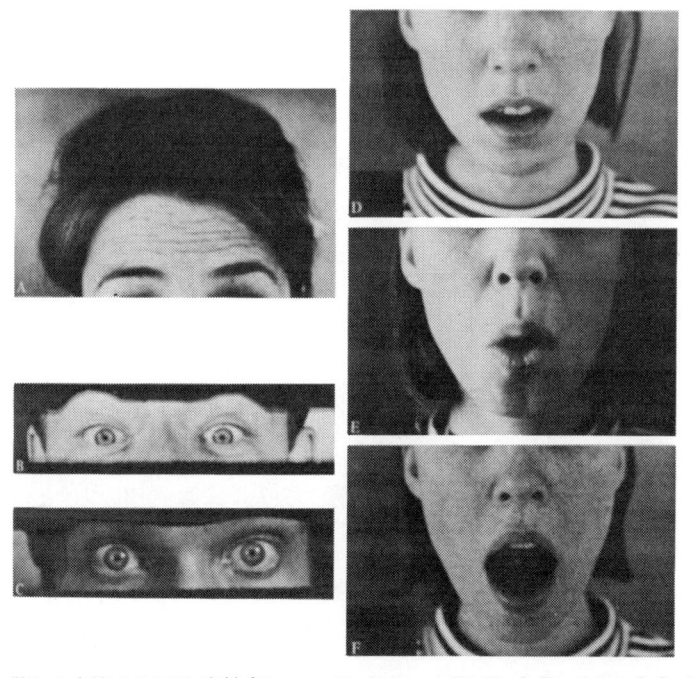

図 8-13　驚きの表情の FAST 素材（Ekman, P., Friesen, W. V., & Tomkins, S. S., 1971）[16]

を通して生じるので，生得的な情動反応は大人気ないものとして乳幼児期以外においては表出されにくくなる．大人における情動表出は，社会的・文化的影響を受けることで過度に誇張された形態へと変容しているのが一般的である．

4. 情動の次元

（1） ヴントの3次元説

現代心理学の創始者として知られるヴント（1896）は，意識の構成要素としての感情を注意深く内観することにより，感情が快—不快，興奮—抑制，緊張—弛緩という互いに独立した3つの次元により構成されると主張した（図8-14, 15）．この感情の3次元説は快—不快の1次元説によっていったんは否定されるが，オスグッドらによるSD法（第11章参照）の普及とともに近年になって再評価されてきている．反対語の形容詞の対によって測定されるSD法のデータを因子分析すると，評価（E：快—不快），潜在力（P），活動性（A）の3つの因子が主要な因子として得られるのである．これらの因子はそれぞれ，ヴントの快—不快，緊張—弛緩，興奮—抑制と直接対応づけて解釈される．

（2） プルチックの情動立体モデル

情動の場合「喜怒哀楽」という言葉で示されるように，いくつかの基本的な情動（純粋情動）が存在すると思われる．吉田（1981）は古来の傑出した学者により論じられた情動名のリストを列挙しているが，そこでは最小で1個から最大で26個の情動を挙げるものがある．このように，基本的情動の種類を主観的経験の側面から定義するのは困難であると思われる．プルチック（Plutchik, R., 1981）は情動反応が進化の過程に従って形成されてきたことに着眼して，基本的情動の背後には必ず基本的な適応行動のパターンが存在すると主張した．主観的な情動経験について，基本的経験と派生的経験とを区別することには困難を伴う．しかし，適応行動のパターンは運動の方向や機能によって客観的に分類できるのである．

プルチックは基本的情動の基礎となる行動次元としてスコット（Scott, J. P., 1958）が示した行動の基本型を採用した．スコットによると，動物における適応行動の基本型は，摂餌，隠れ場探し，探索，性，授与，世話要求，闘争，相互模擬，除去の9種類である．プルチックは，これに基づいて人間における8種類の基本的情動を挙げ，これらを4組の両極性の行動次元として円環的に配置した．これらの行動次元とは向かうこと—退くこと；取り入れること—排除すること；所有すること—失うこと；始動すること—停止することである．そして，それぞれの基本的行動は，破壊—保護；合一—拒絶；生殖—喪失；探索—定位づけという基本的機能を有する．さらに，このような機能は主観的な側面をもっており，それぞれ怒り—恐れ；受容—嫌悪；喜び—悲しみ；期待—驚きという純粋情動に対応するのである．これらの基本情動は2次元平面上で円環を形成すると考えられているが，1つ1つの情動は恐れに対する懸念や戦慄，悲しみに対する物思いや悲嘆などのように強度の次元をもっていると思われる．図8-16

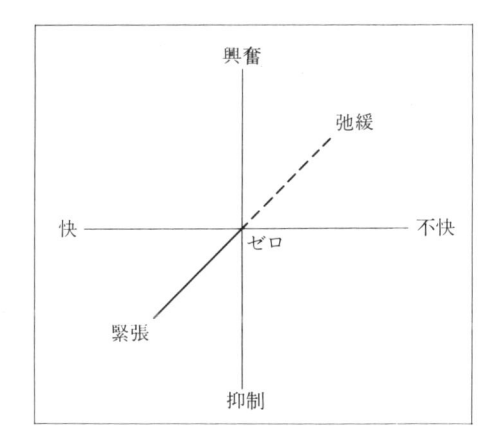

図 8-14 感情の3次元説（Wundt, W., 1910）[18]

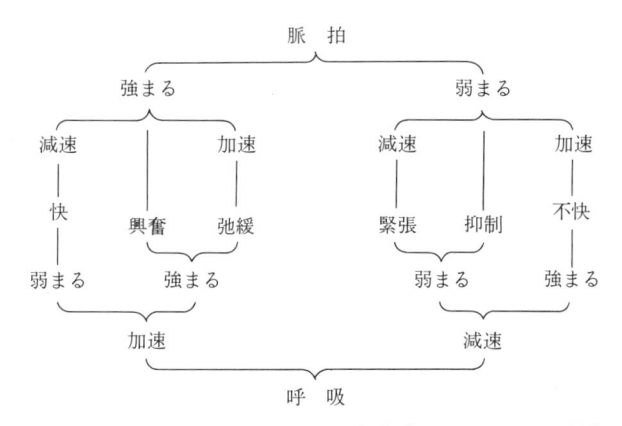

図 8-15 感情の3次元説の生理学的根拠（Wundt, W., 1910）[18]

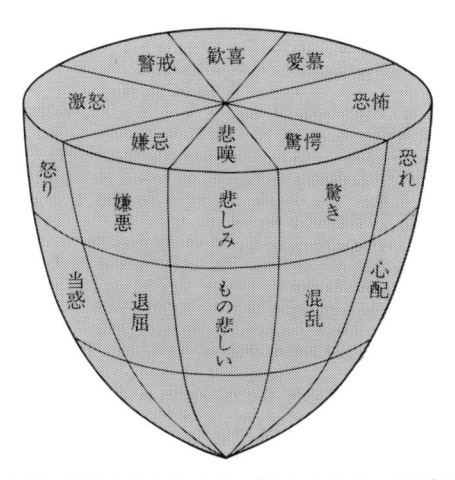

図 8-16 情動の多次元モデル（Pultchik, R., 1981）[21]

は，情動の円環構造に強度の次元を加えた情動の立体モデルである．強度が非常に弱い場合には，それぞれの情動は穏やかで特徴の目立たないものになるために，この立体はアイスクリームのコーンのような逆円錐型を形成するのである．

(3) 情動と個人差

(a) EPI

情動立体における強度の次元は，状況に応じてさまざまな強さの情動状態が生じることだけではなく，人によって情動を表出する程度に違いがあることにも関連する．基本情動は互いに組み合わさって多様な混合情動をつくり出すために，情動は非常に多くの種類をもっている．人は誰でもその多くの情動を状況に応じて表出することができるけれども，人によって表出する機会が多い情動の次元とめったに表出されない次元とがある．すなわち，ほんの些細なことにでも腹を立てて，ことあるごとに他人といさかいを起こしている人もあれば，どんなにひどい仕打ちを受けてもじっと耐えて我慢する人もあるのである．前者は，破壊の機能が優位であり怒り次元を表出する確率が高いと考えられる．一方，後者は，破壊の機能が劣性であり保護の機能が優位であるため，怒り次元を表出する確率が低いと考えられる．

このような情動行動における個人差を測定するためにプルチックら(1974)は，EPI(Emotions Profile Index)を作成した．これは12個の情動特性語を2個ずつ組み合わせて作成された，62項目の二者択一式テストである．被験者は，それぞれの対のうち自分を最もよく表していると思うほうの特性語を選択する．選択結果は，情動特性語を構成している基本情動の次元に対して得点化され，8個の基本情動の総得点が求められる．図8-17は，不安障害を示す者のプロフィールの一例である．ここでは，生殖と合一の得点が低く，破壊と定位づけの得点が高いことが示されている．このような人は，人と一緒にいるのを好まず避けようとするが，自己の居場所の確認に困難を感じ，攻撃的な行動を示すと考えられる．

(b) 怒り・敵意・攻撃

シュピールバーガーによるSTAXI(Spielberger, C. D., 1999)は怒り行動の表出パターンに関する調査表である．怒りの情動は人格特性としての敵意と情動反応としての攻撃行動とが複合的に機能する状態(AHA！症候群)である．AHA！とは怒り(Anger)，敵意(Hostility)，攻撃(Aggression)の複合体を示しているが，敵意と攻撃とは心臓血管系の障害の要因の1つと考えられているタイプA人格変数のもっとも重要な要因である．STAXI(State-Trait Anger eXpression Inventory)では状態性の怒りと人格特性としての怒り，そして怒りの表出の方向性を測定できる．とくに重要なのは怒り表出のパターンであり，表8-1に示されるように怒り表出(AX: Anger eXpression)と怒り抑制(AC: Anger Control)，怒りを自我の外(Out)に向けるか内(In)に向けるかに従って4つのパターンに分類される．怒りを抑制する(AC)場合，潜在的な敵意の感情は冠動脈障害との関連性が高く，高血圧症者や心臓疾患の患者では怒り表出の得点が高くなることも指摘されている．

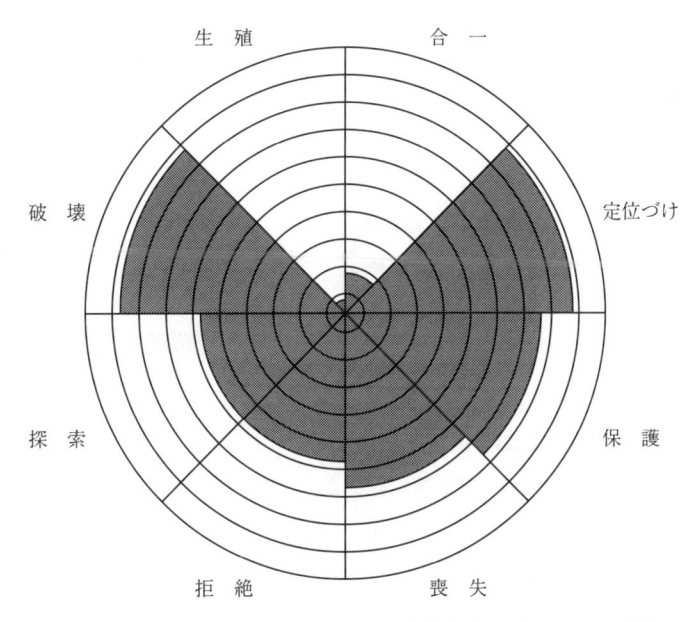

図8-17 Emotional Profile Index の不安障害者のプロフィール例

表8-1 STAXI の尺度構成

尺度名	尺度の測定内容
状態怒り（State Anger）	怒りを表出したくなったときの怒りの程度
怒り感情	現在感じている怒り感情の強さ
言語的な怒り表出	言語的な怒り表出の強さ
身体的な怒り表出	身体的な怒り表出の強さ
特性怒り（Trait Anger）	時間を超えての怒り感情の頻度
気質的怒り	状況にかかわりなく怒りを感じる傾向
怒り反応	欲求不満状態で経験する怒り感情の頻度
外的怒り表出（AX-Out）	言語的・身体的に怒りが表出される程度
内的怒り表出（AX-In）	怒り感情を経験しても怒りを表出しない程度
外的怒り制御（AC-Out）	怒り感情の外的な表出を抑制する程度
内的怒り制御（AC-In）	怒り感情の熱を冷まそうとする程度

（Spielberger, C. D., 1999）[24]

9 パーソナリティ

1. パーソナリティとは何か

　われわれはある特定の人物について考えるとき，その人を他の人から区別するその人独自の特徴について想像することができる．それは背が高い，太っている，色白である，といった外見上の特徴である場合もあれば，明るい，慎重だといった内面の特徴であることも多い．あるいは，その人の行動に言及して，「あれはあの人らしいやり方だ」という行動パターンにその人の特徴を感じる場合もあるだろう．後二者のような，内面性に関する個人特性（個人差）をパーソナリティ（personlaity）とわれわれは呼ぶ．パーソナリティは，知能をも含めた個人特性を表すこともあるが，知的能力（知能）については別章にゆずるとして，本章では知能以外のいわゆる情・意部分を示す性格（character）と同義でパーソナリティという用語を使うことにする．

　パーソナリティの定義については，「精神身体的組織をもった個人の内の力動的体制であって，彼の環境に対する彼独自の適応を決定するものである」（Allport, G. W., 1937）などに見られるように，「状況を通じて変化しない個人の内的特質，個人の行動傾向」，といわれる場合が多い．この定義に従えば，個人のパーソナリティからその人の行動の予測が可能になることは理解できるであろう．しかしこれには反論もある．ミッシェル（Mischel, W., 1968）は，パーソナリティ検査で予測されたパーソナリティ傾向が，実際場面での個人の行動予測に全く役に立たなかったという経験から，パーソナリティの通状況的な一貫性は認められないとした．この意味で，パーソナリティは，「自分と自分を取りまく環境との間に見られる首尾一貫した相互作用様式」（エンドラー　Endler, N. S., 1983）である．つまり，個人のパーソナリティは，さまざまに異なる状況を通して一貫した傾向を示すものではなく，異なる環境刺激に対するときにその人独自のやり方で対処するものであるため，表に現れる行動パターンには一貫性は認められないというものである．しかし，われわれが他人の行動を見てこのような印象を持つことは事実である．渡邊（1998）によれば，それは，第1にその他人を見るのが限られた（それ故に類似した）状況下だからであり，第2に，その他人と相手との関係性によるもので

表 9-1　クレッチマーの 3 気質類型とその特徴

循環気質（躁うつ気質）
　主として社交的で解放的な人間で，自分と周囲の間に対立がなく，あるがままの人生を享受する．②，③ は相反する傾向であるが，循環気質の人には両要素がいろいろな割合で混在する．
① 基本的特徴：社交的，親切，友情に厚い，人好きがする
② 躁状態に通じるもの：明朗，ユーモアがある，活発，激しやすい
③ うつ状態に通じるもの：静か，落ちついている，丁重，柔和

分裂気質
　閉鎖的で，周囲の人と一線を画し，自分 1 人の世界に安住する傾向がある．① が基本的特徴であるが，② の敏感性と ③ の鈍感さという相反する特徴が混在している．
① 非社交的，静か，用心深い，まじめ，変人
② 臆病，恥ずかしがり屋，敏感，神経質，興奮しやすい，自然や書物に親しむ
③ 従順，お人好し，温和，無関心，鈍感

粘着気質
　1 つのことや状態に執着するため，変化や動揺することが少ない．几帳面で秩序を好み，融通がきかない，神経質なところがなく安定しているが，繊細さや想像力を欠き，思考や説明がまわりくどい．粘り強く，約束や規則を守る．他人に対する態度はていねいだが，押しつけがましく，時に激怒することがある．

（若林，1998[1]）をまとめたもの）

あるという．つまり，相互作用を行う特定の相手との間ではいつも同じような傾向の行動をするので，そのような状況を越えて一貫する行動傾向から，その人の内面性であるパーソナリティについても一貫性があると認知されるのである．このように限られた場面・状況において，パーソナリティは通状況的な一貫性をもつ．現在では，パーソナリティは，重点の置き方に差はあるものの，個人内部のさまざまな要因と環境のような外的な要因双方が関与するものとして理解されるようになってきた．

2. パーソナリティの理論

パーソナリティは多面的な特徴をもつため，それを１つの視点のみから完全に説明するのは難しい．そのため，パーソナリティを説明するのにいくつかの理論的視点が存在する．以下には，代表的なパーソナリティ理論を挙げる．

（１）類型論

類型論とは，「何らかの理論ないしは基準にもとづいて多様な性格の中に類型的なものを見出し，いくつかの典型的な類型によって，性格を説明ないしは理解しようとする方法論である」（若林，1998）．これは主としてヨーロッパで発展した考え方である．類型論は単なるパーソナリティの分類ではなく，類型とは，それを通して人間のパーソナリティの本質的な部分を理解する基本的視点のようなものであるが，複雑なパーソナリティをいくつかの典型例に当てはめるのには無理がある，類型と類型の間の中間型が無視されるなどの批判が存在する．また，類型論の多くが，パーソナリティを静的なものと見て，パーソナリティ形成に及ぼす社会的・文化的環境の要因を軽視しがちであるという指摘もある．

また，類型論とよく比較される特性論では特性間の関係についてはとくに問題とされず，それぞれ独立したものと考えられることが多いのに対して，類型論では特性の組み合わせで新たな上位概念（類型）を考える．つまり類型論では，特定の特性間の結びつきやパターンを見出し，それを類型として把握することが問題となる（若林，1998）．この意味で，類型論は特性論を否定するものではなく，両者が相容れないものでもない．

（a）クレッチマーの気質類型論

類型論としては，クレッチマー（Kretschmer, E., 1888-1964）の気質類型論が有名である．ここでいう気質とは，パーソナリティの基礎にあたる生理的要素を含んだ属性（若林，1998）と言う意味で使用される．精神科医であるクレッチマーは，臨床経験の中から，代表的な内因性精神病である気分障害（躁うつ病）および統合失調症と患者の体型との間に強い相関があることを見出した．つまり，躁うつ病と肥満型，統合失調症と細長型との間の関連である．さらに彼は，これら２つの精神病に見られるパーソナリティの傾向が，発症前のパーソナリティあるいは患者の近親者のパーソナリティにも認められ，それを一般人のパーソナリティに適応することができると考えたのである．後年加えられたてんかんという疾病と親和性をもつ粘着気質と

表 9-2 ユングのパーソナリティ類型

類型＼機能	内 向 的	外 向 的
思考	理論的, 知的, 非実践的	客観的, 堅い, 冷たい
感情	無口な, 子どもっぽい, 冷淡な	激しい, 興奮的, 社交性のある
感覚	受動的, もの静かな, 芸術的	現実的, 官能的, 愉快な
直観	神経的, 夢想的, 独自性のある	幻想的, 可変的, 創造的

（Monte, 1977；Lazarus and Monat, 1981 より転位）[2]

闘士型（筋肉質）体型との関連を併せて，3つの気質類型となった．彼の分類した3つの気質の特徴は，表9-1に示すとおりである．

彼の理論は，結果として，パーソナリティと体型との関連を示しており，そのため批判を受けることになったのであるが，パーソナリティの裏に生理的要因が関与していることを示したところに意義が認められるのであって，体型によってパーソナリティが決定されるとかいうような因果関係を示すものではない．

（b） ユングの向性論

精神科医であり一時はフロイトと歩みをともにしたが，後に決別したユングは，人間のパーソナリティを，リビドー（後述のフロイトとは異なり，「広範な精神エネルギー」の意味で使用されている）が向けられる方向によって外向と内向の2つに分類した．彼は，客体（相手）に興味を持ち，一見うち解けた，気さくな態度で，どんな状況にも容易に適応し，すぐ周囲と関係を結び，くよくよしない等の特徴持つのが外向型であり，主体（自分）に興味があり，躊躇，反省，引っ込み思案，容易に胸襟を開かない，人見知りをする，いつも受け身の姿勢でいる，等の特徴を持つのが内向型であるとする．さらにユングは，リビドーの発現形式を「心的機能」として，この機能を「合理的機能」2種類（「思考」「感情」）と，理性では説明できない「非合理的機能」2種類（「感覚」と「直観」）の合計4種類に分けた．思考とは，いわゆる理性が全面に出たタイプで，固有の法則に則して与えられたさまざまな表象内容を概念的に関連づける心的機能であり，感情とは，与えられた内容に対して，受け入れるか（好き），拒むか（嫌い）という意味で，一定の価値判断を行うそれ自体独立した機能である．感覚とは，感覚器や身体感覚による知覚であり，理性の法則には従わないので，合理的である「感情」とは区別される．直観とは，知覚を無意識的な方法によって伝える心的機能であり，一種の本能的把握であり，すでに与えられているものとされる．これら4機能は，合理的機能の2種類（思考―感情）と，非合理的機能の2種類（感覚―直観）それぞれ対になっており，思考機能が優位な人は感情機能が劣位になるなどと考える．ユングは，先に述べた外向・内向の2種類と，心的機能の4種類を組み合わせて，8つのパーソナリティのタイプを提示している（表9-2）．

（2） 特 性 論

特性論においては，パーソナリティをいくつかの要素（特性）の集まりと捉える．その特性が個人毎に独自であるとするのが個別特性論であり，パーソナリティを構成する要素は個人間で共通していると考えるのが共通特性論であり，共通特性論では各特性は独立したものと考えられることが多い（図9-1）．特性論ではこの共通特性論の立場に立つ研究が多く行われてきた．どの特性が多くてどの特性が少ないかというように，各特性の多少によりそれらの集合体である個人のパーソナリティが表されると考える．このような共通特性論では，パーソナリティの個人間の比較が可能になる．

特性論に基づくパーソナリティのモデルとしては，オールポート，キャッテルらのものがあ

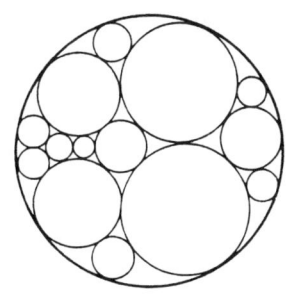

(a) 一つのパーソナリティを独立な諸要素の体系としてみる因子的概念。要素は，それぞれのパーソナリティでどれがめだつかは異なるが，同じである．

(b) 一つのパーソナリティを焦点はあるが相互依存的な下部構造をもつ体系としてみる特性概念．単位はそれぞれのパーソナリティで本質的に異なる．

図 9-1 特性論の 2 つの視点[3]

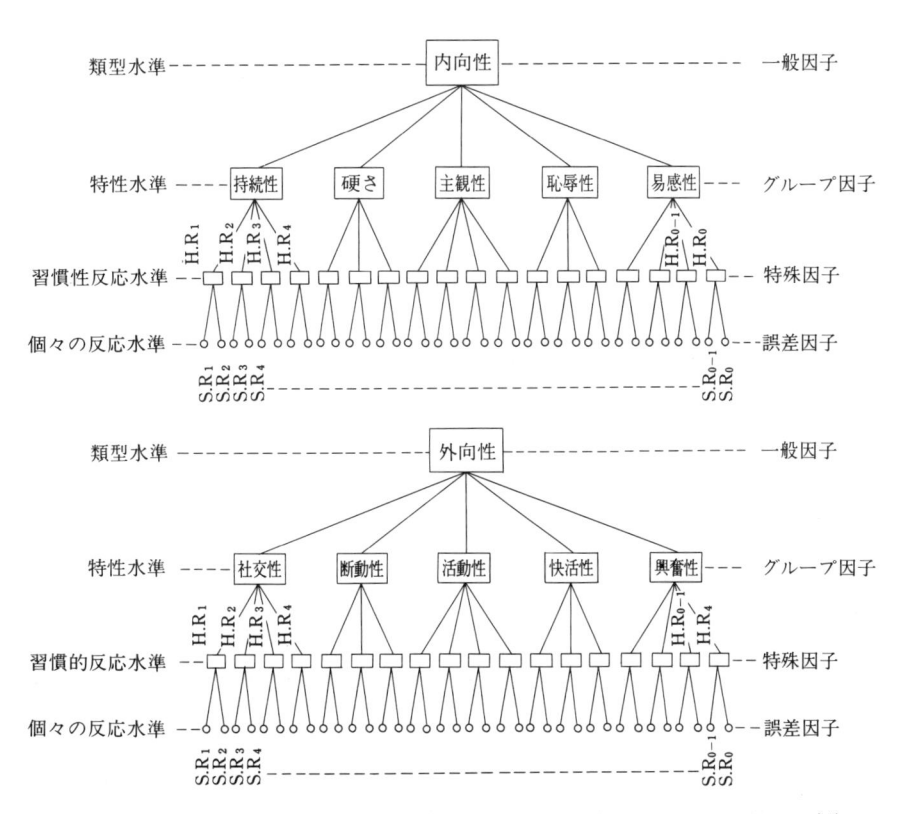

図 9-2 パーソナリティの階層的構造（Eysenk, 1953；Eysenk and Wilson, 1976）[4]

るが，ここでは，アイゼンク（Eysenck, H. J., 1916-1997）のモデルを挙げる．アイゼンクは因子分析という技法を用いてパーソナリティ特性の体系化を試みた．彼のモデルは，図9-2に示すような階層構造を持つという．図中，個々の反応とは，個人が同じような状況下で同じような仕方で繰り返す行動様式であり，習慣的反応とは，さまざまな状況下で反復して現れる行動であり，特性とはさまざまな習慣的反応を相互に相関させたときのいくつかの習慣的反応群であって，類型とは相関の高い特性群であり，因子分析によって抽出されるものである．彼のモデルは最上位に類型を持ってきている点で，特性論と類型論をつなぐものとなっている．ただし，ベースになっているのが統計的手法によって導き出されたデータである点で特性論的である．

共通特性論の研究においては，人間のパーソナリティをいくつの独立した特性（次元）で説明できるかということに焦点が当てられてきた．この共通特性の数は研究者によってさまざまであった．たとえば，キャッテルでは16個，アイゼンクでは外向―内向，安定性―神経症的傾向の2つの次元（1970年代になって衝動のコントロール性である精神病的傾向が加えられて3次元になった），特性論に基づいて作成されたYG（谷田部―ギルフォード）性格検査では12個の特性が想定されている．最近ではビッグ・ファイブ（5因子）と呼ばれる5つの要素によってパーソナリティの記述が可能であるとされるようになってきた．ビッグ・ファイブの名称は，研究者により多少異なるが，おおむね，①外向性（Extraversion），②協調性（Agreeableness），③良心性・誠実性（Conscientiousness），④情緒的安定性（Emotional Stability）あるいは神経症的傾向（Neuroticism），⑤開放性（Openness）あるいは知性（Intellect）の5つである．それぞれの内容について，村上・村上（1999）がまとめたものを表9-3に示す．

（3） フロイトのパーソナリティ構造論とパーソナリティの固着

精神分析学の祖であるフロイトは，人間の心には意識的な働きと無意識的な働きの2つがあり，意識のみならず，自分の知ることのできない無意識の働きも行動のもとになっていると主張した．さらに彼は，無意識的な衝動であり，快を求め，不快なことを避けようとする快楽原則によって動くイド（エス），イドの衝動を受け止め，現実に適応できるように（イドはそのままの形では現実社会に適応できないことが多い）コントロールする意識的な働きである自我，意識と無意識の間にまたがる内在化された道徳観（親などを通じて教えられた社会の価値観）である超自我からなるパーソナリティ構造を考えた（図9-3）．

フロイトは，人間の行動が，イドの中核とでも言うべきリビドーと呼ばれる広義の性的エネルギーが根本にあると考えた．そして，リビドーの向けられる対象は，自分の身体の各部分から他者へと発達に応じて変化するとした精神・性発達説を唱えた．彼のあげた発達段階は，①口唇期，②肛門期，③男根期（エディプス期），④潜伏期，⑤性器期である．性器期は成人の異性に対する愛情であるが，ある段階で過度に満足が与えられたり，逆に不満体験が強すぎたりするとその段階で固着が生じるという．フロイトは性器期に到達する以前の段階でする

表9-3 ビッグファイブとその内容

① 外向性 （Extraversion）	にぎやかで，元気がよく，話好き，勇敢で，冒険的，積極的なパーソナリティ．逆の場合は，おとなしく，無口で，引っ込み思案，臆病で，不活発なパーソナリティ．
② 協調性 （Agreeableness）	暖かく，誰にでも親切な，愉快で，人情の厚い，気前のよい，協調性の高いパーソナリティ．逆の場合は，不親切で，冷たく，利己的，疑い深い，非協力的な，協調性に欠けるパーソナリティ．
③ 勤勉性（良心性） （Conscientiousness）	責任感があって，仕事や勉強に良心的，精力的に取り組む，勤勉なパーソナリティ．逆の場合は，物事への取り組みが中途半端で，根気がなく，気まぐれで，消費癖がある，無責任で，いい加減なパーソナリティ．
④ 情緒安定性 （Emotional Stability）	気分が安定していて，不平不満がなく，気楽で，嫉妬深くない，理想的なパーソナリティ．逆の場合は，気分が不安定で，悩みやすく，神経質で，嫉妬深く，感情的になったり，怒りっぽいパーソナリティ．
⑤ 知性 （Intellect）	好奇心があって，知識の範囲が広く，物事を分析したり，考えたりする，思慮深い，創造的，知性的なパーソナリティ．逆の場合は，好奇心に乏しく，物事を分析するのが苦手で，頭がすぐに混乱しやすい，知性に乏しい，素朴で，洗練されていないパーソナリティ．

（村上・村上，1999より作成）[5]

〔超自我(super ego)〕
・道徳性・良心（社会や両親のしつけによる社会規範や価値観）
・イドの本能的衝動（性的・攻撃的行動）を抑える
・自我の機能を現実的なものから理想的，道徳的なものにする
・快楽ではなく完全を望む

〔自我(ego)〕
・人格の中の意識的・知性的側面
・現実法則に従う（適切な現実的対応）
・2次過程（心の中の対象と外界の対象を区別する過程）
・認知機能（内的，外的現実を論理的に把握する）
・執行機能（意志決定し，行動に移す）
・統合機能（判断や行動に統一性をもたせる）
・防衛機能（統合性を維持するための自己防衛）

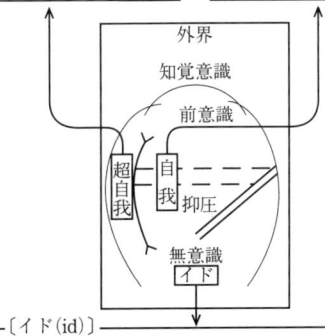

外界
知覚意識
前意識
超自我　自我　抑圧
無意識
イド

〔イド(id)〕
・人格の中の無意識的・原始的側面
・心的エネルギー源，行動の源
・生得的な本能的衝動
・幼児期に抑圧されたさまざまな観念
・快楽原則に従う（快を求め，不快を避ける）
・非論理的（行動を統一する機能をもたない）
・返道徳的（価値・道徳的判断をもたない）
・1次過程（緊張除去のためのイメージの形成）

図9-3　フロイトの性格構造論（瀧本，1990）[6]

と，独自のパーソナリティ傾向が形成されると考えた（表9-4）．

3. パーソナリティの形成と変容

ここでは，個人差であるパーソナリティがいかに形成され，それがその後の人生上でどのように変化するかについて考える．いつ頃からその人独自の心理・行動的特徴が現れ始め，いつ頃確定するのか，あるいは一生変動し続けるものなのか，また，それらの変化の原因などについて考えてみる．

（1） 遺伝的要因

そもそも人間の心理的傾向には，外見上の姿形と同様に生まれながらある程度の差異が存在していると考えられないであろうか．一般にパーソナリティの形成には環境要因の影響が大きいとされるが，後述するように，生まれながらにして何らかの差異が存在する事は認められている．また，近年進められている「ヒトゲノム計画」が終結し，すべての遺伝子の構造が明らかになったならば，人間のパーソナリティを規定する遺伝的要因について（もちろん遺伝に影響されない部分についても）さらに知見が加わることであろう．

（a） 乳幼児期における気質の差異

乳幼児の間でも個性は認められる．発達的気質論と呼ばれるものである．気質（temperament）とは，発達的に乳幼児期から観察される行動上の個人差を示すものであり，前に述べたクレッチマーのそれとは異なる．トマス，チェス，バーチ（Thomas, A., Chess, S. & Birch, H. G., 1970）によれば，生後2か月から9つのカテゴリーに分けられる気質的特徴が明確に識別され，それらをもとに3つの気質群が明確にされる．その3タイプとは，①気楽な子ども（easy child：機嫌のよさ，生理的機能の規則正しさ，中程度あるいは弱い反応の示し方，新しい状況に対して積極的で適応に富む，など），②取扱いの難しい子ども（difficult child：生理的機能は不規則で，たいていの場合強烈な反応を示し，新しい刺激に対して引っ込み思案になりがちで，環境の変化に順応しにくく，大体機嫌が悪いことが多い，など），③何をするにも時間がかかる子ども（slow-to-warm-up child：活動水準が低く，初めての経験に対しては引っ込み思案であり，適応するのに時間がかかり，何となく不機嫌で，状況に対する反応も無気力である，など）である（表9-5）．全体の約40％が気楽な子ども，約10％が取扱いの難しい子ども，約15％が何をするにも時間のかかる子どもであり，残りの約35％の子どもは，いろいろな特性が入り混じっており，いずれのタイプにも分類できなかった．これらの気質タイプは，その後の発達において母子関係のあり方などを規定することも明らかにされている．また，ブラゼルトン（Brazelton, T. B.）の研究からは，普通の赤ちゃん，活発な赤ちゃん，おとなしい赤ちゃんという差異も認められる．このように，生後初期から個人差は明らかになることがわかっている．

表9-4　フロイトによる精神・性的発達とパーソナリティの固着

発達段階	発達段階の特徴	固着が生じた場合のパーソナリティ特徴
口唇期 （0〜 1歳半）	吸う，飲み込む，かむなどの口唇の活動が快を生み出す	過度に依存的で愛されることのみを求め，常にそれを確かめないと気が済まない．無気力感が強く，自分で自分に価値をおけなくなる．また，食べること，飲むこと，しゃべることなどを好む傾向あり．
肛門期 （8か月〜 3, 4歳）	排泄する，貯め込む，自分でそれらをコントロールすることに快を感じる	強迫的なパーソナリティが形成される．きちんとしておくこと，しまっておくことを過度に好み，完全癖が強く，時には激しい怒りをぶちまける．整理整頓好き，几帳面，潔癖，倹約，感情閉鎖などの傾向が全面に出て，対人関係は堅苦しく形式的なものになる．
男根期 （3, 4〜 6, 7歳）	性器的快感の目覚め ───→ 異性の親に対する性愛的愛着，同性の親への嫉妬，敵意 ───→ 去勢不安 ───→ エディプス・コンプレックスの抑圧，同一視，超自我形成	女性ではヒステリー的になりやすく，性的魅力を誇示したり，常に目立とうとする．言動が大げさで芝居がかっており，虚栄的である．内面は未熟で，情緒的に不安定で興奮しやすく，依存的である． 男性では，男根期的自己愛パーソナリティが現れやすくなる．これは，能動的，攻撃的で女性蔑視の傾向が強いパーソナリティである．精力旺盛で自信に満ち，断定的な言動をする．女性を軽蔑し，自己愛を満たし，征服するためにのみ女性と係わる．
潜伏期 （6, 7〜 12歳）	性的な関心や発達が一時的に潜伏し，知的な情緒に関心が向く	この時期以降に固着は認められない．

（鈴木（1998）および野村（1970）より作成）[7)8)]

（b） 遺伝的要因の研究法

a. 家系研究法

パーソナリティの遺伝を調べる方法としてはまず家系研究法があげられる．家系研究法は精神病や顕著な才能（音楽，絵画など）の遺伝性をめぐっての研究が多い．犯罪者が排出した家系が対象となったこともある．知能や学業成績のように量的に表示しやすい特徴については相関係数で結果を示した研究がたくさんある（詫摩，1989）．しかし，近親は遺伝子を共有するから類似するという以外に，一緒に生活することにより共通の環境下で育つ（環境を共有する）から類似するのだという原因も考えられ，両者を分離できない所に家系研究法の問題点が存在する．たとえば，優れた音楽家の子どもが早期から非凡な音楽的才能を発揮したとしても，それが遺伝によるものか，それとも音楽を習得する環境的条件に恵まれていたためか，あるいはその相乗効果であったのか判定できないのである（詫摩，1989）．

b. 養子研究法

上述の家系研究法の問題点である，遺伝の共有と環境の共有を分離するのが，養子研究法である．それは，「養子になって分かれ，相関のない環境のもとで育てられた遺伝的関係のある個体がお互いに類似するのは遺伝的な理由のみによる．そして，養子として同一の家庭に住む遺伝的には無関係な個体がお互いに類似する理由は共有する環境のみによる」（プロミン Plomin, R., 1990）との考えによる．最も単純な養子研究法は，生まれたときに養子で別々になり，類似しない環境のもとで別々に育てられた一卵性双生児についての研究である．彼らの類似は遺伝によるものと考えられるからである．

c. 双生児研究法

遺伝的には100%等しいと考えられる一卵性双生児間が類似している程度と，遺伝的な類似度が平均50%の二卵性双生児間の類似している程度とを比較することによって，パーソナリティに及ぼす遺伝と環境の割合を調べることができる．つまり，もしあるパーソナリティの形質が遺伝的な影響を受けていないとすれば，遺伝的には2倍の類似性の差があるとされる一卵性双生児と二卵性双生児は同程度に類似しているであろう．一方，遺伝要因の影響が大きいならば，一卵性双生児と二卵性双生児は予想されるよりもはるかに類似しているだろう，というわけである．

（c） 人間行動遺伝学からの知見

人間行動遺伝学（Human Behavioral Genetics）とは，表現型レベルでの特性固有の行動の現れにおける個人差は，それぞれの個人の基盤にある遺伝的特性と系統的に関連づけられるとする考え方である．上述のa, b, cを組み合わせて，遺伝要因と環境要因が異なるさまざまな人間（同居する一卵性双生児，（養子となって）分かれて暮らす一卵性双生児，同居二卵性双生児，異居二卵性双生児，同居の非血縁者など）間の類似性を比較するという方法によって，遺伝の影響を間接的に調べようとする．

表 9-5 気質による子どもの分類[9]

	活動水準	周期性	散漫度	接近・逃避	順応性	注意力の範囲と持続性	反応の強さ	感受性の閾値	気分の質
子供のタイプ	活動している時間と，じっとしている時間の割合	空腹や排泄，睡眠や起きている時間の規則性	どの程度の刺激で，行動に変化がおこるか	未知の人や新しい事物への反応	子供が環境の変化に適応する難易度	ある行動にかけた時間と，その行動に関しての気分転換の効果	反応の激しさ，その質や内容には無関係に	はっきり見分けのつくだけの反応をひきおこす刺激の強さ	友好的，快活で嬉々とした行動と不機嫌で意地のわるい行動との対照
"手のかからない"	不定	非常に規則的	不定	積極的に接近	非常に順応的	高または低	弱または中	強または弱	陽性
"何をするにも間がかかる"	低度または中	不定	不定	初期の逃避	時間をかけて適応	高または低	中	強または弱	やや陰性
"取り扱いがむずかしい"	不定	不規則	不定	逃避	時間をかけて適応	高または低	強	強または弱	陰性

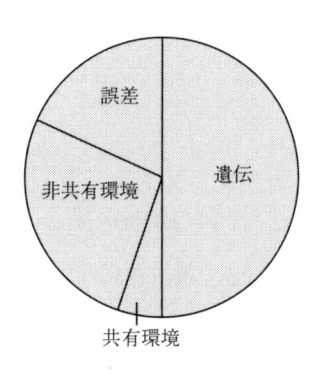

図 9-4 性格の個人差におよぼす遺伝と環境の影響（安藤，1994）[10]

人間行動遺伝学の見地から考えられるパーソナリティに及ぼす遺伝と環境との影響については，図9-4に示すように，遺伝効果は約半分に留まる．環境要因については非共有環境の影響の方が大きく，共有環境の影響は少ないとされる．ここで言う非共有環境とは，同じ家庭の成員でも共有しない環境（たとえば，後述するように出生順位によってきょうだい間の生育環境は異なるなど）のことである．つまり，一緒に生活している（環境をともにしている）からといって，遺伝要因における類似性がなければ，パーソナリティの類似は認められないということである．

また，前述したパーソナリティのビッグファイブ（5因子）について，行動遺伝学的に何らかの関連づけ行おうとした結果，いずれの特性でもある程度の遺伝率が見られるが，外向性や情緒的安定性の個人差には，遺伝的な要因が大きく影響しているとされた（プロミン，1990）．

（2） 環境的要因

（a） パーソナリティの形成に関わる環境的要因

パーソナリティの形成に関わる環境的要因については，実に多くのものが想定されている．①生まれた家庭の要因（親の年齢，教育歴，職業，収入，宗教，人生観，価値観，こども観，性役割観，一般的雰囲気，その家のある地域の諸特徴など），②家族構成（家族構成員の人数や関係，同胞数と出生順位，同胞間の年齢差や関係，家族間の愛情の程度，親と子の心理的距離，期待される性役割など），③育児方法や育児態度（授乳や離乳の仕方，食事・睡眠・着衣・排泄などの基本的習慣のしつけ，子どもの感情の表出―怒り，甘えなどに関するしつけ，親が子どもに示す一般的態度―保護的，拒否的，放任的，溺愛的，受容的，支配的など），④友人関係・学校関係（友人の数，つきあいの程度，友人集団内での地位，幼稚園や学校の教育方針，担任教師との関係など），⑤文化的・社会的要因（その社会の生活様式，宗教，習慣，価値基準，政治形態，歴史，ほかの社会との関係など）など（詫摩，1989），ざっとあげるだけでこれくらいある．

（b） 親の養育態度と子どものパーソナリティ

どの子どものパーソナリティ形成においても持続的で強い影響力を与えるのは親の人柄であり育児態度であるとされる（詫摩，1989）．親の養育態度がこどものパーソナリティに与える影響は，たとえば表9-6のようにまとめられている．ただし同じように育てても（つまり共有環境の下でも）同じ結果になるとは限らないことには注意すべきである．

（c） きょうだい関係とパーソナリティ

依田らが3回にわたって行った調査によると，①出生順位と性格とのあいだには明確な関係が存在し，長子的性格，中間子的性格，末子的性格と呼ぶことのできる性格特徴がある（表9-7），②長子的性格，末子的性格にくらべると，中間子的性格を表す項目は少ない．これは，長子と末子の生活体験はどこの家庭に生まれてもかなり共通していると考えられるのに対して，中間子はきょうだいの性別構成や年齢間隔にかなりの相違があると予測できるために，す

表 9-6　母親の育児態度と子どもの性格

母親の態度	子どもの性格
1　支　配　的	服従，自発性なし，消極的，依存的，温和
2　かまいすぎ	幼児的，依存的，神経質，受動的，臆病
3　保　護　的	社会性の欠如，思慮深い，親切，神経質でない，情緒安定
4　甘やかし	わがまま，反抗的，幼児的，神経質
5　服　従　的	無責任，従順でない，攻撃的，乱暴
6　無　　　視	冷酷，攻撃的，情緒不安定，創造力にとむ，社会的
7　拒　否　的	神経質，反社会的，乱暴，注意をひこうとする，冷淡
8　残　　　酷	強情，冷酷，神経質，逃避的，独立的
9　民　主　的	独立的，素直，協力的，親切，社交的
10　専　制　的	依存的，反抗的，情緒不安定，自己中心的，大胆

（詫摩，1967）[11]

表 9-7　きょうだいの出生順位と性格

	項　目　内　容
長子的性格	・何かする時に，人の迷惑になるかどうかをよく考える ・欲しいものでも，遠慮してしまう ・自分の用事を平気で人に押しつけたり頼んだりする ・あまりしゃべらないで，人の話を聞いていることの方が多い ・お母さんによく口ごたえする ・面倒なことは，なるべくしないようにする ・もっと遊んでいたい時でも，やめねばならない時にはすぐやめる ・仕事をする時，ていねいに失敗のないようにする ・いつもきちんとしていないと気がすまない ・よそへ行くと，すましやさんになる
次子（末子）的性格	・お母さんにいつも甘ったれている ・お父さんにいつも甘ったれている ・お母さんに告げ口する ・人にほめられたりすると，すぐにお調子に乗ってしまう ・お父さんに告げ口する ・とてもやきもちやき ・おしゃべり ・外へ出て遊んだり，騒いだりする ・人のまねをするのがじょうず ・すぐ「ぼく（私）知っている」などと言って，何でも知っているふりをする ・無理にでも自分の考えを通そうとする ・食べ物に好き嫌いがたくさんある ・少しでも困ることがあると，人に頼ろうとする ・せっかち ・はきはきして，ほがらか
中間子的性格	・気に入らないと，すぐに黙りこむ ・よく考えないうちに仕事をはじめて，失敗することが多い ・面倒がらないで，仕事を一生懸命にする

（依田，1989）[12]

べての中間子に共通の体験といえるものが少ないためだ（依田，1989），とされる．

依田（1989）によれば，出生順位によってパーソナリティが異なる理由は，それぞれの生育環境が異なるからとされる．長子は親（とくに母親）にとって初めて育児の対象となる子どもであって，子どもが生まれる前から緊張し，きわめて細かなことにまで気を配り，神経質になって，育児行動に手落ちがあってはいけないと緊張するあまり，子どもの気持ちや要求を正しく汲み取る余裕がなくなっている．その一方，2番目の子どもではすでに1人目を育てたという自信も加わり，長子の場合よりもはるかに余裕を持って，のんびり育てることができる，という差が存在する．

また，子どもの立場としては，数年間たった1人の子どもとして親の愛情を独占して育った長子は次子の出生によって親の愛情を独占できなくなり，大きな精神的ショックを受ける．このショックを乗り越えていくうちに年長者としての役割を身につけるとされる．次子の場合ははじめから競争相手（長子）が存在するわけで，自分の下にきょうだいが生まれても長子ほどのショックは受けない．

さらに文化的背景も存在する．日本の親は，長子に対して，「太郎，お使いにいってちょうだい」と名前を言う代わりに，「お兄ちゃん，お使いにいってちょうだい」などと言うが，これには親の長子に対する役割期待（お兄ちゃんらしく振る舞ってほしい，という気持ち）が込められており，そのような環境で育つ長子には独自の性格が形成されると考えられる．

出生順位とパーソナリティとの関係以外の，きょうだい関係とパーソナリティとの関係には一貫性は見られない．これは，きょうだい間で取りやすい行動があったとしても，それが一般的な人間関係にまで反映されない可能性があるせいだろうといわれる（飯野，1998）．

（3） 成人期におけるパーソナリティの変化

乳幼児期から青年期，特に児童期から青年期までの間には多くの変化が見られるが，これはパーソナリティ形成途上のことであり，パーソナリティの変化を扱う場合は，パーソナリティが一応の安定を見た成人期以降を対象とする．成人期以降，個人にとって重要な危機の体験がパーソナリティを含む心理的変化をもたらすとされる（鈴木，1998）．ここで言う危機体験とは，マイナスの側面ばかりでなく，成長する可能性が開かれるときに現れる状況も含む．パーソナリティ変化の方向としては，表9-8に示すように，精神病，薬物中毒や外傷，特異体験などによる不適応的変化と，心理療法，危機の克服，人生経験を重ねることによって自分に対する洞察が深まり，パーソナリティが健全な方向へ変化する成熟的変容などの適応的変化がある．

（4） 高齢期におけるパーソナリティの変化

かつては成人期以降のパーソナリティはおおむね安定した状態が続くが，高齢期に至って変化が訪れ，いわゆる高齢者（老人）特有のパーソナリティが出現してくるとされていた．それらは洋の東西を問わず一般的に，①自己中心性，②内向性，③保守性，④猜疑，邪推しやす

表 9-8 人格変容の分類

方　　向		原因・条件
人格変容	A　不適応的変容	① 精神病による病的変容 ② 薬物中毒や外傷等による病的変容 ③ 特異体験による病的変容
	B　適応的変容	① 心理療法による治療的変容 ② 危機を克服することによる克服的変容 ③ 成熟的変容

(鈴木, 1998)[7]

さ，強い嫉妬心，⑤柔軟性・融通性の欠如，強い固執性，⑥適応力の低下，⑦不機嫌，愚痴っぽさ，⑧出しゃばり，⑨心気的（自分の健康状態を過度に気にすること），⑩依存的，⑪抑うつ傾向，（荒井，1994），といった否定的な特徴が多かった．

しかし，最近の知見，とくに縦断的追跡調査研究（同じ人間の変化を何十年と継続して調べる方法）の結果から，高齢者のパーソナリティの変化については異なった見解が示されている．

下仲（1995）によれば，老年期を特徴づけていた否定的なパーソナリティ特徴は，主に横断研究（調査時点で複数の異なる年齢グループについて調べ，グループ間の相違点の比較から加齢に伴う変化を推測する方法）からなされていた．これには世代効果が大きく影響しているため，示された年齢差は年齢変化を反映せず，世代間の価値意識の違い，教育，文化や社会制度の違いなどがさまざま形でパーソナリティに影響しているという．高齢者になって頑固などのよくない特徴が目立ってきたりした場合，知的能力や判断力の低下，あるいは環境へ不適応などの理由から，もともともっていたパーソナリティの特徴が先鋭化したしたのであり，もともとよく適応し，柔軟で調和的なパーソナリティの人は高齢者になっても基本的なパーソナリティ特徴はあまり変わらないとされる．

パーソナリティのうち，加齢に伴って変化する部分と，若い頃の傾向とあまり変わらない安定的な側面があることも明らかになってきている．表9-9に示すように，変化する部分は，高齢期の社会構造の影響を受けたり，あるいは身体的老化に対する反応として現れる．一方，安定的な側面は，自分を取り巻く社会環境をその個人が生涯を通じていかに選択し，知覚してきたかに関連する部分であるとされる（佐藤，1993）．安定的な側面の中でも，神経症的傾向，外向性，開放性の3つは高齢期の安定性が繰り返し確かめられている（佐藤，1993）．

表 9-9 人格に対する加齢の効果：安定性と可変性

安定的な側面	変化する側面
気質または特性	特定領域での自己に対する態度
外向性（社交性・交際好き）	知的コントロール
神経症性（適応・不安）	健康コントロール
経験への開放性	深層の変数
誠実性（誠実さ・良心的）	熟達の様式，内省，対処様式，
協調性・愛想のよさ	防衛，価値
自己に対する一般的態度	自己概念
統制の位置（locus of control）	男性性―女性性・性役割
自信・自覚的能力・自己効力感	自尊心
認知スタイル	達成動機・要求水準
	情緒的変数
	不安，うつ，疲労，幸福感，人生満足感

（Lachman，1989 を改変して引用）[14]

10 発達

1. 発達（Development）について

個体は受精によって発生し，死に至るまで連続的に変化し続ける．その過程における変化のメカニズムは非常に巧妙，かつ合目的的であり現代の科学の力を駆使してもこれを完全に解明することは困難である．したがって，一般に発達の理解に当たってはその変化の現象を捉え，観察，分析を試み，そこに共通の原理・原則を見出す方法がとられている．そのようにして導かれた発達現象の特徴には次のようなものを挙げることができる．

（1） 大きさの変化

発達が量的に増大する方向を示している．たとえばスキャモン（Scammon, R. E., 1930）による身体各部の発達曲線（図10-1）が示すような身体の量的変化はよく知られている．しかし身体機能には発達と共に減少の方向に向うもの（たとえば淋巴型），または消去してしまうもの（たとえば新生児反射）もあり，量的変化の陰に質的，構造的変化が起っていることも注目しなければならない．たとえば脳重量の発達（図10-2）について言えば，受精後4か月の胎児は20g～30gであるが出生時には神経細胞の活発な細胞分裂により400g程度にまで増大する．生後は神経細胞の増加はなくなるが神経細胞の突起の成長，神経細胞を支持するグリア細胞（中枢神経系の神経組織にあってその統合，支持，栄養などの役割を果す細胞）および血管の増殖により脳重が増大し，4～6歳位までに成人の約95％の脳重を見るようになる．このような量的発達的変化は身体面ばかりではなく，精神面についても同様に認められる．語彙の増加（図10-3），創造力，思考力などの発達などがそれである．

（2） 順序性の存在

発達は一定の順序をもって進む過程である．シャーリー（Shirley, M. M., 1961）は乳児の移動運動の発達研究においてこれを明らかにした（図10-4）．しかし発達の規定要因が個体と環境の相互作用によって惹き起こされる特定環境内において起こる変化であるという考え方に立てば，こうした自然の法則による内部的過程であると見る考え方は今日，批判されている．

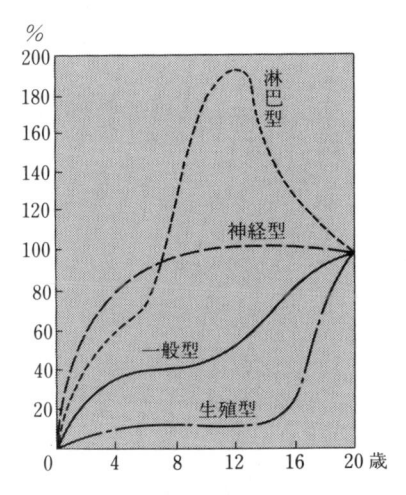

・淋巴型　扁桃腺，淋巴腺などの分泌腺の発育曲線
・神経型　脳髄各部，感覚器官などの神経系の発育曲線
・一般型　骨格・節肉・内臓諸器官などの一般身体組織の発育曲線
・生殖型　睾丸・卵巣などの生殖器官の発育曲線

図10-1　身体各部発達曲線（Scammon, R. E., 1930）

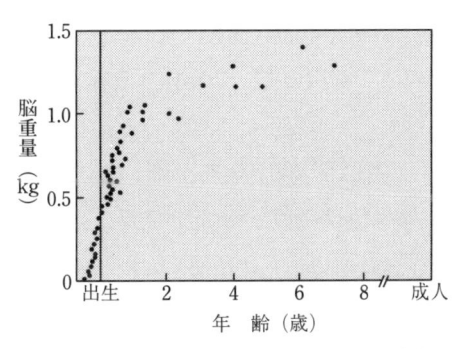

図10-2　発達に伴うヒトの脳重量の変化（Dobbing, J. and Sands, J., 1973）[1]

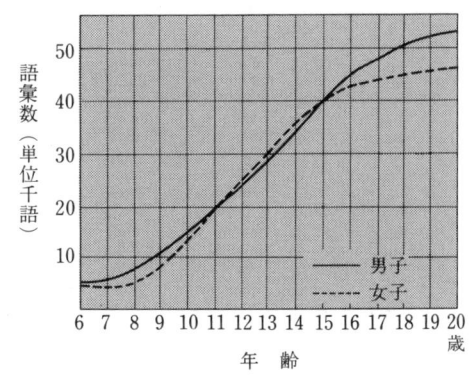

図10-3　語彙量発達曲線（阪本，1954）

0カ月　胎児姿勢
1カ月　頭をもちあげる
2カ月　胸をもちあげる
3カ月　手を伸ばすがさわれない
4カ月　支えれば坐る
5カ月　膝の上に坐る物を握る
6カ月　高い椅子に坐るぶらさがった物をつかむ
7カ月　ひとりで坐る
8カ月　助ければ立っている
9カ月　家具につかまって立っている
10カ月　四つん這いする
11カ月　手をつなげば歩く
12カ月　家具につかまり立ち上る
13カ月　階段を上がる
14カ月　ひとり立つ
15カ月　ひとりで歩く

図10-4　乳児期の全身運動の発達（Shirley, 1961）

（3） 方向性の存在

シャーリーの研究は発達の順序性と同時に方向性が存在することを示唆している．すなわち発達は頭部から脚部の方向に進行し，また中心部から周辺部に向かって進行するという（図10-5）．これをそれぞれ頭部―尾部方向，中心部―周辺部方向と呼ぶ．この考え方も順序性の存在に対する解釈の変化と同様な意味で批判されており，その考え方は固定的なものではなく，今日少しずつ変化してきている．

（4） 古い形態の喪失と新しい形態の出現

発達過程には各器官や機能が成長と共に喪失したり出現したりする現象がある．誕生後に見られた各種反射運動（図10-6）はある時期が来ると喪失（より高度な機能に置き換えられるなど）する．乳歯の脱落，胸腺（Tリンパ球の中枢臓器．胎生期に発生し，胸腺上皮細胞から分泌されるホルモンによって増殖し，分化して免疫能を獲得する．思春期に最も発達し，その後退縮する）の縮少化もその例である．精神機能では喃語の喪失もこの類のものである．一方発達の初期の段階では見られなかった器官，機能が成長とともに出現する現象がある．永久歯の発生，性徴の出現，言語の出現などがそれである．

（5） 比率の変化

発達における量的変化は一様に起こるものではなく，成熟までの過程において比率の変化が起こることが考えられる．新生児の体重は平均3 kg，身長は50 cmである．満1歳を迎える頃には体重は約3倍，身長は1.5倍に成長する．身体各部の発達は一律に起こるものではなく，それぞれ異った速度で合目的的に進みプロポーションは成長とともに成人のそれに近づいていく．ジャクソンは身長に対する頭部の占める割合が成長と共に減少することを指摘した（図10-7）．

発達過程に見られる諸現象をさらに詳細に見ていくと次のような共通の傾向を見出すことができる．

（a） 発達の連続性

発達は発生から死までの連続の過程であり，発達現象が急速な時期あるいは緩慢な時期はあるものの途切れるということはない．発達過程は乳児期，幼児期，児童期，青年期といった独特の構造の出現によって特徴づけられているので区分を付けて発達段階を設定することは可能であるが，過渡的段階については一線を引くことは困難であり，そこに連続性の存在を認めることができる．ある段階で生じた現象はそれ以降の発達にも影響を与えるばかりでなく，その相互作用によって新たな構造が出現すると考えるからである．したがって発達によって受け継がれていく構造は変化しながら無限に連続していると考えることができる．

（b） 分化と統合

発達は再体制化の過程であり，1つの構造から次の段階のより高次に組織化された構造へと変化していく．未分化で全体的であった行動が分化，組織化された行動へと変化するのであ

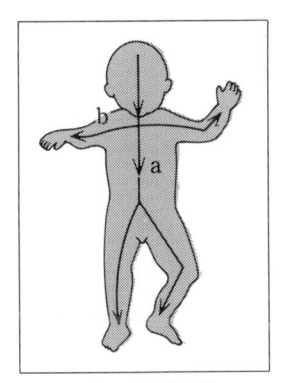

a：頭部―尾部勾配
b：中心部―周辺部勾配

図 10-5　成長の進行方向（Vincent, E. L., et al., 1961）

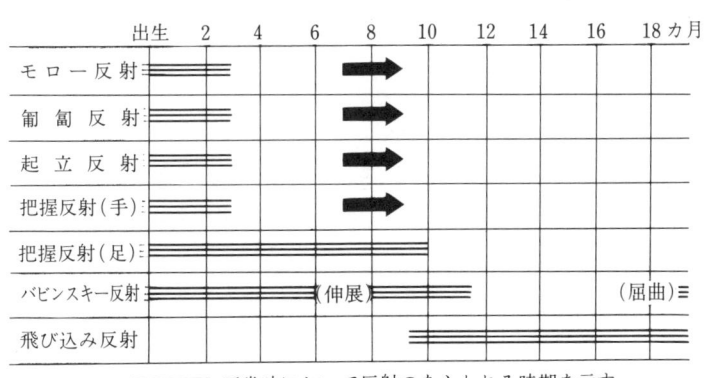

═══ 正常時において反射のあらわれる時期を示す．
➡　この時期まで，その反射がのこるのは異常である．

図 10-6　主な反射（三木安正，1958）

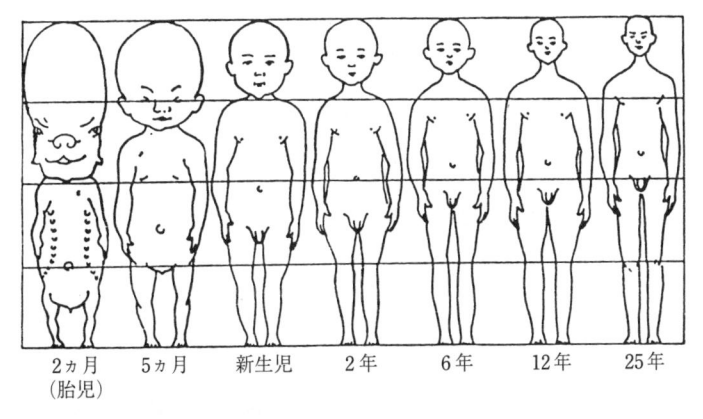

2ヵ月　5ヵ月　新生児　2年　6年　12年　25年
（胎児）

図 10-7　身体の外線および割合の体長的変化（Jackson, 1928）

る．こうした現象は精神的，身体的活動に共に見られる．ピアジェはこの現象を同化と調節と均衡化の概念で説明した．たとえば思考という精神的活動について述べるならば分化，統合といった構造的変化の過程を経て具体的思考から抽象的思考へと発展していき，パーソナリティは柔軟性を高め安定した適応的な社会生活を可能にするのである．

（c）個人差と性差

発達には心身両面に渡って個人差が見られる．それは発達現象の速度，成熟時点での量質の差などに示される（図10-8, 9）．知能の発達曲線が示すように優秀児群と対照児群とでは到達点も，発達の速度も異なることが明瞭である．この傾向は学齢到達後顕著であり成長にしたがってその差が拡大する傾向が伺える．また身体面では肺活量，心臓の大きさ等に明瞭な性差が示されこの傾向は思春期以降顕著である．運動能力についても同様な傾向が示される．

発達の類概念として発生（growth, development），成長（growth），成熟（maturation）がしばしば用いられる．発達を増大，進歩と考える場合，発生は生物学的個体発生の意味合いが濃く生物が卵から成体に達するまでの形態的，生理的，化学的な変化・発達，すなわち形態形成・成化・成長・変態・加齢などの過程をいい，受精によって始まるものを指す場合をいう．成長は一般に身体面の形態・構造の量的変化を示し，成熟はDNAによって予定されている素質的プログラムの発現という色彩が濃い．発達研究の領域は科学の進歩，社会的条件の変化等に合わせて拡大の傾向にある．従来は子どもの成長発達の過程を追って成熟するまで，すなわち児童期から青年期を経て成人期に達するまでを対象として研究する科学であったが，現在では出生前の胎児期から青年期以降の成人期，さらには老年期を含む全生涯（life span）を対象とし，それぞれの段階に見られる諸問題，乳幼児期の母子関係と発達の関係，発達途上で発生する種々な障害で生活の自立能力を欠くような発達障害（第13章参照）といわれるもの，さらには脳の加齢による変化や定年，隠退などによる社会的役割の剥奪による急激な社会生活の変化に伴う高齢者の不適応行動の理解なども発達研究の対象とされている．

2. 発達を規定する要因

発達を規定する要因をめぐって古くから成熟と学習の問題が議論されてきた．発達が遺伝的に決定されたプログラムの出現であり，成熟の過程から生じる結果であるとするゲゼル（Gesell, A. L.）の説は学習，適応といった外的な働きは関与しないとする考え方である．彼は双生児を用いた階段昇りの実験（学習を効果的に行うには学習者の発達過程において最も効果的な時期―適時性―があることをこの実験を通して提唱した．子どもが階段昇りの技能を習得するためには少なくとも生後53週を経過していなければならないことを明らかにした）で訓練開始の適切な時期の存在，神経系統諸機能の成熟による発達水準が整うことが重要であることを指摘，学習成立における成熟（レディネス，readiness―個体が学習を受け入れることができるほどに成熟している状態）の重要性を主張した．一方経験主義心理学者ロック（Locke,

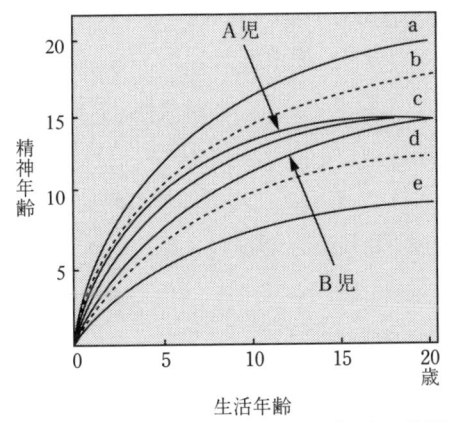

図 10-8　知能発達の個人差についての仮説的曲線[3]

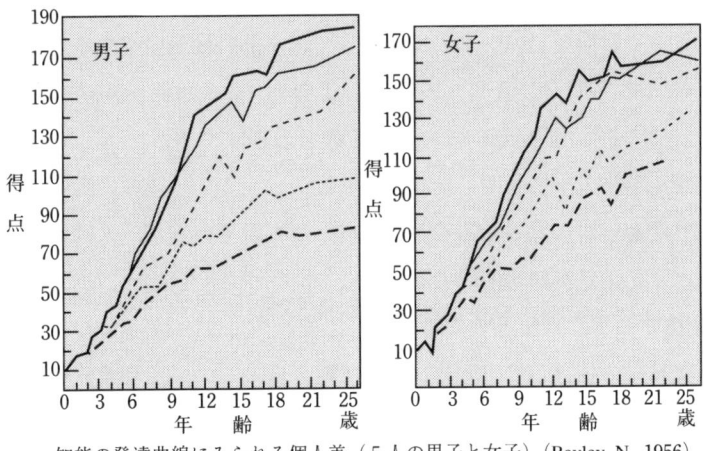

（注）a．知的優秀児　b．優秀児と普通児の境界
　　　c．普通児　　d．普通児と精神薄弱児の境界
　　　e．精神薄弱児

知能の発達曲線にみられる個人差（5人の男子と女子）（Bayley, N., 1956）

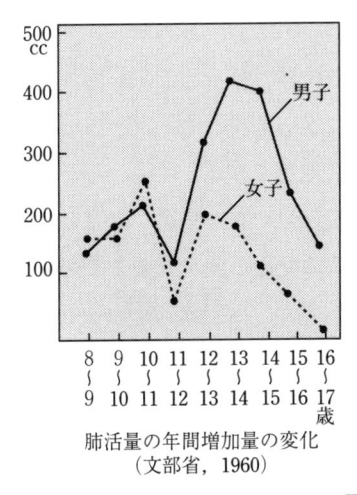

肺活量の年間増加量の変化
（文部省, 1960）

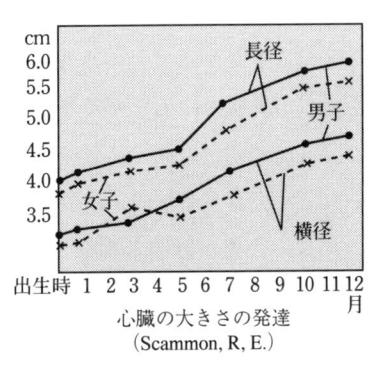

心臓の大きさの発達
（Scammon, R, E.）

図 10-9

J.）は生得的観念を否定し，人間の心は生まれた時は白紙（タブラ・ラサ）であり，観念や知識はすべて感覚的経験によると考える経験説を主張した．これら2つの説を折衷した輻輳説（convergence theory）を説いたのはシュテルンである．彼の学説は"遺伝か環境か"という単一要因モデルから一歩前進して，双方からのそれぞれの影響を受けると考えた．しかし双方のダイナミックな関わり，いわゆる相互作用的立場とは少し異なるものであった．ヘッブ（Hebb, D. O.）は発達の規定要因が遺伝・環境の2要因という極端で単純な考え方を批判し，発達の初期体験が及ぼすその後の発達への影響について次のような見解を示している．すなわち，初期の視知覚による豊かな経験は成長後の複雑な学習成立の上に効果的であり，ことに認知能力と情動性の発達に重要な意味をもち，さらに運動を伴った視知覚の経験は一層効果的であるという．今日発達のとらえ方は従来の受動的なものから能動的なものへと移り変っている．発達に関わる種々の要因は単一のものとして働くのではなく，遺伝，環境，成熟，経験，学習等が相互に密接な絡み合いをもちながらダイナミックに働くと考えられるようになった．発達と初期経験の関わりについてロレンツ（Lorenz, K.）は興味深い研究を報告している．ある種の鳥類は鳴き声や動作などのシグナルを使って親を慕い後追いをする．この母子関係の形成は出生直後のごく短時間（13時間〜16時間が臨界期）に1回限りの経験で成立（刻印づけ imprinting）し，その結果が非可逆的であり，その後の経験や学習によって訂正することが難しいということを実験によって証明した（図10-10, 11）．この一連の研究は人の発達現象についても学習の臨界期がいかに重要であるかを示唆したものであるが，人は他の動物とは異なり認識能力が高く，変化の状況に適応的であること，クラウス（Klaus, M. H.）やケネル（Kennell, J. H.）が指摘するように母子の愛着形成が出生後数分から数時間という報告はあるものの，人は本能行動にのみ依存して生活しないので臨界期についてより柔軟な考え方をすることができると考えられる．また出生後のよい母子関係はたとえ臨界期を過ぎていても修復可能であろうしまた逆にいかに適時に母子の接触があってもその後の養育態度が不適切であるならば好ましい発達は期待できないことをわれわれは知っている．一方アヴェロンの野生児のように人間社会から遮断され，文化的環境の全くない狼の世界で育った子どもたちは人間らしい行動を身につけることができなかったという報告もある．また先天性白内障の子どもが14〜15歳になって開眼手術の結果視力は出たものの色は識別できても形や模様，人の顔の見分けが困難であった．このように初期の視覚的刺激が欠損すると視知覚の発達に支障を来たすことも知られている．ハーローはアカゲザルの子について愛情の発達に関する数々の実験を行った（図10-12, 13）．その結果，乳児が母親と結びつく条件として「接触の満足 contact comfort」が「授乳 feeding」より重要であることを観察している．

3. 発達段階（developmental stage）

発達段階は発達の連続性との関わりにおいて設定される．発達的変化の現象は常に一定の速

図 10-10 刻印づけの研究に用いられた装置
　大きな"おとり"が実験者の操作するままに,円型の軌道の上を動く,すると,アヒルの雛が後追いをして,刻印づけられるようになる(Hess, 1959)

(a)

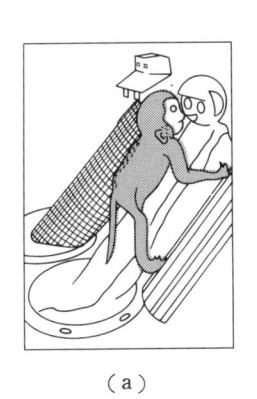

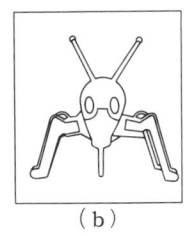

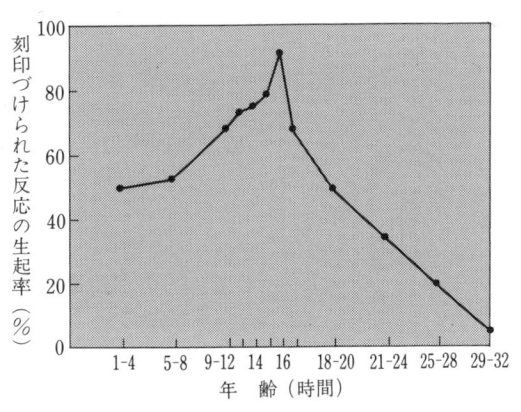

(b)

図 10-11 刻印づけの時期(Sluckin, W., 1977)

(c)

図 10-12 ハーローの子ザルについての実験(Harow, H. F. and Zimmerman, R. R., 1959)

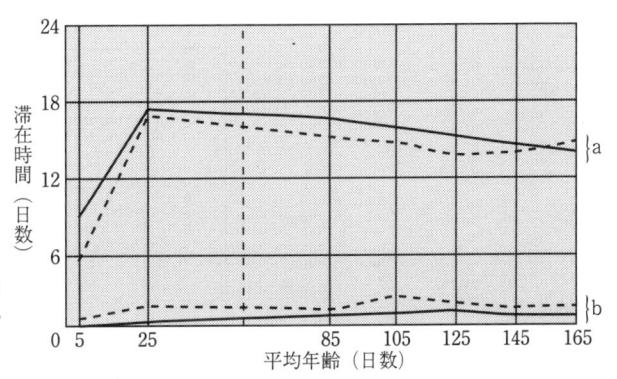

図 10-13 2種の模型母への滞在時間(時)(Harow, H. F., 1959)
(注)曲線a部は布製母と,b部は針金製母と過ごした時間を示す.布製母から哺乳する場合(実線),針金製母からの哺乳(破線)にかかわらず,布製母との接触時間がはるかに長い.

度で進むものではなく，ある時期は速くまた他の時期は緩慢であるといった様相を示すものである．こうした過程の中に特徴的な節目が観察される．ここに段階が設定される．発達段階はその区分の観点を何処に置くかによって段階の設定が異なってくる（表10-1）．ハーロック（Hurlock E. B.）は社会的習慣によって，シュトラッツは身体発達で身長，体重の発達の交代（伸長期，充実期）を，ビューラー（Bühler C.）は自我の客観と主観の交代による精神構造の変化を，ピアジェは彼独自の物活論的世界観といった特定の精神機能をもって区分を試みた．その他特殊なものとしては阪本一郎の読書傾向による区分，昔話期，寓話期，童話期，物語期，文学期等を幼児期から青年期までの発達段階と対応させたもの，フロイトによる精神分析的立場からの区分などがある．汎性欲説を唱えたフロイトは，リビドー（libido，心的エネルギー）の満足が子どもの発達段階に応じて種々な形で現れるとしてリビドーがどのような形でどの器官で活動し充足がはかられるかという見地から次のような発達段階を提示した．

①口唇期　なめる，咬む活動への快感　②肛門期　肛門の括約筋の収縮という快感　③男根期　男性性器への関心　④性器期　性器への関心，エディプスコンプレックスが現れる　⑤潜在期　表面に現れず一時的に後退，潜伏する時期　⑥思春期　第2次性徴の出現，性的関心，行動が現れる　⑦成熟期　成熟した成人の性行動

フロイトの精神分析学的発達段階説を基礎としてこれに社会的・文化的観点を導入しようとしたのがエリクソン（Erikson E. H., 1989）である（図10-14）．縦軸は生活周期と呼ばれフロイトと同じ区分であるが，それぞれの周期に成熟し，克服すべき課題（エリクソンはこれを危機，crisisと呼ぶ）を示しているのが特徴である．この危機を乗り越えた時に次の段階に進むというのである．

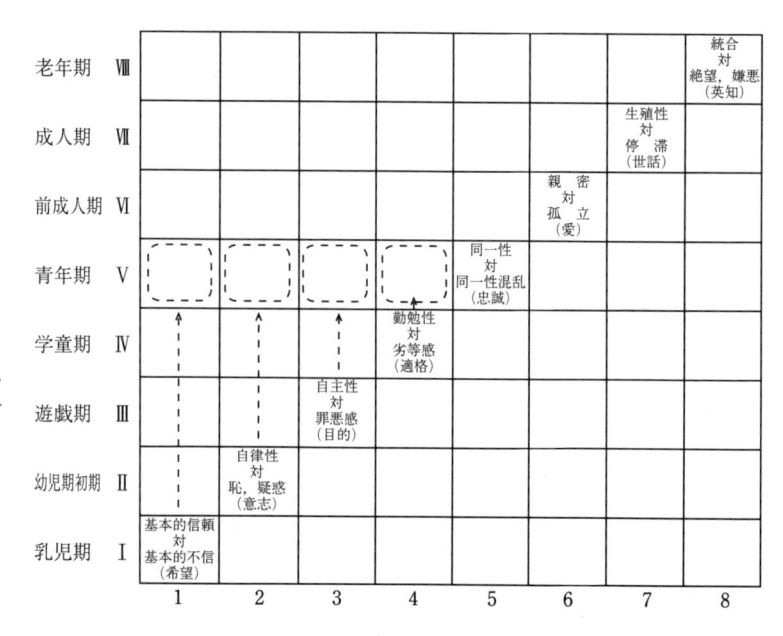

図10-14　エリクソンの心理社会的発達図式（Erikson, E. H., 1989）[4]

	1	2	3	4	5	6	7	8
老年期 Ⅷ								統合対絶望，嫌悪（英知）
成人期 Ⅶ							生殖性対停滞（世話）	
前成人期 Ⅵ						親密対孤立（愛）		
青年期 Ⅴ					同一性対同一性混乱（忠誠）			
学童期 Ⅳ				勤勉性対劣等感（適格）				
遊戯期 Ⅲ			自主性対罪悪感（目的）					
幼児期初期 Ⅱ		自律性対恥，疑惑（意志）						
乳児期 Ⅰ	基本的信頼対基本的不信（希望）							

表 10-1 発達段階の区分[5]

区分の観点	研究者	年齢（歳）0-20 の区分
社会的習慣	モイマン, E.(1913)	児童期 (0-13) ／ 少年期・少女期 (14-16) ／ 処女期 (16-18) ／ 青年期 (18-20)
社会的習慣	シュプランガー, E.(1924)	児童期 (0-6) ／ 中間期 (6-8) ／ 少年少女期 (8-12) ／ 中間期 (12-14) ／ 成熟期（男）(14-20)／(女)
社会的習慣	グッドイナフ, F.L.(1945)	言語前期 (0-2) ／ 幼児期 (2-5) ／ 幼稚園期 (5-8) ／ 児童期（男）(8-13)／(女) ／ 青年期 (13-20)
社会的習慣	ハーロック, E.B.(1924)	新生児乳児期 (0-2) ／ 児童前期 (2-6) ／ 児童後期（男）(6-13)／(女) ／ 思春期 (12-15) ／ 青年期 (15-20)
社会的習慣	青木誠四郎	新生児乳児期 (0-2) ／ 幼児期 (2-6) ／ 児童期（男）(6-13)／(女) ／ 青年期 (13-20)
社会的習慣	文部省教育心理(1913)	乳児期 (0-2) ／ 幼児期 (2-6) ／ 児童期 (6-13) ／ 青年期 (13-17) ／ 充実期（男）/（女）(17-20)
身体発達	シュトラッツ, C.H.(1913)	乳児期 ／ 第1充実期 ／ 第1伸長期 ／ 第2充実期（男）/（女）／ 第2伸長期（男）/（女）／ 第3 ／ 成熟期
身体発達	コール, L.(1922)	乳児期 ／ 児童前期 ／ 児童中期（男）／ 児童後期（男）/（女）／ 青年前期（男）/（女）／ 青年中期（男）/（女）／ 青年後期
精神構造の変化	シュテルン, W.(1923)	乳児期 ／ 未分化融合期 ／ 分化統一期 ／ 成熟前期 ／ 分化統一期
精神構造の変化	クロー, O.(1928)	乳児期 ／ 第1反抗期 ／ 児童期 ／ 第2反抗期 ／ 成熟期
精神構造の変化	ビューラー, Ch.(1937)	第1期 客観の時期 ／ 第2期 主観化の時期 ／ 第3期 客観化の時期 ／ 第4期 主観化の時期 ／ 第5期 客観化の時期
精神構造の変化	牛島義友(1941)	身辺生活時代 ／ 想像生活時代 ／ 知識生活時代 ／ 精神生活時代
精神構造の変化	武政太郎(1955)	乳児期 ／ 幼児期 ／ 児童期 ／ 青年期
特定の精神機能	松本亦太郎（用箸運動）	幼児期 ／ 児童期 ／ 青年期
特定の精神機能	楢崎浅太郎（握力）	幼児期 ／ 児童期 ／ 少年期 ／ 青年前期 ／ 青年後期
特定の精神機能	阪本一郎（読書興味）	昔話期 ／ 寓話期 ／ 童話期 ／ 物語期 ／ 文学期 ／ 思春期
特定の精神機能	ピアジェ, J.（物活論的世界観）	第1期[1] ／ 第2期[2] ／ 第3期[3] ／ 第4期[4]
特定の精神機能	ピアジェ（思考）	感覚運動 ／ 前概念期 ／ 直感的思考 ／ 具体的操作期 ／ 形式操作期
特定の精神機能	シアーズ, R.R.（動機づけ）	基礎的行動の段階 ／ 2次的動機づけの段階 ／ 家族中心の学習 ／ 家族外の学習
特定の精神機能	エリクソン, E.H.	基礎的信頼感の段階 ／ 自律感の段階 ／ 主導感の段階 ／ 勤勉感の段階 ／ 同一性の段階 ／ 親密感の段階
特定の精神機能	メイヤー, R.F.（対人関係）	1次的依存の確立 ／ 自己看護の確立 ／ 意味ある2次的関係の確立 ／ 2次的依存の確立 ／ 依存と独立のバランスの達成
特定の精神機能	ノボグロツキー, T.（唯物論）	幼児期 ／ 就学前期 ／ 学童期 ／ 成熟期 ／ 青年期

（注） 1) 万物に意識ありとする時期　　2) 動く物すべてに意識ありとする時期
　　　 3) 自力で動く物には意識ありとする時期　　4) 動物だけに意識ありとする時期

4. 発達課題（development task）

　個人の発達がある段階から次の段階へと進む場合，それぞれの段階に果たすべき課題があると考えられる．これはエリクソンの各発達段階における「危機」の考え方にも示されている．この概念はハヴィガースト（Havighurst, R. J., 1952）により，初はじめて用いられたものである．彼によれば「発達課題とは，個人の生涯の一定の時期において起こる解決されるべきもので，この課題を正しく果たせば個人に幸福をもたらし，失敗すれば不幸をもたらし社会から承認されず，以後の課題の成就も困難ならしむるもの」と定義づけている．またこれらの発達課題は身体的成熟，文化的圧力，個人の価値観と要求水準という3つの基本的源泉のうち，1つまたは2つ以上のものによって決定するとした（表 10-2）．表 10-2 に示す乳幼児期から老年期に至る一連の発達課題の達成が人間の発達であると考えた．ハヴィガーストはこの発達課題を教育の場におけるカリキュラム構成の手がかりとして提供し社会に貢献したといわれる．発達課題の研究としてはこの他，社会参加において成長する場に関するストレートマイヤー（Stratemeyer F. B.），"学習すべき中心課題"として捉えたミューラー（Müller P.）によるものなどが有名である．

　発達課題の習得に失敗する原因としては個人の発達水準の遅れ，適切な学習の機会が与えられなかった，過保護などによる習得の動機づけの欠如などが挙げられる．今日では知育偏重の煽りを受けて特定の能力，たとえば数学，物理学，情報処理技術などが卓越しているという条件で飛び級を認める傾向があり，これらの子ども達が基本的な社会生活能力や対人処理能力が充分に獲得されないまま年齢の高い集団での生活を余儀なくされて不適応に陥ったり，倫理性や道徳性，良心などが充分に発達していない段階で高度の科学技術を身につけると科学の悪用にもつながりかねず時には凶悪な犯罪に発展する危険性も孕んでいる．発達は心身の各要素が相互的に合目的的に関わりをもちながらなされるものであり，おおよその順序とそれに要する時間が必要なのである．"理想"の独り歩きによって作り出される発達のアンバランスはアンバランスな人格形成に結びつき不幸な結果を招くことも考えられる．「神なき知育は知恵ある悪魔を作ることである」―ガリレオ・ガリレイ―発達段階に沿った課題をこなすことの深い意味がこの中に含蓄されていると思われる．温い母子関係の中で愛される経験をした子どもたちがやがて集団保育からはじまる学校生活を通して学習することは知識だけではなく，人的環境の中で社会性，自己統制，協調，協力等の経験を獲得し社会に適応できる自己を形成していくのであり，それは省略が許せない非可逆的な過程なのである．

5. 発達の様相

（1） 胎児期 fetal period

　胎児は 10 か月の在胎期間の後，約 3 kg，50 cm で出生する．1個の受精卵が僅か 10 か月で 2000 億の細胞をもつ乳児に成長して出生するわけであり，一生を通じて最も発達現象の急速

表 10-2　発達課題のリスト

発達段階	発達課題
乳幼児期（0〜5歳）	歩行の学習 固形の食物をとることの学習 話すことの学習 大小便の排泄を統御することの学習（排泄習慣の自立） 性の相違および性の慎みの学習 生理的安定の獲得 社会や事物についての単純な概念形成 両親，兄弟（姉妹）および他人に自己を情緒的に結びつけることの学習 正，不正を区別することの学習と良心を発達させること
児童期（6〜12歳）	普通のゲーム（たとえば，ボール遊び，水泳など）に必要な身体的技能の学習 成長する生活体としての自己に対する健全な態度の養成（自分の身体の健康，清潔，安全に留意する習慣の養成） 同年齢の友だちと仲よくすることの学習 男子または女子としての正しい役割の学習 読み，書き，計算の基礎的技能を発達させること 日常生活に必要な概念（多くの感覚的知覚や思考による概念）を発達させること 良心，道徳性，価値の尺度を発達させること（内面的な道徳の支配，道徳律に対する尊敬，合理的価値判断力を発達させること） 人格の独立性を達成すること（自主的な人間形成） 社会的集団ならびに諸機関に対する態度を発達させること（民主的な社会的態度の発達）
青年期	同年齢の男女両性との洗練された新しい関係 自己の身体構造を理解し，男性または女性としての役割を理解すること 両親や他の大人からの情緒的独立 経済的独立に関する自信の確立 職業の選択および準備 結婚と家庭生活の準備 市民的資質に必要な知的技能と概念を発達させること（法律，政治機構，経済学，地理学，人間性あるいは社会制度などの知識，民主主義の問題を処理するために必要な言語と合理的思考を発達させること） 社会的に責任のある行動を求めかつなしとげること 行動の指針としての価値や論理の体系の学習，適当な科学的世界像と調和した良心的価値の確立（実現しうる価値体系をつくる．自己の世界観をもち，他人と調和しつつ，自分の価値体系をまもる）
壮年初期	配偶者の選択 結婚相手との生活の学習 家庭生活の出発（第一子をもうけること） 子どもの養育 家庭の管理 就職 市民的責任の負担（家庭外の社会集団の福祉のために責任を負うこと） 適切な社会集団の発見
中年期	大人としての市民的社会的責任の達成 一定の経済的生活水準の確立と維持 十代の子どもたちが信頼できる幸福な大人になれるよう援助すること 大人の余暇活動を充実すること 自分と自分の配偶者を一人の人間として結びつけること 中年期の生理的変化を理解し，これに適応すること 老年の両親への適応
老年期	肉体的強さと健康の衰退に適応すること 隠退と減少した収入に適応すること 配偶者の死に適応すること 自分と同年輩の老人たちと明るい親密関係を確立すること 肉体的生活を満足におくれるよう準備体制を確立すること

（Havighurst, R.J., 1952）

な時期であるといえる．この間受精卵が子宮内膜に着床するまでの2週間ほどを卵体期と呼ぶ．受精した卵子が輸卵管内を子宮の方に送られながら盛んに細胞分裂し，丁度桑の実のような形になるので，この僅か3日間くらいの期間を桑実期と呼ぶ．受精後約1週間で0.5mmに成長し外胚葉（表皮，爪，歯，皮脂腺，感覚細胞，神経系），内胚葉（消化管，気管，肺，膵臓，唾液腺，胸腺），中胚葉（真皮，筋肉，骨格，循環器）の三層が形成される．この時期を胎芽期と呼び2か月ほどの間に身体各部の分化が生じ，人の形の95%を形成する．その後諸器官は胎盤を通して母体から酸素や栄養の供給を受けてさらに分化し活発に動きはじめる．この状況は超音波電子スキャナーによって観察することができる（図10-15（1），（2））．

（2） 胎児の成長と母体の影響

　古くから胎教という言葉で母体の胎児への影響が問われてきたが科学的根拠は明らかにされていなかった．母体の激しい感情の動き――悲しみ，驚き，恐怖，怒りなどが流産や異常分娩や低体重児出産の原因になったり，逆に美しい音楽を聴いたり心豊かな生活をするとよい子が産まれるなどの言い伝えがあった．現在こうした母体と胎児との関係が科学的に証明されるようになり，母体の情緒的体験が身体に及ぼす生理的な変化が明らかになり，さらに結果が胎児の心拍数や呼吸数，動きなどに変化を示すことが証明され，妊娠中の母体の心の平和が重要視されるようになった．身体面では母体の性感染症，風疹等のウィルス感染（図10-16）が胎児に障害をもたらすことが知られている．その他薬物（抗生物質，睡眠剤，鎮痛剤，ステロイド製剤等），農薬，ダイオキシン，環境ホルモン，食品添加物等も催奇性のあることが認められている．近年急増している若年女性の喫煙習慣が低体重児出産のリスクを倍増させている（平均体重200g低下）．

　また口蓋裂，神経管欠損などの先天異常，小児癌の出現率，SIDS（乳幼児突然死症候群）の発生率も母親の喫煙量と正比例するとの報告がある．さらに妊娠中1日10本以上喫煙していた母親の子どものビネ・スコア（知能検査結果）は非喫煙母の子どもよりも3歳時で3.7ポイント，4歳時で4.9ポイント低い．またオーストラリアの母子5342組の調査によれば，子どもの攻撃的行動障害の25%が妊娠初期の喫煙と，16%が5歳時までの喫煙と関連するという（小児保健研究第59巻第2号，2000）．

　このようにタバコは精子，卵子の段階で既に子どもの発達に悪影響を及ぼし，身体発達を阻害し，疾病を招き，さらには知能発達遅滞や行動障害の原因にもなっていることが知られている．その他母体の極端なダイエットは胎児の栄養障害や貧血を招き，低体重出産，知能障害などにつながることが知られている．胎児期は"傷つき易い時期"なのである．改めて科学的根拠に基いた胎教に注目したい．

（a） 乳児期　infancy

　出生後胎外生活に適応できるようになるまでの10日間～1か月間の時期の乳児を特に新生児と呼んで区別する．この間，摂取する乳汁よりも排泄物や発汗の量が多いので体重が5%前

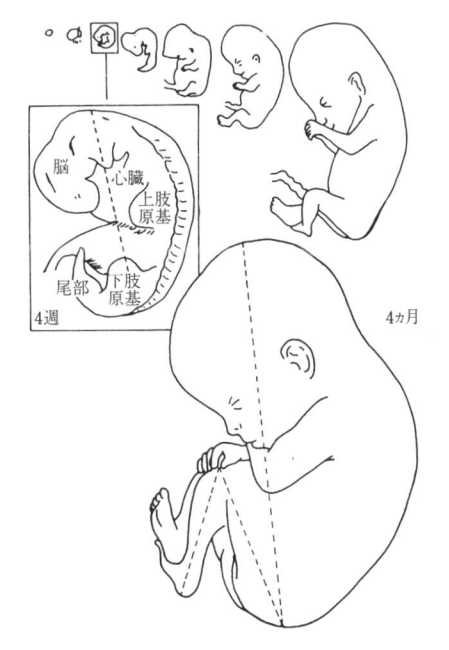

図10-15（1） 胎生期の身体の発達
（Martin, P. C. and Vincent, E. L., 1960）

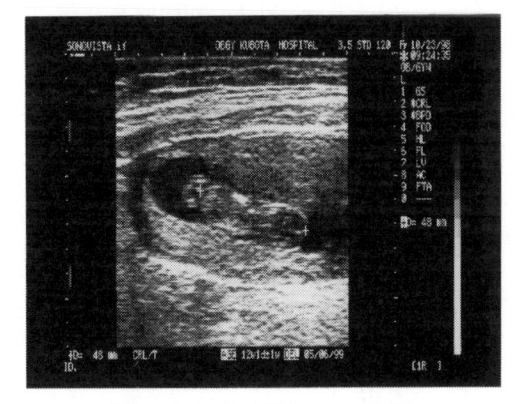

図10-15（2） 胎児のエコー写真

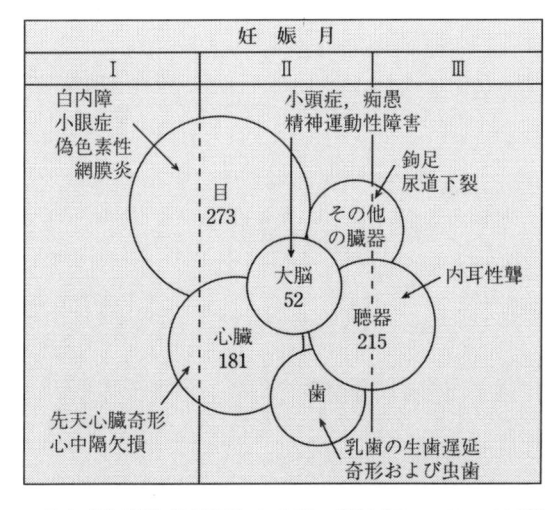

図10-16 風疹感染時期（妊娠月）と奇形の種類（Fancohi：山下他，1977）[6]

後出生時より減少し10日程で出生時体重に戻る．これを生理的体重減少という．この間母親の胎盤とつながっていた臍の緒が脱落，生理的黄疸（新生児に一過性に見られる高非抱合ビリビリン血症，出生時に低体重等の問題があると血清ビルビリン値が高くなり障害が残ることがある）の回復を経て乳児期を迎える．新生児期から歩行開始までの1年余りの時期を一般に乳児期と呼ぶ．体重は出生時の約3倍，身長は1.5〜2倍に成長する．身体機能は急速に発達し，ことに神経系の発達には目覚ましいものがある．脳の急速な発達を阻害しないように頭蓋は軟かく，4個の泉門（図10-17）が開いている．感覚器官の発達もこの時期旺盛となり，生活空間の拡大，環境刺激などを通して認知機能が発達，情緒，社会性，運動能力などの発達と相俟っ

表10-3 基本的生活習慣自立の基準（西本，1965）[8]

年齢	食事	睡眠	排泄	着衣	清潔
1:00	・人手を借りずに，自分で食事をしようとする ・茶わんをもって飲む ・スプーンの使用				
1:06			・排尿，排便の予告ができる ・昼間はおむつがとれる		
2:00		・就寝前の排尿		・1人で着物を脱ごうとする ・靴を1人ではける	
2:06	・スプーンと茶わんを両手で使える ・食事のあいさつができる	・添い寝の終期	・おむつの使用離脱 ・昼夜ともおむつがとれる	・1人で着物を着ようとする	・手洗いの自立
3:00	・箸の使用ができるようになる（握り箸） ・こぼさないように飲める			・パンツやブルマーを1人ではける ・帽子を1人でじょうずにかぶれる	・顔をふくことができる
3:06	・箸と茶わんを両手で使える	・就寝時につきそいがいらなくなる	・何かに夢中になったときのそそうの消失 ・排尿の完全な自立	・靴下を1人ではける	
4:00	・こぼさないようにご飯を食べられる	・就寝のあいさつ		・着物や衣服のそでを正しく通すこができる ・前のボタンやボッチをかけられる ・手伝いなしで1人で着物脱げる	・口をゆすぐ ・歯みがきの自立 ・顔洗いの自立 ・うがいの自立 ・鼻をかむ ・髪をとかす
4:06			・紙を使用して後始末ができる	・手伝いなしで1人で着物を着られる	
5:00		・寝間着の着替えの自立		・着物や下着のひもを前でかた結びで結べる	

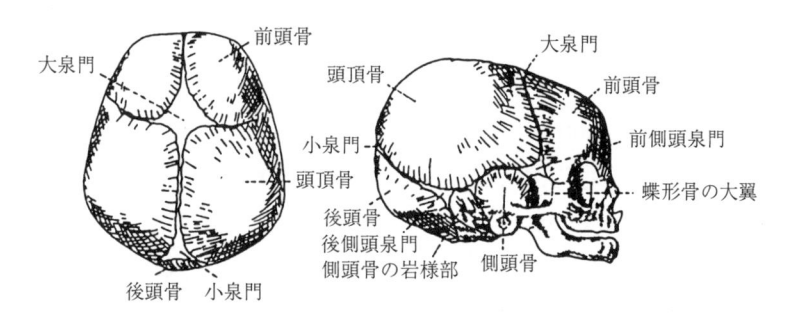

図 10-17 泉門（中山，1968）[8]

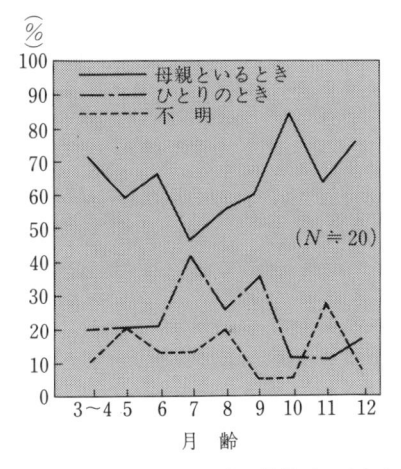

図 10-18 ひとりきりの時と母親がいるときの喃語の頻度（村井潤一，1961）

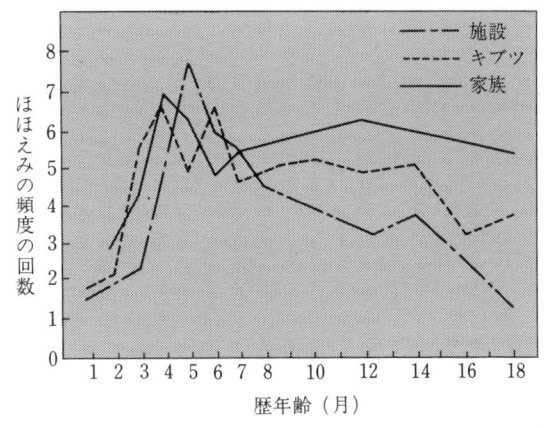

図 10-20 3つの異なった環境における子どもの微笑の頻度（Gewirtz, J. L., 1956）

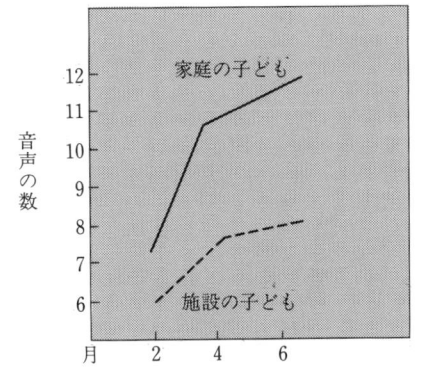

図 10-19 家庭の子どもは，施設の子どもより音声が多く言語発達の良さを示す（Brodbeck and Irwin., 1963）

36—1936年　山下，63—1963年　西本
図 10-21 基本的生活習慣自立の姿（30年間の比較）[4]

て生活能力が急増する．この時期の母子の関わりは乳児の心身の発達に重要な意味を持ち，愛着の形成，社会性の発達，認知機能の発達に関する研究が数多く残されている（図 10-18〜20）．

（b） 幼児期　early childhood

1歳半頃から学齢に達するまでの子どもを指し，3歳頃までを幼児前期，それ以降を幼児後期と分けて考える場合が多い．幼児期の子どもは歩行開始，言語の獲得，基本的生活習慣（食事，排泄，着脱衣，睡眠，清潔など身辺自立の習慣）の獲得など積極的に社会生活に参加する意欲が出現する（表 10-3，図 10-21）．このように主体性をもつようになった子どもはそれまでの依存的，追随，同一化の対象であった親に対して自分の意志を主張するようになり，親も徐々に社会的，道徳的規範を子どもにしつけるようになる．この時期の子どもは主観と客観が未分化で自己中心的な傾向を強く示す．感情は激しく，変化しやすく抑制が不充分なために欲求不満時に癇癪を起こしやすい（図 10-22）．こうした幼児期に見られる反抗的な行動（第1反抗期）は自我の芽生えであり，自己の意志や主体性の主張を通して自由や自主性を認識し，より高次のよい人間関係を形成し適応性を高めていく過程にみられる健全な発達現象である．またこの頃に多くの場合集団保育を経験し，他者への関心，協調性，協力心，競争心が養われるとともに自己認識，自我の抑制を学習し自己意識の確立を促進する．ことに幼児期の子どもは彼らの生活の大部分を占める"遊び"という"快"の体験を通して行動が社会化され心身の発達が促進されていくのである．

（c） 児童期　late childhood

おおよそ5，6歳頃から11〜12歳頃までの子どもを指し，学齢と重なっているので学童期と呼ぶこともある．この時期の子どもは幼児期の子どもに比べて心身共に安定し，明朗で落ち着きのある態度が伺える．幼児期に見られるような愛くるしいあどけない顔貌から，目つきの鋭い尖った顔つきになり，ウエストが絞まり手足が細く長く成長し，知的で見るからに"学ぶ子ども，Lernkind"の印象を受ける．この時期は親から離れて学校社会の中で集団生活を通して社会性を身につけ，教科学習を通して旺盛な知識欲を満足させることに喜びを見出し，数，物質量，重さ，体積，長さなどの保存が獲得され，また読字，書字能力の発達に伴い思考能力が活発化し概念形成の急速な発達を見ることができる．児童中期には子どもの活動の場は家庭を離れて友人に向かっていく．この時期の特徴的な行動として凝集性の高い仲間集団の形成がある．この集団はギャング集団と呼ばれ，この年代の子ども達をギャング時代あるいはギャング・エイジ（gang age）と呼ぶ．スポーツなどを通して結成された同性集団である場合が多く，集団内にはリーダー，フォロアーのヒエラルキーが明確であり，集団成員にだけ通用するルールや隠語，バッジが存在する．外部に対しては閉鎖的，攻撃的であり大人の干渉を避けようとする傾向が強い．親や教師を含めた大人からの自立，協力，協調，忍耐など社会生活に必要な知識や技術を学習する機会となり，子どもの社会性の発達に重要な意味をもっている（図 10-23）．しかし今日，子どもたちをとり巻く環境に変化が起こり，こうしたグループ遊びの機

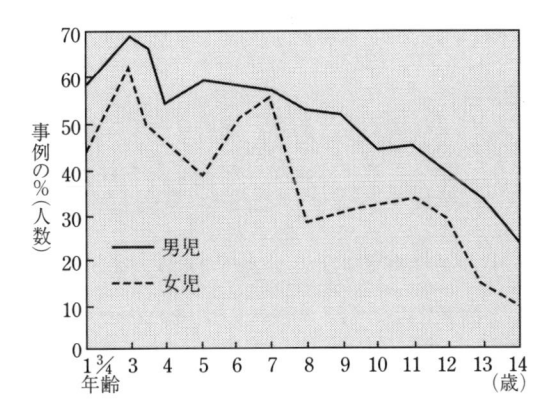

図 10-22 癇癪の年齢的変化および性差（Macpherlan, J. J. *et al*, 1954）

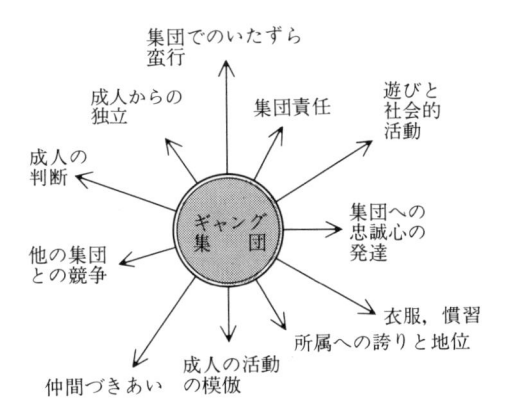

図 10-23 ギャング集団の機能（Hurlock, E. B., 1964）

会は非常に少なくなっている．すなわち，塾通い，お稽古ごと，ゲームやパソコンのような屋内での1人遊びを楽しむ子の増加などで戸外で泥んこになって暗くなるまで友だちと遊ぶという状況はほとんど見られなくなった．その結果子どもたちの社会性や情緒の未発達による自己中心的，非社会的，反社会的行動，たとえばいじめや不登校，暴力行為，自殺などが増加し社会問題となっている．

児童後期には思春期の兆しが現れはじめ，初潮，変声などの出現，体型の変化とともに性への慎み，恥じらいといったような今までとは異なった性意識をもつようになる．

（d） 思春期 puberty

児童期から青年期へ移行する過渡的な時期で11歳～13歳ごろの青年前期がこれに当たる．生理的には内分泌腺の発達が活発化し，第2次性徴の出現，女子は乳房が成熟，初潮の体験，男子では変声，体毛の発生，精通などを見る（図10-24）．第2伸長期を迎え身長は年間平均3cm～5cm（10cm近く伸びる子どももあり関節などに成長痛を生ずることがある）くらい伸び，親との身長差が少なくなり，時には親の身長を越えることもあり自己概念に変化が生ずる．一般に児童期に比べて自己の内面を見つめ，思索的，非社交的傾向が強くなる．親から，とくに母親からの心理的離乳（psychological weaning）がはじまり自立の準備に入るがまだ自信がなく，依存と自立の欲求が同時に起こり，その葛藤から不安定な情緒を示すことがしばしば見られ，いわゆる第2反抗期（自我の覚醒や自己意識の高まりにより，親や教師，周囲の大人，社会の権威一般に対して反抗的，攻撃的となり怒りや苛立ちとして表出される）となって表現される．性的成熟とそれに伴う体験は満足感，自信，充実感といったプラスの感情を伴う場合と罪悪感，羞恥心，不安というマイナスの感情を抱かせる場合があり，後者は性の悩みとして青年を苦しめ，自己の性の否定，成熟拒否（神経性食思不振―拒食症―に陥ることもある）といった性的嫌悪に伴う不適応行動が出現することも少なくない．

（e） 青年期 adolescence

青年期は思春期を開始期として急速な心身の発達的変化の時を経て成熟に向かい，おおよそ22歳～23歳をもって終期とする．生理的には内分泌腺の発達により性機能をはじめ身体各器官の急速な発達的変化が見られる．これは副腎皮質から分泌されるステロイドホルモンに対する反応として副性器の発達が起こることにより出現すると考えられている（図10-25）．女性においては卵巣から分泌されるエストローゲンに副腎由来のアンドローゲンの作用が加わって女性性器の発育がなされると考えられている．この時期，内分泌腺の発達により体型，容貌などに顕著な性差が顕われはじめ，青年の自己意識に変化をもたらす．感情的には敏感で激しく，ホール（Hall, G. S.）はこの時期を"疾風怒涛 storm and stress の時"と表現している．すなわち感情の昂揚拡大，沈鬱萎縮の両極の動揺が見られ，不安定でもろい．強い劣等意識の反動として傲慢，尊大な言動をしたり，集団への所属を強く求めながら孤独な生活に逃げ込んだりといった極端な動きが特徴的である．この不安定な青年期の行動は青年期から成人期への過渡

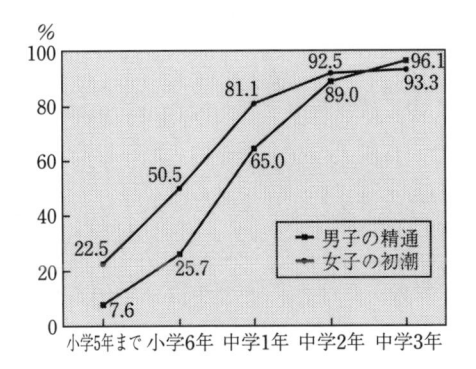

図10-24 精通と初潮の累積経験率（鈴木・松田，1997）[9]
（注）中学3年生の回想による．

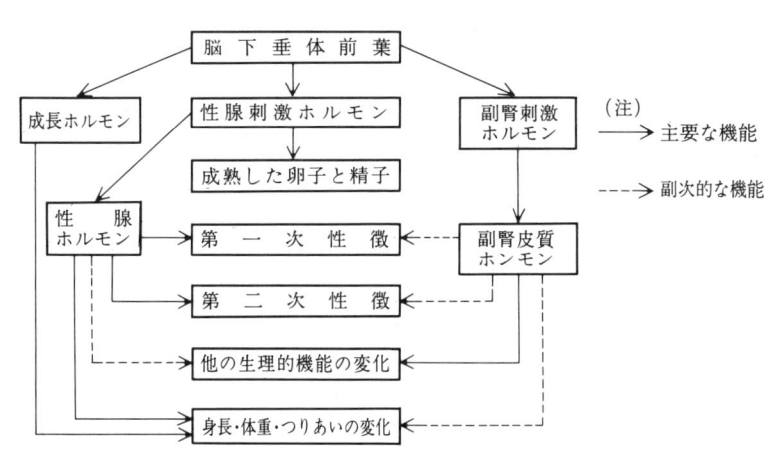

図10-25 思春期の身体変化とその相互関係（Ausubel, 1954）

的な段階における社会的移動，すなわち新しい状況に対する認知構造の不明瞭さに基づく結果と考えられ，強い緊張，過度の自意識，劣等感などに苦しみ反社会的言動などを示すこともある．このように青年期，成人期の両方の集団に不充分に所属している場合，その周辺部にいる青年は独特の行動特性を示すので彼らを周辺人（marginal man）と呼ぶことがある．青年はやがて成熟していく自己を受け入れ成人の社会に帰属していかなければならないことを認識するのであるがいま暫くその決定を先送りし，責任のない気楽な青年時代を過ごしたい（モラトリアム，moratorium）というジレンマに陥り，無気力で怠慢，自己破壊的な生活を送るようになることが少なくない．エリクソンはこのような青年期の危機を「同一性の拡散（identity diffusion）」と呼び，健全な自我同一性，自己確立という青年期の発達課題遂行の重要性を強調している．

しかしこうした青年像も固定的ではなく，時代の移り変りとともに，基本的なものは残しながらも徐々にその姿を変えている．情報化と世代性が青年像に変化をもたらせているといえよう．漱石の「坊ちゃん」に見られるような純粋，無垢，情熱的で過激な青年像は今日では影を潜め，妥協的，依存的，消極的，逃避的，自己防衛的で大人しく無難な生き方を選ぶ傾向が強くなっている．今日，両親からの情緒的，経済的独立という課題から逃避して生活する"サテライトシングル"家庭管理の責務から逃避する"結婚しない症候群"を示す青年が増加し社会問題となっている（図10-26）．その背景には少子化，過保護，高学歴による青年期の長期化，健康で高い経済力をもつ高齢の親の存在（図10-27, 28）などが絡んでおり，青年性という必然性に加えて世代性という偶然性が現代青年像を形成していると考えられる．

（f）成人期（adulthood）から老年期（senescense）

人生のおおよそ30年間～40年間を占める壮年期は最も充実した時期であり，自己実現の時である．結婚生活，子どもの養育，職場への適応，経済生活の確立と維持，余暇活動の充実など社会において，また家庭にあって主導的役割を期待され，豊かな経験と叡知をもってそれに応えることによって一層自信を高め，心身ともに豊かな生活を送る時期と言える．しかし中年期（middle age）を迎える頃，今まで無我夢中で生きてきた自己の生活に空しさを感じ，野心も捨て切れず，責任感の重圧などで"うつ状態"に陥ることがある．子どもの結婚や単身赴任などが動機となる場合が多く中年期の危機といわれている．加齢とともに社会的な衰退期を背景として生ずる体力の衰え，減収，子離れ，配偶者との死別などに直面する．これらの老年期の課題を受容できず，不適応状態が続くと孤独，うつ状態などに悩まされることがあり，疾病や伴侶との死別など喪失体験が引き金となって希死念慮を抱いたり，時には自殺などの不幸を招くおそれもある．しかし一方，エリクソンは老年期を自我の統合性に達する可能性をもつ時期として位置づけ，老年期が衰退ばかりではなく個人のもつ価値観が他の発達段階以上に重要視され，確立される時期であると，他の発達段階の枠組を老年期に単純に当てはめるだけではなく，生涯発達の観点から老年期のもつ意味を考える必要性を強調している．

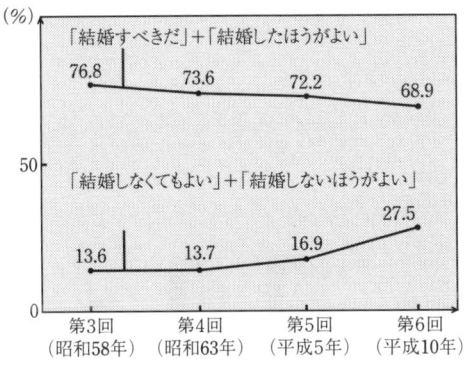

図 10-26　結婚観（経年変化・日本）

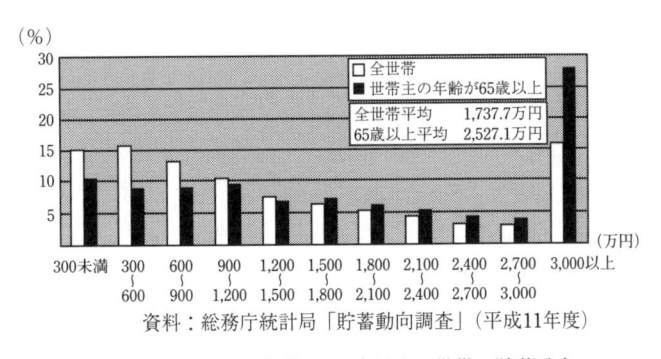

図 10-27　世帯主の年齢が 65 歳以上の世帯の貯蓄分布

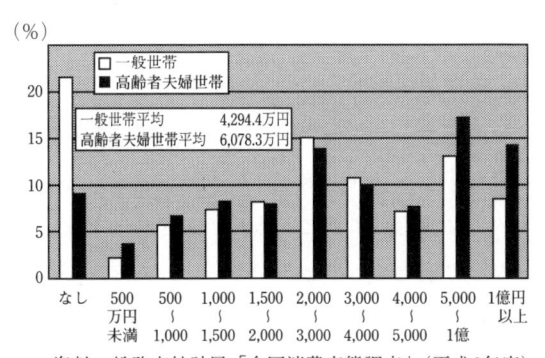

図 10-28　高齢者夫婦世帯の住宅・宅地資産の分布

11 検査・測定

1. 測定とその妥当性・信頼性

　科学における知識体系は合理的思考の積み重ねの産物である．心理学もまた人間行動の科学であるから，その合理的思考の積み重ねが求められる．

　したがって，行動科学としての心理学にとっては，人間が自然環境や社会環境に適応するためにどのように統制するかについて，その法則性を認識することが必要であり，その法則の精度を高める有効な手段となるのが対象への測定なのである．たとえば，かりにわれわれが「知能はどのくらい遺伝するのだろうか」「親と子の知能はどのくらい関連性があるのだろうか」ということを確かめたいと思ったとしよう．それには，まず「知能」というものを何らかの形で定義し，それを「測る」ことからはじめなければならない．研究者は自分の研究を進めるために何らかの形で「知能」を定義し，それを親と子について「測定」して，両者の関係を調べることからはじめる．具体的には，ある共通の「知能テスト」を作成し，多くの親や子に実施して，得られたデータの関係を分析し，記述することからはじめる．それが知能テストによる知能の「測定」である．つまり，心理測定とは，一定の法則（体系的規準）に基づいて対象や事象を数量化したり，記号化することであり，心理検査とは，ある個人の行動や1つの集団に対して観察し，それを一定の数量尺度によって記述するための系統的手順なのである．

　このように，心理学のような科学的研究における数量化は，精密さ，正確さを示すだけでなく，変数間の関係を明らかにすることができ，科学的記述の一面をもっている．それだけに，測定では，対象への測定に対する妥当性や信頼性が大変重要な問題となってくるのである．

　妥当性とは，用いるテストが測定しようとするものをどれほど忠実に測っているか，測定しようとする目的や内容を十分に検出することができるかの程度の問題であり，測定しようとするものを的確に測って，その目的や内容を検出できるテストを妥当性（validity）があるという．

　一方，信頼性とは，用いるテストの測定において，その結果にどれだけ一貫性があるかであり，そのテストを同一の対象に同一の条件で実施した場合，同一の結果を得ることのできる程

図 11-1　ロールシャッハ・テストの風景[1]

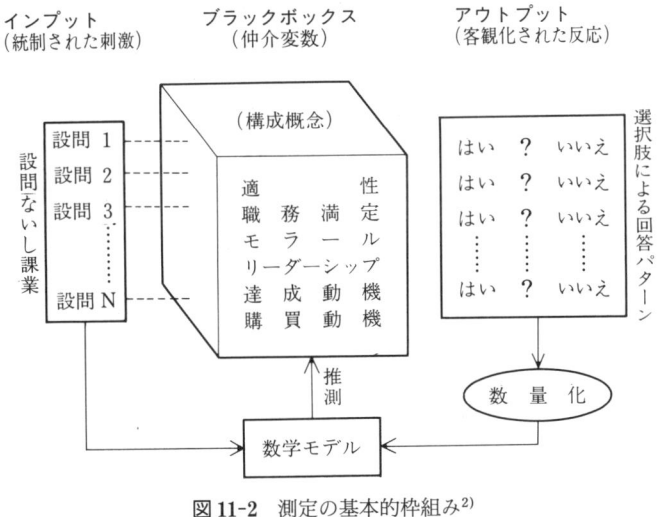

図 11-2　測定の基本的枠組み[2]

表 11-1　テスト得点の変動要因

Ⅰ. 個人の永続的な一般的特徴
　A. 数個のテストにおいて働く一般的特性に関する能力の低度
　B. テストを受ける一般的な技能　C. 示教を理解する一般的な能力
Ⅱ. 個人の永続的な特殊的特徴
　A. テスト全体に対して特殊なもの
　　1. 特定のテストに要求される特性についての個人的な能力水準
　　2. テスト問題の特定の形式に特有な知識・技能
Ⅲ. 個人の一時的な一般的特徴
　A. 健康　B. 疲労　C. 動機づけ　D. 情緒的緊張　E. テストに対する機敏性
　F. テストの技法の理解　G. 熱・光・換気などの外的条件
Ⅳ. 個人の一時的な特殊的特徴
　A. テスト全体に対して特殊的なもの
　　1. 特定テスト作業の理解　2. 特定テストを処理する特定のテクニック
　　3. テストに必要な特定の技術における練習の低度
　　4. 特定のテストに対する瞬間的な"構え"
　B. 特定のテスト問題に対して特殊的なもの
　　1. 人間の記憶の動揺と特異性
　　2. 注意・正確度における予期せざる動揺
Ⅴ. 説明しようがない変動（偶然）
　A. "当て推量"によって，運よく正答があたること．

（Thorndike による）[3]

度のことである．何回か繰り返して測定したり，検査者が異なっても，その結果に一致度が高く，安定しているテストは信頼性（reliability）があるという．

しかし，どんなテストもそれが個人の行動見本から得られるものである限り，測定の誤差が生じ，完全に信頼できるというものでもない．さらに，テストの得点は表11-1に見られるようにさまざまな要因に影響されるものであり，1つのテストで表わされた結果は，あくまでもその個人のもつ特性の一側面にすぎず，それだけで個人の全体的評価をすることは慎まねばならない．

2. 知能の測定

知能検査は，知的発達の程度を数量的問題として，科学的に客観性のある標準化された方法によって操作的に測定することを目的とした検査である．

一般に知能検査は方法的には，主に診断的役割を果たす個別式検査と知能の概観または予診的役割を果たす集団式検査に分けられ，内容の形式としては，言語的材料で構成されている言語式検査と図形や記号などで構成されている非言語式検査に分けられる．言語式検査は別名A式（α式），非言語式検査はB式（β式）と呼ばれている．最近では，両者の混合型（AB式）の検査が多く用いられている．

（1） ビネー式知能検査

知能測定の試みは，イギリスのゴールトンやアメリカのキャッテルらによって知的作業の個人差に関する研究が進められてきたが，事実上知能を測定するものとして，知能検査を考案したのはフランスのビネーである．彼はフランスの文部当局から知的発達遅滞を判別するためのテストの作成を依頼され，友人の医師シモンの助力を得て，易から難へと並べられた30個の問題からなっている知能検査を1905年に完成した．

ビネーはその後，精神年齢の概念を導入し，54個の問題や適用年齢の拡大（3歳～16歳）などの修正を加え，知能の程度を精神年齢で表わせるように1908年に改訂を発表し，さらに問題の選定や配列などに修正を加えながら1911年に今日みられるようなものを完成している．

アメリカのスタンフォード大学のターマン（Terman, L. M.）はこのビネーの知能検査を導入し，アメリカの国民に適合するよう問題を90問にしたり改訂を加え，1916年にスタンフォード改訂ビネー式知能検査を完成し，「知能の測定」として出版している．さらに彼は，標準化のための統計的手法や検査問題の選択などに関して，客観的に正確を期した改訂を1937年に新スタンフォード改訂ビネー式知能検査として発表している．

わが国においては，このターマンの一連の改訂知能検査が原型となり，久保良英，桐原葆見，楢崎浅太郎，大伴茂，鈴木治太郎，田中寛一らによってそれぞれの改訂知能検査が発表されている．しかし，現在広く用いられているものは，鈴木ビネー式知能検査法（実際的個別的知能検査法 1930）と田中ビネー式知能検査法（点数式個別田中知能検査法 1950）である．

表 11-2　知能検査の分類

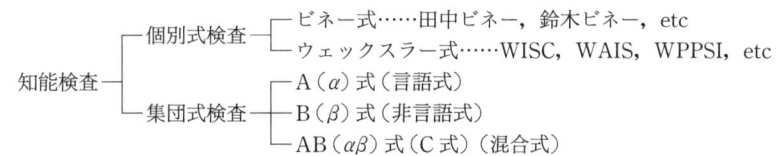

```
                ┌─個別式検査─┬─ビネー式……田中ビネー，鈴木ビネー，etc
知能検査─┤          └─ウェックスラー式……WISC, WAIS, WPPSI, etc
                └─集団式検査─┬─A（α）式（言語式）
                                 ├─B（β）式（非言語式）
                                 └─AB（αβ）式（C式）（混合式）
```

表 11-3　各年齢級の問題数と 1 問の加算月数および IQ の算出法

年 齢 級	2〜4 歳	5〜14 歳	普通成人	優秀成人 I	優秀成人 II	優秀成人 III
問 題 数	12	6	6	6	6	6
加算月数	1 か月	2 か月	3 か月	4 か月	5 か月	6 か月

年齢級の問題	結果
9 歳	全問合格
10 歳	4 問合格
11 歳	3 問合格
12 歳	2 問合格
13 歳	2 問合格
14 歳	全問不合格

9 歳 6 か月の A 君の知能検査

$$知能指数（IQ）=\frac{精神年齢（MA）}{生活年齢（CA）}\times 100$$

$$\left(\begin{array}{c}手引の換算表か\\らも求められる\end{array}\right)=\frac{10 歳 10 か月（130 カ月）}{9 歳 6 か月（114 か月）}\times 100$$

$$=114$$

[精神年齢＝基底年齢（9 歳）＋合格数（11）×2]
[基底年齢 → 完全にできている年齢数]

年齢	番号	問題	合格基準	検正答数	内容および記録
3 歳	25	語　い　(A) ★6, 12, 19, 37	13/15		①飛行機　②手　③家　④かさ ⑤靴　⑥ボール　⑦いす　⑧はさみ ⑨時計　⑩葉　⑪馬　⑫めがね ⑬テーブル　⑭ピストル　⑮木
	26	小鳥の絵の完成	基準		検査用紙 P.17
	27	理　解　(A)	1/2		①ねむくなったら，あなたはどうしますか． ②おしっこがしたくなったら，あなたはどうしますか．
	28	犬と自動車の配置	完全		提示 5 秒　（被検査者）　（　秒）
～歳	32	物　の　選　択	5/6		①鳥　②魚　③りんご　④本　⑤時計　⑥卵
	33	物　の　定　義	2/3		①帽子 ②茶わん ③本
	34	絵の異同弁別	9/9		（例）木，図形 ①鳥　②魚　③ヘリコプター　④人間　⑤星 ⑥動物　⑦自動車　⑧かえる　⑨花
	35	3 数詞の復唱	1/2		（例）　3－2－7 ①7－5－9 ②2－8－3
	36	数　概　念　(B)	2/2		①積木 3 個 ②積木 1 個に 2 個加える．

図 11-3　1987 年全訂版　田中・ビネー式知能検査[4]

(2) ウェクスラー式知能検査

　ビネー式知能検査やスタンフォード・ビネー式知能検査は，主に児童を中心としたものであり，精神発達の程度や遅滞児の発見に重点が置かれていた．そのため，これらの検査には成人の知能測定や精神障害者などの臨床の診断検査としては不十分であるとの批判があった．

　そこで，これらの内容を補うものとして，ニューヨーク大学附属ベルビュー病院の神経科の心理学主任であったウェクスラーは1939年にウェクスラー・ベルビュー知能検査を発表したが，その後実施の中でテストの問題の項目やサンプリングの問題などいくつかの点に不適当さを痛感した彼は，1955年に改訂版ウェクスラー成人知能検査〔WAIS（ウエイス）：Wechsler Adult Intelligence Scale〕として発表している．

　また，これら一連の検査と同一の知能観に基づいて作成された児童版がウェクスラー児童知能検査〔WISC（ウイスク）：Wechsler Intelligence Scale for Children 1949〕であり，幼児・児童版がウェクスラー幼児児童知能検査〔WPPSI（ウイプシィ3歳～7歳）：Wechsler Preschool and Primary Scale of Intelligence 1966〕と呼ばれ，わが国において一般に広く用いられている．

　ウェクスラー成人知能検査はウェクスラーの知能観として，「知能はそれぞれの個人が自分の目的に沿って行動し，合理的に考え，効率的に自分の環境を処理できる総体的能力であって，動機や誘因など知的能力以外の因子が知的行動の中に入ってくる」とした考えのもとに16歳以上を対象として作成されている．その検査問題は，表11-4にみられるように言語性検査と動作性検査に分けられ，さらに，前者は6項目，後者は5項目とそれぞれの下位検査によって構成されており，その検査結果では言語性知能指数，動作性知能指数，全検査知能指数の3種を算出して知能水準を判定したり，各下位検査を評価点になおし，その各下位検査得点をつなぐ下位検査のプロフィールから臨床的な診断を行っている．

(3) 集団式知能検査

　アメリカは，1917年に第一次世界大戦に参戦すると，徴兵や指揮官登用に利用できる検査を作成する必要にせまられていた．そのために開発されたのが集団式知能検査であり，アメリカ陸軍式検査法と呼ばれている．この検査は α 式（言語式）と β 式（非言語式）とがあるが，大戦後この検査法を基礎として第二次大戦を経て多くの集団式知能検査法が開発されている．

　わが国においても，丸山良二，栗林宇一，岡部弥太郎，田中寛一らをはじめとして多くの心理学者によって考案され，新田中A式や新田中B式の知能検査，京大NX知能検査，EIS知能検査など，今日では100種以上に及んでいる．検査法を選択する場合は，標準化された検査でしかも下位検査をもち，各下位検査の評価点を算出でき，結果をプロフィールとして表示できるものがよい．集団式知能検査は制限された時間内に問題を提示して，その解答反応を調べることによって知能を測定するものであるから，スムーズに検査をするためにも検査者は十分に技術を身につけ，細かいところにも注意を払いながら実施することが必要である．

表 11-4　WAIS の構成[5]

言語性検査	問題数	最高得点
1 一般的知識	28（25）	28（25）
2 一般的理解	14（10）	26（20）
3 算数問題	18（10）	28（14）
4 類似問題	16（12）	32（24）
5 数唱問題	14（14）	17（17）
6 単語問題	35（42）	70（42）
動作性検査		
7 符号問題	90（67）	90（67）
8 絵画完成	22（15）	22（15）
9 積木問題	10（ 7）	48（42）
10 絵画配列	8（ 6）	36（21）
11 組合わせ	4（ 3）	44（26）

表 11-5　WAIS の知能分類段階[5]

分類段階	知能指数（IQ）	人数の割合
非常に優秀	130 以上	2.2％
優　秀	120〜129	6.7％
普通の上	110〜119	16.1％
普　通	90〜109	50.0％
普通の下	80〜 89	16.1％
境界線	70〜 79	6.7％
精神発達遅滞	69 以下	2.2％

WAIS の質問内容の例

言語性検査

1. 一般的知識（1 尺度）：知識や情報の範囲を測定する尺度．
　　例 5．ゴムは何からとれますか．
　　　 16．1 年間は何週間ありますか．
3. 算数問題（一尺度）：計算能力や精神集中力をみる尺度．
　　例 3．4 円と 5 円とではいくらですか（15 秒）．
　　　 4．18 万円もっている人が，7 万 5 千円使ってしまったら，あといくら残っていますか（15 秒）．
5. 数唱問題（D 尺度）：記銘力障害や注意力障害の有無をみる尺度．
　　例　順唱　5−8−2
　　　　　　　6−1−9−4−7−3
　　　　逆唱　2−4
　　　　　　　1−5−2−8−6

動作性検査

7. 符号問題（DS 尺度）：反応速度や連合学習の能力が測定される尺度．

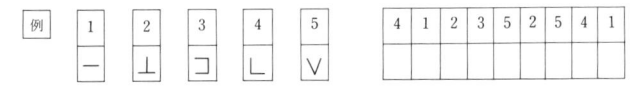

9. 積木問題（BDD 尺度）：視覚運動系の統合性と動作の速度をみる尺度．
　　例　カードに示された模様を積木を使って作るテストである．

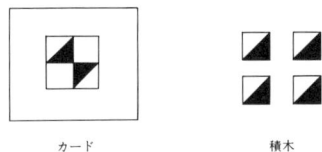

表 11-6　A 式（言語性検査）
（京大 NX 知能テストより）

だい 3　けんさ　〔1 分 30 秒〕

1. □ 1 ドルが 360 円であるとすると，10000 円は何ドルか…の計算のしかた．
　　　(5)×　(6)÷　(9)＋−　(7)−　(2)＋
2. □ 太郎君は一週に 300 円，花子さんは一日に 50 円のおこづかいをもらいます．どちらのおこづかいが多いか…の計算のしかた．
　　　(7)＋−　(4)−÷　(3)−×　(6)×−　(8)÷＋

だい 7　けんさ　〔1 分〕
こたえ

図 11-4　B 式（作業検査）
（京大 NX 知能テストより）

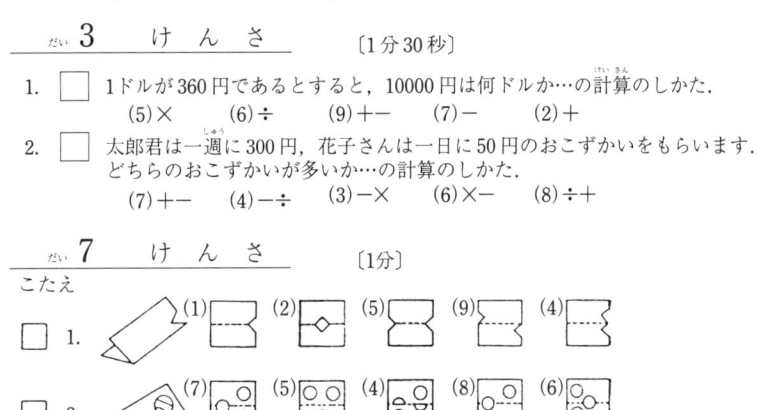

3. パーソナリティの診断・測定

　パーソナリティをどのような方法で測定するかについては，その検査の背景として人間の行動や環境を考え，その個人の典型的な性格の表われる状況，すなわち，その人の個性を最も典型的に表わすテストをすることが必要であり，しかもそれは，客観的，科学的に評価できるものでなければならない．現在，わが国においてパーソナリティの診断・測定として用いられている代表的なものは，表11-7のとおりである．

（1）　生理学的実験法

　この方法は，生理・心理的実験の測定機器を使用してパーソナリティの諸特性，すなわち神経質傾向や感情の精神的安定性向などを数量的に測定するものである．GSR（皮膚電気反射）では，皮膚に弱い直流電流を流すと皮膚の電気抵抗が刺激によって変化するのは自律神経性反射であることから情緒的な変動を数量的に測定できる．また，EEG（脳波）は人間の脳の最も微弱な電気変化であり，周波数の変化により α, β, θ, δ の波が区別されるが，α 波は精神の安定時に出現率が高いことから刺激の状況変化により性向特性を知ることができる．

（2）　観　察　法

　観察法は，人間の性格を知る最も基本的な方法の1つである．この方法は外部に表われた人間の行動をありのままに観察し，それに基づいてその個人の行動の特性から性向をとらえようとするもので，自然観察法（場面・時間見本法，位相・条件・臨界観察法）と，実験観察法（場面分析法，遊戯面接的観察法，臨床法）に分けられる．さらに観察に，より客観性をもたせるために，記録の方法として行動描写法，チェックリスト法，評定尺度法が用いられている．

（3）　質　問　紙　法

　質問紙法は，性格特性に関するあらかじめ印刷された質問項目の用紙を提示し，「はい」「いいえ」「どちらでもない」のいずれかの回答を求め，それぞれの回答に得点を与え，その得点結果から性格を判定する．この方法によって測定される特性は，性向（内向性・外向性）検査のように，ただ1つの性格特性を調べようとする尺度から，神経症・統合失調症尺度，抑うつ性尺度，適応性尺度などの多因子的な性格をとらえ，その多因子的特性の相互関係をプロフィールとして総合的に評価しようとするものまである．

（a）　YG性格検査

　本検査は，アメリカ南カリフォルニア大学の心理学教授であったギルフォード（Guilford, J. P.）らが考案した3種の性格検査（さらに1949年に改訂，標準化）をモデルとして，矢田部達郎，園原太郎らが改訂しながら標準化（YG検査の母体）を行い，さらに辻岡美延が改訂し，テストの標準化を行って今日の体裁として完成したものである．YG検査は，小学生用，中学生用，高校生用，成人用の4種類あるが，中学1年から成人までの検査では，6因子，12種の性格特性の尺度において，それぞれ10の質問項目がおかれ，全体で120の質問項目になっており，12尺度の性格特性から数量的に得点化をしてプロフィールに表わし，そこから一定の算出方

表 11-7 主な性格検査の分類

検査の形態		主な検査名
観察法・実験法・面接法		
質問紙法		Y—G性格検査（矢田部ギルフォード性格検査），MPI（モーズレイ性格検査），MMPI（ミネソタ多面人格目録），MAS（テイラー不安検査），CMI（コーネル，メディカル・インデックス），GAS（不安傾向診断テスト）
投影法	視覚刺激によるもの	ロールシャッハ・テスト，TAT・CAT（絵画統覚検査），ゾンディ・テスト，P.Fスタディ（絵画欲求不満検査），BGT（ベンダー・ゲシタルト・テスト）
	言語	SCT（文章完成法検査），WAT（連想法）
	表現・運動	H.T.Pテスト（家・木・人テスト），バウム・テスト（樹木画テスト），FPT（指画テスト），FDT（人物画テスト），M.T（モザイクテスト）
	遊戯・ドラマ	プレイ・テスト，サイコ・ドラマ
作業検査法		内田クレペリン精神作業検査，迷路テスト，ブルドン末梢検査

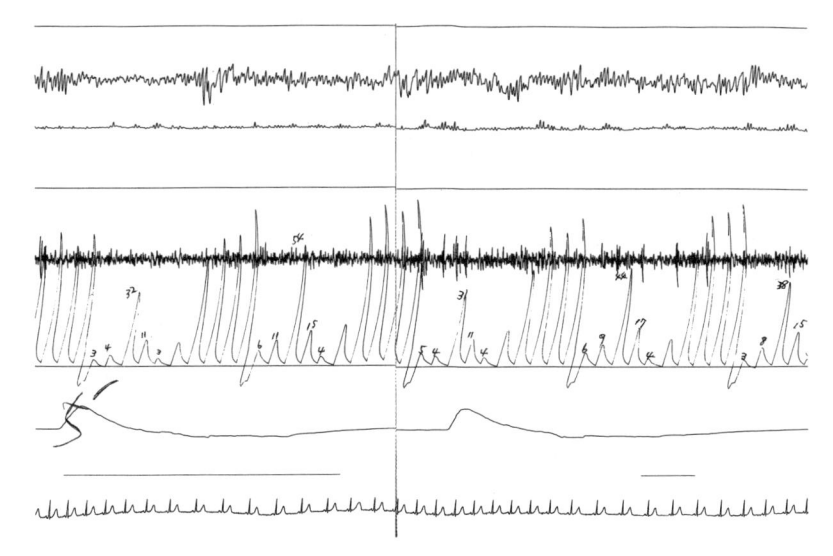

図 11-5　坐禅時の EEG 分析

表 11-8　YG 性格検査®の 12 尺度[6]

```
D   抑うつ性…………陰気，悲観的気分，罪悪感の強い性質
C   回帰性傾向………著しい気分の変化，驚きやすい性質
I   劣等感の強いこと…自信の欠乏，自己の過小評価，不適応感が強い
N   神 経 質…………心配性，神経質，ノイローゼ気味
O   客観的でないこと…空想的，過敏性，主観性
Co  協調的でないこと…不満が多い，人を信用しない性質
Ag  愛想の悪いこと……攻撃的，社会的活動性，但しこの性質が強すぎると社
                    会的不適応になりやすい
G   一般的活動性………活発な性質，身体を動かすことが好き
R   のんきさ…………気がるな，のんきな，活発，衝動的な性質
T   思考的外向………非熟慮的，瞑想的および反省的の反対傾向
A   支 配 性…………社会的指導性，リーダーシップのある性質
S   社会的外向………対人的に外向性，社会的接触を好む傾向
```

法によって図11-6に示されたように，E, C, A, B, Dの各系統値を求め，個人の性格の総合判定を行っている．

しかし，小学生用では10の質問項目は8となり，全体の質問項目は96となっており，さらに質問の表現が易しくなっている．

（b） MMPI（Minnesota Multiphasic Personality Inventry）

本検査はミネソタ大学の心理学者ハザウェイ（Hathaway, S. R.）と精神医学者マッキンレー（McKinley, J. C.）によって，精神医学的診断の客観的手段として1943年に考案された．この検査は，あらゆる生活面，行動面，態度面，身体的精神的徴候面などの広範囲な内容から成っている550の質問項目に対する反応から，人格を多面的に測定できる．質問項目は疑問文がなく，肯定文と若干の否定文から成り，被検者にとっては各質問項目に「あてはまる」か「あてはまらない」かを答えることになり，「どちらともいえない」をできる限り少なくするように求められている．

この検査の特徴は，被検者の受検態度が偏っていると全体の結果に歪みが生じやすいため，その検査態度や結果が信頼できるかどうかを見る4つの妥当性尺度群があり，応答態度をどの程度信頼できるかを客観的，数量的に判断できることである．第2の特徴は，臨床尺度の項目を構成する方法である．550のすべての質問項目を患者群と非患者群に実施して，両群の回答「あてはまる」「あてはまらない」に統計的な有意差があった項目をまとめて，1つの尺度とする経験的方法を用いて，10種の臨床尺度から構成されているが，この2つから成る基本尺度の尺度得点からプロフィールを表わし，人格特性を判定している．

（4） 投　影　法

投影という言葉はフロイトによって1894年に心の防衛のメカニズムを説明するために用いられたが，客観的な方法としての投影法という用語は最初1938年にマレーによって投影検査と呼ばれ，1948年にフランク（Frank, L. K.）によって提言された．

投影法は，被検者にあいまいな多義性のある刺激や材料を与え，それに対して自由に応答することによって，内的な衝動や感情などの個人の内的世界がスクリーンに映像が投影されるように，被検者の無意識の深層的な心理状態が自然に表わされ，その結果を分析，解釈して人格を判定する技法である．しかし，この検査は他の心理検査に比べて実施方法や整理・解釈ともに大変難しく，それだけに検査者としてはかなり専門的な知識や技法が必要とされる．

（a） ロールシャッハ・テスト

本検査は，スイスの精神科医ロールシャッハ（Rorschach, H.）によって1921年に著書「精神診断学─知覚診断的実験の方法と結果」として発表された．彼は形態知覚についての実験的研究として，偶然できあがったインク・ブロット（しみ）を提示すると，それが違った症状をもつ精神障害者によって違った反応をひき起こすことに気づき，その反応の個人差に基づいて人格特性を診断しようとした．本検査が発表されて以来，各国で研究が続けられ，わが国におい

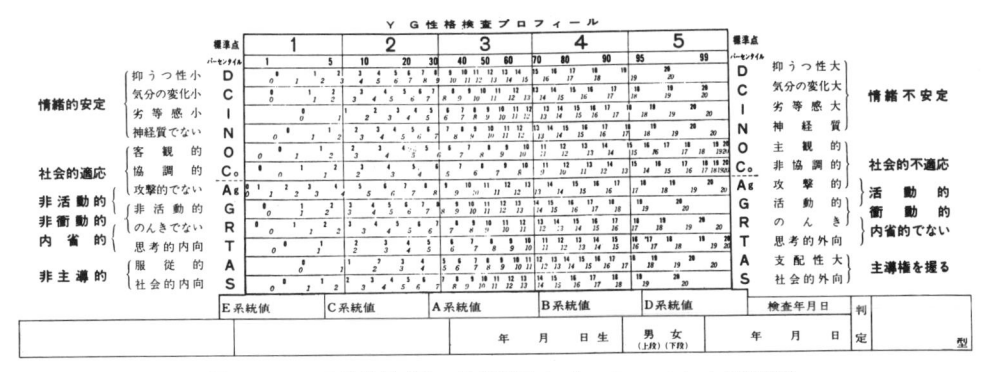

図11-6 Y-G性格検査®の性格特性とプロフィールによる類型[6]
A型：平均型　　万事につけて調和的，適応的なタイプ
B型：右寄型　　情緒不安定，社会的不適応，活動的，外交的なタイプ
C型：左寄型　　情緒安定，社会の適応，消極的，内向的なタイプ
D型：右下り型　情緒安定，社会の適応，活動的，外向的なタイプ
E型：左下り型　D型と正反対で不適応を起こしやすいタイプ

表11-9　MMPIの妥当性尺度と臨床尺度[7][8]　　　　　　（筆者修正）

妥当尺度		臨床的意味	正常な意味	項目数
疑問尺度	?			
L尺度	L	ありそうにない美質	得点<10	15 (6)
F尺度	F	ふつうでない，多くの症候	得点<16	64 (29)
K尺度	K	なし	用心深い，社会的に望ましい構え	30 (25)
臨床尺度			（低点）率直，低い自尊心	
第1尺度	Hs	心気症	疲労，不活発，無気力，不調	33 (25)
第2尺度	D	仰うつ症	まじめ，士気低下，不幸，自己不充足	60 (48)
第3尺度	Hy	ヒステリー	理想主義，素朴，明瞭，社交家，ストレスに弱い	60 (50)
第4尺度	Pd	精神病質的偏り	反抗，皮肉，規則軽視，わがまま，社会に対して攻撃的	50 (40)
第5尺度	Mf	異性への興味の型	（高原）感じやすさ	60 (25)
			（低点）同性のもつ興味の型を誇張	
			（男性の高点）紳士的，学究的，女性的	
			（女性の高点）粗野，野心的	
第6尺度	Pa	偏執性	完全癖，強情，せんさく好き	40 (33)
			（適度な高点）人に好かれる	
第7尺度	Pt	精神衰弱	依存，劣等感，不安，不決断	48 (39)
第8尺度	Sc	統合失調症	拒否的，気むずかし屋，奇異，無感動，無愛想	78 (62)
第9尺度	Ma	軽躁性	発展家，楽天家，決断力あり，習慣にとらわれない	46 (31)
第10尺度	Si	社会的向性	ひかえめ，人前を気にする	70 (44)
			（低点）社会的に積極的	

項目数の（　）内は，他尺度と重複して採点される項目数

図11-7　"インクのシミ"テスト[9]

ても1945年以後，多くの精神科医や心理学者によって研究され，診断のため利用されている．

　この検査は，左右対称のインク・ブロットを媒体としてⅠ，Ⅱ，Ⅲ……Ⅹと番号がつけられた10枚の図版を1枚ずつ提出し，被検者が図版のブロットを見て，それが何に似て見えるか，何のように思われるかをたずね，その思いを自由に言わせ，図版のどこがそのように見えたか，なぜそのように見えたかを確め，さらにその応答の言葉や態度などの反応はすべて記録され，スコアリングされ，数量化された基準と反応相互の関係から総合的に診断するのである．

（b）　TAT（Thematic Apperception Test）

　TATは，1935年にマレーとモルガン（Morgan, C. D.）が，最初「空想研究の方法」として発表したが，その後マレーを中心としたハーバード大学の心理臨床グループによって31枚の絵画図版が選定され，1943年にテスト解説書として公刊された．しかし，この検査の図版ではわが国において登場人物や描写場面など日本人に合わず，改訂された日本版TATが作成された．その日本版TATの代表が戸川行男らの絵画統覚検査である．

　この検査は18枚の図版を使用し，このうち2枚は男女の練習用で，他の16枚は第1系列と第2系列にそれぞれ8枚ずつに分け，手順として1枚ずつ図版を示し，この絵に描かれているのはどんな場面か，これからどうなるか，登場人物は何を考え，何を感じているかを自由に空想して一つのまとまった物語として述べてもらい，その空想内容を分析して人格を診断する．

　表11-10に示すように本検査の簡易検査法によって児童の検査も可能であるが，児童用としては日本版CATとして作成された幼児・児童絵画統覚検査が広く用いられている．

（c）　バウム・テスト（Baumtest・Tree Test）

　バウム・テストは，スイスのコッホ（Koch, K.）によって1949年にドイツ語で「バウムテスト―精神診断学的補助手段としての樹木画テスト」として発表された．わが国で注目され研究されはじめたのは1961年の頃であるが，その後，コッホ自身による1952年の英語版から林勝造らが，1970年に訳書「バウム・テスト―樹木画による人格診断法」として出版した．

　このテストの実施方法は，被検者にA4規格の白い画用紙と柔らかい鉛筆，消しゴムを与えて，「実のなる木を描いて下さい」と教示する．被検者は与えられたスペースの中にどのような形の木を描こうと，それは全くの自由である．しかし，描いた木が非常に不自然であったり，十分に描き上がっていなかったり，何かの理由で最初に描いた木が，被検者の思っていた像と一致していないなど，被検者を正しく診断できそうにないと感ずるときは，テストを繰り返して描かせてもよい．描画の解釈は「樹木テスト施行のための表」によって行う．

（d）　ベンダー・ゲシタルト・テスト（Bender Gestalt Test：BGT）

　本検査は，1938年にベンダー（Bender, L.）が「視覚運動ゲシュタルトとその臨床的適用」という論文で発表したもので，検査は9個の図形から成り，被検者に1回に1枚ずつ図形が提示され，白い紙にその図形を同じように模写させることによって，その模写の過程や結果を一定の基準から客観的採点法により数量化をして，個人の精神的成熟度や情緒障害，視覚運動の

表11-10 TAT図版の内容[10]

(筆者修正)

右側番号 一般	左側番号 児童	絵の内容	右側番号 一般	左側番号 児童	絵の内容
1	1	教室内の少年	9	8	難破船と海岸に伏す男
2	2	汽車の中の少年	10	4	年寄と若者との顔
3	欠	田舎の風景	11	5	部屋をのぞく少年
4	3	お人形をもつ少女	12	欠	寝ている女と後向きの男
5	6	街頭の父母と子	13	7	刃物と少年
6	欠	ポスターと女と男	14	9	動物と2人の子
7	欠	公園の風景	15	10	白紙図版
8	欠	焚火をする人	16	11	街燈の下に立つ男

図11-8 TAT(マレー版)

1回目 　　　　　　　　2回目

図11-9 バウム・テスト―登校拒否(12歳 中学校1年生)(林, 1980)[11]

協応機能，精神異常などを臨床的に診断評価する方法である．

手順は，タテ27.5 cm，ヨコ21.25 cmの用紙2枚と消しゴム，鉛筆を用意し，ベンダーカードを見せて，「ここに9枚のカードがあります．そのカードにはあなたに写してもらう図形が書いてあります．これが1枚目のカードです．さあやって下さい」と指示する．他の指示は一切言わず，被検者の検査行動を観察記録する．時間の制限はない．採点項目は項目に該当するものが「ある」(1点)，「ない」(0点)で採点され，疑わしい場合は採点されない．

(e) 文章完成法テスト(Sentence Completion Test：SCT)

本検査は，エビングハウス(Ebbinghaus, H.)が1897年に知能測定の一方法として不完全な文章を用いたことに始まるが，その後，ペイン(Payne, A. F., 1928)，テンドラー(Tendler, A. P., 1930)，ローデ(Rohde, A., 1946)，ロッター，サックス(Sacks, J. M., 1952)など数多くの心理学者によって人格診断法の1つとして研究され，発展してきた．今日，SCTは多くの方法が考案されているが，被検者に完全でない短い刺激文を示し，それを各人に自由に補わせて文章を完成させ，その個人がどのような補足文から完成文を構成したかによって分析して人格を診断する技法としては，すべての検査に共通するものである．検査は，小・中・成人用の3種から成り，個別的，集団的にも容易で，短時間のうちに実施できる反面，主観の入り込む余地や数量化に難しい面があるので，各項目への回答を個々に解釈するのではなく，全体的な理解が求められる．

(5) 作業検査法

作業検査法とは，言語による媒介をできるだけ避け，被検者に一定の材料を与えて作業をさせ，その作業の経過や結果から人格の特性を明らかにしようとするものである．質問紙法は被検者自身が検査されているという意識が強く働き，時には本当のことを歪めて回答したりする可能性があるが，この方法の検査では，被検者が何を検査されているのかよくわからないので意図的な操作がされにくく，被検者の意図でない内面を自然にそのまま知ることができる．

(a) 内田クレペリン精神検査

本検査は，ドイツの精神医学者クレペリンが1902年に考案した連続加算法から内田勇三郎が追試実験の結果，精神的に健康な人に一定の傾向をもった作業曲線が得られることを発見し，それを標準化した性格検査である．検査は，1桁の数字が1行に91字あり，34行並んでいる用紙を用いて，各行の隣り合う数字を加算し，その加算した両数字の中間の下に合計数字を書く．ただし，合計数字が2桁の場合は下1桁の数字を書く．1行の加算作業は1分間で行い，1分経過すると「次」と指示し，次の行へ作業を進める．前半連続して15分作業を行い，5分休憩し，後半15分実施する．加算した各行の最終数字を赤鉛筆で定規で結んだ作業曲線を健康者常態定型曲線や異常型曲線についての特徴を基にして総体的に性格を判定する．

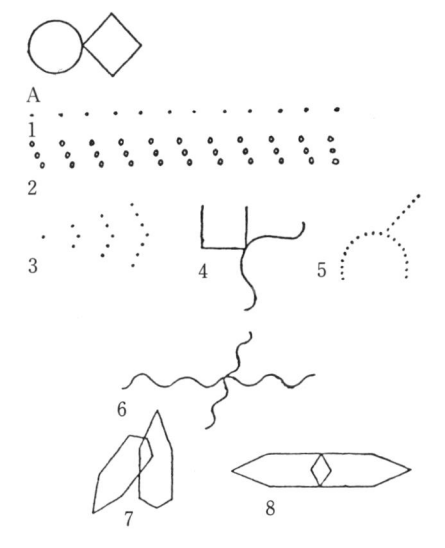

図 11-10　BGT の 9 つの図形[12]

```
1  小学生の頃の私は ＿＿＿＿＿＿＿＿＿＿＿＿
2  私はよく友人から ＿＿＿＿＿＿＿＿＿＿＿＿
3  私が苦手なのは ＿＿＿＿＿＿＿＿＿＿＿＿＿
4  家族は私を ＿＿＿＿＿＿＿＿＿＿＿＿＿＿＿
5  私が一番うれしいのは ＿＿＿＿＿＿＿＿＿＿
6  夕食は ＿＿＿＿＿＿＿＿＿＿＿＿＿＿＿＿＿
7  私の母は ＿＿＿＿＿＿＿＿＿＿＿＿＿＿＿＿
8  家での私は ＿＿＿＿＿＿＿＿＿＿＿＿＿＿＿
```

図 11-11　文章完成法検査の刺激文

（内田クレペリン精神検査）

表 11-11　作業量の 5 段階水準[13]　　　　（内田クレペリン精神検査）

区分	Ⓐ段階	A 段階	B 段階	C 段階	D 段階
前期範囲	55 以上	40〜55	25〜40	10〜25	10 以下
後期範囲	65 以上	45〜65	30〜45	15〜30	15 以下
「知能」「仕事の処理能力」「積極性」「活動のテンポ」「意欲」「気働き」などの面	水準が高井	不足はない	いくらか不足	かなり不足	はなはだしく不足

図 11-12　作業量の一例[13]

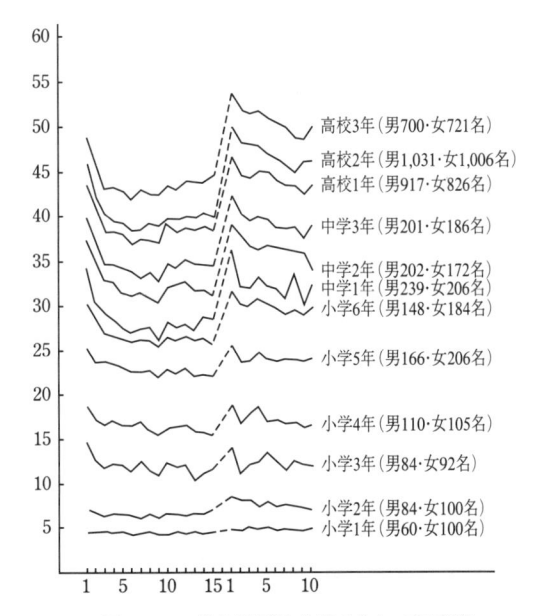

図 11-13　学年別平均曲線（小 1〜高 3）[13]

4. 態度・感情の測定
（1） 態度の測定

　態度は，ある個人がある対象に対して示す，賛成か反対，好意か非好意といった1次元上の変数の形で表される．ある個人の示す賛成または反対の程度がどれくらい強いのか，あるいは他の人と比べて強いのかまたは弱いのかということを明らかにするために，さまざまな態度の測定法が工夫されてきている．ここでは，社会的態度を測定するための代表的な測定法であるサーストン法，リッカート法，ガットマン法の3つの手法を簡単に紹介する．

（a） サーストン法

　サーストン法（Thurstone and Chaves, 1929）の一例として，「教会」をテーマとした調査がある．等現間隔法とも呼ばれるこの手法ではテーマに関する意見項目を100項目程度収集し，それぞれの項目に尺度値を与えることを目的とする．まず，教会をテーマとする130の意見がカードに一項目ずつ印刷される．さらに，11枚の用紙を用意しA～Kの記号を付ける．この11枚の用紙のうちAには「教会に対して非常に好意的」，Fには「教会に対して中立」，Kには「教会に対して非常に非好意的」と記入する．意見項目に尺度値を与えるためには約200人の判定者に対して，もっとも好意的な意見をAに，もっとも非好意的な意見をKに入れるように分類するよう要求する．最終的に，AからKのカテゴリーに0～10ないし1～11の評点を与えて，意見項目ごとに判定結果をまとめ平均値または中央値を求めることで各意見項目の尺度値を定めることができる．表11-12はこのようにして得られた尺度値の例である．

（b） リッカート法

　この手法（Lickert, 1931）は評定加算法とも呼ばれ，意見項目のそれぞれに対して回答の選択肢が，反対（1）から賛成（5）にかけて評定尺度のような形で用意されている（図11-14）．選択肢には評定点が与えられているので，回答者の選んだ選択肢の点数を全ての意見項目について重みづけて合計したものが態度得点とみなされる．重みづけの方式についてはシグマ値法が用いられるべきであるが，多くの場合には簡便法として評定点をそのまま加算している．

（c） ガットマン法

　最後に，ガットマン（Guttman, L., 1941）による累積尺度法（ガットマン・スケール）を紹介したい．ガットマンの尺度構成法は，表11-13のような簡単な質問を例にすると理解しやすい．身長に関するこれらの質問に対し，190 cm以上の人は，すべての質問に対して「はい」と答える．また，185 cmの人は（a）に「いいえ」と答える以外（b）～（e）のすべてに「はい」と答えるはずである．このようにして，さらに175 cm，165 cm，155 cm，145 cmの人たちの回答をまとめると，表11-14のような単調な回答パターンが得られる．ガットマンはこのような3角形をシンプレックス（simplex）型と呼んでいるが，このようなデータでは，尺度解析における完全尺度が構成されているのである．

　シンプレックス型の反応パターンは，その各行と各列の和を知ることにより，表の中の反応

表 11-12　サーストン・スケールの例（Thurstone, L. L. and Chave, E. J., 1929）[14]
（1）教会は今日のアメリカでもっとも偉大な施設であると信じている．（尺度値 0.2）
（2）宗教は信じているけれど，私はほとんど教会に行かない．（尺度値 5.4）
（3）教会は未だに魔法や迷信や俗説に依存しているため宗教にとって妨げになると思う．（尺度値 9.6）

人とつきあう最良の方法は，その人の耳に快い甘言を並べることである．
　　　非常に賛成　　賛成　　どちらでもない　　反対　　非常に反対

だいたいにおいて，出世して不正直な人間になるよりは，身分は卑しくとも正直な人間になるほうがよい．
　　　非常に賛成　　賛成　　どちらでもない　　反対　　非常に反対

図 11-14　リッカートスケールの例（Lickert, R. A., 1931）[15]

表 11-13　シンプレックス構造を示す質問の例
（a）あなたの身長は 180 cm 以上ですか？　　はい　　いいえ
（b）あなたの身長は 170 cm 以上ですか？　　はい　　いいえ
（c）あなたの身長は 160 cm 以上ですか？　　はい　　いいえ
（d）あなたの身長は 150 cm 以上ですか？　　はい　　いいえ
（e）あなたの身長は 140 cm 以上ですか？　　はい　　いいえ

表 11-14　ガットマン尺度法のシンプレックス構造

項目	個人				
	1	2	3	4	5
a	○	○	○	○	○
b	×	○	○	○	○
c	×	×	○	○	○
d	×	×	×	○	○
e	×	×	×	×	○

をすべて予測し再現することができる．しかし，実際の態度尺度は，身長のように物理的に明確な区分をもたないので，3角形の中に適合しない反応も出現してくるものである．シンプレックス型から逸脱するこういったデータの数が全体の反応数に占める割合は，行列の和から全体の反応パターンを再現する際に障害となる程度を示すことになる．そこで，この割合の全体からの残差は，表中の反応の再現可能性に相当するので，再現性係数と呼ばれるのである．いま，N人の被験者に施行したn項目からなる質問におけるi番目の項目の逸脱（誤り）反応数が E_i であるとき，再現性係数 R_{ep} は，$R_{ep}=1-\sum E_i/tN$ で示される．

（d）1次元尺度構成法

測定の水準に関して，スティーブンスは，尺度の構造が4種類に分類されることを示した（表11-15）．サーストンたちの尺度化法は，対象への態度に基づく判断（名義尺度）から1次元の間隔尺度を構成する方法である．ガットマンの手法では，再現性係数により1次元性を検証できるが，サーストン法やリッカート法では，あらかじめ態度が1次元的な構造を持っていることを前提にしなければならない．とくにリッカート法では質問項目の等質性が非常に重要な要件である．等質性を確認するためには，それぞれの項目と総得点との相関係数やクーロンバック（Chronbach, L. J., 1971）の α 係数により項目分析を行う必要がある．また，1次元性のためには質問項目が一意に解釈できる必要がある．そのためには，質問項目の意味内容が2通り以上に解釈される多義的な項目，主題と無関係な項目，二重否定を用いた項目，「すべての」や「皆無」などの絶対的主張を含む項目などは排除されなければならない．

（2） 感情の測定

第8章でも紹介したSD（semantic differential）法は，感情の測定法として最もよく使用されているものの1つである．オスグッドら（Osgood, C. E., Suci, G. J. & Tannenbaum, P. H., 1957）によるSD法は，元来言語の内包的意味を分析するために開発された手法である．この手法は，概念が喚起するイメージを，対にされた反対語の形容詞により7段階に評定させる方法である．図11-15に示されるように，SD法では1つ1つの概念をいくつもの形容詞対を用いて評定する．対にされた形容詞の間の段階は図では何も表現されていないが，1〜7の数字により区別したり，適切な副詞を添えることにより，被験者に評定の目安を与えることができる．副詞を用いる場合には，形容詞の程度が強いほうから順に，「非常に」「かなり」「やや」を用い，中央の段階を「どちらでもない」とすることが多い．

評定の結果は，平均値を線で結んだプロフィールの形で示される（図11-16）．しかし，これは言葉の純粋な意味を表すというよりも，概念に対する感覚的・感情的な成分しかとらえられないと考えられ，一般にこのようにして得られたデータは形容詞を変数として（Rモード）因子分析される．最初の3個の因子は，感情の世界を構成する基本的な次元であり評価（E），潜在力（P），活動性（A）と呼ばれ，それぞれ「良い─悪い」「大きい─小さい」「はやい─おそい」といった形容詞対により代表されるのである．

表 11-15　スティーブンスによる 4 種類の尺度

1) 名義尺度：測定の結果がカテゴリーに分類されるだけのもの．
　　［例］今日は暖かい［寒い，暑い］．
2) 順序尺度：測定の結果に順序づけが可能であるもの．
　　［例］今日は昨日より暖かい．
3) 間隔尺度：摂氏温度のように，測定値の間の間隔が常に等しいもの．
　　［例］今日は摂氏 24 度で，昨日より 5 度暖かい．
4) 比率尺度：絶対温度のように，差と比を考えることができるもの．
　　［例］（こんな表現は普通しないが）今日は昨日より 1.7%暖かい．

```
良い  ___:___:___:___:___:___:___ 悪い
大きい ___:___:___:___:___:___:___ 小さい
はやい ___:___:___:___:___:___:___ おそい
```

図 11-15　S-D 法の評定尺度

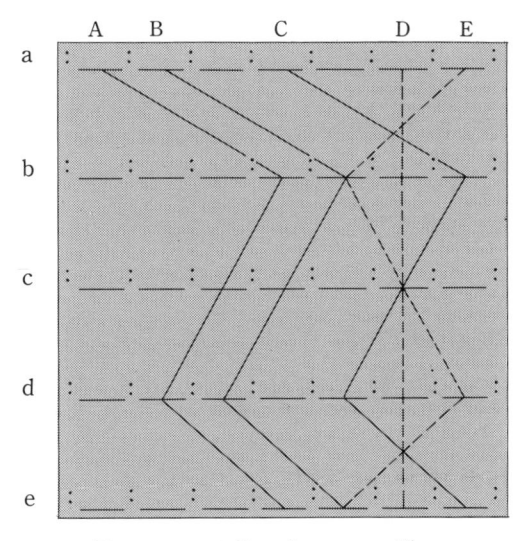

図 11-16　S-D 法のプロフィール[19]

12 適応・不適応

1. 適応・不適応の定義
（1） 適応（adjustment）とは
　「適応」とは，もとは生物学で使用されていた概念であり，環境の変化に対応してその中で生き残っていくことを表現した言葉である．サイモンズ（Symonds, P. M., 1946）は適応を「有機体とその環境との満足すべき関係」と定義している．われわれは常に自分をとりまくさまざまな環境（家庭・学校・職場など）の中で生活をしているが，その環境からの働きかけに合うように答えていくと同時に，自身の欲求も満たされるという関係が，満足すべき関係といえる．このように「人」が「環境」と調和したバランスの良い関係を保っていくことが「適応した状態」であり，その方法として，人はこの世に生を受けてから適応行動（adaptive behavior）を習得する．図 12-1 が示すように，適応行動は内的（心理的）適応と外的（社会的）適応の 2 つに分けられる．前者はその個人の主観によるものであり，自分自身の価値基準・要求水準との照合によって生ずる自己受容・充足感・自尊感情・幸福感などをさす．後者はある人の生活を客観的に眺めたとき，社会的・文化的規範に準拠しており，他者と協調し受容されている状態をいう．これが適応の受動的側面である．また，環境が満足出来ないものである場合，環境へ働きかけることによって自身に都合の良い方向へ変化させて満足を得る方法もある．これが適応の能動的側面である．

（2） 不適応（maladjustment）とは
　「不適応」とは適応障害とも言われ，適応行動がうまく機能出来ない状態をさす．個人の適応能力が低い場合や，適応能力以上のストレスフルな状況が環境側に生じると，適応行動がとれずに不適応状態に結びついてしまうのである．その状態は，一時的な場合と持続的な場合がある．そして，不適応状態に陥ってしまった場合，不安・苦悩・抑うつ気分など本人自身が悩む場合と，本人の取る不適応行動（家庭内暴力・不登校・各種依存症など）によって周囲の人も共に悩まされる場合がある．また，不適応の判断は基準の取り方によっても大きく異なり，全く同じ行動が不適応になったりならなかったりする場合もある．ウィクマン（Wickman, E.

```
適応行動 ┬─ 内的（心理的）適応
         └─ 外的（社会的）適応 ┬─ 受動的側面
                              └─ 能動的側面
```

図 12-1 適応行動

表 12-1 不適応行動の比較

問 題 行 動	品 等 (平均)	
	心理学者	教 師
上 位 10 項 目		
非 社 会 性	17.3	8.3
疑 い 深 い	16.4	9.1
憂 う つ	16.2	11.5
怒 り 易 い	14.1	10.8
恐 怖 心	14.0	9.4
粗 暴	13.5	14.8
落 胆 し 易 い	13.4	11.5
被 暗 示 的	13.3	11.0
批 判 癖	13.2	7.9
神 経 過 敏	13.1	7.0
下 位 10 項 目		
自 慰	6.5	16.7
不 従 順	6.4	14.1
行 動 緩 慢	5.6	10.5
せ ん さ く 好 き	5.3	8.0
校 具 の 破 壊	5.1	14.3
騒 々 し い	3.4	11.7
不 敬	2.9	12.3
級 友 へ の 邪 魔	2.8	8.0
喫 煙	2.3	12.0
耳 語	0.8	7.5

(Wickman, E. K., 1927)[1]

K., 1927) は，表 12-1 に示すように心理学者は生徒の非社会的行動を，教師は反社会的行動を不適応として問題視する傾向があり，その基準の選択が立場や見方により異なっていることを指摘している．このように，不適応を判断する場合は，どのような基準によってなされたのかを常に注意しなければならない．

2. 適応・不適応の心理過程

（1） 適応から不適応へ至る心理過程

図 12-2 は，現実社会へ適応していくための心理過程を示している．通常，人が生きていくうえで何らかの課題事態が発生した際，不適応状態に陥らないように調整を行い，危機的状況を回避しようとする試みがなされる．この試みを適応機制（adjustment mechanism）という．しかし，このような試みを重ねたとしても必ず成功するとは限らず，失敗することもある．最初から解決への努力を放棄してしまう場合や，不適切な解決様式（犯罪・暴力などの反社会的行動，ひきこもりなどの退行的行動など）をとってしまう場合，その結果の多くは不適応となるのである．また，一見適応しているように見えても実は根本的な問題解決を避けてしまい，心の安定を図っている場合もある．これを擬似適応（pseudoadjustment）という．その他にもパーソナリティの異常は不適応を導きやすく，逆に不適応状態もパーソナリティの異常を形成しやすい．

（2） 不適応を引き起こしやすい課題

（a） ストレス（stress）

適応機制を働かせるような課題事態として特に挙げられるのは，現代社会にさまざまな形で満ち溢れている「ストレス」である．セリエ（Selye, H., 1983）はストレスを，「生体に何らかの刺激が加わった際反応を引き起こす刺激（ストレス因 stressor）と，それによって引き起こされた反応と結果」と定義している．その中でも，成長や発達に必要であり人に快をより多く与えるストレスをユーストレス（eustress），逆に人に害を与える不快なストレスをディストレス（distress）と区別した．同様に，ラザラスとフォルクマン（Lazarus, R. S. & Folkman, S., 1984）は，日常生活上で経験される情動的なストレス（daily stress）を，日常爽快事と日常苛立ち事に区別してとらえている．このように，ストレスは環境からの刺激に対する変化・反応であるため，一見自分にとってプラスになるような出来事や状態でもストレスとなりうるのである．また，ホームズとレイ（Holmes, T. H. & Rahe, R. H., 1967）は，社会再適応評価尺度（表 12-2）を作成し，43 の生活上の変化とストレスの大きさを点数化した．これを見ていくと，人生における出来事（life event）が重大なほどストレスも大きくなり，心身に多大な影響を与えることが分かる．

現在は，どんな病気・状態にも多かれ少なかれストレスが影響を及ぼしていると考えられており，とくに精神医学の世界では，精神障害にはストレスとその人が持って生まれた素質（遺

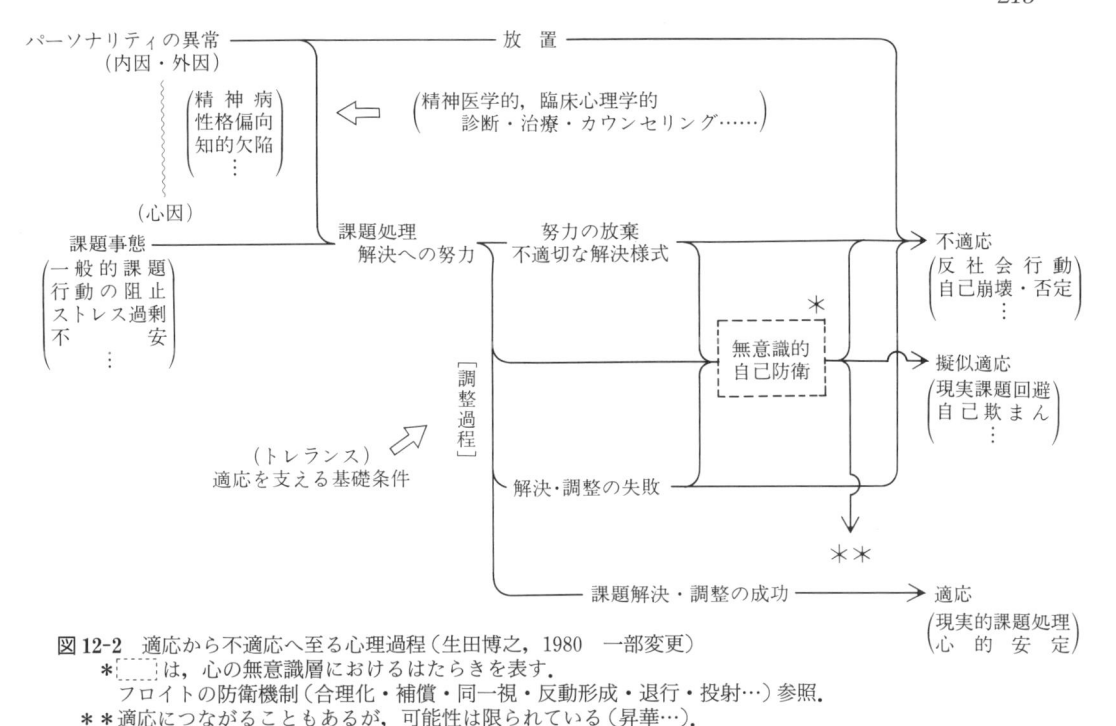

図12-2 適応から不適応へ至る心理過程（生田博之，1980 一部変更）
＊□□□は，心の無意識層におけるはたらきを表す．
　　フロイトの防衛機制（合理化・補償・同一視・反動形成・退行・投射…）参照．
＊＊適応につながることもあるが，可能性は限られている（昇華…）．

表12-2 社会再適応評価尺度[2]

ストレスの順位　　　社会再適応評価尺度（Holmes&Rahe, 1967）より
ホームズとレイエがストレスの強さを点数化したもの．「配偶者の死」や「離婚」のようにつらい出来事だけではなく，「離婚」「妊娠」などもストレス度が高いことがわかる．

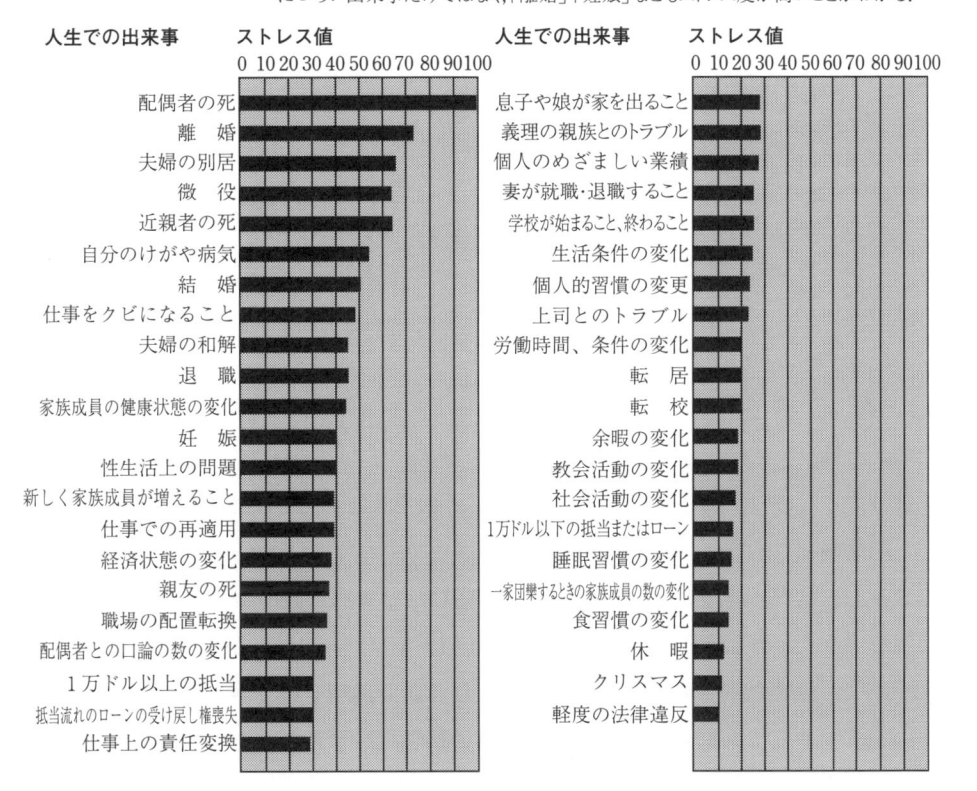

人生での出来事	ストレス値	人生での出来事	ストレス値
配偶者の死		息子や娘が家を出ること	
離婚		義理の親族とのトラブル	
夫婦の別居		個人のめざましい業績	
懲役		妻が就職・退職すること	
近親者の死		学校が始まること，終わること	
自分のけがや病気		生活条件の変化	
結婚		個人的習慣の変更	
仕事をクビになること		上司とのトラブル	
夫婦の和解		労働時間，条件の変化	
退職		転居	
家族成員の健康状態の変化		転校	
妊娠		余暇の変化	
性生活上の問題		教会活動の変化	
新しく家族成員が増えること		社会活動の変化	
仕事での再適用		1万ドル以下の抵当またはローン	
経済状態の変化		睡眠習慣の変化	
親友の死		一家団欒するときの家族成員の数の変化	
職場の配置転換		食習慣の変化	
配偶者との口論の数の変化		休暇	
1万ドル以上の抵当		クリスマス	
抵当流れのローンの受け戻し権喪失		軽度の法律違反	
仕事上の責任変換			

伝など）の両方が影響しているという「ストレス/素因モデル」を採用している．適応障害もこのモデルにあてはまり，とくにストレスが大きく関与し直接的な原因となった障害といえる．

（b） 人格の機能・水準

あるストレスにより不適応状態に陥ったとしても，人によってはすぐに立ち直り適応状態に戻れたり，逆に不適応状態からなかなか抜け出せず，長期・慢性化してしまう場合もある．この違いに深く関わっているのが個々人の機能・水準である．これを評価していく方法として，DSM-IV（世界的に使用されている診断基準・P.220 に詳しく説明する）では，機能の全体的評定尺度（GAF：Global Assessment of Function）という基準を設けている（表 12-3 参照）．個人の心理的・社会的・職業的な適応機能を，総合して把握していくのに，非常に参考になるものである．

（c） 行動パターン

日常の行動パターンも，ストレスを生み不適応状態につながる原因になり得る．たとえば，フリードマンとローゼンマン（Friedman, M. & Rosenman, R. H., 1959）は虚血性心疾患を引き起こしやすい行動パターンを発見した．そして，ジェンキンス（Jenkins, C. D.）の協力によりこの行動パターンを抽出するテストを作成したところ，以下のようなタイプの行動特性が明らかになったのである．

a．タイプA（A型行動パターン）

他者に対して敵意や攻撃性をもちやすく競争心が強い．いつも時間に追われてイライラとしており，短気で性急．野心的で達成への激しい意欲をもっている．このような行動特性をもつ人をタイプAと名づけた．非常にストレス度が高いタイプであると言える．

b．タイプB（B型行動パターン）

タイプAとは逆の特性をもつ．ゆったりと落ち着いており，非競争的．時に緊張感などに欠けるところもあるが，ストレス度は低いタイプであると言える．

このように，タイプA型行動パターンを診断する方法としては，JAS（Jenkins activity survey）というテストが開発されている．

（3） 適 応 機 制

適応機制とは自我を保とうとする働きであり，適応の仕方ではなく高まったストレス状態を回避・解消するための手段といえる．以下にその手段をまとめてみよう．

（a） 防衛機制（defense mechanism）

人はストレス状況，葛藤，危険，不安などを感じたとき無意識的にその状態を回避・解消し，自我を守ろうとする機能を働かせる．この仕組みをフロイトは「防衛機制」と呼んだ．表 12-4 は代表的な防衛機制を示した表である．主要な防衛機制をいくつか取り上げると，抑圧（repression：フロイトが最初に挙げたもので他の機制の基本とも言える．自我の受け入れが

表 12-3　DSM-IVにおける機能の全体的評定尺度[4]

100 ｜ 91	広範囲の行動にわたって最高に機能しており，生活上の問題で手に負えないものは何もなく，その人の多数の長所があるために他の人々から求められている．症状は何もない．
90 ｜ 81	症状がまったくないか，ほんの少しだけ（例：試験前の軽い不安），すべての面でよい機能で，広範囲の活動に興味をもち参加し，社交的にはそつがなく，生活に大体満足し，日々のありふれた問題や心配以上のものはない（例：たまに，家族と口論する）．
80 ｜ 71	症状があったとしても，心理的社会的ストレスに対する一過性で予期される反応である（例：家族と口論した後の集中困難），社会的，職業的または学校の機能にごくわずかな障害以上のものはない（例：学業で一時遅れをとる）
70 ｜ 61	いくつかの軽い症状がある（例：抑うつ気分と軽い不眠），または，社会的，職業的または学校の機能に，いくらかの困難はある（例：時にずる休みをしたり，家の金を盗んだりする）が，全般的には，機能はかなり良好であって，有意義な対人関係もかなりある．
60 ｜ 51	中等度の症状（例：感情か平板的で，会話がまわりくどい，時に，恐慌発作がある），または，社会的，職業的，または学校の機能における中等度の障害（例：友達が少ない，仲間や仕事の同僚との葛藤）．
50 ｜ 41	重大な症状（例：自殺の考え，強迫的儀式がひどい，しょっ中万引する），または，社会的，職業的または学校の機能において何か重大な障害（友達がない，仕事が続かない）．
40 ｜ 31	現実検討か意志伝達にいくらかの欠陥（例：会話はときどき，非論理的，あいまい，または関係性がなくなる），または，仕事や学校，家族関係，判断，思考または気分，など多くの面での粗大な欠陥（例：抑うつ的な男が友人を避け家族を無視し，仕事ができない，子供が年下の子供を殴り，家で反抗的で，学校では勉強ができない）．
30 ｜ 21	行動は妄想や幻覚に相当影響されている，または意志伝達か判断に粗大な欠陥がある（例：ときどき，滅裂，ひどく不適切にふるまう，自殺の考えにとらわれている），または，ほとんどすべての面で機能することができない（例：一日中床についている，仕事も家庭も友達もない）．
20 ｜ 11	自己または他者を傷つける危険がかなりあるか（例：死をはっきり予期することなしに自殺企図，しばしば暴力的，躁病性興奮），または，時には最低限の身辺の清潔維持ができない（例：大便を塗りたくる），または，意志伝達に粗大な欠陥（例：ひどい滅裂か無言症）．
10 ｜ 1	自己または他者をひどく傷つける危険が続いている（例：何度も暴力を振るう），または最低限の身辺の清潔維持が持続的に不可能，または，死をはっきり予測した重大な自殺行為．
0	情報不十分

たい苦痛な感情や欲動や経験を意識から締め出し無意識化する過程），合理化（reactionalization：自己の失敗などにもっともらしい理屈をつけて正当化をする），反動形成（reaction formation：心の奥底とは裏腹の言動に出てそれを障壁にして自己の危険な欲望が表面化することをさける），同一視（identification：権威ある個人や集団と自分とを同様と見なして不安を減少させ自己評価を高め満足する）などがある．このような防衛機制を働かせることは，日常生活においてもしばしば認められ，そのこと自体はなんら問題になるようなものではない．しかし，これはあくまでも困難な事態に対しての非常手段であるため，適応水準に満たない防衛機制が習慣的に用いられると，逆に自我の柔軟性が失われ環境との調和もとれなくなり，現実に直面することがますます困難になってしまう恐れがある．そして，不適応状態を逆に促進する結果にもなりうるのである．よって，いつも防衛機制を働かせるだけではなく，問題解決に向けて現実と向き合っていくことが大切であるといえる．

(b) ストレス対処行動（stress coping behavior）

これは，個々人が日常的に実践しているストレス・コントロール技法である．ストレスにより，心身が不安定な状態に陥った際，その状態を自分自身で自覚するところから始まり，たとえストレス状況があっても，それに対して効果的な行動的・生理的なフィードバックを続けることが出来るような流れを作ってしまえば，ストレスを軽減させていけるのである．また，これを続けていくことにより，ストレス耐性がさらに高まるのである．コックスとマッケイ（Cox, T. & Mackay, C. J., 1976）は，個人が認知的評価や行動を変化させることによって，ストレスに対処し，その効果があればその人の対処能力と環境からの要請は調和されストレスは消えるが，その効果がないとさらに関係は悪くなりストレスは増幅し疾患に結びついていくこともあると考えている．また，ラザラスはストレス対処行動を問題中心型（直接ストレスフルな状況に働きかけて変えていく方法）と情動中心型（ストレスフルな状況に対して見方を変えていく方法）に分けて考えている．ストレス対処行動も，誤った形で実践すると，かえってその状況を悪化させてしまうことにもなりかねないので，注意が必要である．

(c) 欲求不満耐性（frustration tolerance）

欲求不満を引き起こすようなストレス状態において，どういう反応をとるかはその状況や人によって異なるが，とくにその人のパーソナリティの影響が大きい．同一の状況に陥っても，ある人にとっては耐えがたくすぐ情緒的反応や防衛機制を引き起こすし，また人によっては現状から逃げずに克服に向けて努力し解決を目指す．ローゼンツヴァイク（Rosenzweig, S., 1944）は「不適切な反応様式に訴えることなくフラストレーションに耐える個人の能力」を欲求不満耐性と呼んでいる．この耐性が強い人は，冷静かつ理性的であり忍耐強く問題処理を行えるのである．この耐性は，体質・成熟・知能・教養などとも深く関係しているが，とくに幼児期からの適度な欲求不満・充足経験により身についてくるものであると言われている．

表12-4　防衛機制（代表例）

防衛機制	内　　容
愛他主義	他者に献身的に接し相手が満足することで自分も満たされる
昇華	非適応的な欲求や衝動を適応的に表現し満足を得る
抑制	さまざまな欲求や問題を意識的に考えないようにする
置き換え	対象に対する感情などを代わりの対象に移し変えて満足する
反動形式	受け入れられがたい考えや行動と正反対の考えや行動をとる
抑圧	自分の欲望や願望を意識しないようにフタをする
退行	小さい頃へ後戻りする
取り消し	自分が受け入れられない考えや行動を否認・修正する
価値引き下げ	他者や対象をすべて否定的に見ていく
理想化	他者や対象をすべて肯定的に見ていく
万能感	自分は特別な能力を持ち他者より優れていると感じ行動する
否認	苦痛な現実を見ないで拒否する
投影	自分で受け入れられない考えや欲求を他者のせいにする
合理化	自分に安心できる理由を作り出し本当の感情や衝動を隠す
知性化	情動や感情を知的な概念として表現する
自閉的空想	問題解決せず代わりに空想に浸りやり過ごす
行動化	ストレス・葛藤・問題などを行動で表現していく
受動的攻撃性	他者に対する攻撃性を間接的に表現していく

3. 適応障害

(1) 精神障害の分類

精神障害を原因別に分類すると，図12-3に示すように，ストレスなどの影響を受けて起こる「心因性」，遺伝などによって起こるとも言われているが未だ原因がはっきりしない「内因性」，脳の機能的な障害によって起こる「外因（器質因）性」に区別できる．しかし，障害はある1つの原因によって引き起こされているとは言えず，さまざまな要因が重なり合って起こっている場合が多いのである．不適応も同様に，その原因にはさまざまな要因が重なり合って起こっている場合が多い．とくに，疾病によるもの（精神病・神経症・脳機能障害など）性格上の問題によるもの（性格の偏り・未成熟など）環境・状況によるもの（日常生活内での突然の出来事・環境の急変など）が挙げられる．

(2) 最近の分類体系

最近の分類体系としては，1994年に刊行された米国精神医学会（APA）のDSM-IV（精神障害の診断・統計マニュアル：Diagnostic and Statistical Manual of Mental Disorders, Fourth Edition）が挙げられる．この分類体系の特徴的な点は，表面に現れている症状に注目してさまざまな基準を設けているため，診断結果の信頼性が高いことと，表12-5に示すように，5つの軸から多次元的に診断するという方法がとられていることである．また，世界保健機関（WHO）のICD-10（国際疾病分類：International Classification Diseases）も国際的に幅広い地域で使用されている診断基準である．DSMは主に研究・治療に基準として役立つことを，ICDは主に国際的な統計・調査の際に利用することを目的としているため，作成過程でかなりの共通部分をもたせてはあるが，相違が認められる．適応障害については両体系とも取り上げているが，ここではDSM-IVの診断基準を中心に見ていくことにする．

(3) DSM-IVにおける適応障害

現在では，不適応という言葉は，かなり多義的であいまいな概念として使用されている．たとえば，何らかの障害をもち社会生活になじめないような場合も不適応と言えるし，特定のストレスが原因で問題を引き起こしているような場合でも不適応ととらえられる．このように不適応・適応障害を一括して捉えていくことは非常に困難である．まずは世界中で使用されている，DSM-IVにおいての診断基準はどうなっているのだろうか．

DSM-IVでは，適応障害を1つの障害としてとらえており，他の精神障害などとは区別をしている．これによると，適応障害の主な症状は次のようにまとめられる．

1) 抑うつ気分を伴うもの
   気分が重くひどく憂鬱な状態・涙もろい・絶望感などの症状が優勢に見られるもの．
2) 不安を伴うもの
   神経質・心配性・過敏・分離恐怖などの症状が優勢に見られるもの．
3) 不安と抑うつ気分の混合を伴うもの

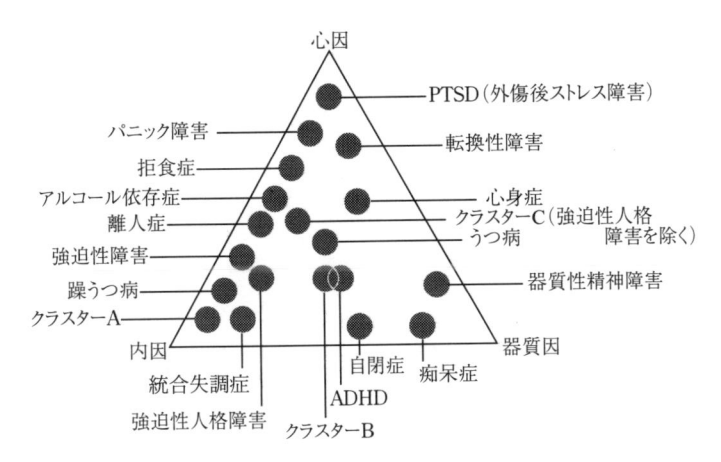

図12-3 精神障害の分類[2)]

表12-5 DSM—Ⅳにおける5軸診断[3)]

第三の試みとしては，多軸診断の導入で，DSM—Ⅲより始められ，さらにDSM—Ⅳで多少改訂されている．

①第1軸

　第1軸は，臨床疾患および臨床関与の対象となることのある他の状態を指し，これはこの分類の中で人格障害と精神遅滞（これらは第2軸に記録される）以外の種々の障害や疾患すべてを記録するためのもので，例えば精神分裂病や気分障害，不安障害などのいわゆる精神障害のことである．

②第2軸

　第2軸は，人格障害と精神遅滞を記録するためのもので，例えば境界性人格障害や強迫性人格障害などである．この二つをあえて第1軸とは別に挙げておくことによって，通常は症状の華々しい第1軸の障害に注意が向けられて見逃されてしまうことを避けられると考えた．

③第3軸

　第3軸は，その人の精神疾患への理解または管理に関連する可能性のある，現存の一般身体疾患を記録するためのものである．

④第4軸

　第4軸は，心理社会的および環境的問題で，第1軸，第2軸の（精神疾患）の診断，治療，予後に影響することのあるものを記録するためのものである．これは人生の不幸な出来事や環境的な困難，対人関係上のストレスなどの社会心理的ストレッサーの強さの程度を診断するものである．

⑤第5軸

　そして第5軸は，機能の全体的評定を尺度（GAF）を用いて記録するもので，過去1年間の最高の適応状態を臨床家として判断し，0点から100点で点数づけするものである．

4) 行為障害を伴うもの

　他人の権利や社会規範を犯す行為（怠学・喧嘩・破壊行為など）障害が優勢に見られるもの．

5) 情緒と行為の混合した障害を伴うもの

6) 特定不能

　心理・社会的ストレス因子に対する不適応反応（例：社会的ひきこもり・学業や職業上での停滞）で，適応障害のどの特定の病型にも分類できないもの

　とくによく見られるのは，1) 抑うつ気分を伴う状態であるが，最近は 4) 行為障害を伴うものも注目されてきている．このような症状に対しての診断基準は，表 12-6 に示されるようなものである．ここでいうストレス因子は，単一の出来事であることもあるし，複数のストレス因子が重なっていることもある．また，ストレス因子が反復したり持続したりする場合もあり，そのような場合は適応障害が慢性化することもある．

（4）最近注目される適応障害とその周辺

（a）行為障害

　適応障害の診断基準にもなっている行為障害とは，さまざまな問題行動を繰り返し行い，これにより社会的・学業的・職業的な面で支障をきたしている状態をさす．問題行動とは，人や動物に対する攻撃性・破壊行為・窃盗・規則違反などが挙げられる．原因としては，家庭環境になんらかの問題がある場合（離婚・児童虐待・アルコール依存・薬物依存など）が多い．

（b）注意欠陥・多動性障害（ADHD）

　これは行為障害とあわせもっていることが多い障害である．特徴としては，多動性（よく動き回り落ち着きがない）・注意力散漫・非常に強い攻撃心などが挙げられる．行為障害と同様に社会的・学業的・職業的な面で支障をきたす．とくに学校生活にうまく適応できず，発見されることが多い．原因としては，脳障害・遺伝性の要素・生活環境などが挙げられる．

（c）反社会性人格障害

　図 12-4 が示すように，1) 2) が重度になり継続すると，やがて反社会性人格障害になりやすいと言われている．18 歳以上の人につけられる診断であり，その前段階として 15 歳以前に行為障害が見られる．特徴としては，良心の呵責を感じることなく冷徹に犯罪行動を繰り返すことである．衝動的で相手や自分の危険をかえりみず，易怒性・攻撃性も強い．また，相手の顔色を見ながら言うことを二転三転させたり，自分の利益を得るために嘘をついたり，というように人を巧みに操作することもできる．

（d）境界性人格障害

　ボーダーラインと言われているものであり，近年非常に増加し注目されている．成人期早期に始まり，特徴としては表 12-7 に示すようなことが挙げられる．対人関係（理想化とこき下ろし）・自己像（不安定な自己感）・感情（持続しない不安・いらいら・不快気分）の不安定さ

表12-6　適応障害の診断基準[4]

A. はっきりと確認できるストレス因子に反応して，そのストレス因子の始まりから3カ月以内に，情緒面または行動面の症状の出現．
B. これらの症状や行動は臨床的に著しく，それは以下のどちらかによって裏付けられている：
　(1) そのストレス因子に暴露されたときに予測されるものをはるかに越えた苦痛
　(2) 社会的または職業的（学業上の）機能の著しい障害
C. ストレス関連性障害は他の特定の第1軸障害の基準を満たしていないし，すでに存在している第1軸障害または第2軸障害の単なる悪化でもない．
D. 症状は，死別反応を示すものではない．
E. そのストレス因子（またはその結果）がひとたび終結すると，症状がその後さらに6カ月以上持続することはない．

▶該当すれば特定せよ：
　急性　症状の持続期間が6カ月未満の場合
　慢性　症状の持続期間が6カ月以上の場合
◆適応障害は，主要な症状を最もよく特徴づける病型に基づいてコード番号がつけられる．特定のストレス因子は第4軸で特定することができる．
309.0　抑うつ気分を伴うもの
309.24　不安を伴うもの
309.28　不安と抑うつ気分の混合を伴うもの
309.3　行為の障害を伴うもの
309.4　情緒と行為の混合した障害を伴うもの
309.9　特定不能

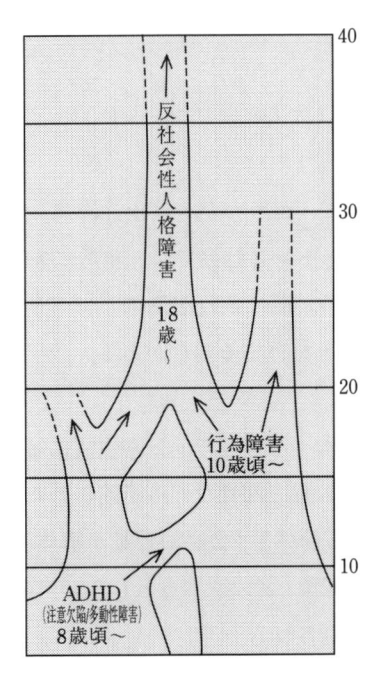

図12-4　3障害の関係[2]

や，激しい衝動性（浪費・性行為・薬物乱用・むちゃ食いなど自己を傷つける可能性があるもの）などが挙げられる．また，愛情欲求も非常に強く，いつも自分は見捨てられるのではという不安感をもち，そうならないように過剰すぎる努力をする．

(e) 各種依存症（アルコール依存症・薬物依存症）

アルコールや薬物の乱用・依存症に陥る人は，反社会性人格障害や境界性人格障害であるかその傾向が強い場合が多い．また，うつ病とも関連があると言われている．依存症とは，もとは自分にプラスの効果をもたらしていたものが，マイナスの効果をもたらし始めてもやめられない状態をさす．依存症がもとで社会的に不適応状態に陥ったり，依存症者のいる家庭で育った子どもが不適応状態に陥ったりする場合がある．たとえば，AC（アダルト・チルドレン）などが有名であり，これは親のアルコール依存症や嗜癖行動などが原因となって，家庭の機能が崩壊した中（機能不全家庭）で育った子どもが，不適切な適応行動を身に付けてしまい，大人になってもさまざまな問題を引き起こしてしまうことをさす．また，この他にも近年買い物依存症やギャンブル依存症なども注目されてきている．

(f) 摂食障害

摂食に関する異常であり，過食症（神経性大食症）と拒食症（神経性無食欲症）に区別される．表12-8が示すように，過食症とは過食発作が起き大量の食べ物を一度に摂取し，その後手や下剤などを使用し吐き出す行為である．拒食症とは太ることを極端に嫌がり，体重がどんなに減っても生理が止まってもまだ自分は太っていて醜いと思い込み，やせる努力を続けてしまう状態をさす．両方ともやせたいという強い願望があり，反対の症状に移行する場合もある．やせているほうが美しいとする社会的な考え方に影響を受けているとともに，家庭問題（とくに母親との関係）や成熟拒否（大人になりたくない）などさまざまな原因が挙げられる．

(g) 気分障害

気分障害は，うつ病（大うつ病）・躁うつ病（双極性障害）・気分変調性障害（抑うつ神経症）に区別される．現代のようなストレス社会では，非常に多く見られる障害である．気分がひどく憂鬱で落ち込んだり（うつ），逆に気分が高揚しはしゃぎすぎたり（躁）する状態をさす．これも単一で症状が出る場合と移行する場合がある．

(h) 統合失調症（精神分裂病）

これは現実と妄想の区別がつかなくなる病で，日常生活に著しい支障をきたす．特異で多彩な症状を示し思考・感情・意思・行動・知覚など広範囲にわたる障害が見られる．妄想型（妄想や幻聴にとらわれているもの）・解体型（会話や行動が解体しているもの）・緊張型（昏迷型と興奮型に分けられる）・鑑別不能型（どの型にも入らないもの）・残遺型（後遺症，感情の平坦化や行動変化など）の5型に区別される．

表 12-7　境界性人格障害の診断基準[4]

対人関係，自己像，感情の不安定および著しい衝動性の広範な様式で，成人期早期に始まり，種々の状況で明らかになる．以下のうち 5 つ（またはそれ以上）で示される．
(1) 現実に，または想像の中で見捨てられることを避けようとする気違いじみた努力．
注：基準 5 で取り上げられる自殺行為または自傷行為は含めないこと．
(2) 理想化とこき下ろしとの両極端を揺れ動くことによって特徴づけられる不安定で激しい対人関係様式．
(3) 同一性障害：著明で持続的な不安定な自己像または自己感．
(4) 自己を傷つける可能性のある衝動性で，少なくとも 2 つの領域にわたるもの（例：浪費，性行為，物質乱用，無謀な運転，無茶喰い）．
注：基準 5 で取り上げられる自殺行為または自傷行為は含めないこと．
(5) 自殺の行動，そぶり，脅し，または自傷行為の繰り返し．
(6) 顕著な気分反応性による感情不安定性（例：通常は 2, 3 時間持続し，2, 3 日以上持続することはまれな，エピソード的に起こる強い不快気分，いらいら，または不安）．
(7) 慢性的な空虚感．
(8) 不適切で激しい怒り，または怒りの制御の困難（例：しばしばかんしゃくを起こす，いつも怒っている，取っ組み合いの喧嘩を繰り返す）．
(9) 一過性のストレス関連性の妄想様観念または重篤な解離性症状．

表 12-8　摂食障害の診断基準[4]

神経性無食欲症の診断基準
A. 年齢と身長に対する正常体重の最低限，またはそれ以上を維持することの拒否（例：期待される体重の 85％以下の体重が続くような体重減少；または成長期間中に期待される体重増加がなく，期待される体重の 85％以下になる）．
B. 体重が不足している場合でも，体重が増えること，または肥満することに対する強い恐怖．
C. 自分の体の重さまたは体形を感じる感じ方の障害；自己評価に対する体重や体型の過剰な影響，または現在の低体重の重大さの否認．
D. 初潮後の女性の場合は，無月経．つまり，月経周期が連続して少なくとも 3 回欠如する（エストロゲンなどのホルモン投与後にのみ月経が起きている場合，その女性は無月経とみなされる）．
▶病型を特定せよ：
　制限型　現在の神経性無食欲症のエピソード期間中，その人は規則的に無茶喰い，または排出行動（つまり，自己誘発性嘔吐または下痢，利尿剤，または浣腸の誤った使用）を行ったことがない．
　無茶喰い/排出型　現在の神経性無食欲症のエピソード期間中，その人は規則的に無茶喰いまたは排出行動（つまり，自己誘発性嘔吐または下痢，利尿剤，または浣腸の誤った使用）を行ったことがある．

神経性大食症の診断基準
A. 無茶喰いのエピソードの繰り返し．無茶喰いのエピソードは以下の 2 つによって特徴づけられる．
(1) 他とはっきり区別される時間の間に（例：1 日の何時でも 2 時間以内の間），ほとんどの人が同じような時間に同じような環境で食べる量よりも明らかに多い食物を食べること．
(2) そのエピソードの間は，食べることを制御できないという感覚（例：食べるのをやめることができない，または，何を，またはどれほど多く食べているかを制御できないという感じ）．
B. 体重の増加をふせぐために不適切な代償行動を繰り返す，例えば，自己誘発性嘔吐；下剤，利尿剤，浣腸，またはその他の薬剤の誤った使用；絶食；または過剰な運動．
C. 無茶喰いおよび不適切な代償行動はともに，平均して，少なくとも 3 カ月間にわたって週 2 回起こっている
D. 自己評価は，体型および体重の影響を過剰に受けている
E. 障害は，神経性無食欲症のエピソード期間中にのみ起こるものではない．
▶病型を特定せよ：
　排出型　現在の神経性大食症のエピソード期間中，その人は定期的に自己誘発性嘔吐をする，または下剤，利尿剤，または浣腸の誤った使用をする．
　非排出型　現在の神経性大食症のエピソードの期間中，その人は，絶食または過剰な運動などの他の不適切な代償行為を行ったことがあるが，定期的に自己誘発性嘔吐，または下剤，利尿剤，または浣腸の誤った使用はしたことがない．

4. 現代社会における不適応の問題

（1） 家庭における不適応

　家庭における不適応状況は，家族成員それぞれの問題と関係性の中で出てくる問題が，重なり合って引き起こされる場合が多い．夫であり父である，妻であり母であるというように，1人が2つ以上の立場・役割を担っているため，片方の役割に変化が起きるともう片方の役割にも変化が及ぶというように，家族システムという性質をもっているのである．夫婦関係の代償が親子関係に反映されたり，家庭のバランスが崩壊すると立場の弱い成員にしわ寄せがくるということはよくあることである．近年核家族化が進み，家族関係の希薄さ・アンバランスさが浮き彫りにされるような問題が注目されてきている．ここでは，家庭における不適応としてとくに問題となっているものをいくつか挙げてみよう．

（a） 家庭内暴力

　家庭内暴力とは日本特有のものであり，家庭という閉じられた空間の中で起こる子から親に対する暴力をさす．表12-9は少年相談や補導活動などを通じて，警察が認知した少年による家庭内暴力の件数と対象を示したものである．家庭内暴力の件数は年々増加傾向にあり，とくに対母親への暴力が全体の半数以上と圧倒的に多い．原因としては，母親の過保護・過干渉，父親の不在・放任，または両親ともに過保護もしくは放任という家族関係のアンバランスさが，引き金になっている場合がある．また少子化が進んだことにより，親が子どもに手をかけられる余裕があるため，小さいころから子どもの要求を満たすための努力を続けてしまうと，子どもは全て自分の思い通りになるのが当たり前になってしまい，そうならないことが起きると，すぐに他人（とくに親）のせいにして，それが他者への攻撃・暴力へと結びつく場合もある．さらに考えられることは，外からのストレス（いじめにあうなど）を発散するための方法として，内で暴力となって出てきている場合もある．暴力をふるわずにはいられないという，本人の気持ちをどう理解していくかが重要である．

（b） 児童虐待

　近年，深刻な社会問題にもなっている児童虐待とは，保護者（多くは親）によってなされる子どもへの，身体的および性的な暴力行為・養育の怠慢や拒否・心理的な言動上の虐待などをさす．それらの行為が，子どもの心身へ多大なる影響を与えることは明白である．図12-5は児童相談所における相談件数を示したものであるが，ここ数年の間に相談件数が急激に増加していることが分かる．厚生省の調査では，実の両親からの虐待が8割を超えており，とくに身体的暴力行為や養育の怠慢・拒否が多くなっているという結果が出ている．原因としては，子育てに対して親が育児不安に陥る場合や，社会全体の子育て支援機能が低下していることなどが挙げられる．また，世代間連鎖と呼ばれるケースもある．これは幼児期に虐待を受けて育った親が，自分の子どもにどう接していいのか分からず，自分がされていたのと同じ方法（虐待）を子どもに向けてしまうことをさす．虐待の問題には早期発見と対策・予防が非常に重要

表12-9 家庭内暴力の件数及び対象（平成10年）[8]

対象別	総数	母親	父親	兄弟姉妹	同居の親族	家財道具等	その他
件数（件）	1,000	553	107	50	121	158	11
構成比（％）	100.0	55.3	10.7	5.0	12.1	15.8	1.1

資料：警察庁調べ

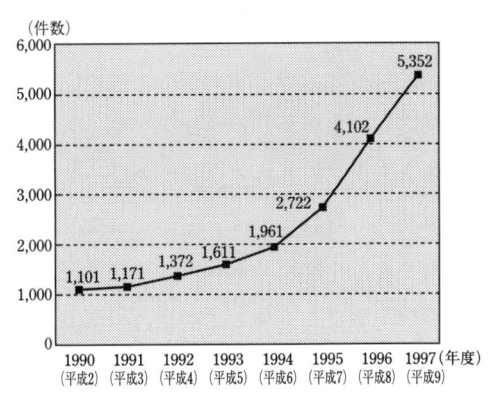

図12-5 児童虐待の相談件数の推移[6]

であり，現在さまざまな支援ネットワーク作りが行われている．また2000年には，児童虐待防止法も成立し社会全体でこの問題に取り組んでいこうとする動きが出てきている．

（c） DV（Domestic Violence）

ドメスティック・バイオレンスとは，夫や恋人などの親しい男性から女性への暴力をさす．とくに，家庭という閉ざされた空間の中では，未だに男尊女卑思想が根強く残っている場合があり，男性である夫に比べてどうしても力の弱い妻や子どもは被害者になりやすい傾向にある．また，暴力を加えられても経済的理由（不況で職もないし，働いていないので生活出来ない）や複雑な愛情のもつれ（激しく攻撃されたり，それが夢だったように優しくされたりするため翻弄されてしまう）などにより，なかなか逃れられないでいるケースも多い．そのような状況の中，現在は駆け込みシェルターなど，DVから逃れ，落ち着いた生活に戻れるように手助けしていくサポート機関も徐々に増えつつある．児童虐待と同様に，家庭内における立場の弱い者が被害者となることがないようなシステム・ネットワーク作りが今後の課題であるといえる．

（2） 学校における不適応

近年，少年たちのいじめ・不登校・自殺・暴力行為・犯罪などが連日のように報道されている．このような問題行動が起こった原因はさまざまであり一概には言えない．しかし一般的には，家庭におけるしつけの問題，学校における学力至上主義や個々人の能力・適性に対応しきれていない状況，人間関係や他者への思いやりが希薄化している社会など，全ての要因が複雑に絡み合い引き起こされていると考えられている．それでなくても，今の子どもは小さい頃から塾に習い事・宿題などで遊ぶ時間も取れないほど忙しかったり，周囲からの目にみえない過大な期待・圧力がかかっていたりと，非常にストレスフルな状況の中で日々生活を送っているのである．こうした背景から学校生活にも支障をきたし，不適応になってしまう子どもが多いのである．では，学校における不適応で最近特に問題になっているものをいくつか挙げてみよう．

（a） いじめ

文部省のいじめの実態調査（1995）によると，いじめとは自分よりも弱いものに対して一方的に心理的・身体的な攻撃を継続して加え，相手が深刻な苦痛を感じているもので，起こった場所は学校の内外を問わないと定義されている．図12-6はいじめの発生件数の推移を示したものである．現在は，ピーク時のいじめ発生件数より減少傾向にあるが，依然として深刻な状況であると言える．件数的には中学校が一番多く，小学校，高等学校の順になっている．表12-10はいじめの態様を細かく調査したものである．これを見ていくと，年齢が上がるにつれて暴力や脅しの割合が増加していることが分かる．いじめにあっている子どもは，身体的・心理的に非常に痛手を負っており，これが後の社会不適応と結びついてくる可能性もある．またいじめをする子どもも，何らかのストレスを抱えており，それを発散させる方法としていじめを行っているような場合もある．いじめの事実が明らかになった場合，いじめられている子ど

表12-10 いじめの態様（平成10年度）[8]

区分	小学校 件数	構成比	中学校 件数	構成比	高等学校 件数	構成比	盲・聾・養護学校 件数	構成比	計 件数	構成比
	件	%	件	%	件	%	件	%	件	%
言葉での脅し	2,659	15.4	5,216	18.1	841	20.8	51	21.7	8,767	17.4
冷やかし・からかい	5,040	29.3	8,399	29.1	879	21.8	44	18.7	14,362	28.5
持ち物隠し	1,418	8.2	2,229	7.7	202	5.0	30	12.8	3,879	7.7
仲間はずれ	3,533	20.5	3,791	13.1	329	8.1	24	10.2	7,677	15.2
集団による無視	1,023	5.9	1,759	6.1	153	3.8	6	2.6	2,941	5.8
暴力を振るう	2,229	12.9	4,591	15.9	930	23.0	48	20.4	7,798	15.5
たかり	259	1.5	922	3.2	353	8.7	11	4.7	1,545	3.1
お節介・親切の押しつけ	247	1.4	349	1.2	82	2.0	10	4.3	688	1.4
その他	815	4.7	1,608	5.6	271	6.7	11	4.7	2,705	5.4
計	17,223	100.0	28,864	100.0	4,040	100.0	235	100.0	50,362	100.0

（注）複数回答　　　　　　　　　　　　　　　　　　　　　資料：文部省調べ

図12-6 いじめの発生件数の推移[7]

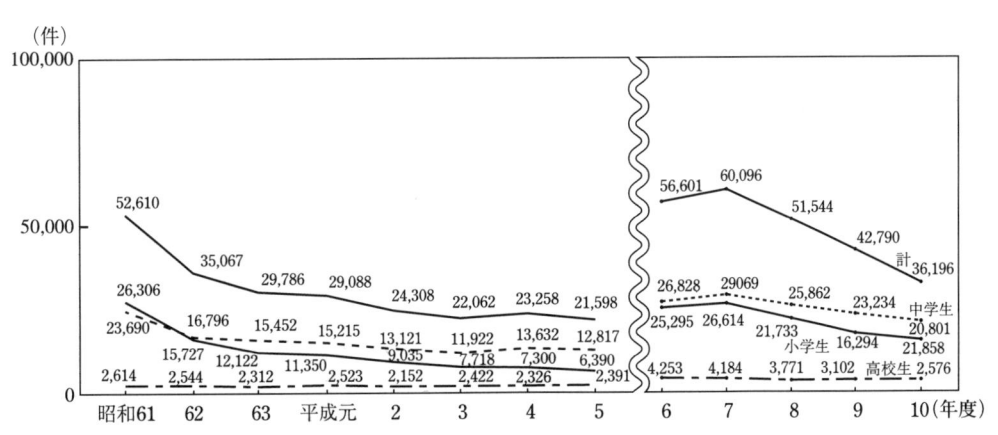

（注） 1 平成6年度からは調査方法を改めたためそれ以前との単純な比較はできない．
2 平成6年度以降には，特殊教育諸学校の発生件数も含む．
3 平成10年度は速報値である．

もを助けるとともに，いじめている子どもへのアプローチも重要となってくるのである．現在，スクールカウンセラーや学校臨床心理士が各学校に派遣されるなど，色々な試みがなされている．責任の擦り合いにならず，家庭・学校・社会が一体になって取り組むべき課題であると言える．

（b） 不登校

図12-7は不登校児童・生徒の推移を示したものである．不登校を理由に，年間30日以上学校を欠席した児童生徒の数は，調査開始以来年々増加しており，教育問題として大きな課題になっている．不登校に陥るタイプとしては，あまりに気張りすぎてしまうため学校へ行こうとすると具合が悪くなってしまう神経症的なタイプ（真面目・よい子・優等生に多い）や，いじめなどがきっかけになり学校へ行くことが恐怖感を呼び起こし閉じこもってしまうタイプなどさまざまである．共通しているのは，学校に行きたい気持ちはあるのに行けないということであると言える．原因を見つけていくことと同時に，学校には必ず行かなくてはならないという考え方から，本人もまた周囲も意識を変えていくことが必要である．また学校側もより個性を尊重した，ゆとりのある楽しい教育活動を目指していく努力を模索していくことが大切である．

（c） ひきこもり

ひきこもりとは，自宅にひきこもって社会参加をしない状態が長期間（6か月以上）持続していることをいう．不登校や家庭内暴力との関連性が深く，不登校状態が長期化しひきこもりへ移行するケースが多いといわれている．ひきこもってしまうと，ほとんど外出もせず家族ともコミュニケーションをとらず昼夜逆転の生活を送り，この期間が長期化するほど社会適応も困難になってしまう．

（3） 職場における不適応

現在，職場における問題は非常に多種多様である．たとえば，過労死・転勤・配置換え・単身赴任など従来からあるものに加えて，OA化・リストラ・セクハラなど近年注目されてきているものなどが挙げられる．このようなストレス状況をいかに減らしていくか，またはその状況を乗り越えながら，各々が自分の力を存分に発揮できる快適な職場環境作りをいかに目指していくかが，企業にとっても重要視されつつある．有給休暇・産休・介護休暇などの体制整備，フレックスタイム制度の導入，息抜きのできる休憩室の設置，産業医や産業カウンセラーを置くなど，各企業ごとにさまざまな取り組みがなされている．それとともに最も大切なのは，自己管理である．自分の心身の調子・状態を自身がよく把握し，無理をしすぎないよう心がけることが必要であろう．

（4） 老年期の不適応

日本では人口の高齢化が急速に進んでいる．平均寿命は80歳を越え，100歳以上の人口も年々増加傾向にある．このように，現在は老年期が昔と比べて非常に長くなってきている．こ

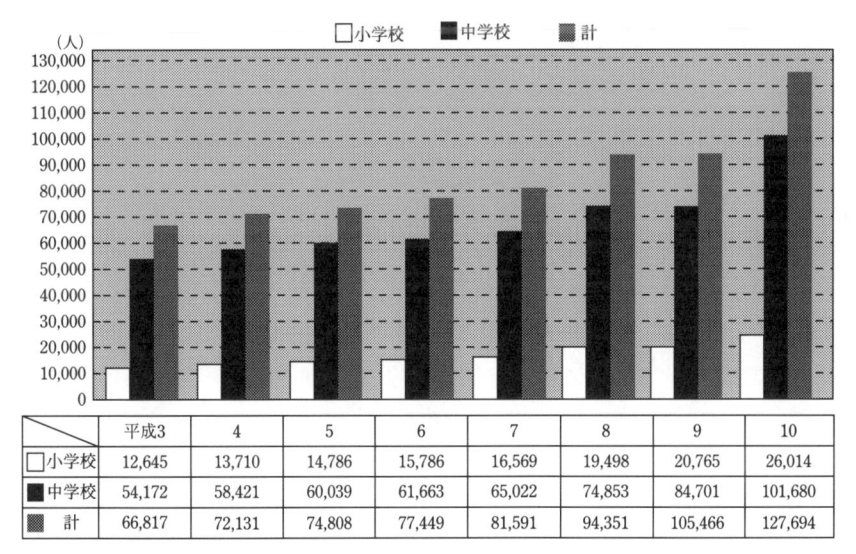

	平成3	4	5	6	7	8	9	10
小学校	12,645	13,710	14,786	15,786	16,569	19,498	20,765	26,014
中学校	54,172	58,421	60,039	61,663	65,022	74,853	84,701	101,680
計	66,817	72,131	74,808	77,449	81,591	94,351	105,466	127,694

(注) 1 「不登校」(平成9年度までは「学校ぎらい」を理由として年間30日以上欠席した国立，私立小，中学校児童生徒数．
2 平成10年度は速報値である．
(資料) 文部省調べ

図 12-7 不登校児童・生徒の推移[7]

の時期は人生の終盤にさしかかりさまざまな不適応を引き起こしやすい時期である．たとえば，定年を迎えると生活が変化し生きる目的・目標を見失い何をしたらいいのか分からなくなったり，経済的に不安定になったりする場合がある．また，身近な人（連れ合い・友人など）が亡くなったり，人付き合いも徐々に減っていく場合が多い．自分自身も心身が弱ってくるため病気にもかかりやすい．このように精神的・身体的にさまざまな喪失を経験する中で，それらを乗り越え，幸せな老後を送り自分の納得できる形で人生を全うすることが老年期の課題であると言える．老いは誰しも避けて通れない道であり，その課題を達成させるためには，周囲の人々・地域・社会の理解とサポートが非常に重要であると言える．

―〈過換気症候群〉―
　過換気症候群とは，比較的若い女性に多く見られる症状である．緊張・不安などの心理的な要因や，疲れなどの身体的な要因により過呼吸発作を起こす状態を指す．過呼吸になると，肺に空気が入ってこない感じになり，非常に息苦しく激しい窒息感が続くため，呼吸が荒くなる．それにより，血中の炭酸ガスが低下してしまい，さらに呼吸が困難な状態に陥ってしまうのである．心と身体は密接につながっており，この過換気症候群も心の不安などが症状として身体で表現された状態であると言える．心の中のさまざまな感情を言葉で表現することが苦手な人や，心の不調と体の不調をきちんと把握できないタイプの人に起こりやすい．現代社会はストレス社会であり，この中で適応して生きていくためには，自分自身の状態をしっかりと自覚して心身のバランスを保っていくことが大切なのである．

―〈ギャンブル依存症〉―
　昔はギャンブルをするのは男性が中心であったが，現在は女性も，また若い人も多く見られるようになった．町を歩いていても，洒落た雰囲気のパチンコ店が多いし，CMや広告では親子で競馬を楽しむテーマのものが流されている．パチンコ・パチスロ・競馬・競輪・競艇・麻雀など数多くのギャンブルが，非常に多くの人を惹きつけているが，その陰で依存症に苦しんでいる人も少なくない．ギャンブル依存症とは病的賭博といい，摂食障害などと同様に衝動のコントロールがつかない病気であるといえる．初めは楽しんで趣味程度でおさまっていたはずが，いつの間にかはまってしまい，家庭・仕事・経済などに著しい支障をきたしても，自己の衝動のコントロールができずやめられなくなる状態を指す．本人はいつでもやめられると思っている場合が多く，さらに状況は悪化してしまう．ギャンブルに溺れてしまう原因としては，心の問題が挙げられる．家庭や職場で居場所がない・自分の存在が本当に必要とされているのか分からないなど，空虚感を抱えている場合が多い．依存症者の自助グループ「ギャンブラーズ・アノニマス（GA）」の活動や内観療法なども解決の一助になる．

―〈共依存〉―
　共依存とは，もとはアルコール依存症者を抱える家族内で見られる関係性を示した言葉である．依存してくる人（アルコール依存症者）に対し，その家族は過度に心配し世話をやくことで，自己を保っていこうとする場合がある．お互いに相手によりかかって，ともに依存している状態なのである．これにより，依存症自体が治りにくくなっていることもある．家族が早く今の関係性に気付き，自分自身の人生を生きていくように変えていくことが大切である．

13　心理的療法

1. 心理的療法とは
（1） お話療法

　O.アンナ——精神分析は彼女の治療とともに始まった——は精神分析治療を「お話療法」と呼んだ（Breuer and Freud,1895）．

　　　アンナには数週間にわたる激しいノドの渇きにもかかわらず，コップの水が飲めないという奇妙な症状があった．内科医ブロイエルは催眠状態のもとで，自由に何でも話すようにさせていたところ，アンナが過去の苦痛な体験について，激しい感情をともなってしゃべったあと，症状が消失してゆくことが観察された．……アンナは彼女の嫌いな女性の家庭教師が小犬にコップから直接に水を飲ませていたのを目撃した．その時には失礼にならないようにその嫌悪感情を抑えていたという．そのことが激しい感情とともに発散されたあとで，彼女は自由に水が飲めるようになった．……そしてその他の種々の症状も同様の方法によって消失していった．

　お話療法とは「治療的意図をもった会話」を通して人の心の中にうっ積していた感情を解放し，行動や感情障害の治癒を進める心理的療法である．フロイトはこのプロセスを心の浄化，カタルシス（catharsis）と呼んでいる．心理的治療（psychological treatment，図 13-1）とは人のパーソナリティーや行動の変容をもたらすために臨床家（サイコロジスト，精神科医）が行うさまざまな心理学的技法を意図的に適用することをいう．このように，心理的療法を行う場合，臨床家とクライエント（client，相談を受ける人，患者）との間では通常，一対一の治療的会話（精神分析，カウンセリング）が行われるが，同時に，患者をそれぞれの問題や症状に合わせて，家族療法，集団療法，遊戯療法（図 13-2），行動療法などさまざまな心理学的技法が独自にまたは組み合わせて用いられるのである．

（2） セラピストークライエントの関係

　「このような感じ方をすべきではないとわかっているのですが，どうしても，そう感じてしまうのです．」

　心理的治療を受けにくるほとんどの人がこのような言葉を口にする．彼らは苦痛な感情，不

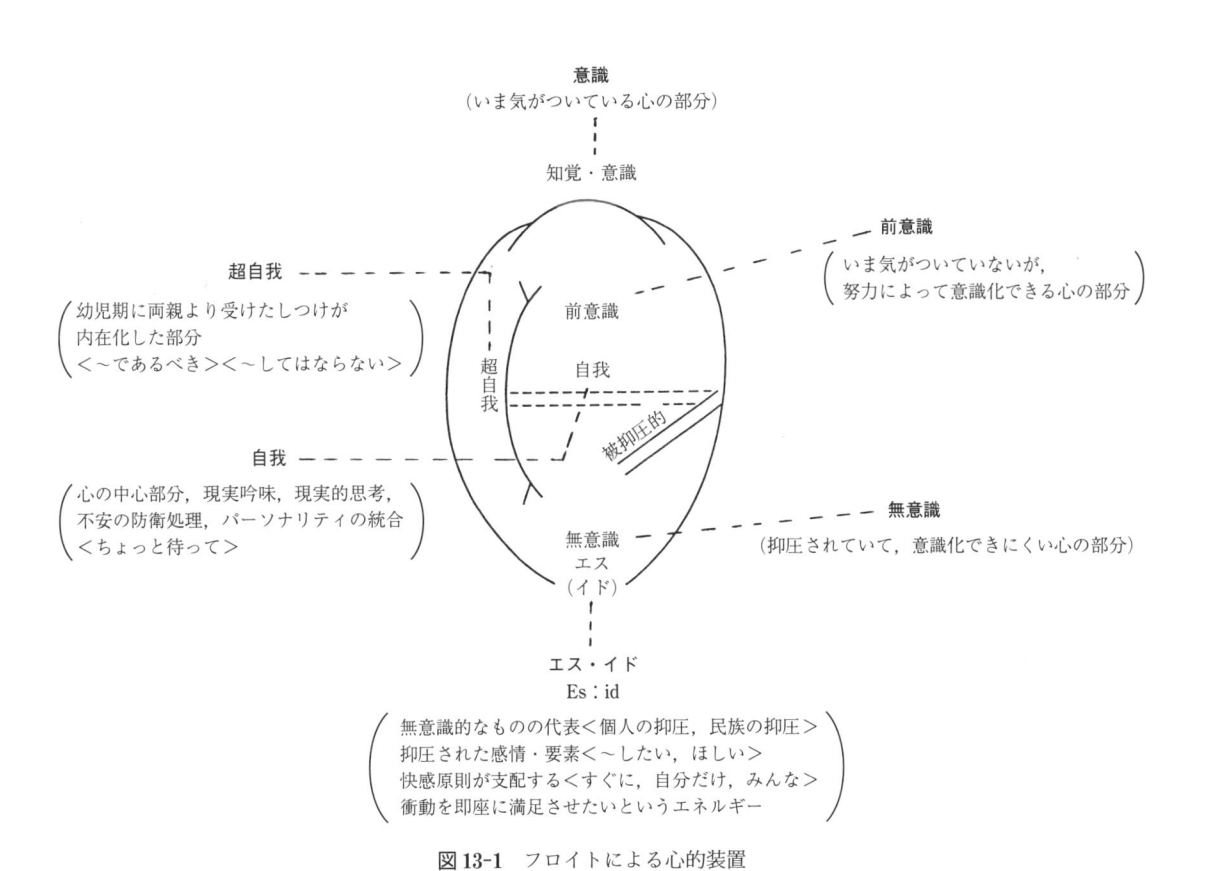

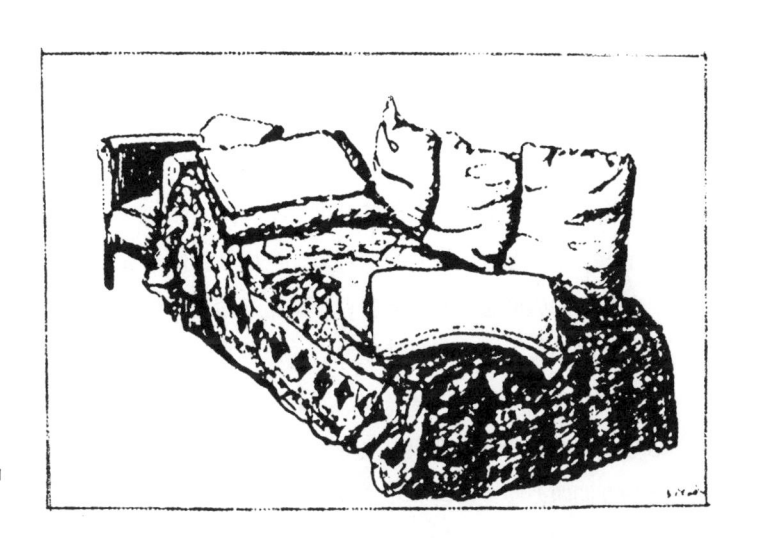

意識
(いま気がついている心の部分)

知覚・意識

前意識
(いま気がついていないが，
努力によって意識化できる心の部分)

超自我
(幼児期に両親より受けたしつけが
内在化した部分
＜～であるべき＞＜～してはならない＞)

前意識

超自我

自我

被抑圧的

自我
(心の中心部分，現実吟味，現実的思考，
不安の防衛処理，パーソナリティの統合
＜ちょっと待って＞)

無意識
エス
(イド)

無意識
(抑圧されていて，意識化できにくい心の部分)

エス・イド
Es：id
(無意識的なものの代表＜個人の抑圧，民族の抑圧＞
抑圧された感情・要素＜～したい，ほしい＞
快感原則が支配する＜すぐに，自分だけ，みんな＞
衝動を即座に満足させたいというエネルギー)

図13-1　フロイトによる心的装置

図13-2　Freudが用いた精神分析のための長椅子

安，罪責感，抑うつ感情にさいなまれ自分に不満を抱き，他人をも苦しめる状態におかれている．

このようにクライエントが助けを求めてきたとき，心理臨床家はどのような対応をとるのだろうか．

心理的療法では，セラピスト―クライエント関係（治療者―患者関係）に信頼と安心感が保たれることを重視する．そのためには，治療関係の中でクライエントの存在そのもの――彼が生きていること――が承認，支持される関係が大切にされるのである．このような関係の中からラポール（rapport，心と心の深いふれあい）が形成され，治療者とともに困難な課題を担い合いつつ，抑圧された感情を解放し，現実吟味能力を強め，柔軟性と安定のあるパーソナリティを再学習（relearning）する過程が進められる．

心理的障害の程度は，チックや胃痛，円形脱毛症などの現実的なストレスによる一時的な心身反応から，自我障害の程度により，対人恐怖，強迫行動，抑うつ状態を示す神経症レベル，幻覚，妄想，自我解体，無為状態に示される精神病レベル，と多岐にわたるものである．障害のレベルによりその対応は異なるが，心理的障害が軽度であれば，合理的な行動や健康なはけ口によって回復が図られる．重度になるに従い，精神力動や家族力動に応じた心理治療および薬物療法が必要となるのである（表13-1，図13-3参照）．

2. 心理臨床における治療
（1） 遊戯療法とクライエント中心療法

遊戯療法（play therapy）は，心理療法を子どもに遊びを媒介として適用する方法である．治療的に配慮された子どもとのかかわりの場面――治療的関係――の中で，十分に受け入れられた子どもは，遊びを通してときに退行（幼児返り）を示し，ときに激しい攻撃を表わしつつ心理的な緊張を解いていく．遊戯療法におけるセラピストのの基本的態度をアクスラインは次の8点に要約している．

1. よい治療関係，暖かい親密な関係を成立させる．
2. あるがままの受容を行う．
3. 許容的な雰囲気をつくる．
4. 適切な情緒的反応，共感的反応を行う．
5. 子どもの問題解決能力を信頼し，自信と責任をもたせる．
6. 非指示的態度をとり，治療者は子どもの後に従う．
7. 治療はゆっくりすすむ過程であるからじっくり待つ．
8. 治療を現実の世界に関係づけておくのに必要な，子どもに治療関係での責任を自覚させるのに必要なだけの制限を設定する．

心理的な問題のゆえに落ち着きをなくし，いらだちやすく，意欲を失い，身体反応（チック

表 13-1　障害のレベル[1]

レベル	段階	内　容	精神医学的診断	治　療
正常レベル	正常	（特になし）	正常	―
正常レベル	情動的反応	現実的なストレス反応 （軽い不安，情動反応，心配状態，一過性の心身症反応）	正常 （不安神経症） 心身症反応	支持的カウンセリング 軽い薬物療法
神経症レベル	神経症的	やや自我の弱さ（神経症的パーソナリティ） （不安，情動反応，行動障害，軽い心身症）	前神経症状態 心身症	支持的治療 簡易分析 環境調整 薬物療法
神経症レベル	神経症	自我の弱さ（神経症的パーソナリティ） 固有の病像に固定 （神経症，心身症，行動障害，習癖など	神経症 心身症 行動異常	各種の心理療法 簡易分析 薬物療法
神経症レベル	性格障害を伴う神経症	自我の弱さ（性格神経症） （根深い神経症，心身症，行動障害など）	神経症 心身症 行動異常	精神分析 簡易分析 薬物療法
神経症レベル	精神病的反応	自我の弱さ （軽い心因反応）	心因反応	薬物療法 心理療法
精神病レベル	境界例	自己愛的自我障害―自我の歪み	境界例 心身症	薬物療法 心理療法
精神病レベル	精神病	ひどい自己愛的自我障害	統合失調症 躁うつ病	薬物療法 心理療法

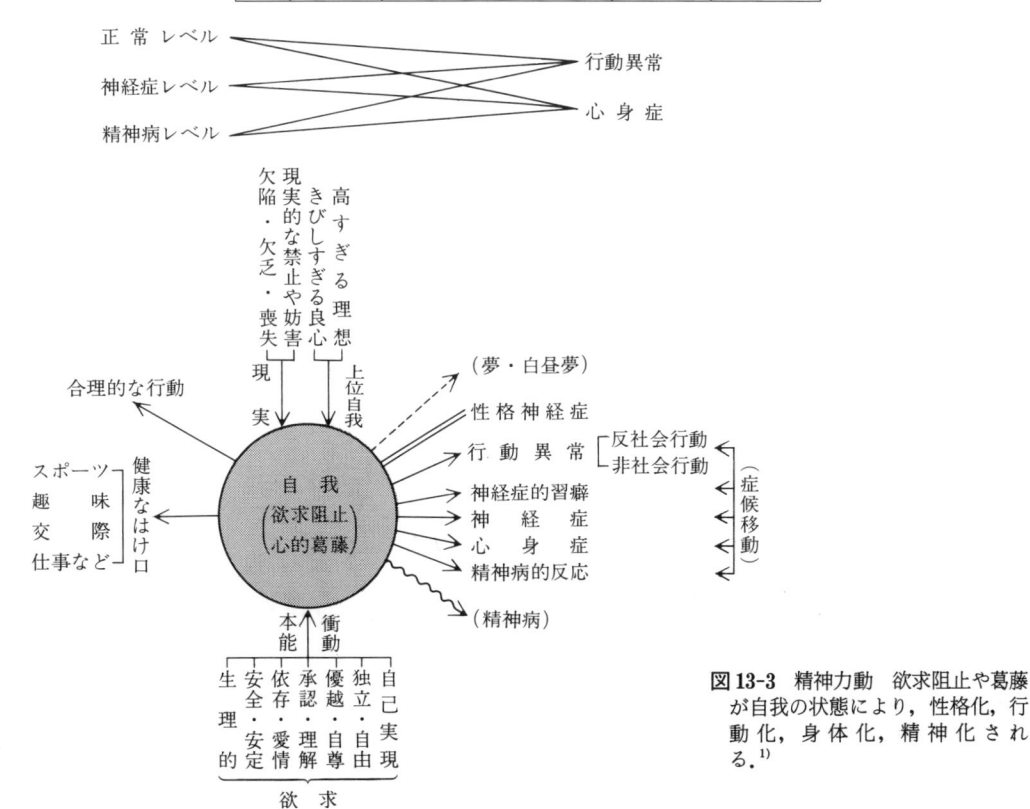

図 13-3　精神力動　欲求阻止や葛藤が自我の状態により，性格化，行動化，身体化，精神化される．[1]

や夜尿，過食や嘔吐，湿疹など）を起こしている子どもには遊戯療法は有効な方法である．

　　図13-4は教室でオナラを冷やかされて以来，人前に出る不安が強まり，登校拒否となった中3，K子の作品である．作品1は不登校が始まった直後で，堅固な家に籠って対岸（学校や人中）をうかがっている．作品2では治療が進み，人々や動物が生き生きと活動している．現実生活ではK子は街中を歩けるようになり，恐怖であった外食もとれるようになった．しかし，登校はまだ不可能である．K子が学校へ登校できるようにするには，絵の中で川を渡る橋か舟が必要である．K子の弱い自我は対岸（人）に対する不安の減少を示してはいるが，自立には十分ではない．絵描き遊び（この場合は風景構成法を用いた）の中で自由な発散がなされ，ありのままの心の状態が示されている．

　遊戯療法が効果をあげるためには，子どもの問題行動の吟味が必要である．脳障害や器質的な障害をもつ子，知能障害のある子が問題行動を示す場合には，その原因に合わせた医療や訓練が心理療法と同時に重要である．

　クライエント中心療法（Client-Centered psychotherapy）は，相談を受けにくるクライエント（治療を受ける人，来談者）自身の中に成長し変化していく原動力があると考える．その原動力を解放し，主体性を回復させる援助を治療者がとることにより，不適応行動や情緒障害などの心理的な問題は克服されるとするロジャーズの理論に基づいた心理療法である．

　治療者は従来の治療者―患者関係をとらず，専門的な知識や判断に従った指示や助言をしない．その代わりに，クライエントが最も深いところで自己のあるがままになれる真の自由さと，自己尊重感がもてるような関係――安全で自由な雰囲気をつくること――に心をくだく．その中で，クライエント自身が立ち上がるのを治療者は受容的，許容的に援助するのである．

　ロジャーズは治療的変化の「必要十分条件」は治療者の基本的態度であると考え，技法や技術的知識よりも，態度を重視した．その条件は，

① 　治療者自身の自己一致…治療者は自分自身に対して率直で，他人の感情を受け入れる自由さをもっていること，

② 　無条件の肯定的関心……治療者はクライエントの潜在力を信頼し，1人の人間としてのクライエントに対して，深い真実の関心を抱いていることを伝えること，

③ 　的確な共感的理解………治療者がクライエントの内的世界（感情や経験）をあたかも自分自身のものであるかのように感じ取ることができること，

である．

　ロジャーズの理論は，従来の治療者―患者関係（権威的な助言や判断を与える関係）を，180度転換させ，人間の実存的尊厳と自己実現への信頼という人間理解の姿勢を示したものであり，多方面に影響を与えている．

（作品1）
対人恐怖が強く体臭不安もある．登校はもちろん外出も不可能であったときの作品（15才・女子）

（作品2）
体臭不安は消え，外食に出かけることも可能となった．本を読み，家事に参加し，活動意欲が高まってきた2カ月後の作品．

図 13-4

箱庭療法(Sand play)

箱庭療法は1929年に英国のローエンフェルト(Lowenfeld, M.)によって創始され，スイスのカルフ(Kalff, D.)が発展させた世界技法(The World Technique)である．日本には1965年河合隼雄が紹介し，著しい発展をみせている．

自由に遊びながら砂箱の中に世界を作るということは，人を小さな箱庭の世界に没頭させる効果をもつ．その中で人はさまざまな作用や影響を受ける．この影響は人が遊びに我を忘れて没頭しているときに自然に生じてくるものである．さらに，砂箱の中では空想を自由に展開させることが可能であるので，そこに現わされた作品は，クライエントの精神過程を象徴して示すことになる．

箱庭療法は心理的なテストとしても役立つが，それ以上に，箱庭を作る過程で生じるすぐれた自己治癒力が重視されている．箱庭療法はクライエントの自己治癒力を最大限にはたらかせ，同時に治療者の潜在力をも最大限に開発するため，すぐれた心理技法といわれるのである．

箱庭療法全体のsettingは57×27×7cmの砂箱に人形，動物，家，木，等々をおいて「世界」を構成させる(写真①〜③)．また，その際の治療者―クライエントの関係は「母と子の一体性」すなわち，「自由にして保護された空間」(Kalff)という意味をもつ治療構造である．それは，箱庭療法全体のsettingが，自己治癒の過程が生じていくための適切な「容器」として自然に機能するために必要な構造であり，その結果，遊戯療法の治療過程が箱庭の作品にうつし出され，遊びの象徴性に対する治療者の側からの理解が促進される技法となるのである．

箱庭を作る過程の中でクライエントは攻撃をし，受容され，退行をし，心の深層の表現をする．その過程で遊戯療法の中核をなす自己治癒力を得ていくのである．

PTSDとは心的外傷症候群(psychic trauma syndrome, post-traumatic stress disorder)の略語であり，心的外傷体験が源となり，神経症の諸症状が生じる症状群をいう．心的外傷(psychic trauma)とは人が激しい驚愕，不安，恐怖，悲哀，孤独感，挫折感などを異常な生活体験として経験したときに心的な領域に外傷をうけるということであり，心的外傷の原因となる体験そのものをさして心的外傷と呼ぶこともある．心的外傷体験は神経症の原因の一端をなし，外傷性神経症とフロイトは論じている．幼児期にこのような経験をしたことがこの後の人格形成に重要な影響を与え，後の神経症発症の源となる場合があり，それを原始外傷(original trauma)と呼ぶこともある．

写真1

写真2

写真3

（2） 行動療法

　行動療法は実験心理学の概念と理論を人間の苦悩の問題にまで適用しようとして開発された心理療法である．行動療法では障害のある問題行動を学習の結果とみなし，行動の変容には再学習が必要であると考える．有効性を失った，あるいは誤った習慣は，その習慣を維持させている条件が問題なのであって，その習慣の起源は問題ではない．その習慣を形成し維持させている環境条件を操作することができれば，動物だけでなく人間の行動や習慣も変容できる（図13-5（a），(b)）と考える．そのために学習の諸原理を適用して，不順応行動（有効性を失った，望まれない行動）を減弱，除去し，順応行動（有効な，望まれる行動）を触発，強化することを試みる．これが行動療法の基本概念である．行動療法の理論にはパヴロフの古典的条件づけの理論とより新しいスキナー（1938）のオペラント条件づけ理論の2つの基本的源泉がある．前者は，一般的に神経症的な性質をもった恐怖症，性的問題および社会的制止の治療に最適である．スキナーの方法は長期入院の精神病者，自閉症児ならびに知的発達遅滞児の治療に最もよく用いられるが，最近はより軽度な行動障害にも用いられはじめている．

　古典的条件づけの代表的技法は系統的脱感作（だっかんさ）法である．これは不安や恐怖症的反応の治療に用いられる．治療には患者の不安の階層表を作り（試験恐怖のミスCの不安階層表（表13-3）），各階層ごとに緊張を弛緩させる訓練が行われる．緊張の弛緩には，筋肉を弛緩させる訓練，きわめて弛緩した状態を想像すること，呼吸法の矯正，などがあり，最終的

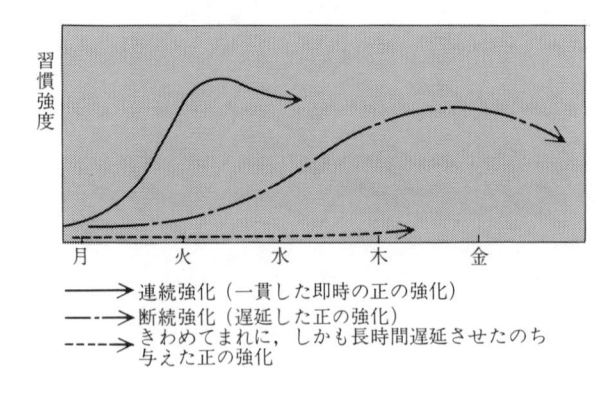

図13-5（a） 習慣の形成（Ackerman, 1972）
習慣形成は，望ましい行為に一貫して即時に正の強化を与えたとき，もっともはやく達成される．毎日，5セント硬貨を与えるほうが，毎週1ドル紙幣を与えるよりも効果的である．

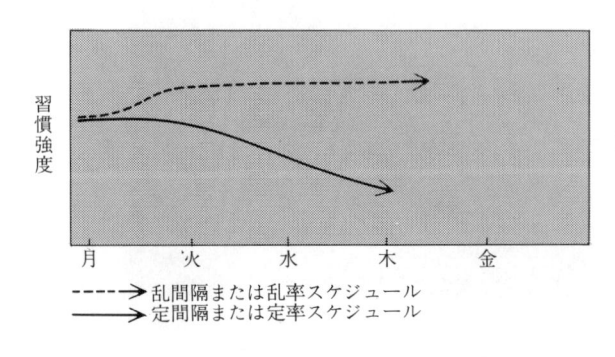

連続強化（一貫した即時の正の強化）
断続強化（遅延した正の強化）
きわめてまれに，しかも長時間遅延させたのち与えた正の強化

図13-5（b） 習慣の維持（Ackerman, 1972）
ひとたび形成された習慣を高い強度水準で，維持するには，強化スケジュールをまばらなものにしなければならない．そうしないと行動が実行される率は，低い水準に低下してしまう．また，実行される率をある水準に維持するには，ときおり，新しい種類の強化刺激を導入することが必要となる．

乱間隔または乱率スケジュール
定間隔または定率スケジュール

表 13-2

種々の社会的不安をもつ患者の不安階層表（ミス C の症例）
ミス C は試験恐怖のため幾度も失敗した為治療を受けた，17 回の行動療法（脱感作）セッションの後，(14) からはじまり最高 (1) の項目を不安なく想像できるようになり 4 カ月後試験を受け合格した．

ミス・C の階層表
A　試験に関連して
　1　答案用紙に答を書いているところ
　2　自分の前に配られた答案用紙
　3　答案用紙が配られるのを待っている
　4　試験場の閉ざされたドアーの前
　5　試験の日に大学へ行く道
　6　試験の前夜
　7　試験の前日
　8　試験の 2 日前
　9　試験の 3 日前
　10　試験の 4 日前
　11　試験の 5 日前
　12　試験の 1 週間前
　13　試験の 2 週間前
　14　試験の 1 カ月前
B　周囲から注視に関連して
　1　10 人から仕事をしているのを（とくに絵を描いているのを）みられる
　2　6 人から仕事をしているのをみられる
　3　3 人から仕事をしているのをみられる
　4　1 人のその道の専門家から，仕事をしているのをみられる（観察者が 10 フィート離れているところから不安が始まり，接近してくるに従って不安が増す）
　5　1 人の非専門家から仕事をしているのをみられる（4 フィートの距離ときに不安が始まる）

（Wolpe and Lazarus, 1966）

表 13-3　強化子の例

1. 食べ物（小型のキャンディ，少量のアイスクリーム，またはゼラチン）
2. 飲み物（一さじのクールエイド，ジュース，コーラ，レモネード，チョコレート，ミルク）
3. 品物（玩具，鉛筆，粘土，シャボン玉吹き）
4. 遊びの活動（ブランコに乗る，メリーゴーランドに行く，走る，キャッチボールをする）
5. 社会的特質（「たいへんよろしい」「結構です」「すばらしい」「いいぞ」）
6. 非言語的働きかけ（微笑みかける，くすぐる，抱きしめる，キスをする，背中をさする）

（Morris, 1976）

には不安の除去を行う．

　嫌悪条件づけ法は望ましくない行動に対して嫌悪反応（苦痛や罰）を条件づけることにより行動の変化を起こさせる方法である．このアプローチで最もよく知られる例は慢性アルコール中毒の治療である．催吐剤（吐き気を催す薬）をアルコール飲料に混ぜ，飲めばむかついて吐いてしまうようにする．そのような場面を何回も経験すると，アルコールを見ただけで吐き気を催すようになる．喫煙癖，肥満症，性的逸脱行動などにも同じ手続きで苦痛刺激（電気ショックなど）を与えて行動の変容を図る．ただし教育的配慮から子どもにはこの方法はほとんど用いられない．子どもの望ましくない行動の消去には無強化無反応（困る行動は叱りも賞めもしない——無視し，他の好ましい行動に声をかける）を用いる．

　オペラント条件づけ法は，障害行動を減少させ望ましい行動の頻度を増加させるために，患者の行動に対する環境的な強化の随伴性を組織的なプログラムに従って変えていく方法である．望ましい行動の形成には食べ物や賞め言葉など正の強化子をプログラムに従い与える．トークン・エコノミー法は強化子を組織立てて用いる方法である（表13-3）．

　　「あなたが時間どおりに昼食に来たから，1つのトークンをあげます．」「トークン10枚で週末の外出が許可されます」「トークンは寝床を整え，床を清掃し，身なりを整え，仕事の責任を引き受けるごとに1枚ずつあげます」

　このような方法により何年もの間病院内で無感動の状態にあった精神病患者が周囲に関心を示し，他患者と関係をもてるようになったという研究も報告されている（Kransner, 1971）．トークン法はまた自閉症，知的発達遅滞，学業不振，非行等の治療にも用いられ，効果をあげている．

（3）精神分析療法

　精神分析療法はフロイトにより創始された心理療法である．標準的な精神分析では，①患者の幼児期の中核的な情緒的問題を明るみに出し解決することによってパーソナリティを再構成し症状を除去することを目的とする，②自由連想，夢分析，解釈および転移神経症の系統的活用によってこの課題を達成する，③頻繁なセッションを長期間行う，という手続きがとられる．精神分析のねらいは，患者が自分を客観的に直視し，治療者の解釈により自己洞察を深めることである．フロイトは「エスあるところに自我を置く」と述べ，無意識の意識化を究極の目標としている．

　精神分析では神経症は自我の統制の効力を弱め，本能的な要求を強めるような無意識の幼児経験から発する，と考える．神経症的問題の最も顕著な徴候は不安であるが，それは自我統制のメカニズムが誤って作動していること，およびパーソナリティが危険な衝動で氾濫しかけていることを通報するものである．この見方からすると治療の本質的課題は自我を強めかつ否認された衝動の圧力を弱めて，患者が自分の力で自分の人生を築いていけるようにすることである．

表 13-4　青年期の簡易分析の問題点[1]

	一般的な場合		必要に応じて
患者の態度	不安，警戒的，拒否的，攻撃的，依存的，回避的		（アンビバレンス） （自己喪失－侵入，拘束， のみこまれる不安）
治療者の態度	支持的　受容的・やさしさ・保護的，心づかい 　　　　指示的・教育的，励ます，ほめる 　　　　（禁止や制限）		中立的態度
治療関係	思春期対象　よい対象，ラポール～陽性転移 　　　　　　　（自我理想） 適切な間をとる，自我境界を固める		わるい対象，陰性転移 アンビバレンス（依存・恨み） 万能感的理想化
治療のねらい	(1) 思春期対象を通して別の世界の発見 (2) 行動を通してのさまざまな体験 (3) 家族力動の修正	自我の統合と拡大への奨励	幼児期防衛，葛藤やアンビバレンスの処理
治療経過	① 導入	治療的関係づけ＝ラポール ・治療への動機づけ－役割をみとめさせる治療への参加 ・不安を理解して，助けになれることをわからせる 話題＝自由連想的な話し合い 　興味のあること，生活状況，特に対人関係，生活目標など	治療場面での態度・反応 （性格防衛）　　　　｝をとりあげる 治療（者）への感情 被害不安 （←母への恨みの投射） アンビバレンスへの直面
	② 感情表出と理解の深化	不適応の原因，メカニズムについての探求 自由に表明させ，その考え方，行動，症状の背後にある感情や欲求の理解 （→ラポールの強化，支持される経験） （自己の客観化，イメージと現実のズレ）	行動化，他の治療への中断， 悪化 転移神経症 転移精神病
	③ 解釈と訓練	・適時リードし，再教育～解釈 （投射，とり入れ，抑圧，反動形成，知性化など） ・思春期防衛を固めさせる 新しい行動への援助（再適応への援助，環境調整，行動をさまたげるものの処理） 逆転移＝万能感，愛情欲求，エディプス葛藤などの幼児的感情	集団訓練　｝役割と責任 入院　　　｝（脱感作的） 逆転移をぶっつけてみる
	④ 終結	依存関係の処理＝独立・自律への援助 分離不安の処理 生活目標の明確化，社会の中へ位置づけ	
家族調査	両親の問題意識の検討→態度の修正，再教育 家族力動についての理解→家族の成長促進		・合同家族面接 ・入院
治療的要因	・安心，信頼感，自信，自尊心（支持）が得られる ・父（母）親像の確立（→父母離れ），新しい自我理想の確立，男（女）らしさの獲得（とり入れ・学習） ・上位自我の修正（修正情動体験） ・成熟－社会性，現実性（自我自律性）の獲得		幼児的うらみ （歪曲）　　　｝の修正・処理 エディプス葛藤 ・洞察

自由連想法は精神分析の中心的課題である現在の症状と行動の背後にある隠された無意識的な願望と葛藤を明るみに出すための重要な方法である．自由連想法で分析者は，相手を寝椅子に横たわらせ，分析者は相手から見えない枕もとに座り，「頭から浮かんでくることを何でも，そのまま，そのとおりに話してください」という自由連想法の基本原則を行う．自由連想法のねらいは，相手の自我の防衛をゆるめさせるところにある．そこで相手の心は裸にさせられ（不安が生じ），退行がみられてくる．つまり治療場面で，その人の特有な固着点があらわになり，幼少期の感情体験が再現されてくることになる．分析者は中立的態度で接し，相手の心の動きを映し出す鏡の役割を果たす．相手は幼児期の父親や母親との関係に基づくさまざまな欲求や感情を分析者に向けてくる．そこに愛情，尊敬，信頼，依存などの陽性転移，憎しみ，恐怖，反抗，嫌悪，不信感，軽蔑などの陰性転移が現われるのである．

夢の分析は，睡眠中には自由連想のときよりさらに著しく自我の統制は弛緩することに基づいて行われる．夢は無意識的欲求に関する情報の宝庫である．フロイトは夢を「無意識への王道」と呼んだ．夢は患者の深層に長い間わだかまっている情緒的問題をあらわにするだけでなく，現在の生活の緊張や葛藤をも表しているものなのである．

簡易精神分析は，標準型精神分析が週5日，1回50分ずつ，数年にわたって行われる技法であるのに対して，積極的治療を取り入れ短縮化を図ったものである．簡易分析では，相手の状況や治療条件に応じてかなり知的，教育的，暗示的，あるいは現実指向的な形での支持的要因を加味する．それは再教育法に近いものから，標準型分析に近いものまで幅広いものであり，対象と状況とにより，治療者の態度や治療のねらいなどを適切に使い分けていくものである（表13-4，5）．

フロイトによって創始された精神分析理論は，心理療法の主流を担いつつさらに，ユング（Jung, C. G., 1986-1961）の分析的心理学，フロム（Fromm, E., 1900-1980），サリヴァン（Sullivan, H. S., 1892-1949），フロムライヒマン（Fromm-Reichman, F., 1950）らの新フロイト派を生み，広く哲学や文学の領域にも多大な影響を及ぼしている．

〈事例 T子〉
　T子は18歳の女子学生で，次のような症状を訴えて来所した．人の目が気になり，自分の行動が不自然になる．友達のことばに翻弄される．自信がない．昼食時や休講の時間に友達といる時がとくにつらい．
　話すとき顔がこわばる．それをかくそうとすると，さらに緊張する．毎日，神経をすりへらし疲れ果て，ちかごろは食事の際にも手がふるえ，不眠気味であるという．
　T子は，神経質で口やかましい母に抵抗せず，すべてをガマンし，努力する頑張り屋として育った．父はおとなしい人で，何ごとにつけ，あてにはできなかった．母に叱られないためにT子は努力した．成績はよかったが，競争心や反発心が先にでてしまうので親しい友人はできない．仲間がしゃべりあっている姿には気を引かれる．しかし実際に自分が中に入ると気を使い，ひどく疲れる．人間関係が不安定で，自然な自分でいることができない，と訴える．
　笠原（1977）は対人恐怖症者が苦手とする人間関係として，親しい間柄でも全く未知の人でもなく，その中間のいわば半知りの人達で，それも同年輩の少人数，特に3人グループで漫然たる雑談をするような関係をあげ

表 13-5　青年期の症状と治療法の選択[2)]

治療法		知識・情報の不足	不安・緊張状態	恐怖状態	転換状態	心気状態	抑うつ状態	強迫状態	性格の歪み	境界例	統合失調症
支持	指導・再教育	⊕	⊕ / ╫	╫ / +	╫	⊕	╫ / ⊕	+	╫ / +	╫	╫ / ⊕
	暗　　示		⊕	╫ / +	╫ / +			+			
	環境調整		+	+	⊕		+		+	+	+
訓練	行動療法		---- / +	⊕							±
	自律訓練法		⊕	± / +	+	+					
表現	カタルシス		+ / +		+	+ / +	+	±	+ / ⊕		
洞察	簡易型精神分析		+ / ╫	+ / ⊖	+ / ⊖	+	+ / +	⊖ / +	⊕ / +	+ / ⊕	+
	標準型精神分析				+	+			⊖	⊖	±
	患者中心カウンセリング	+	⊖	+	+	⊕		+ / +	+ / +	╫	
向精神薬			+ / ⊕	± / +	+ / ±	+ / +	⊕			⊕	⊕ / ╫

⊕…かなりよく用いるもの（まず最初に用いるもの）　+…用いて有効なこともある
╫…わりによく用いるもの　±…ときに用いられることもある

ている．三人状況は家族の次に最初に出会い，つくりあげていく人間関係の最少の単位の集団である．また，多層にわたる人間関係をつくりあげていく基礎となる人間関係である．対人関係における強い不安はT子の事例からもわかるように，家族関係と深い関係のあることがわかる．

　フロイトは，乳幼児期の心理的体験を重視し，それ以後の人格形成または症状形成に深い影響を及ぼすものであるとしている．

（4） 家族療法

家族療法は，フォン・ベルタランフィ（von Bertalanffy, 1968）の一般システム理論を基礎理論とする（図13-6）．

子どもが問題行動を起こしているとき，それは「子どもが問題」であるのだろうか，それともその子を含む「家族が病んでいる結果」であるのだろうか．家族療法では後者の見方をとる．家族内の1人の問題（神経症や問題行動など）は家族全体の問題，家族システムの機能障害の結果であると考える．家族システムが歪んでいても家族はそれに気づかないことが多い．そのようなとき，その家族は「悪い」子どもをもつことで，かろうじて安定を保っていることがある．別の場合には，家庭内暴力などの行動化（acting out）をする「難しい」子どもこそが両親や家族全体を1つにまとめていることがある．

もう1つの場合は，「親の役割をとる子ども」である．この子たちは忍耐心と責任感が強く一見「良い子」である．彼らは家族内で，過重に責任を果たそうとする．親の期待を先に汲み取り親の意にそわせて弟妹にもかかわる．極端な場合には役割の逆転が生じ，子どもが親をかばい世話したりもする．それでいてこの役割逆転はカムフラージュされ，症状を表している子が，親をわずらわせる問題の子，と評価されているのである．

家族療法では「問題をもつ子」を扱うのではなく，その子を含む「家族全体」を治療の対象とする．家族の中の問題の個人ではなく問題の家族を治療するという認識である．そこで，治療から逃げがちな父親も家族治療の中に引き入れる努力をする．合同家族療法では「患者とみなされた者」とともに父親も母親も兄弟も一緒に，家族体系そのものの病理と機能不全に焦点を当てる治療過程への参加が試みられるのである．

家族の病理についての代表的な概念には，①二重拘束（double bind），②家族ホメオスターシス（family homeostasis）の理論がある．

二重拘束とは，家族の中の「犠牲者」が1つの状況で同じ時に矛盾したメッセージを与えられ，心理的に立ち往生する状態をいう．次の例は，母親が子どもに言葉で与える指示と仕草で示す指示がまったく対立している場合である．子どもはどちらの指示に従っても母に否認されることを知っており，混乱を起こす．

> 「食べたくなければいいのよ」と母は言いつつ，その目は「食べない子は大嫌い」という気持を示していた．それを察して，吐き気を覚えながらも食べようとすると，母はKの態度に責めを覚え，「食べなさんな，といったでしょ」と叱る．Kはますます胸苦しさを覚える．

このような二重拘束状態を幼児期より繰り返し経験させられると，コミュニケーション機能に混乱が生じ，分裂病的行動をもたらす，とベイトソン（Bateson, 1972）らは論じている．家族ホメオスターシスとは，家族が危機状況に直面したとき，安全性を保持しバランスを取り戻そうとして家族成員がある機能をとることをいう．つまり「問題の子」の状態が改善されると家族の他の構成員に障害が現れるという現象（息子の登校拒否がやっと治ったが，今度は母が

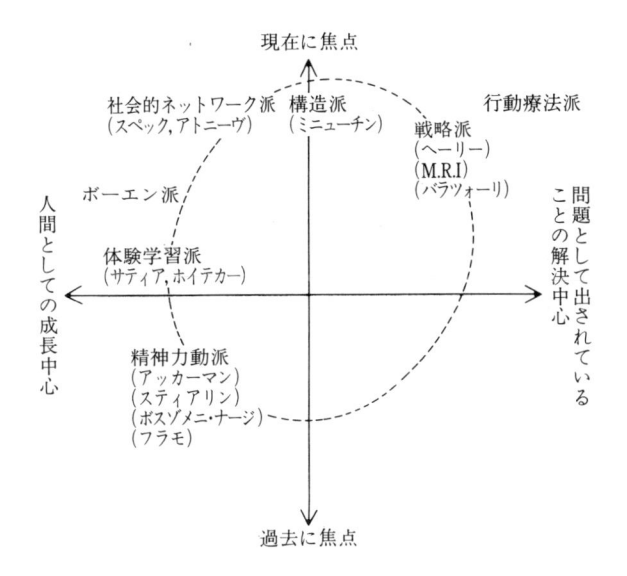

```
                          現在に焦点
                              ↑
    社会的ネットワーク派   構造派      行動療法派
    (スペック,アトニーヴ) (ミニューチン)
                            戦略派
                           (ヘーリー)
                           (M.R.I)                問
  人                       (パラツォーリ)           題
  間     ボーエン派                                 と
  と                                              し
  し                                              て
  て      体験学習派                               出
  の      (サティア,ホイテカー)                      さ
  成   ←――――――――――――――――――――――――――――→            れ
  長                                              て
  中                                              い
  心      精神力動派                                る
          (アッカーマン)                            こ
          (スティアリン)                            と
          (ボスゾメニ・ナージ)                       の
          (フラモ)                                解
                                                 決
                                                 中
                                                 心
                              ↓
                          過去に焦点
```

図13-6 家族療法の諸派とシステム論の範囲
S. J. Schultz: Family Systems Therapy,
an integration, 1984 の p. 6. Fig. 2 をもと
にして国谷が再構成したもの（点線の楕円
形型内がシステム論）[2]

表13-6 絵画表現による家族療法

技　　　　法	目的とする効果	人員	治療者の関与	言語	対象
A：患者あるいは家族に「家族」という課題を描かせ説明させる	個人のもつ家族観の言語化	個人の病理↓家族全体の病理	法的→行法的派	言語↓非言語	知能(高)↓知能(低) 大人↓子ども
B：患者と家族に同じ課題の絵を別個に描かせ批評しあわせる	相互不理解部分の明確化				
C：患者と家族が別個に描いた同じ課題の絵を，同席の場所で交換し，好きなように修正しあわせる	絵を媒介とした相互介入				
D：家族全員に1枚の絵を話しあいながら共同制作させる	一過性の濃厚な人間関係の現出				

（石川，1983）

キッチンドリンカー——アルコール中毒——にという例は少なくない）は，この家族が常に誰か1人病んだ一員をもつことにより家族システムを安定させていることを意味する．そこで家族療法では，家族の個々の構成員ではなく，家族体系を全体として変える必要があると治療上考えるのである．

家族療法の中でミニューチン（Minuchin, 1974）は家族構造システムとその家族を含む環境構造のシステムに問題があるために，神経症や問題行動が生じると考え，治療の目標を家族構造の変革に置いている．図13-7〜図13-14はミニューチンの用いている家族構造図の図示法である．

明瞭な境界線をもつ家族構造は，家族のそれぞれが自分の役割と機能を明確に理解できるという点でも，状況に応じて柔軟に行動の転換ができるという点でも，家族は通じ合いがよく，安定し，機能的である．それに対して，あいまいな境界線と固い境界線をもつ家族は，その度合いが極端であればあるほど，非機能的な家族となる．

あいまいな境界線が支配的である家族の人間関係は，境界線の両側の構成員（たとえば図13-10，12，13の母と子．癒着，連合，共棲などの関係を示す）が互いに相手を巻き込み，相手に振りまわされる状態になる．このような家族は網状家族と呼ばれる．

逆に境界線が極度に固い場合は遊離家族と呼ばれ，家族構成員は相互の支持関係をもたない（図13-14では，夫婦は反目しており，父も母も症状を示している子の支えになっていない）．遊離家族では家族が支え合わないため，互いに情緒的に満たされず，家族外に家族のようなよりどころ（非行グループ，新興宗教活動，愛人）を求めることも多い．

家族療法では治療の最初から最後まで1つの全体としての家族に焦点を定め，最初に誰が患者とみなされたかにかかわりなく，家族の全構成員に，より健康な生活をもたらすような家族過程の変化をめざす．治療では「問題の患者」に関心の中心を置きつつ，個人的な精神力動とともに家族過程をも重視するのである．

AC（Adult childrenアダルト・チルドレン）とは幼少期に身体的，性的，精神的な虐待を受けた経験（心的外傷）をもつために，心が傷つき，自分の行動や思考，感情や人間関係の支障が大人になってからも続く状態をいう．多くの場合このような体験は子どもを安心させることができない機能不全に陥った家族の中で重ねられるものである．虐待を受けて育った人が，大人になって虐待をする側になるなど，不健全な行動や言動が世代間で連鎖することはよく知られるようになっている．

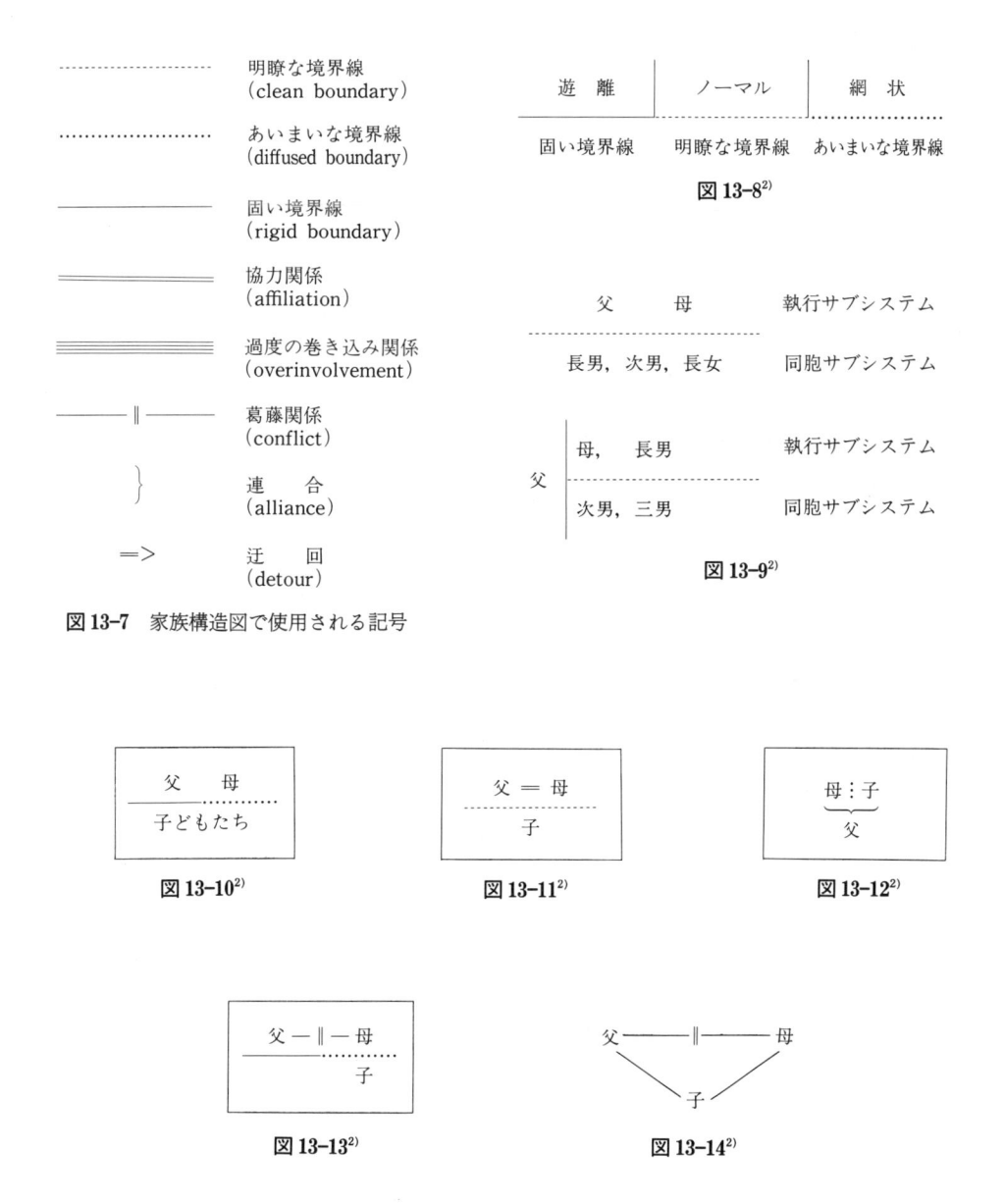

```
------------------- 明瞭な境界線
                   （clean boundary）

................... あいまいな境界線
                   （diffused boundary）

─────────── 固い境界線
                   （rigid boundary）

═══════════ 協力関係
                   （affiliation）

≡≡≡≡≡≡≡≡≡≡≡ 過度の巻き込み関係
                   （overinvolvement）

────‖──── 葛藤関係
                   （conflict）

       }           連　合
                   （alliance）

      =>           迂　回
                   （detour）
```

図 13-7　家族構造図で使用される記号

遊　離	ノーマル	網　状
固い境界線	明瞭な境界線	あいまいな境界線

図 13-8[2)]

```
       父　　母          執行サブシステム
  ────────────────
    長男，次男，長女      同胞サブシステム


       │ 母，長男         執行サブシステム
    父 ├────────────
       │ 次男，三男        同胞サブシステム
```

図 13-9[2)]

父　母
───────
子どもたち

図 13-10[2)]

父 ＝ 母
───────
子

図 13-11[2)]

母：子
───
父

図 13-12[2)]

父 ―‖― 母
───────
子

図 13-13[2)]

```
   父 ─────‖───── 母
         \        /
          \      /
           ─子─
```

図 13-14[2)]

(5) おのおのの心理療法過程の実際

ここで患者と治療者の対話をユーモラスに戯画化した記事を紹介する．これは，心理療法とは無関係な雑誌（Journal of Irreproducible Results）に掲載されたものの一部である．風刺的ではあるが，ホフマン（Hoffman, S., 1973）は現代のそれぞれの心理療法のアプローチの特色をよく把握している．

治療の対話を想像したものを表13-7に引用する．このような簡単な特性描写をするためには治療の過程を過度に単純化せざるをえない．そのため主要な各心理療法内部の観点の深さとバリエーションは十分に描き出せていない．しかし，精神分析，来談者中心療法，人間学的実存的心理療法，行動療法および家族療法のアプローチの実際を簡便にとらえるためには役立つかもしれない．

3. 心理臨床の諸領域

(1) 臨床心理士の制度

臨床心理士の制度はわが国では日本心理臨床学会を中核に心理学諸学会が母体となり日本臨床心理士会が発足し（1989年），文部科学省と厚生労働省の支援のもとに臨床心理士の資格認定が制度化された．心理検査や心理技法を通じ，総合的な心理査定（アセスメント）を行うことのできる臨床心理の専門家の資格を認定する制度である．この資格を有する臨床心理士が心の専門家として，病院，学校，警察，裁判所，福祉施設，一般企業，独立したカウンセリングルームの開業などの各領域において社会の求めに応じた専門的な活動を行うようになってきている．ここでは病院臨床と教育相談臨床について以下にのべる．

(2) 病院臨床

病院臨床とは精神障害者の診断と治療を目的とする精神科臨床領域における心理臨床の総称である．病院臨床に携わる心理臨床家は心理所見を精神科医師へ提供し，薬物投与によらない心理療法（精神療法）を主たる業務として行ってきた．ところが，力動的精神医学や病因に関する心因論的見解が台頭して，これらに基づく治療技法が成果をあげ，さらに治療の場を病院から地域社会へと拡大することによって，高い治療効果がもたらされる事実が評価されると，心理臨床家の活動領域が拡大するようになった．すなわち，心理臨床家を中心にしたパラメディカル・スタッフの参加の必要性が認識されるようになってきたのである．すなわち，精神科医師，心理臨床家，PSW（psychiatric social worker）および看護婦（士）からなる医療チームによる精神医療の始まりである．このような背景から，心理臨床家の役割は医療行為に対する法的規則を受けながらも，以前とは比べものにならないほど重要なものになり，精神科臨床には必要不可欠な存在となっている．

(3) 教育相談臨床

教育相談臨床とは学校教育に関連する領域で行われる心理臨床活動の総称である．ことに今

表 13-7　立場の相異による心理療法体験のちがい

フロイト派（精神分析）
P　私はライ麦パンにハムをのせて食べられますよ，辛子をつけてね．
T　大量のリビドーが退行的な対象に置き換えられていますなー，確かに．しかも肛門サディズム期への固着もややみられますよ．
P　何かよい方法はないでしょうか．
T　多分水道のバルブをいじったり，車のチェーン・アップでもしてみることですな．

ロジャース派（患者中心非指示的カウンセリング）
P　ちくしょう！　何てあほらしいんだ．
T　あほらしい気持のようですね．
P　あんた何で私のいうことをオーム返しにいうの？
T　私があなたにオーム返しをするのが気にかかっているようですね．
P　一体全体どうなっちまうんだ？
T　混乱しているようですね．

実存的（人間学的実存的心理療法）
P　すみません，今日は来るのが遅れて．
T　その申訳けなさにもっと触れてみてくれませんか？
P　御迷惑をおかけしたのでなければ良いが，と願っています．
T　私が期待していることに注意を向けないで，あなたの方の選択力つまり，あれかこれかのどちらかを選び取る能力に焦点を合わせてみましょう．
P　でも私には遅れようというつもりはなかったのです．
T　わかります．そしてそのことを無視しようというわけではありません．しかし私達が求めている存在の場は「今−ここ」から発散している（ブーバーの言う意味での）我と汝の内在性であります．そして「今−ここ」から存在と非存在の間の緊張意識へと入っていき，さらに存在すること（be-ing）それ自身の超越へといたるような関係の内在性なのであります．こうして究極的には自己（self）について我という大洋的なアイデンティティと，空間−時間の連続性が自覚されることを目指しているのです．
P　ヤレヤレ

行動論的（行動療法）
P　憂うつなんですが．
T　オーケィ．じゃ，まずこのリストをみて下さい．ここには憂うつになるような文句が色色並べてありますが，それらを一番憂うつさの少ないものから順に，より憂うつなものへと並べ，それらを一つ一つこっちにある葉書と対応させて下さい．では次にこっちの電極の方に来て下さい──心配しなくても大丈夫──頭をこの万力の上に置き，左足はこの締め金にのせて下さい．さあ，私が数を10まで数えたら，次にしていただきたいことは……

システム論的（家族療法）
治療者　お母さんはどうですか．どんな風にお子さんたちに説明するかをお父さんとごいっしょに話し合うことができましたか．
母　そうですねーえ．それが私たちの問題のひとつなんだと思います．子どもたちに対して主人がすることと私のすることとは別々なんです．
父　そんなことは，全然心配する程のことじゃないと思うけど．
治療者　もちろん，ある意味じゃそうですけど．でもねーえ，これを使って，私たちは，家族の中でいろいろなこと（メッセージ）がどんな風に伝わり合っていくのか，知ることができます．私たちが，家族の内で取り組んでいることのひとつは，おうちの方々がどんな風にコミュニケートし合っているのか，つまり，みなさんがどんな風にハッキリと伝え合っているのか，ということなんです．私たちは，ジョニー君とパティちゃんがハッキリしたメッセージをつかむことができるようになるために，お母さんとお父さんがどんな風に協力し合えるかを検討する必要があるのです．

日のように不登校（登校拒否）者が激増し，対人関係能力の未熟さに起因する不適応行動が，学内・外でのいじめ・いじめられ，自殺や殺人までを多発させる社会事情の中では心理臨床家による専門的な対応は欠かせないものとなってきている．臨床心理士の活動を特に学校教育の場に特定する制度がスクールカウンセラー（学校カウンセラー）の制度であり，同じく日本臨床心理士会により1995年に制度化されている．これらを通じて，教育の場にも心理臨床の専門家が教師とは異なる立場で関与し，問題解決に当たるようになった．

教育相談臨床では心理臨床家が，専門的な心理学的知識や技術をもちながら，子どもの能力や性格，適応性などを深く洞察し，教師とは異なる立場で問題解決にあたり，教育現場の活動を助ける．また教育相談臨床では，子どもの行動についての診断や治療，訓練，指導などの活動を行うだけではなく，子どもをとりまく親や家族，友人集団や教師，地域社会の問題も心理臨床活動の対象とし総合的な解決をはかる活動をする．

教育相談臨床機関には教育研究所や児童相談所，大学や企業などの教育相談室がある．そこで扱われる主な相談内容は次のようなものである．

① 知能や言葉などの遅れや偏りを問題とする発達上の問題，② 勉強嫌いや学業成績の低下などの学習上の問題，③ 食事，排泄などの基本的生活習慣や社会的行動のしつけなど生活指導上の問題，④ 落ち着きがなく情緒不安定であるなどと，無気力，粗暴，乱暴などの性格行動上の問題，⑤ 吃りやチック，緘黙（かんもく），自慰，夜尿などの習癖についての問題，⑥ 登校拒否や家庭内暴力，神経症などの情緒障害や精神障害の問題，⑦ 盗みやシンナー遊びなどの非行を主とする社会的行動上の問題，⑧ 身体障害や知能遅滞などの問題．

これらの相談内容は，親や教師が主に問題にしている主訴によって分類されているが，単純な内容であることは少なく，ほとんどが重複した相談内容をもっている．教育相談臨床機関は一部では相談を主とするところもあるが，ほとんどの機関では心理治療や言語などの機能訓練，家族面接，集団面接，心理検査など，診断や治療，訓練，指導などすべての臨床活動を行っている．

また，教育研究所や児童相談所などは地域に根づいた教育相談臨床機関であるため，地域の学校，教育委員会，保健所，福祉事務所，児童館や地域の訓練会，警察，青少年対策委員会等との緊密な連携をとりつつ，子どもの治療・相談を行う機能をもつものである．図13-15〜18は5歳男児Yの行動障害についての治療と家族全体への危機介入援助を教育相談所が中心となって行った経過を示している．

　　5歳のYは問いかけられても応じず，場に合わない単語を突然口にするのみで対話が不能だった．コインの音に異常な関心を示し，他人の財布をひったくっては100円や10円玉を集めた．他の子どもには激しい恐怖を示し，遊ぶことはおろか近寄ることも困難であった．1人で迷子になると5〜6時間も電車やバスで放浪し，警察に保護された．それにもかかわらず，母の姿が（トイレに立って）見えないと激しく泣き，嘔吐さえした．Yの行動は自閉症様行動異常であったが，

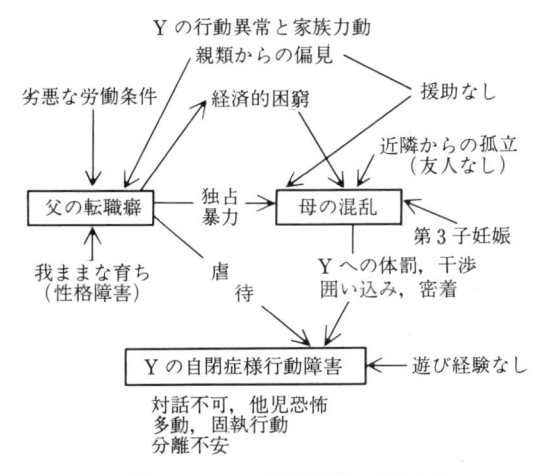

図13-15 Yの行動異常と家族力動

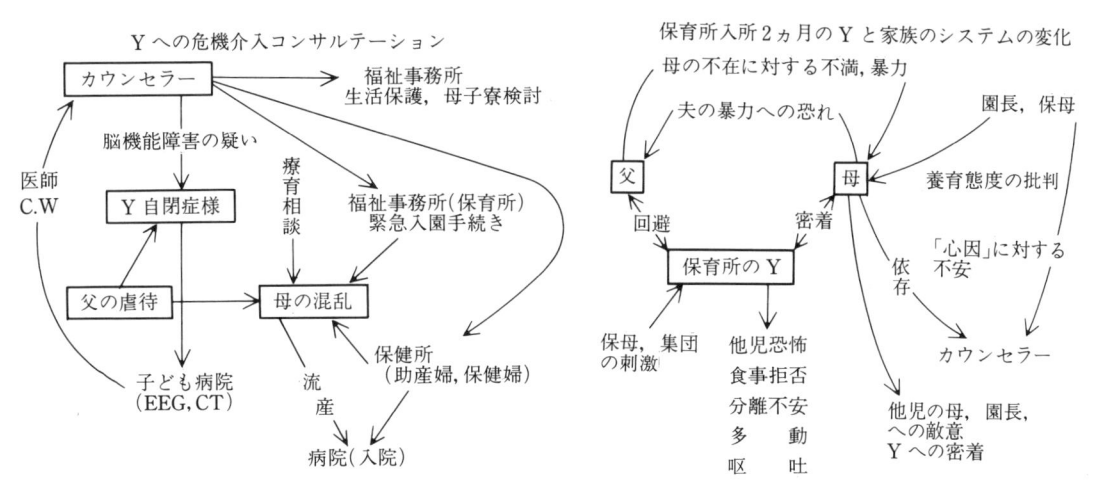

図13-16 Yへの危機介入コンサルテーション

図13-17 保育所入所2か月のYの家族のシステムの変化

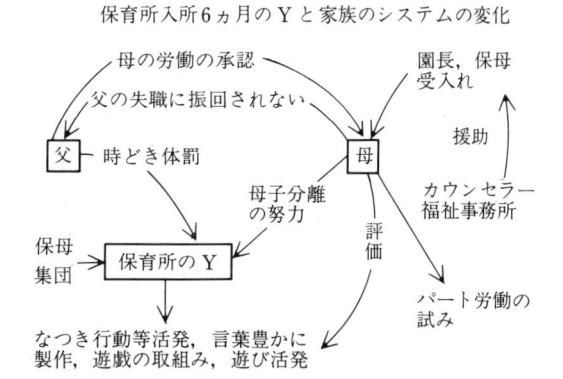

図13-18 保育所入所6カ月のYと家族のシステム変化

父の暴力，母の情緒的混乱の育児による環境因による情緒障害の結果であるとも考えられた．右図は環境因への危機介入を関連機関に緊急協力要請のもとに行い，約1年後，家族の安定とともにほぼ正常な6歳男児の状態に成長した経過を示した図である．

（4） 心身障害の理解と教育相談

障害という言葉は多義的である．英語で「障害」にあたる言葉をあげると，disorder, disability, deficiency, handicap, disturbance, difficulty, lesion…と多数の言葉が該当する．1981年の国際連合による提唱では，障害には次の3段階が示された．

a） impairment（何らかの回復困難な損傷）

　　肢体不自由を例にとれば，脳性マヒは脳に回復困難な損傷をもつ状態をあげうる．同様に，視覚，聴覚，身体諸機能，内臓諸器官などに何らかの回復困難な損傷が生じた状態である．

b） disability（損傷に基づく能力の不全）

　　損傷がもとになり歩行機能を失ったなど，人がもつ能力（見る，聞く，動かす，考える…）が損傷の故に機能しがたくなる状態である．

c） handicap（能力の不全に基づく社会的な不利）

　　歩行不能になったために社会生活に多くの支障をきたしたなど，能力の機能不全に伴い，社会適応が困難となる不利な条件を負う状態をいう．

これらをふまえて，知的障害について考えてみる．知的障害の原因は（図13-19）に示すように多岐にわたり相乗的に作用するものと考えなければならない．知的障害の教育はその障害の程度と質により次の3段階が示されている．

①教育可能（*educable*）　発達速度は緩慢だが社会生活に必要な知識，技術の習得が可能なレベル．

②訓練可能（*trainable*）　普通教育で教科や技術の習得は望めないが，身辺の処理，生活適応は訓練により可能なレベル．

③完全要保護（*custodial*）　生涯を通じて家庭か学校，施設等で保護が必要なレベル．

次に学校教育のなかで今日しばしば論議をよんでいるいくつかの障害を検討してみる．

（a） 情緒障害（emotional disturbance）

情緒障害は家族の人間関係などによる心理的な原因による情緒や行動の反応をいう．

心身症や神経症，より軽度な神経性習癖や対人不安，非行や逸脱行動などを含むものであり，多くは家族関係や関わり方の改善により変化を期待することができるものである．情緒障害の治療には心理的な葛藤や抑圧を解きほぐすために，遊戯療法（play therapy）やカウンセリングなどの心理療法がしばしば用いられている．

① 出生前の原因
　○母体の感染症
　　　（風疹・トキソプラズマ・梅毒・他）
　○放射線照射
　○薬服用(サリドマイド・抗けいれん剤,他)
　○疾患（心臓病・高血圧・精神病・代謝疾患）
　　　・糖尿病・他）
　○中毒（アルコール・麻薬・喫煙）
　○血液型不適合(RHマイナス・ABO不適合)
　○妊娠中毒症
　○染色体異常
　　　（→ダウン症候群,18トリソミー症候群他）
　○栄養障害(るいそう・貧血・肥満)
　○外傷(腹部打撲・性器出血・他)

② 出生時の原因
　○仮死
　○低体重児(2,500g以下,未熟児)
　○重症黄疸
　○分娩時間の遷延
　　　（初産24時間，経産12時間以上）
　○帝王切開,鉗子分娩,吸引分娩,
　　陣痛促進剤
　○前早期破水,羊水過多
　○臍帯巻絡
　○胎盤機能不全
　○その他

③ 出生後の原因
　○脳炎,髄膜炎,他
　○脳外傷(事故等)
　○予防接種後遺症
　○頭蓋内腫瘍,脳症,血管障害
　○てんかん
　○その他

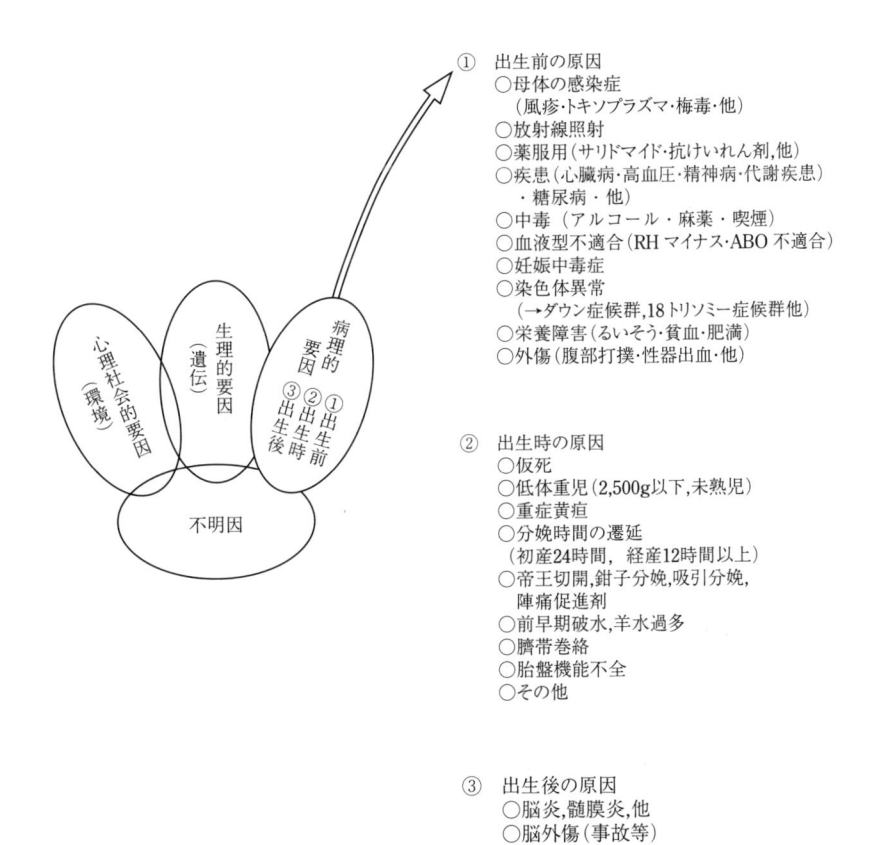

図 13-19　知的障害の原因

（b） 学習障害（learning disability, LD）（ADHD）

ここでいう学習障害（LD）とは，いわゆる成績不振や学業不振とは異なるものである．すなわち，一部には高い記憶力や強い集中力，繊細な感受性や創造性をもちながら，中枢神経系の微細な機能障害（minimal brain dysfunction, MBD）により，特殊な学習能力が障害を受けているもの（specific learning disabilities）をいう．心理神経学的学習障害ともいわれるが，最近では ADHD（注意欠陥多動性障害（attention hyperactivity disorder, DSM-IV）とも呼ばれるようになってきている．その特徴は発達年齢に対して著しく不相応な注意散漫，多動（過活動）衝動性が5～7歳までにみられ，学齢期に入ると特徴的な学習上の障害を示すものである．それは，①読みの障害……一字一字は読めても，文章としての意味が理解できないので読書困難（dyslexia）といわれる．読むことを除けば普通の子と変わらない子もいる．②書きの障害……文章を読んで理解する力は十分あるのに，文字を書けない（黒板の字をうつせない）障害である．文字を書くには目で見たものを手の運動との協応により形づくるという視覚—運動の協応作業が必要である．

書字困難はこのような協応動作が困難なために生じる．また，視覚認知に障害をもつ場合にも書字困難は生じる．文字の上下逆転，鏡映文字，一部欠落文字，枠からの文字のはみだしなどの書きの障害が生じる．③算数障害……算数の障害には計算に障害をもつ計算障害（dyscalculia）と，量的な考え方の障害をもつものとがある．計算障害は認知障害のために数字を再視覚化できず，そのために計算能力が支障されるものと考えられている．また，機械的な計算はできても量的な考え方（数の意味理解）ができないために式をたてられない算数障害もある．④非言語性の障害……脳の機能障害のために環境の認知能力に障害（場面の意味理解の困難など）が現れている場合をいう．

LD児の行動特徴は学習上の問題とは別に，多動（活動性の亢進），注意集中困難（注意転動，保続），不器用，ぐず（協調運動の障害），衝動性，感情易変性，などの行動上の問題を示すことが少なくない．また，認知能力に障害があるため，自分の机や教室の認知が正しくできなかったり，机やカバンの整理ができない，学校のルールやゲームのルールがわからない，周囲の変化による刺激を受けやすく落ち着きを欠く，などのクラスの問題児的な様子を示すことがしばしばある．計算問題をさせると満点をとるのに，非常に緻密な地図などは集中して書くことができるのに，そのような生活上の問題を多発させるため，級友や大人たちからは社会的成熟が低いとみなされることが多く，対人関係で不適等な待遇を受けやすい．そのため，本人の反応を引き起こしやすい（いじめをうける）などの問題点をかかえるため，教育上の配慮を要するといえる．

（d） 言語障害（Language disability）

言葉を用いて人とコミュニケーションをすることがさまざまな理由により困難である状態であることを言語障害という．言語は言語的意味活動（Language）とコミュニケーション活動

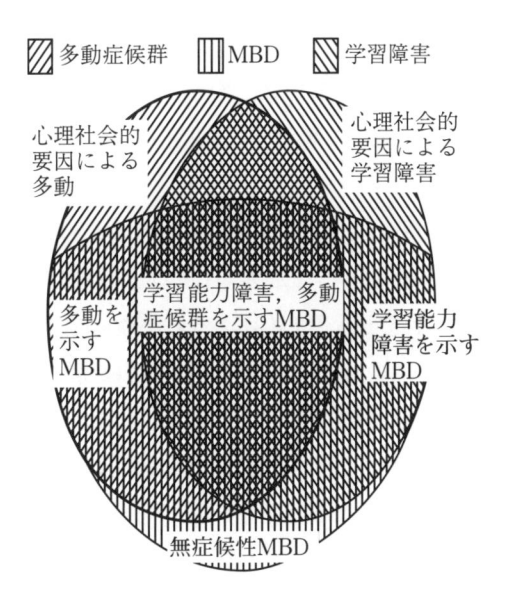

図 13-20　MBD と多動・学習能力障害の関係（Arnold, L. E., 1976）

(speech) の手段として用いられるものである．それゆえ，言語障害は機能的障害（Impairment, 言葉を理解し作り出す能力はあるが音声表出機能に障害をもつ）と能力の障害（disability, 言葉を理解し作り出す能力に障害をもつ）の2つの障害としてとらえる必要がある．

言語障害には構音障害（唇，舌，口蓋，咽頭などの奇形，損傷，麻痺などにより構音—言葉を発声する機能—が正しくできない障害），吃音（言葉の流暢性の障害で，話そうとする時に呼吸・発声・構音器官にけいれんがおきて話しがつかえる—難発—と，繰り返す—連発—と，引き伸ばす—伸発—のタイプがある），声の障害（音声の大きさ，高さ，質が言葉の伝達に困難を生じさせる障害と，心因から生じる失声症など）などがある．

言語障害の治療教育には①聴力，②発声発語器官の形態や機能，③神経学的成熟，④知的能力，⑤情緒，⑥環境条件を考慮の上，豊かな言葉の環境を調整する必要がある．

(e) 聴覚障害

聴覚に障害をもつために，言葉によるコミュニケーションに支障をきたす障害である．平均聴力損失が90デシベル（dB, 人がだしうる最大の音）以上の場合を聾と呼ぶ．一般に高音域から難聴となり，ソプラノは受容できなくてもバスなら聴取可能であることが多い．人が知覚可能な周波数域は16〜2000ヘルツ，120デシベル以上の音は痛覚となる．聴覚障害には伝音性難聴（外耳または中耳の障害により聞こえが悪くなったもの．音を大きくすれば音・音声ともに正常に聞こえる）と，感音性難聴（内耳の聴覚機構に障害があるため，音を大きくしても明瞭度を欠き，言葉の内容を聞き取ることが困難）の二種類がある．聴覚障害の治療教育には早期発見と教育措置，音声環境の調整がとくに必要である．補聴器の装用については，音を聞き分ける聴能訓練が並行して行われなければならない．

(f) 視覚障害

視覚障害は視力の程度で分けると，全盲（両眼で視力ゼロ．光を感じることもない），重度弱視（両眼矯正視力が0.04〜0.02のもの．準盲），中度弱視（両眼矯正視力が0.1〜0.04のもの．弱視レンズ使用で文字が読める），軽度弱視（両眼矯正視力が0.3〜0.1のもの．新聞の活字を接近して読める）のレベルがある．視覚障害は失明時期の影響が大きい．5歳以下で失明した場合は視覚表象を持たないため，物に対する概念形成，知識，理解，行動，動作などに多くの影響をもたらす．視覚障害の教育は視覚以外の感覚を用いて外界の認知を行わなければならない．日常生活の90％近くが視覚を媒介としていることからも，そのハンディキャップは大きい．日常生活の歩行や移動に直接関係する空間認知能力の開発と，点字を中心とする文字使用（読みと書き）の指導が重要な課題である．

表 13-8 聴力損失段階と予想される問題および必要な教育上の配慮

区分	損失段階	良耳の 500, 1000, 2000 Hz における平均損失	生活上の困難	補聴器の適合	必要な教育上の配慮
A	正　　常	25 dB 以下	ほとんどの場合問題がない		
B	軽度損失	25〜40 dB	小声の話声を聞き落したり注意の持続困難な場合が多い	装用不要な例が多い．装用で利益をうる場合がある	ケースによって，読話と補聴器使用を指導する．担任の配慮が必要
C	中等度損失	40〜55 dB	1.5 m の距離で話声を理解するが聞き落しが多い．放置すれば言語発達がおくれ，指導中集中の困難が大きい	最大の利益が得られる	読話・聴能訓練．ケースによっては言語治療も必要
D	中高度損失	55〜70 dB	大声の話声は理解するが教室やグループの話し合いには困難が大きい	ほとんどの例が利益を得られる（85 dB まで）	読話・聴能訓練の他，特別な言語指導なくては言語習得困難，教科の個別指導も必要，難聴児の特殊学究が適するものもある
E	重度損失	70〜90 dB	1 m の距離で大声がきこえる．衝撃音や増幅音だけはわかる．母音は区別でき子音は区別できない．話しことばや言語の習得が大幅におくれる		話しことば，聴能訓練，補聴器の使用，言語指導を中心にしたろう学校か，特別な学級での指導が必要．はじめこの指導をうけて，後，普通の学校学級に移るものもありうる
F	最重度損失	90〜100 dB	強大音が聞こえる場合がある．目で見なければ増幅音でも理解困難なのが普通	役立つ可能性がある（100 dB まで）役立つ例は稀である	E 段階の教育が全面的に必要．はじめ特殊な教育をうけた後，普通の学校，学級に入るものもあり得る
G		100〜110 dB			

Goodman (1973), Davis and Silverman (1970), Berger and Millin (1971) から再構成.

表 13-9 日本訓盲点字清音表

あ か さ た な は ま や ら わ ん
い き し ち に ひ み　 り ゐ
う く す つ ぬ ふ む ゆ る
え け せ て ね へ め　 れ ゑ
お こ そ と の ほ も よ ろ を

（5） コミュニティ心理学

　コミュニティ心理学とは地域（community）に根ざした専門家集団による精神衛生活動のチームワークをいう．専門家集団とは心理臨床家，精神科医，PSW（精神医学的ソーシャルワーカー），福祉司，保護観察官，地域グループ指導者，地域学校教師などを含み，地域全体の援助活動のネットワークの中で精神疾患への対応と予防，研究の取り組みがなされることをいう．

　このような観点の背景には，問題行動や情緒障害，精神的疾患などはその問題をもつ個人にのみ原因を帰すべきではなく，その個人をとりまく社会との相互作用の結果であるとする見解がある．図13-22はミラー（Miller, 1978）の生物体システムの7つのレベルである．すなわち心理的な問題をもつ患者はその環境との関連の中で，つまり社会機構，仕事仲間，学校，家族などの上位システムとの関連の中で治療的介入がなされなければならないと考える．個人の精神的疾患は環境との関わりの中で発生し，強化されるものであるからである．

　コミュニティ心理学は診療室や相談室での治療活動を地域の網の目による緊急で直接的で多重的なケアに展開させるという機能をもつものである（図13-21）．その中で，

　危機介入…自殺など心理的な危機に対し機動力をもった専門的援助が地域内で柔軟に果たされること

　コンサルテーション…患者の問題に焦点をあて，医療，教育，地域活動，福祉などの総合的な援助ネットワークを「今ここで」利用できるように配備すること

　非専門ワーカーの利用…ボランティアや非専門カウンセラーによる補助的な活動を活発にし，予防的な機能が果たせるようにすること

　精神衛生教育…心理的に悩んでいる人に対する公衆の態度を変え，協力者としての教育を促すこと

などを重要な仕事として行っているのである．コミュニティ心理学は「第三の精神衛生革命」と呼ばれ，過去にピネル（Pinel, 1945-1826）によって狂者が鎖から解放されたこと，次いでフロイトが神経症は心理学的要因を原因として症状が現れるのであるから治療的技法を伴った話し合いを通しての治療が可能であるということが示された．それと同様に，人間の機能不全を軽減させる展望を大きく与えるものであると期待されている．心理的治療の地域社会への介入がなされるにつれ情緒的障害の軽減化と予防に効果をあげつつある成果を通して新しい治療概念として広まりつつある心理学の領域であると考えられている．

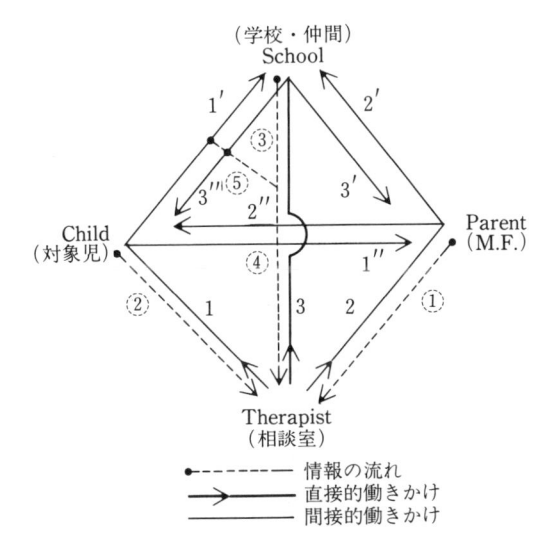

図 13-21 相談室を中心として対象児,学校,両親の 4 項指導システム (Miller, 1978)

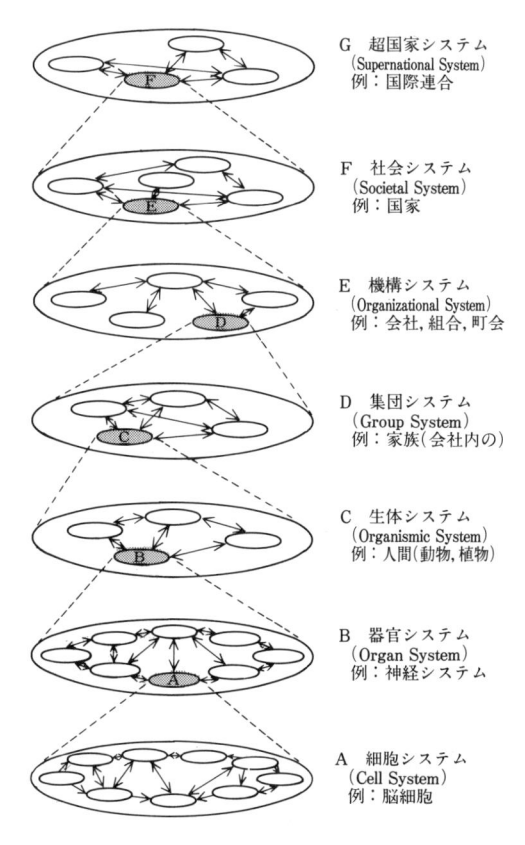

図 13-22 生物体システムの 7 つのレベル (Miller, 1978)

14　社会的行動

「人間は社会的動物である」という有名な言葉がある．われわれがどんなに人との関わりや，社会との関係を避けようとしても，生きていこうとする限り人や社会と完全に隔絶することは不可能である．われわれ人間が生きることそのこと自体社会の中で行動することだからである．われわれは社会の中でどのような存在であるのか，社会はわれわれにどのように影響しているのか，われわれは社会とどのように関わっているのかを考えていく．

1. 自　己

　ふだん自分に注意がむかうことはまれであるようであるが，実際には多くの状況でわれわれは自己に注意が向いている．たとえば好きな異性の前では，相手にどのように見られているか気になる．ジェームスは，自己を「知る自己（I）」と「知られる自己（me）」に分けた．I が me を見て，意識の対象としてとらえている心的過程を自己意識という．自己に注意が向いている状態のことを客体的自覚状態，自己が集団に埋没している状態を没個性化という．
　客観的自覚状態とは，鏡を見たり自分の声の録音テープを聞かせたりする場合であり，没個性化状態とは，スポーツ観戦やコンサート会場で興奮して集団で大声をだしているような時をいう．

（1）自己概念

　自分という人間はこういう人間であると位置づけて自分自身を定義することを自己概念という．平素この概念は安定していてさほど意識されることがないが，環境の変化（進学する，就職する等）により混乱する場合がある．しばらくしてその混乱は落ち着くが，それは自分という人間がどういう人間であるかを新しい状況で理解したから，つまり自己概念を理解したからである．自己概念を測定する方法はさまざまあるが，簡単な方法として，自分自身について自由に回答させる方法がある．「Who am I ?」という質問に 20 の答えをだす方法である（図 14-1）．「私は，…」の後を自由に記入して，その内容を分析する．主観的か，客観的内容かなどの分析により，自分自身をどう定義しているかがわかる．

下の 1 から 20 までのそれぞれの横線の上に，次の質問を読んで頭に浮かんだことを，20 通りの違った文章にまとめてください．

「私は誰だろうか」

この質問はあなた自身に問いかけるもので，他の人から，あるいは他の人への問いではありません．そのつもりで頭に浮かんできた順に，理屈や大切さを抜きにして，1 から 20 まで埋めてください．時間が限られているので，なるべく手早く片づけてください．

「私は誰だろうか」

① 私は _____
② _____
③ _____
④ _____
⑤ _____
⑥ _____
⑦ _____
⑧ _____
⑨ _____
⑩ _____
⑪ _____
⑫ _____
⑬ _____
⑭ _____
⑮ _____
⑯ _____
⑰ _____
⑱ _____
⑲ _____
⑳ _____

図 14-1 20 答法「Who am I ?」テスト回答用紙（Kuhn, M. H. & McPartland, T. S., 1954）[1]

右の表のタテ・ヨコの数値を決めてから，垂直・水平の線を書き込むと，あなたの Johari Window ができます．

1. 自分が自分を知っている度合（10 が最高，0 が最低）を横軸に．他人が自分を知っているだろうと思う度合（10〜0）を縦軸に．
2. もっと自分を知りたい（フィードバックを欲しい）度合を横軸に．他者に自分を出していると思っている度合を縦軸に．
3. 相手に対して，その人が欲しているだろうと思われるフィードバックの欲しさの度合を横軸に．その人の開放性の度合を縦軸に．

（柳原，1980）

	自分が	
	知っている私	知らない私
他者が 知っている私	第 1 の窓 開放領域	第 2 の窓 盲点領域
他者が 知らない私	第 3 の窓 隠蔽領域	第 4 の窓 未知領域

ジョハリの窓

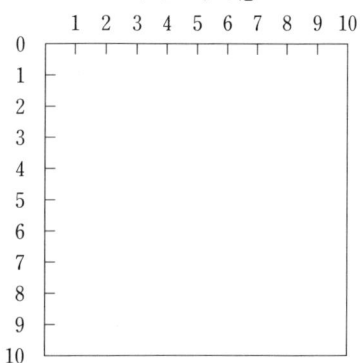

図 14-2[2]

(2) 自己開示
(a) ジョハリの窓

「対人関係における気づきのグラフ式モデル」といわれるジョハリの窓（図14-2）は，自分自身について，自分と特定の他者との気づきによって対人関係を理解・発展させようという試みで，ラフト（Luft, J.）とインガム（Ingham, H.）によって考案された．

われわれの心には，自分のことについて知っている部分と知らない部分，他者が私のことを知っている部分と知らない部分がある．これを組み合わせて，心の4つの領域ができる．

① 開放：自分にわかっていて，相手にもわかっている私の領域
② 盲点：自分にはわからないが，相手にはわかっている私の領域
③ 隠蔽：自分にはわかっているが，相手にはわからない私の領域
④ 未知：自分にも，相手にもわかっていない私の領域

ラフトによれば①の開放された領域が大きく開かれることによって自己や他者に対して自分の真の姿を自由に表現することができるとしている．それでは，開放の領域を広げるにはどうすればよいのか．それは②の盲点の領域と③の隠蔽の領域を小さくすればよいのである．すなわち，自分自身について知らないことを他人に教えてもらう，自分しか知らない隠していることを知ってほしい他人に知らせれば，開放の領域が広がるのである．

(b) 自己開示の測定

自己開示とは，未知既知を問わず，特定の他者に対し意図的に自分に関係する情報を言語的に伝達することをいう．つまり，自分のことを知ってほしい相手にさらけ出すことである．それではわれわれはいったい誰にどれだけの自己開示を行っているのであろうか．自己開示という概念はジェラード（Jourard, S. M.）によって取り入れられた．ジェラードは自己開示質問紙（JSDQ）を考案し，身近な人物に対してどのような自己開示を行っているか測定を試みている．日本でも同様な測定方法が用いられた研究が榎本（1997）によって行われている（表14-1）．

(c) 自己開示の機能

安藤（1994）によれば，自己開示することによって自分自身や他者に与える影響は次の6つになる．

① 感情表出機能：感情を表出することによるカタルシスの機能
② 自己明確化機能：自分の意見や自己概念の明確化
③ 社会的妥当化機能：自分の意見や能力が社会的に妥当がどうか判断できる
④ 二者関係の発展機能：開示を受けた者がそのお返しとして開示を行うことにより二者関係が親密になり発展する．
⑤ 社会的コントロール機能：開示内容を意図的に選択して，相手への印象をコントロールする
⑥ 親密感の調整機能：相手との親密度の適切なレベルを保とうとする

表14-1 榎本(1997)の自己開示質問紙(ESDQ)

項目	打ち明ける対象			
	父	母	最も親しい同性の友人	最も親しい異性の友人
1 知的能力に対する自信あるいは不安	( )	( )	( )	( )
2 心をひどく傷つけられた経験	( )	( )	( )	( )
3 現在持っている目標	( )	( )	( )	( )
4 容姿・容貌の長所や短所	( )	( )	( )	( )
5 運動神経	( )	( )	( )	( )
6 性的衝動を感じた経験	( )	( )	( )	( )
7 友人に対する好き・嫌い	( )	( )	( )	( )
8 過去の恋愛経験	( )	( )	( )	( )
9 職業的適性	( )	( )	( )	( )
10 こづかいの使い道	( )	( )	( )	( )
11 親の長所や欠点	( )	( )	( )	( )
12 生きがいや充実感に関する事	( )	( )	( )	( )
13 休日の過ごし方	( )	( )	( )	( )
14 文学や芸術に関する意見	( )	( )	( )	( )
15 友達のうわさ話	( )	( )	( )	( )
16 興味をもって勉強している事	( )	( )	( )	( )
17 情緒的に未熟と思われる点	( )	( )	( )	( )
18 拠り所としている価値観	( )	( )	( )	( )
19 外見的魅力を高めるために努力している事	( )	( )	( )	( )
20 体質的な問題	( )	( )	( )	( )
21 性に対する関心や悩み事	( )	( )	( )	( )
22 友人関係における悩み事	( )	( )	( )	( )
23 異性関係における悩み事	( )	( )	( )	( )
24 興味をもっている業種や職種	( )	( )	( )	( )
25 自分の部屋のインテリア	( )	( )	( )	( )
26 家族に関する心配事	( )	( )	( )	( )
27 人生における虚しさや不安	( )	( )	( )	( )
28 芸能やスポーツに関する情報	( )	( )	( )	( )
29 最近の大きな事件に関する意見	( )	( )	( )	( )
30 芸能人のうわさ話	( )	( )	( )	( )
31 知的な関心事	( )	( )	( )	( )
32 嫉妬した経験	( )	( )	( )	( )
33 目標としている生き方	( )	( )	( )	( )
34 外見に関する悩み事	( )	( )	( )	( )
35 身体健康上の悩み事	( )	( )	( )	( )
36 性器に対する関心や悩み事	( )	( )	( )	( )
37 友人関係に求める事	( )	( )	( )	( )
38 好きな異性に対する気持	( )	( )	( )	( )
39 人生における仕事の位置づけ	( )	( )	( )	( )
40 服装の趣味	( )	( )	( )	( )
41 親に対する不満や要望	( )	( )	( )	( )
42 孤独感や疎外感	( )	( )	( )	( )
43 趣味としている事	( )	( )	( )	( )
44 社会に対する不平・不満	( )	( )	( )	( )
45 関心のある異性のうわさ話	( )	( )	( )	( )

(榎本, 1997を植木がまとめた)[4]

①〜③は個人的機能，④〜⑥は対人的機能である．

（3） 自己呈示

誰もが相手によい人だと思われたい，悪く思われたくないと思っている．そのためにわれわれは相手に対して自分自身を演出している．このことを自己呈示という．自己呈示はどのようなもので，どのように機能するのであろうか．

自己呈示とは，「他者から肯定的なイメージ，社会的承認や物質的報酬などを得るために，自己に関する情報を伝達すること」（『社会心理学小辞典』有斐閣）をいう．相手に「よい自分」の情報を与え，「悪い自分」の情報を隠すことである．日常で実際行っている自己呈示行動は，テデスキとノーマン（Tedeschi, J. T. & Norman, N., 1985）によれば，① 戦術的または戦略的 ② 防衛的または主張的の組み合わせによって4分類できる（表14-2）．

防衛的・戦術的自己呈示とは，ある対人場面で相手が自分対して一時的に好ましくない印象を抱く可能性があるときに，悪い印象を与えないようにする行為をいう．主張的・戦術的自己呈示とは，防衛的・戦術的自己呈示とは違って，ある特定の印象を相手に与えようとして積極的に自分の行動を操作することである．そして戦略的自己呈示は，戦術的自己呈示を長期的に用いるるように組み立てることによって達成される．

2. 対 人 魅 力

われわれはどうして人を好きになったり嫌いになったりするのだろうか．どのような過程を経て好意を抱き親密な関係になるのだろうか．対人関係のなかで起こる好悪感情の生起をみる．

（1） 身 体 的 魅 力

相手に好意を抱く最も単純な要因にその人の顔立ちや容姿といった身体的魅力がある．身体的魅力は，対人関係の初期，つまり相手の内面的情報が乏しい時に対人魅力の重要な要因となる．

ウォルスターら（Walster et al., 1966）は，新入生歓迎のダンスパーティに参加を申し込んだ学生に対し，コンピュータで最適の相手を選ぶためといってさまざまな質問に答えたもらい，実は身体的魅力度に応じて作為的に男女のペアを作って引き合わせるという実験を行った．そして各人の身体的魅力性は，実験者によって会場に入るときに判定された．パーティの中休みに参加者は男女別々の部屋に分けられ，そこで相手に対する好意度と今後デートをする希望があるか調べられた．結果は，男女とも自分の身体的魅力とは無関係に相手の身体的魅力性と密接に関係していることがわかった（表14-3）．

（2） 類 似 性

われわれは，人種，性，所属集団といった社会的単位が同一であること，特性，性格，態度が同一であること，または，共通の目標などがあると他者に好意を抱く．とくに態度の類似性が他者に魅力を感じる重要な条件である．

表 14-2　自己呈示行動の分類

	戦術的	戦略的
防衛的	弁　解 正当化 セルフ・ハンディキャッピング 謝　罪 社会志向的行動	アルコール依存 薬物乱用 恐怖症 心気症 精神病 学習性無力感
主張的	取り入り 威　嚇 自己宣伝 示　範 哀　願 称賛付与 価値高揚	魅　力 尊　敬 威　信 地　位 信憑性 信頼性

（Tedeschi & Norman, 1985）[5]

表 14-3　相手と再びデートをしたいと答えた学生のパーセント

	相手の美貌		
	醜　い	平均的	美しい
醜　い　男性	41	53	80
平均的　男性	30	50	78
美しい　男性	4	37	58
醜　い　女性	53	56	92
平均的　女性	35	69	71
美しい　女性	27	27	68

（Walster, E., 1966 による）[6]

バーン（Byrne, D., 1971）の行った実験では，まず学生被験者に「社会的態度調査」を実施し，さまざまな事柄に関する態度を測定した．その後，一定期間をおいて被験者たちにある人物が回答した態度調査票を渡され，それを見てその人物を吟味するように求められる．この渡された調査票はある基準に基づいて被験者と類似したものから類似していないものまでが人為的に作成されていた．最後に被験者とある人物の好意度が測定された（図14-3）．自分の態度と類似性が高いほどある人物に対して魅力を感じることが見出された．

類似性がなぜ対人魅力となるかは，強化理論またはバランス理論で説明される．前者によると，他者の考えが自分と同じことで意見の妥当性を与えられ，その経験が快感情をもたらすからであり，後者によれば自分の他者もある対象に同様な態度であればバランスのよい状態になるからである．

なお，下斗米（1990）によれば類似性は相手との関係の初期および中期で重視されるが後期になると役割分担ができ互いの異質性についての認知が促進されると考察されている．

（3）返　報　性

一般に人は自分を好きになってくれる人を好きになると思われている．はたしてそうであろうか．バックマンら（Backman, C. W. & Secord, P. F., 1959）は，学生被験者10名からなる3つのグループに1週間ごとに6回討議をさせた．そのうち1回目，3回目，6回目に「もし2人ずつの組になるとしたら誰と組みたいか」という質問に対し，1回目ではあらかじめ実験者から自分に好意を持っていると知らされた人を選ぶ傾向があったが，回を増すごとにその傾向は減少した（表14-4）．

アルトマン（Altman, I., 1973）の自己開示の返報性仮説によれば，非内面的情報は関係の初期に内面的情報は関係の中期に徐々に返報性に応じて増大してくる（図14-4），このことは後の研究によって検証された．

（4）近　接　性

空間的な距離が近いほど接触回数が多くなり相手に対して好意を抱く可能性が増す．ザイアンス（Zajonc, R. B., 1968）は，被験者にいろいろな人の写真を見せたところ，見る回数が増えるにしたがって好意が増大したところから単純接触仮説を提唱した．セガール（Segal, M. W., 1974）は警察学校の生徒に対して親しい友人の名前をあげてもらった．警察学校はアルファベットによる出席番号の順によって座席，宿舎の割り振りなどが決められる．したがって，出席番号の近い者同士の空間的な距離は近く接触回数も高くなる．結果は，出席番号の近い者同士が親しい友人になっている（図14-5）．

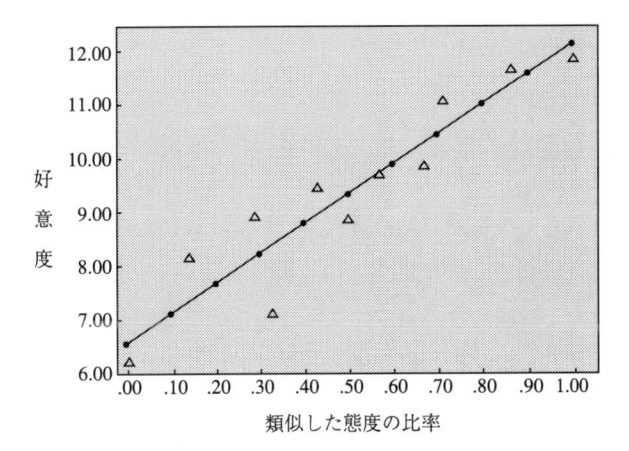

図14-3 態度の類似率と好意度との関係（Byrne & Nelson, 1965）[3]
図中の△印は実験結果．態度の類似率と好意度との間の関係は
$$Y = 5.44X + 6.62$$
の正の一次関数で示される．

表14-4 好きになると教えられた人が選択された頻度

会合		教えられた人が選ばれた数				人数	確立
		3	2	1	0		
第1週	理論値	0.4	6.2	15.5	6.9	29	<.01
	観察値	2	15	7	5	29	
第3週	理論値	0.2	4.3	10.7	4.8	20	>.20
	観察値	0	6	11	3	20	
第6週	理論値	0.2	3.9	9.6	4.3	18	>.20
	観察値	1	3	11	3	18	

理論値とは偶然によっておこると考えた場合に選択される人数であり，観察値とは実際に行われた選択結果である．

（Backman, C. W. & Secord, P. F., 1958）[8]

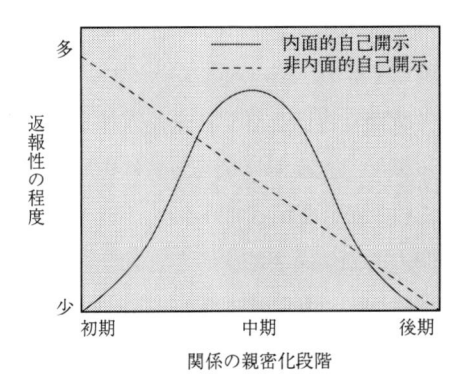

図14-4 自己開示の返報性モデル（Altoman, I., 1973）[9]

3. 社会的態度
（1）態度

モノが売れない時代になり，企業は多額の広告宣伝費をつぎ込み，それを見た消費者がモノやサービスを購入するようになったり，ならなかったりする．今の時代パソコンぐらい操作できなくてはとパソコンスクールに通い始める人もいれば，最初からあきらめている人がいる．このような人間の行動を説明するのに態度という概念を用いる．態度は，「人や事物・社会問題に対してもつ，一般的で持続的な，肯定的または否定的な感情」（Pettty, R. E. & Caciopo, J. T., 1981），または，「ある対象への好意的・非好意的な評価により表出される心理的傾向」（Eagly, A. H. & Chaikin, S., 1998）と定義される．

（2）態度の構造

態度とは，感情，認知，行動の3つ成分からなる観察可能な刺激と反応の間に考えられている媒介変数である（図14-6）．3つの成分を説明すると次のようになる．

① 感情：対象に対して抱く好悪の感情，良悪の評価．態度にこの感情要素があることが，単なる知識と異なる点である．好の感情はその対象への接近傾向を，悪の感情は回避傾向を生じさせる．

② 認知：態度の対象を規定している信念および知識．態度は特定の対象に対して問題にされ，この対象は物や個人や集団の場合もあるし，平和，政治などのような抽象的な概念の場合もある．

③ 行動：態度の対象に対する行動の意図および計画．特定の行動と態度が一対一の完全な対応関係を示すのは稀であって，態度はある方向への行動をとるように人々を動機づける，行動への傾向性を生じさせる．

（3）態度の機能

ある対象に対して態度があらわれ継続するのは，その人にとって利益があったり役立つからである．カッツ（1960）は動機づけの立場から態度の機能に次の4つを挙げている．

① 適応機能：環境内の報酬を最大にし罰を最小にするように働く機能．製薬会社の社員が薬害を訴えては職場で孤立するが，薬は問題ないとするなら職場適応は容易になる．

② 自我防衛機能：外界の脅威から自己を守り，受け入れることのできないことを意識しないために獲得し保持する機能．人種偏見をもつ者は劣等感が強いので，偏見の対象の人種を差別する事によって心の安定を保っている．

③ 価値表出機能：自己の個人的価値を表明することによって自己概念を高め保持しようとする機能．自信がなくなった時，自分の理想を思い出し自分らしさを回復する．

④ 知識機能：自己の世界を安定させるため，周囲の世界に基準ないし枠組みをあたえ保持する機能．たとえば，野球に興味があまりなくても高校野球で自分の出身県の高校を心情的に応援する．

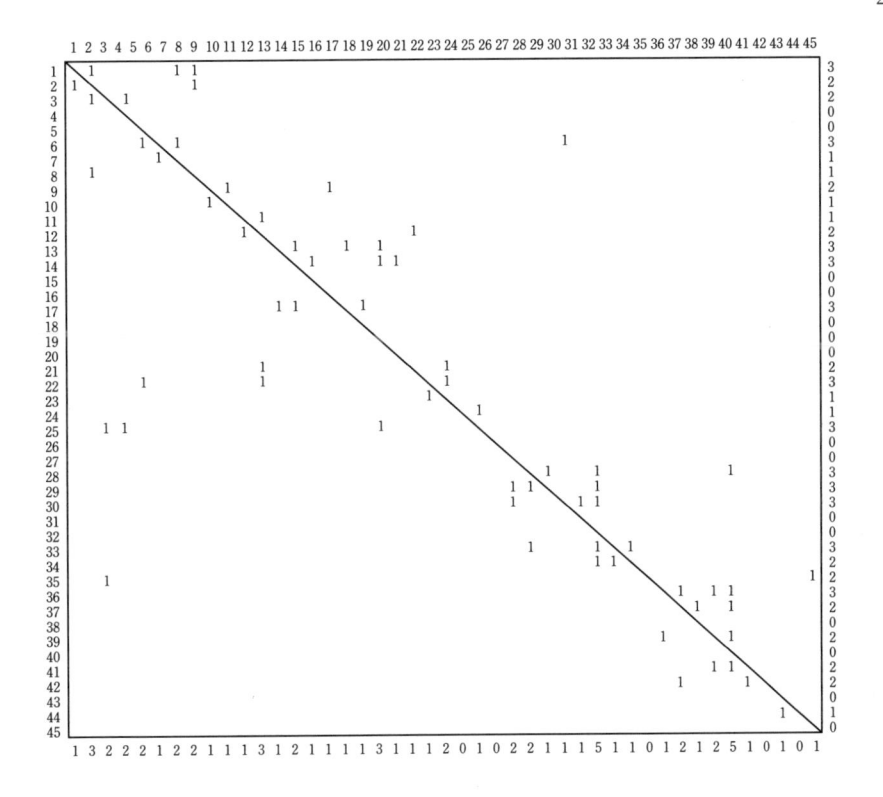

図 14-5　出席番号と友人選択 (Segal, M. W., 1974)[10]

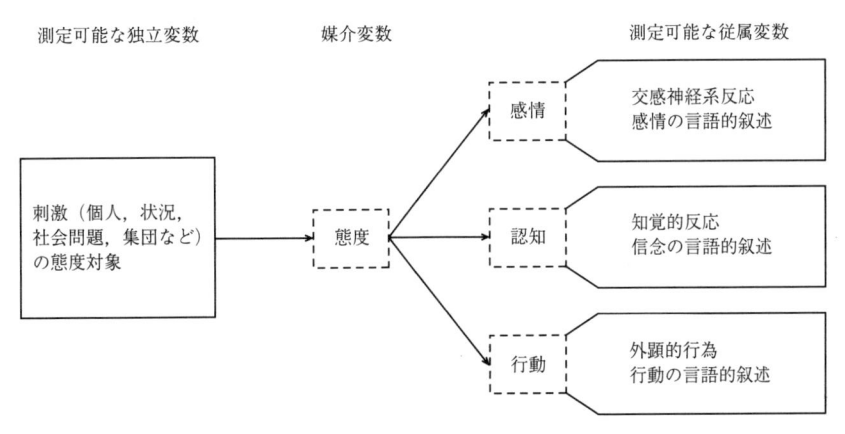

図 14-6　態度の3成分 (Rosenberg, M. J. & Hovland, C. L., 1960)[11]

（4）態度変化

（a）バランス理論（認知的均衡理論）

ハイダー（Heider, F., 1958）は，認知する人（P），他者（O）と認知対象（X）との3者関係の認知がどう均衡するかというバランス理論を提唱した（図14-7）．このP—O—X関係の形態には，感情的関係と単位関係の2種類がある．感情的関係は，好き—嫌い，尊敬—軽蔑，賛成—反対などを意味する態度の関係である．つまり，個人が対象を肯定的にまたは否定的に評価しているときの両者の心情関係である．次に単位関係とは，2つのものがまとまりあるものとして認知されるとき，単位関係にあるといわれる．つまり，類似，近接，所属，所有などの関係にある場合である．

P—O，O—X，P—Xはそれぞれ感情的関係か単位関係であって，それぞれプラス（＋）またはマイナス（－）の状態にある．この3つの符号の積が＋であれば，P—O—Xの関係は均衡しており，－であれば不均衡状態となる．人は，不均衡なP—O—Xの関係は不快な緊張をもたらすためバランスのとれた均衡状態を追求しようとする．たとえば，巨人ファンの人の大好きなタレントが巨人ファンであれば均衡状態の関係であり，中日ファンであれば不均衡状態になる．不均衡状態から脱するために，そのタレントを嫌いになるか，中日ファンになることによって均衡状態を作り出す．

（b）認知的不協和理論

フェステンガー（1957）の提唱した認知的不協和理論は，1人の個人のもつ認知要素間の関連を問題にしている．2つの認知要素の間には関連がある場合とない場合ある．関連がある場合はさらに，協和な関係と不協和な関係に分けられる．2つの認知要素XとYが矛盾なく共存する場合は協和的な関係であるが，論理的矛盾や経験との不一致の場合は不協和だとされる．たとえば，飲酒はほどほどでなければ体に悪いという認知要素と私は毎日たくさんお酒を飲んでいるという認知要素は普通不協和な関係にある（図14-8）．

不協和は不快な緊張状態であるので人はそれを除去または低減しようとする．不協和を低減または除去するためには，比較的変えやすい認知要素の方を変容させる．また，新しい協和的な認知を追加して，不協和の相対的な大きさを減じたり，不協和な認知要素の重要性を減じることによって不協和状態を低減しようとするのである．

フェスティンガーらは巧みな実験で認知的不協和を検討した．被験者の学生は誰もが退屈だと感じる課題を1時間させられ，つぎの被験者に「おもしろい作業だ」と言うように依頼される．承諾すると謝礼として1ドルまたは20ドルが与えられる．20ドル条件の被験者は高額の謝礼だからと自分の言ったウソを正当化できるが，1ドル条件の被験者はウソを正当化できないため「作業はおもしろくなかった」という認知を変えて「おもしろい作業だった」と思うようになる（表14-5）．

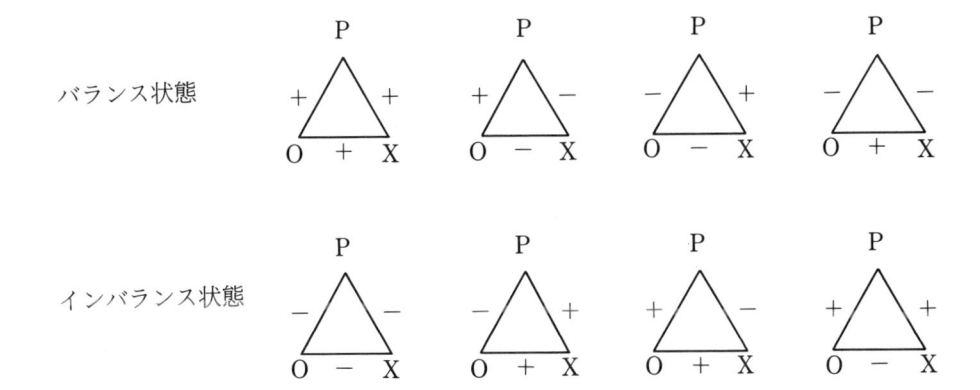

図 14-7 バランス状態とインバランス状態（Heider, 1958）[12]　好意的評価，つながり/ありの認知は＋，非好意的評価，つながり/なしの認知は－と表記してある．3つの符号を掛け合わせた結果がプラスとなるとバランス状態，マイナスとなるバランスではない状態（インバランス状態）といえる．インバランス状態になると，バランス状態になるように関係の変化が起きる．

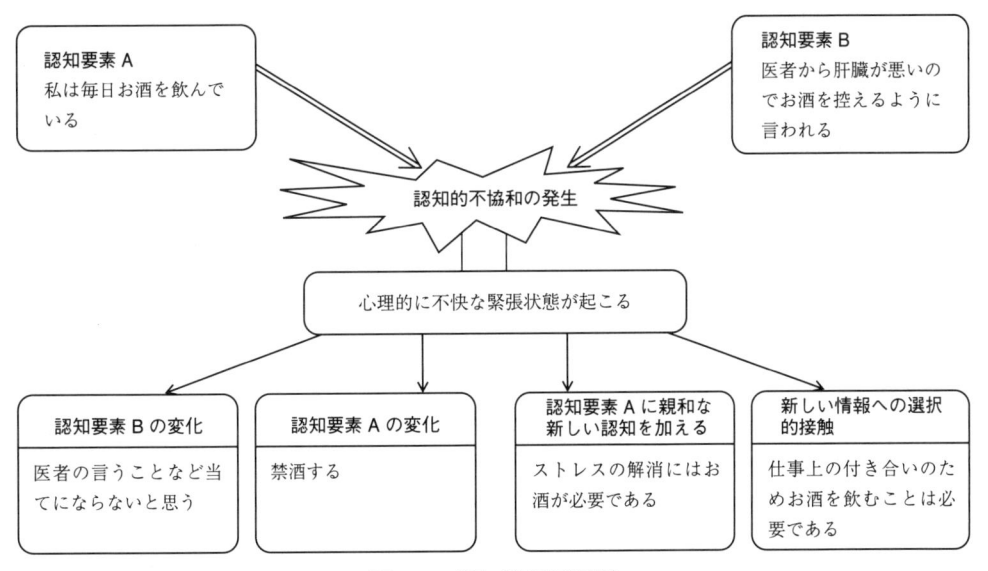

図 14-8　認知的不協和理論

表 14-5　実験に対する評価

質問項目	実験条件		
	統制条件 （N 20）	1ドル条件 （N 20）	20ドル条件 （N 20）
作業のおもしろさ（−5〜＋5）	−0.45	＋1.35	−0.05
実験からどれだけ学んだか（0〜10）	3.08	2.80	3.15
実験の科学的重要性（0〜10）	5.60	6.45	5.18
同様の実験に参加する意志（−5〜＋5）	−0.62	＋1.20	−0.25

注）条件間の差が統計的な有意水準に達しているのは「作業のおもしろさ」だけである．
　　N は被験者の数．

（Festinger, L. & Carlsmith, J. M., 1959）[14]

4. 社会的影響過程

多くの人が人前で話すのが苦手だという．普段友だちとはとめどなくおしゃべりできるのに，同じ友だちがいてもいざゼミで発表になるとあがってしまい，どうしても上手に話せなくなってしまう．友だちが講義をサボると言い出すと自分は受講したくても一緒に行動をともにしてしまう．このようにわれわれの態度や行動は，他者の存在やあり方，他者からの働きかけによって大きく左右される，この過程を社会的影響過程という．人はどのような状況や方法でどのように影響を受けるのか，どのような心理状態になるのか見てみる．

（1） 社会的促進と社会的抑制

スポーツを観戦していると応援により選手がよい成績をだす場合がある．また，ワープロで文書作成をしているときに人に見られているとミスタッチが多くなるときがある．このような現象は前者を社会的促進といい，後者を社会的抑制という．

マーカス（Markus, H., 1978）は，被験者に作業服に着替えて実験を行うと告げ，大きめのソックス，特大のテニスシューズ，だぶだぶの白衣を渡した．被験者は3つの条件に分けられ，作業着に着替え，その後実験は中止になり元の服に着替えた．3つの条件は，①単独条件：部屋で1人で着替える，②観察者条件：観察者のいる部屋で着替える，③単なる他者条件：何気なく実験装置を修理している人がいる部屋で着替える．それぞれの条件で着替えに要した時間が測定された（図14-9）．

単独条件と比べると，観察者条件や単なる他者条件でも，自分の服を着るという慣れた「易しい課題」は作業が促進され，作業服を着るという不慣れな「難しい課題」は作業が抑制されるという結果が見いだされた．このように課題によって異なった結果がでることについて，ザイアンス（1965）によれば，他者の存在が行為者の動因水準を高め，やさしく慣れた課題では正反応（課題達成に導かれる反応）が優勢であり，不慣れな難しい課題では誤反応が優勢であると仮定された．つまり前者の場合行動が促進され，後者の場合は抑制されるのである．

（2） 社会的手抜き

みんなで力を合わせれば，1人1人の合計以上の力が発揮できることがある．だが，集団の中で個人の成果が現れず，集団全体の形でしか評価されない場合，人は1人の時ほど社会的圧力や責任を感じなくなり全力をださない．このことを社会的手抜きという．

ラタネ（Latan, B.）らは，大声をだすや拍手するといった行為を1人，2人，4人，6人と人数を変えて行った．その結果，集団の人数が大きいほど全体として音の大きさは大きくなったが，1人あたりの音圧は逆に小さくなった（図14-10）．また，タイミングのずれなどを考慮して被験者に目隠しをして同じような実験を行った．被験者は複数で叫んでいるつもりでも実は1人で叫ぶ場合（疑似集団），やはり1人あたりの努力量は低下することがわかった（図14-11）．ただし，個人の仕事量が評価される場合は，手抜きはかなり低下することもわかっている．

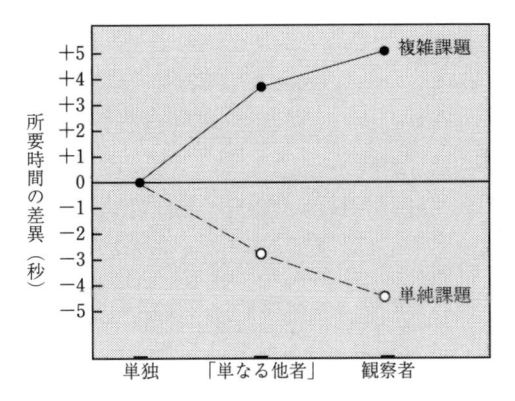

図 14-9 実験条件・課題の難易が所要時間に及ぼす効果（Markus, H., 1978）[15]
単独条件を基準として各条件における所要時間との差違を図示してある．

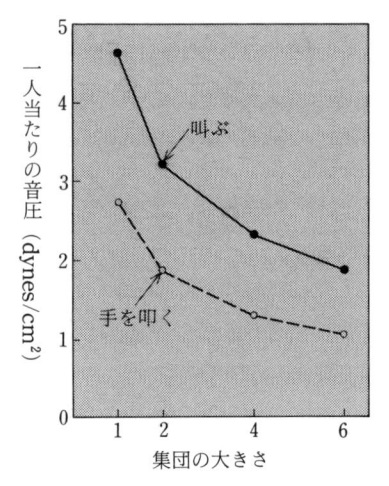

図 14-10 集団の大きさと社会的手抜き（Latane, B., Williams, K. and Harkens, S., 1979）[16]

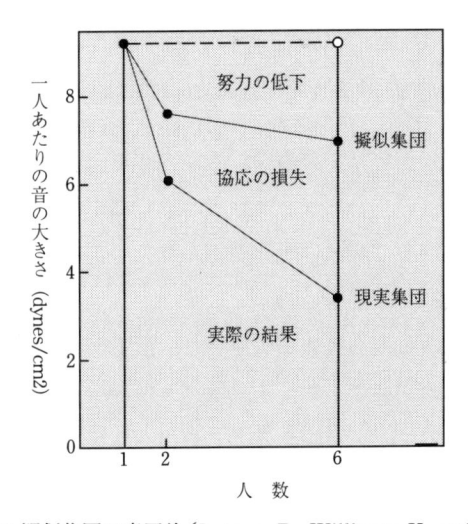

図 14-11 現実集団と疑似集団の音圧差（Latane, B., Williams, K. and Harkens, S., 1979）[16]

(3) 同　　調

喫茶店に友人たちと入って皆がコーヒーを注文した場合，たとえ，コーヒーが飲みたくなくても自分もコーヒーを注文してしまう．このような集団の多数の者に自分の意見を合わせたり近づけたりすることを同調という．

アッシュ（Asch, S. E.）は，正解が明らかな線分の判断課題を数人が順番に答えていく状況で実験を行った．はじめに1人で判断するとほぼ100%の正解をえられた．次に7人から9人で判断してもらう（実は，本当の被験者は最後から2番目に答える1人だけ）（図7-22, 23. p.133）．18試行中初めの2回と途中の4回はサクラも正答を言うが，残り12回はサクラ全員一致して誤った答えをする．このとき被験者はどう答えるか．全部で50組の実験を行った結果，同調率の平均は32%，一度も同調しなかった者は25%であった（図14-12）．

同調行動は，規範的影響と情報的影響によって起こると言われている．規範的影響とは他者から賞賛を得たい罰を避けたいという動機であり，情報的影響とは他者の意見や判断を参考にして，より適切な判断や行動を行おうとすることを指している．

(4) リスキーシフト

個人で行う決定と集団で行う決定には違いがあるといわれている．ストナー（Stoner, J. A. F.）の研究によると，集団討議による意志決定は，1人での意志決定に比べて常に冒険的な正確を帯び，危険（リスキー）な決定になるという．このことをリスキーシフトという．

ウォラック（Wallach, M. A.）らは，リスキーシフトの研究のため意志決定課題を作成し実験を行った．意志決定課題とは，魅力的であるがリスクを伴う選択肢と，安全であるが魅力に乏しい選択肢から1つを選択しなければならない課題である（表14-6）．この課題をもった架空の人物に対するアドバイザーの役を被験者たちにとらせたのである．

実験の結果は，ほとんどの項目で集団討議後の決定が集団討議前の決定よりリスキーな方へ移行していた（表14-7）．長期間後の個別回答にも影響が残った．

5. コミュニケーション

人間関係の基本にコミュニケーションがある．人と人が言語・非言語媒介にして意思を伝達しあう相互作用の過程をコミュニケーションという．その過程によってわれわれはさまざまな情報を共有しあい，何らかの内容でお互いを影響しあうことができるのである．

(1) コミュニケーションの基本要素

コミュニケーションは，人から人へ情報が伝達され，影響が与えられる一方的な過程ではなく，複数の人間間の相互作用の過程である．それはメッセージが送り手から受け手に伝達されるという過程が交互に成立することを意味する．この相互作用は次の4つの基本要素から成立している（図14-13）．

すなわち①送り手：メッセージ（情報・知識・感情・意思）を伝達する主体，②受け手：メ

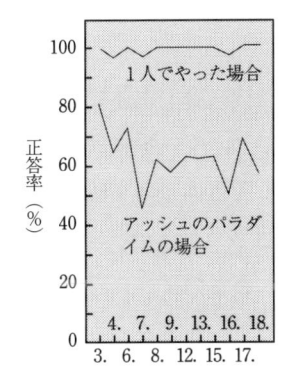

図 14-12 同調の測定[17]
全員が誤った解答をするサクラと一緒にやると，正解が明白で，1人ではほとんど間違わない課題で，同調により正答率が著しく低くなった．

表 14-6 意志決定課題

1　高給与だが不安定職への転職．
2　危険だから完治の可能な手術．
3　危険だが高収入の株式投資．
4　試合で同点狙いか逆転狙い．
5　政情不安定国への高収入投資．
6　一流大学院での博士号取得．
7　チェスの試合での危険な手．
8　医学部をやめ音楽家を目指す．
9　捕虜でいるか脱出するか．
10　小政党からの選挙出馬．
11　困難で重要な研究への着手．
12　考えの違う婚約者との結婚．

表 14-7 討論前と討論後の意思決定の差

項目	平均（男子）	t	平均差（女子）	t
合計	−10.4	9.12**	−8.2	3.67**
1	−1.0	4.32**	−0.9	5.09**
2	−0.6	2.87*	−0.7	2.67*
3	−1.1	3.04**	−0.6	2.58**
4	−1.7	8.14**	−1.4	3.40**
5	+0.1	<1.00	+0.6	1.85
6	−1.1	3.79**	−0.8	2.90*
7	−1.8	7.80**	−1.7	3.56**
8	−1.1	3.54**	−1.2	4.44**
9	−1.1	3.99**	−0.5	<1.00
10	−0.3	<1.00	−0.7	1.95
11	−0.8	4.36**	−0.9	2.89*
12	+0.1	<1.00	+0.7	3.66**

* $p<.02$．　** $p<.01$．
マイナスは集団討論によるリスキー方向への変化を示す

（Wallach, M. A., Kogan, N. & Bem, D. J., 1965）

ッセージの受け手，③チャネル：メッセージを搬送する手段，④メッセージ：伝達される記号（言語・非言語）の集まりである．

送り手にはメッセージの元になる精神内容の主体である発信体とその精神内容をメッセージに置き換える記号化という仕組みがあり，受け手にはメッセージを受け手の精神内容に復元する記号解読とその意味内容に反応する受信体という仕組みがある．

（2） 非言語コミュニケーション

目は口ほどにものを言うということわざのように，われわれは日常人の言った言葉そのものより，言い方や表情，動作にその人の本心を読みとる．この言葉以外の動作や言い方で意味内容を伝達理解することを非言語コミュニケーションという．非言語コミュニケーションとは，言語的要素を除いた音声的特徴，身体各部の動作，身体接触，物品，空間，および時間などの非言語記号によるメッセージの相互作用である，と定義される．

（a） 非言語コミュニケーションの重要性

メラービアンとウィナー（Wiener, M. & Mehrabian, A., 1968）は，コミュニケーション行動においての意味の解釈は93％が非言語メッセージ（55％が顔の表情や身体動作，38％が音声的態様）によってであって，言語メッセージによる意味解釈は7％であるとしている．その関係を次のような公式によって示している．

$$A_{Total} = 0.07 A_{Content} + 0.38 A_{Tone} + 0.55 A_{Face}$$

（b） 非言語コミュニケーションの種類

非言語コミュニケーションは，非言語音声メッセージと非言語非音声メッセージに区分され，非言語非音声メッセージはより細かい研究領域に分類されている（図14-14，橋本満弘，1993）．ここでは，音調学，近接学，動作学について簡単に説明する．

a．音調学

「言い方が気にくわない」という発言がある．対人コミュニケーションにおいて音声的特質は，メッセージの「受け手」の言語メッセージの意味の解釈に影響を及ぼす．つまり，「何が」が言われたかではなく，「どのように」言われたかが問題となる．音質，音量，速度，ピッチ，イントネーションなどから相手の発言に関する意味内容や態度，相手自身についても憶測や判定を行うのである．

b．近接学

ホール（1966）の造語とされている．空間の利用のあり方は文化を反映した側面があり，コミュニケーションにおける対人間の距離のみならず都市設計や室内のスペースの配分なども網羅する概念である．ホールによれば，アメリカ人の社会における対人間距離は（1）密接距離，（2）個体距離，（3）社会的距離，（4）公衆距離の4区分がある（表14-8）．それぞれの距離は，さらに近接相と遠方相に分かれる．

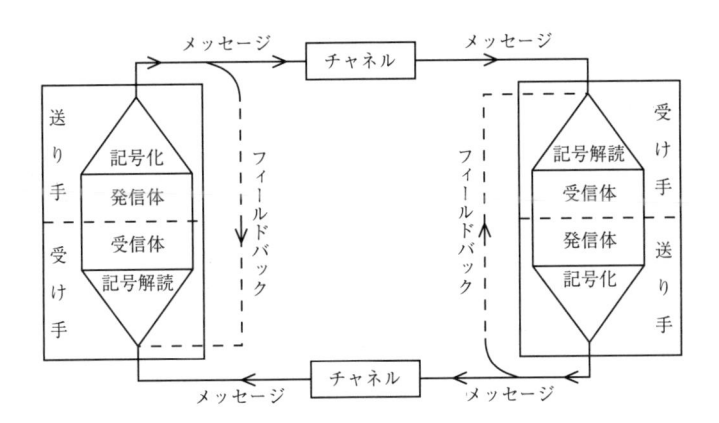

図14-13 コミュニケーションプロセスのモデル（竹内，1973）[18]

非言語コミュニケーション（nonverbal communication）
- 非言語音声メッセージ（nonverbal vocal message）
  - 1. 音調学（vocalics）
- 非言語非音声メッセージ（nonverbal nonvocal message）
  - 2. 近接学（proxemics）
  - 3. 接触学（haptics）
  - 4. 動作学（kinesics）
  - 5. 視線接触学（oculesics）
  - 6. 対物学（objectics）
  - 7. 時間学（chronemics）

図14-14 非言語コミュニケーションの分類（橋本，1993）[19]

c. 動作学

対人コミュニケーションにおける身体の動きについての体系的な操作の仕方に関する研究で，意志や感情の伝達に際しての頭，目，顔，首，肩，腕，手首，手や胴，臀部，関節，足首，足などの身体の各部の動き，向きや姿勢，ジェスチャーが参考の対象となる．

（3） 言語コミュニケーション

日本語では私自身のことを，わたし，僕，自分，俺等たくさんの呼び方がある．英語で表現すればどの言葉もIになる．また，イネ，コメ，メシ，ゴハンも英語ではriceになる．イヌイットの言葉には日本語や英語の雪やsnowにあたる語がなく，降っている雪，積もっている雪，とけている雪などを表す個別の語がある．このように文化によってコミュニケーションの手段としての言語は影響を受けている．

先に挙げた雪の例は，サピア・ウォーフ仮説の説明に用いられた例である．この仮説によれば，ある言語を使って何か考えようとするとそれはその言語によって思考が制限されると考えられている．

（a） 言語コミュニケーションの抽象作用

たとえば色について考えてみよう．人間の目が識別できる色は約700万色あるといわれている．この人間の知覚能力に対してわれわれはどれだけ言語で表現できるであろうか．実に大雑把な表現しか我々は持ち合わせていなことが理解できる．何か精神意味内容を言語で表現しようとするとき，われわれはさまざまな情報を切り捨てて，抽象化して伝達しているのである．

（b） 言語コミュニケーションの意味作用

言語の意味を分類すると，状況的意味，構造的意味，外延的意味，内包的意味に分けられる．状況的意味とは，状況によって決まる意味で言葉の使われる場所や条件が異なると変化する意味である．構造的意味とは，記号と記号との関係の中にある意味で，記号の使い方によって変化する意味である．外延的意味とは，辞書的定義をさし，記号と対象との関係の中にある意味で一般的な意味のことである．内包的意味とは，記号と対象と人間との関係の中にある意味で，個人がもつ私的な意味である．

表 14-8　対人間距離の 4 区分

対人間距離	距離内容	近接相	遠方相	音声
密接距離 密着〜18インチ	他者と身体が密接に関係している	密着〜6インチ 愛撫，格闘，慰め，保護の距離，発声の役割は小さい	6〜18インチ 手で相手に触れたり握ったりできる	ささやき
個体距離 1.5〜4フィート	自己と他者の間に立つバブル，防衛距離	1.5〜2.5フィート 相手を抱いたり捕まえたりできる．立ち位置によって両者の関係がわかる	2.5〜4フィート 身体的支配の限界，個人的関心や関係を論議することができる	中程度
社会的距離 4〜12フィート	特別の努力なしでは相手に触れることができない，音声は平常	4〜7フィート 個人的でない話，社交上の集まり，仕事上において保持される	7〜12フィート 形式張った性格をもつ業務や社交上の対話を展開する場合	ドアが開いていれば隣家でも聞こえる
公衆距離 12〜25フィート以上	言葉の選択，文法的シンタクス的変化が見られ，フォーマルな発話スタイルとなる距離	12〜25フィート 室内での講義，講演など，聴衆に向かって話す状況	25フィート以上 言葉は明瞭に発音され，身振りや姿勢による動的側面が多くなる	誇張されテンポがゆっくり

演習問題

1. 精神や心理学について，次のような考え方や主張をしたのは誰ですか，下の人名の中から選び，記号で答えなさい．

①心理学は，意識内容を記述するすことをやめて，客観的に観察するすことができ，また測定できる行動について研究対象をしぼるべきである．しかもわれわれの行動の大半は，条件反射からも理解されるように刺激に対する学習によって形成されたものである．

②現代の心理学で「認知心理学」という用語が公式に認められるようになったのは，彼の著書『認知心理学』の出版によるとされる．

③われわれの精神は，海面に浮かぶ氷山のようなものであり，その大部分は意識の下にかくれている．しかし，その意識の下にある無意識そのものがわれわれの行為に大きな影響をもっている．

④行動（B）は，人（P）と環境（E）の両方から規定される．すなわち B＝f(P・E) の関数で表現することができる．

⑤精神は身体と別のものであるが，自動機械としての身体を有機体の内部で相互作用しているため，精神作用も実証的証明が可能なはずである．

⑥意識内容は純粋感覚と単一感情の構成要素に分析され，その要素は内観によって直接的に観察することができるはずである．

　⑦ ケーラー　　　　④ フロイト　　　　⑨ ワトソン　　　　㊀ ナイサー
　㊅ ゴールトン　　　㊉ ヴント　　　　　㊆ ソーンダイク　　㊇ ウェルトハイマー
　㊈ レヴィン　　　　㊉ ユング　　　　　㊌ デカルト　　　　㊏ ピアジェ

2. 1.～10.の文章の（　　）内に適切な語句を記入しなさい．

1. 各感覚の受容器に対し，それぞれ反応を引き起こすのに適した刺激を（　①　）という．
2. 感覚を生じさせることのできる刺激の強さの最低限度を（　②　），最高限度を（　③　）といい，区別できる最小の刺激間強度差または強度の変化を（　④　）という．
3. （　⑤　）の法則では，感覚の大きさは刺激の物理的大きさの何乗かに等しく，その何乗かを決めるベキ指数は感覚の種類によって異なるとされている．
4. 明るいところから暗いところに入ると，時間の経過とともに光に対する感度が高まっていく過程を（　⑥　）といい，逆に暗さから明るさに慣れる過程を（　⑦　）という．
5. ある時点において知覚の対象となっているものを（　⑧　），その背景となっているものを（　⑨　）という．
6. 「ルビンの盃」は（　⑩　）図形の，「ミュラーリエルの図形」は（　⑪　）図形の代表例である．
7. 図として知覚されたいくつかのものが視野のなかであるまとまりを作ることを（　⑫　）という．夜空の星に星座を描くのは，（　⑬　）の要因による（　⑫　）の例である．
8. ランダム・ドット・ステレオグラムで立体像が見えるのは，（　⑭　）のためである．
9. 実際には動いていない絵が動いてみえるパラパラ漫画は（　⑮　）運動，ビックリハウスは（　⑯　）運動の原理を応用したものである．
10. 不快な刺激や忌避される刺激が知覚されにくい現象を（　⑰　）という．これに対し，価値の高い刺激が知覚されやすい現象を（　⑱　）という．

演習問題 285

3. 次の文中の（　　）に適語を入れ，関係の深い人名を挙げよ．
① チンパンジーの問題解決行動を観察して試行錯誤的ではないことを示し，（　　）を唱えた．
② 教科内容を細かいステップに分けて系列化したものを，学習者が自分に合ったペースで学習していく方法を（　　）という．
③ （　　）においては，学習過程を刺激―反応の結合ではなく，記号―形態―期待の形成であると考える．
④ 犬に餌を与える前にベル音を聞かせることを繰り返していると，やがてベル音だけで唾液が分泌されるようになることを（　　）という．
⑤ 実際に自分で経験しなくても，モデルを見るだけで学習が成立することを（　　）という．

4. 次の文章の空所（　　）にあてはまる語句を入れよ．
A. 記憶の過程には，覚え込む（　①　），それを覚えている（　②　），覚えたものを忘れてしまう（　③　），忘れないで覚えていてもその内容の変わっていく（　④　）がある．記憶を調べるには（　⑤　）法で想起したり（　⑥　）法で確認したりすることが用いられる．再生法には，対の相手を想起する（　⑦　）再生と，系列をなす項目を次々と覚えその内容を順序も含めて想起する（　⑧　）再生と，順序は問わない（　⑨　）などがある．記憶内容には種々あるが，単位的な記銘対象そのものの記憶である（　⑩　）記憶，項目と項目とのつながりの記憶である（　⑪　）の記憶，項目の順序を覚えている（　⑫　）記憶がある．運動の仕方などの記憶は（　⑬　）記憶であり，知識として知っている記憶は（　⑭　）記憶である．この知識として知っている記憶には，さらに（　⑮　）記憶と（　⑯　）記憶がある．前者は一般的なまたは抽象的な意味の記憶であり，後者は具体的な出来事などの記憶である．思考や判断を行うための作業場所としての（　⑰　）記憶，これから将来の計画・予定などを覚えている（　⑱　）記憶，自分の記憶のことについて知っている記憶の記憶である（　⑲　）記憶，絵などを言語化しないで覚える（　⑳　）記憶もある．
B. 記憶の保持期間や保持様式のちがいから，記憶を感覚記憶，短期記憶，長期記憶の3つに分け，それらの間の関連性をも示した（　①　）モデルがある．感覚記憶の保持時間は短い．長くても（　②　）秒程度までである．保持様式は感覚の（　③　）の形である．その容量は短期記憶の容量より（　④　）い．感覚記憶の内容に（　⑤　）を向けたりその名を言ったりすることで短期記憶に取り込まれる．短期記憶の保持時間はおおよそ（　⑥　）秒程度までである．短期記憶の保持様式は，多くの場合に言語化されて（　⑦　）の形である．その容量は平均ではおよそ（　⑧　）個程度である．（　⑨　）法の実験でリハーサルを妨害すると，3文字程度の簡単な記憶でも急速に失われる．短期記憶の内容にリハーサルや（　⑩　）がなされると長期記憶化される．長期記憶の保持期間は長く，保持容量も事実上無限大である．
C. 容量の大きい長期記憶の内容は，機械的に雑然と詰め込まれているのではなく，ある構造をなして整理されていると考えられている．このことは，Bousfield の（　①　）の実験でも示唆されたことである．概念が記憶の中で階層構造をなしているとする Collins と Quillian の（　②　）モデルが提出され，実験的検証の努力もなされている．概念は記憶の中で特徴の集合として表わされているとする Smith らの（　③　）モデルの考えもある．特徴は定義性の程度で，（　④　）特徴と（　⑤　）特徴との2種類に分けられる．文章の記憶についての提案もある．理解された文の意味が樹形図的な階層構造をなしているとする Anderson の（　⑥　）モデルがある．このモデルの中には手続的知識としての（　⑦　）の集合が含まれている．
D. 記憶の脳内部位として，側頭葉の内側部の（　①　）という部位が考えられている．この部位に損傷のあるケースでは，日常的な経験が記憶に残らない前向性健忘が報告されている．また，動物でこの部位に高頻度の電気刺激が与えられると，その電気刺激がなくなった後でも長期間にわたってそこの神経の興奮しやすさが持続される（　②　）と呼ばれる現象が見出されている．側頭葉のこの部位は，知識として知っている記憶すなわち（　③　）の定着に関わっていると考えられる．運動の仕方の記憶や古典的条件づけの学習などは，脳内の別な部位の（　④　）や，尾状核と

（ ⑤ ）を含む大脳基底核が考えられている．さらに，個別の要素的記憶の間の関連付けや意味付けに関する記憶は（ ⑥ ）の基底部が考えられる．

E． 忘却は，記憶の種類とその保持様式に対応して考えられる．感覚記憶は感覚の（ ① ）の形で保持されているので，その忘却は（ ② ）で考えられる．短期記憶は容量が少なく，多くの場合リハーサルの形で保持されているので，リハーサルの妨害や他の項目の記憶からの（ ③ ）が忘却の原因と考えられる．長期記憶の忘却では（ ④ ）説が有力である．これにはいくつかの考えがあるが，前の記憶が後の記憶に対して妨害作用をする（ ⑤ ）抑制，これと反対に後で覚えたことが前の記憶に対して妨害作用をする（ ⑥ ）抑制もある．

5． 思考・言語について述べた以下の文章が正しければ○を付けなさい．
1. （　　　）チンパンジーの知恵試験はソーンダイクのネコの問題箱の実験からヒントを得たものである．
2. （　　　）ケーラーは，回り道の実験から洞察説を提唱した．
3. （　　　）問題解決過程の条件には構えや先行経験が重要な役割を果たす．
4. （　　　）言語の習得は思考の道具として必要不可欠だが，これは人類だけが持っている特殊な概念形成によって達成され，5・6歳頃で完結する．
5. （　　　）カーマイケル等の記憶痕跡変容説は言語が大きな手がかりとなるが，脳内に存在する特殊な機能が記憶を歪ませて再生させるといわれる．
6. （　　　）失語症は遺伝的要素によって生ずる遺伝病である．
7. （　　　）コンピューターの発展は人間の言語認知の解明によるところが大きい．
8. （　　　）推理能力は12歳で頂点に達し，その後は年齢と共に衰退する．
9. （　　　）人間の思考論理には演繹的論理と帰納的論理があるが，日常の論理は上の形式論理とは異なり，個々の経験法則や日常言語の意味に依存することが多い．
10. （　　　）ヒューリステイックな問題解決法はその問題の熟知度と関係が深い．

6． 次の①～⑨は知能に関する学説である．最も相応しい心理学者を（a）～（n）の中から選びなさい．
イ．知能の定義について
　①抽象的思考能力説　②適応能力説　③学習能力説　④操作的定義
「語群」
　　（a）ビネー　（b）フロイト　（c）スピアマン　（d）ギルフォード　（e）ディアボーン
　　（f）ボーリング　（g）ピントナー　（h）スキナー
ロ．知能の構造について
　⑤二因子説　⑥多因子説　⑦階層群因子説　⑧知性の立体モデル
　⑨認知コンポーネント・アプローチ
「語群」
　　（i）ヴァーノン　（j）スピアマン　（k）スタンバーグ　（l）ギルフォード　（m）ワトソン
　　（n）サーストン

7． （　　　）にふさわしい語を下の語群から選びなさい．
（1）動機づけの3つの機能とは，まず行動を（ ① ）する機能，行動を（ ② ）づける機能，そして，生じたその行動を（ ③ ）する機能である．
（2）食事，性，攻撃などの行動の動機づけは大脳の深部にある（ ④ ）や（ ⑤ ）といわれる部分にその中枢がある．
（3）食事もせずにTVゲームに熱中するのは（ ⑥ ）動機であり，遊園地のジェットコースターのような怖い乗り物に乗りたいのは（ ⑦ ）動機である．迷った挙句に買ったセーターである

が，誰も口に出して誉めてくれないので，誰かに意見を聞きたいのは（ ⑧ ）的動機による．
(4) 世間づきあいがわずらわしくて知り合いの居ない所へ引っ越したものの，毎日前の友人達に電話をするのは（ ⑨ ）動機による．
(5) 失敗の原因を自分の努力不足のせいにする人は，運の悪さのせいにする人よりも達成動機は（ ⑩ ）と言える．

| 親和　　ホメオステーシス　　小脳　　活性化　　大脳皮質後頭葉　　大脳辺縁系 |
| 感性　　生得的解発機構　　操作　　間脳　　低い　　高い　　誘因　　持続　　情緒 |
| 生理的　　接触　　認知　　視床下部　　方向 |

8. 次の問いに答えなさい．
   A．次の文章のうち正しいものに○をつけなさい．
   （　） ブリジェスの研究によると，快の情動は不快の情動より早く分化する．
   （　） ジェームズ・ランゲ説によると「クマを見て」「逃げる」から「恐い」と感じる．
   （　） 表情には，生物学的な意味はない．
   B．次の空欄を埋めなさい．
   ① ヴントによると，感情は快―不快，（　　）―（　　），緊張―弛緩の3次元により構成される．
   ② プルチックの情動立体モデルによると，行動が破壊の機能をもつときには（　　）が，保護の機能をもつときには（　　）が主観的に体験される．

9. パーソナリティについて述べた以下の文章中の（　　）内に当てはまる，適切な語句を記せ．同一の番号のカッコには同一の語句が入るものとする．
   パーソナリティは多面的なものであるため，それを説明するためにいくつかの理論が存在する．パーソナリティをいくつかの典型例を通して考える（ ① ）では，体型と気質との関連を示したクレッチマーの（ ② ），心的エネルギーの向かう方向によりパーソナリティを分類したユングの（ ③ ）などがある．次に，パーソナリティがいくつかの要素から成ると考える（ ④ ）がある．この（ ④ ）の中でも，パーソナリティを個人間で共通する要素からなるものとして考える（ ⑤ ）では，近年ではその要素の数が，（ ⑥ ）と呼ばれる5つにまとめられるようになってきた．さらに精神分析学の見地からは，フロイトの独特の理論がある．彼は人間のパーソナリティを，無意識的な衝動である（ ⑦ ），意識的な働きである（ ⑧ ），内在化された道徳観である（ ⑨ ）の3つの部分に分けた．そして彼は，性的エネルギーである（ ⑩ ）が向けられる対象が発達に応じて変化する（ ⑪ ）発達論を唱えた．
   パーソナリティの形成に関わるものとしてはしては，遺伝的要因，環境的要因の2つが考えられる．遺伝的要因については，乳幼児期からすでに個性が認められるという，トマスらの（ ⑫ ）や，近年では，パーソナリティに及ぼす遺伝の効果は約半分であり，次いで多いのは一緒に暮らしていても異なる環境（ ⑬ ）の効果であるという知見が，（ ⑭ ）から得られている．環境要因は数多く存在するが，その中でも強い影響力を持つのは（ ⑮ ）であるとされる．
   成人期以降のパーソナリティに関しては，重要な（ ⑯ ）がパーソナリティに変化をもたらすという．また，高齢期におけるパーソナリティは，（ ⑰ ）するというよりは（ ⑱ ）したものと考えられるようになってきた．

10. 下記のa～kまでの言葉の中から適当なものを選び（　　）に記号で記入しなさい．
    （ ① ）中期から後期にかけて，子どもは同年輩の友だちと行動することを好むようになる．彼らは大人の権威から解放されて，スポーツや冒険などに興じ，自発的で凝集性の高い集団を作る．この集団を（ ② ）といい，この時期を特に（ ③ ）と呼ぶ．この現象の発達的意義として（ ④ ），協調性，忍耐力，責任感などの社会的知識，技術，態度の学習が挙げられ，子どもの

(⑤)の発達にとって重要な意味をもつと考えられている．
a.自己中心性　b.学級集団　c.ギャング集団　d.協調性　e.ギャング時代（ギャング・エイジ）　f.大人からの自立　g.基本的生活習慣の自立　h.児童期　i.青年期　j.社会性　k.知能

11. 下の各問いに答えなさい．
1. 心理測定は何のために必要であるかについて簡単に述べよ．
2. 心理測定と心理検査の違いを述べ，さらに，その両者の実施にあたってどのようなことを考えねばならないかについて述べ，それを説明せよ．
3. 次の問題についてそれぞれ簡単に述べよ．
   1) 知能検査の方法はどのように分類され，それぞれにどのような種類の検査法があるかについて列挙せよ．
   2) パーソナリティの診断・測定の分類方法として代表的なものを3つ挙げ，それぞれにどのような代表的検査があるか列挙せよ．

12. 適応・不適応に関する記述のうち，適切なものに○，適切でないものに×をつけた場合，下のA～Eの組み合わせの中から最も適切なものを1つ選びなさい．
1・サイモンズは，適応を「有機体とその環境との満足すべき関係」であると定義した．
2・社会再適応評価尺度は，ラザラスとフォルクマンによって作成された「ライフイベントとストレスの関係」を点数化して示したものである．
3・フリードマンとローゼンマンは，虚血性心疾患を引き起こしやすい行動パターンを「タイプB」と名付けた．
4・防衛機制とは，自我を守るためにストレス状態を回避・解消する働きである．フロイトは「抑圧」という概念を最初に挙げた．
5・ローゼンツヴァイクは，欲求不満耐性を「不適切な反応様式に訴えることなくフラストレーションに耐える個人の能力」と定義した．

	1	2	3	4	5
A	○	○	×	×	○
B	○	×	×	○	○
C	×	○	○	○	×
D	○	×	○	×	×
E	×	○	×	×	○

13. A.左の心理的療法と対応するものを線で結びなさい．

精神分析法　　　家族ホメオスターシス
　　　　　　　　無条件の肯定的関心
行　動　療　法　幼児期の中核的な情緒問題の解明
　　　　　　　　トークン・エコノミー
家　族　療　法　解釈による自己洞察
　　　　　　　　コミュニケーション機能の混乱
クライエント　　系統的脱感作
中　心　療　法　的確な共感的理解
　　　　　　　　危機介入

B.次の場合はどのような心理療法が対応するか．
① アルコール中毒の治療に催吐剤を用いる．　　　　　　（　　　）
② 家族の中の「犠牲者」でホメオスターシスが保たれている．　（　　　）

③ 幼児期の抑圧された感情の意識化が，自我を再構築させる． （　）
④ 助言は極力控える．無条件の肯定的関心が患者の主体性を回復させる． （　）
⑤ 体を楽にする訓練，次にきわめて弛緩した状態を想像する訓練，……． （　）

C. 次の言葉について簡単に説明しなさい．
① 二重拘束　　　⑤ 家族ホメオスターシス　　　⑨ ラポール
② 網状家族　　　⑥ 教育相談臨床　　　　　　　⑩ 強化子
③ 遊戯療法　　　⑦ 系統的脱感作法　　　　　　⑪ 自由連想
④ 陽性転移　　　⑧ コミュニティ・コンサルテーション　⑫ 夢分析

14. 次の文書の（　）の中にあてはまる語句を入れなさい．
1) 相手にありのままの自分について話すことを（ ① ）といい，よく見せようとして話すことを（ ② ）という．
2) われわれが人を好きになるのにはいろいろ要因がある．最も単純な要因は（ ③ ）魅力であり，その他類似性，（ ④ ），近接性があげられる．
3) 態度の成分は（ ⑤ ）と（ ⑥ ）と（ ⑦ ）の3つである．
4) 社会的影響過程において，スポーツ競技中応援されるとよい成績を出せることを社会的（ ⑧ ）といい，逆に人が見ていると上手にできなくなることを社会的（ ⑨ ）という．また，大人数で何かをするとき全力を出さなくなることを社会的（ ⑩ ）という．
5) 日常のコミュニケーション行為を分析するといくつかの要素が見られる．メッセージを受け手に伝えようとする（ ⑪ ），メッセージを搬送する手段である（ ⑫ ）がある．また，メッセージは伝達される記号であるが，この記号は言語によるものと（ ⑬ ）によるものがある．

演習問題の解答

1. ①—ウ ②—エ ③—イ ④—ケ ⑤—サ ⑥—カ
2. ①適刺激 ②刺激閾 ③刺激頂 ④弁別閾 ⑤スティーブンス ⑥暗順応 ⑦明順応 ⑧図 ⑨地 ⑩反転 ⑪錯視 ⑫群化 ⑬近接 ⑭両眼視差 ⑮仮現 ⑯誘導 ⑰知覚的防衛 ⑱知覚的促進
3. ①（洞察説）ケーラー
   ②（プログラム学習）スキナー
   ③（サインゲシュタルト説）トールマン
   ④（レスポンデント条件づけ，または古典的条件づけ）パヴロフ
   ⑤（観察学習，またはモデリング）バンデュラ
4. A.①記銘 ②保持 ③忘却 ④変容 ⑤再生 ⑥再認 ⑦適中法的 ⑧系列 ⑨自由再生 ⑩項目 ⑪連合 ⑫順序 ⑬手続的 ⑭宣言的 ⑮意味 ⑯エピソード ⑰作業 ⑱展望 ⑲メタ ⑳イメージ
   B.①二重貯蔵 ②数 ③トレース ④多 ⑤注意 ⑥数十 ⑦リハーサル ⑧7 ⑨ディストラクターまたはブラウン・ピーターソン ⑩意味処理
   C.①群化 ②意味的階層構造 ③意味的特徴 ④定義的 ⑤特有の ⑥ACT ⑦プロダクションルール
   D.①海馬 ②長期増強 ③宣言的記憶 ④小脳 ⑤被殻 ⑥前脳
   E.①トレース ②減衰 ③干渉 ④干渉 ⑤順向 ⑥逆向
5. ○は2，3，7，9，10
6. ①-(a) ②-(g) ③-(e) ④-(f) ⑤-(j) ⑥-(n) ⑦-(i) ⑧-(l) ⑨-(k)
7. ①活性化 ②方向 ③持続 ④視床下部 ⑤大脳辺縁系 ⑥操作 ⑦感性 ⑧認知的 ⑨親和 ⑩高い
8. A.（ ），（○），（ ） B.興奮—抑制，怒り，恐れ
9. ①類型論 ②気質類型論 ③向性論 ④特性論 ⑤共通特性論 ⑥ビッグ・ファイブ ⑦イド ⑧自我 ⑨超自我 ⑩リビドー ⑪精神・性的 ⑫発達気質論 ⑬非共有環境 ⑭人間行動遺伝学 ⑮親の養育態度 ⑯危機の体験 ⑰変化 ⑱安定
10. ①h ②c ③e ④f ⑤j
11. 略
12. B ○ × × ○ ○

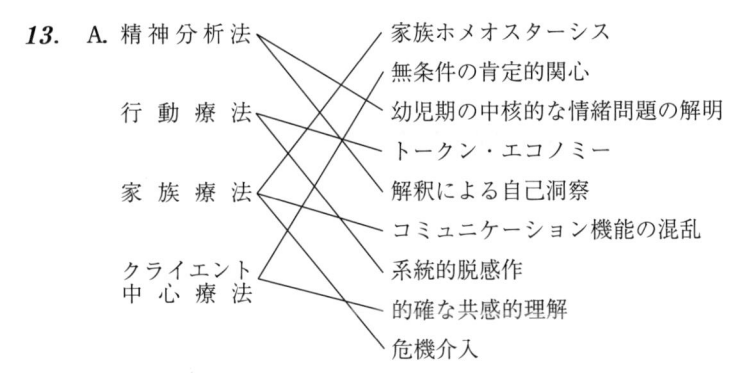

13. A. 精神分析法 ── 幼児期の中核的な情緒問題の解明、解釈による自己洞察
行動療法 ── トークン・エコノミー、系統的脱感作
家族療法 ── 家族ホメオスターシス、コミュニケーション機能の混乱
クライエント中心療法 ── 無条件の肯定的関心、的確な共感的理解
危機介入

B. ①行動療法　②家族療法　③精神分析法　④クライエント中心療法
　　⑤行動療法

C. 略

14. ①自己開示　②自己呈示　③身体的　④返報性　⑤⑥⑦感情・認知・行動　⑧促進
⑨抑制　⑩手抜き　⑪送り手　⑫チャネル　⑬非言語

参考文献

第1章

今田　恵『心理学史』岩波書店, 1962
R. トムソン（北村晴朗訳）『心理学の歴史』北望社, 1969
伊藤安二『現代心理学への道』協同出版社, 1968
宇津木保ほか『心理学のあゆみ』有斐閣, 1977
八木晃監修『講座心理学Ⅰ　歴史と動向』東京大学出版, 1971
成瀬悟策監訳『アメリカ心理学史』誠信書房, 1983
D. シュルツ（村田孝次訳）『現代心理学の歴史』培風館, 1986

第2章

相場　覚編『知覚Ⅰ　基礎過程』（現代基礎心理学2）東京大学出版会, 1982
乾　敏郎編『認知心理学1　知覚と運動』東京大学出版会, 1995
松田隆夫『視知覚』培風館, 1995
松田隆夫『知覚心理学の基礎』培風館, 2000
大山　正・今井省吾・和気典二編『新編　感覚・知覚ハンドブック』誠信書房, 1994
鳥居修晃編『知覚Ⅱ　認知過程』（現代基礎心理学3）東京大学出版会, 1982
鳥居修晃『視覚の心理学』サイエンス社, 1982
八木昭宏『知覚と認知』（現代心理学シリーズ）培風館, 1997

第3章

波多野誼余夫編『認知心理学5　学習と発達』東京大学出版会, 1996
大村彰道編『教育心理学Ⅰ　発達と学習指導の心理学』東京大学出版会, 1996
椙山喜代子・渡辺千歳編著『発達と学習の心理学』学文社, 2000
篠原彰一『学習心理学への招待　―学習・記憶の仕組みを探る―』サイエンス社, 1998
今田　寛『学習の心理学』放送大学教育振興会, 2000

第4章

市川伸一ほか編『岩波講座　認知科学5　記憶と学習』岩波書店, 1994
金城辰夫・斎賀久敬編『心理学2　学習・思考』有斐閣, 1978
R. L. クラッキー（箱田裕司・中溝幸夫訳）『記憶のしくみⅠ・Ⅱ』サイエンス社, 1982
小谷津孝明編『現代心理学4　記憶』東京大学出版会, 1982
小谷津孝明編『認知心理学講座2　記憶と知識』東京大学出版会, 1985
R. E. メイヤー（佐古順彦訳）『新思考心理学入門』サイエンス社, 1979
二木宏明『脳と心理学』朝倉書店, 1985

D. E. ルーメルハート（御領謙訳）『人間の情報処理』サイエンス社, 1979
酒田英夫『記憶は脳のどこにあるか』岩波書店, 1987
高野陽太郎編『認知心理学 2　記憶』東京大学出版会, 1995
外山敬介・杉江昇編『脳と計算論』朝倉書店, 1997
梅本堯夫編『講座心理学 7　記憶』東京大学出版会, 1969

第 5 章

市川伸一編『認知心理学 4　思考』東京大学出版会, 1996
多鹿英継編『認知と思考　思考心理学の最前線』サイエンス社, 1994
金城辰夫・斎賀久敬共編『心理学 2　学習・思考』有斐閣双書, 1978
梅本堯夫・大山正編著『心理学への招待 1』サイエンス社, 1992
御領謙・菊地正・江草浩幸共著『最新認知心理学への招待　心の働きとしくみを探る』サイエンス社, 1993
梅岡義貴・大山正編著『心理学の展開』北樹出版, 1980

第 6 章

福屋武人編著『最新教育心理学』学術図書出版社, 1994
波多野誼余夫ほか著『知力の発達』岩波書店, 1977
肥田野直編『知能　講座心理学 9』東京大学出版会, 1970
市川伸一編『思考　認知心理学 4』東京大学出版会, 1996
W. ランゲ・アイヒバウム（島崎敏樹ほか訳）『天才』みすず書房, 1953
宮城音弥著『天才』岩波書店, 1967
J. ピアジェほか編（坂元昴ほか訳）『知能と思考』現代心理学 7　白水社, 1972
J. ピアジェ（波多野完治ほか訳）『知能の心理学』みすず書房, 1960
J. ピアジェ（谷村覚ほか訳）『知能の誕生』ミネルヴァ書房, 1948
坂元昴編『思考，知能，言語　現代基礎心理学 7』東京大学出版会, 1983
多鹿秀継ほか『情報処理の心理学』サイエンス社, 1992
B. B. ウオールマン（杉原一昭監訳）『知能心理学ハンドブック』第 1—3 編, 田研出版, 1985

第 7 章

マグーン, H. W.（時実利彦訳）『改訂新版　脳のはたらき』朝倉書店, 1967
堀哲郎『脳と情動―感情のメカニズム』共立出版, 1991
村田孝次『教養の心理学』培風館, 1975
中村陽吉『心理学的社会心理学』光生館, 1972
宮本美沙子『やる気の心理学』創元社, 1981
ワイナー, B.（林保・宮本美沙子訳）『ヒューマンモチベーション…動機づけの心理学』金子書房, 1991
マーレー, E. J.（八木訳）『動機と情緒』岩波書店, 1966

第 8 章

松山義則・浜治世『感情心理学 1　感情と情動―理論と臨床―』誠信書房, 1974
八木冕監修・浜治世編『現代基礎心理学 8　動機・情緒・人格』東京大学出版会, 1981

イザード, C. E. 著（荘厳瞬哉監訳）『感情心理学』ナカニシヤ出版, 1996

第9章

託摩武俊監『性格心理学ハンドブック』福村出版, 1998
本明寛編『性格心理学新講座第1巻　性格の理論』金子書房, 1989
託摩武俊編『性格』（こころの科学セレクション）日本評論社, 1998
村上宣寛・村上千恵子『性格は5次元だった』培風館, 1999
R. プロミン（安藤寿康ほか訳）『遺伝と環境　人間行動遺伝学入門』培風館, 1994
依田明編『性格心理学新講座第2巻　性格形成』金子書房, 1989
鈴木乙史『性格形成と変化の心理学』ブレーン出版, 1998
井上勝也・木村周編『新版老年心理学』朝倉書店, 1993
南博文・やまだようこ編『老いることの意味―中年・老年期　講座生涯発達心理学5』金子書房, 1995

第10章

西平直喜『青年心理学』国工社, 1959
三宅和夫『児童発達心理学』川島書店
エリクソン, E. H.（村瀬孝雄ほか訳）『ライフサイクル, その完結』みすず書房, 1989
ゲゼル, A.（生月雅行訳）『狼に育てられた子』家政教育社, 1967（Gesell, A. 1941 "Wolf child and human child." Harper & Brothcers.）
ゲゼル（依田新・岡宏子訳）『乳幼児の発達と指導』家政教育社, 1968
日名子太郎・成田弘子編『発達心理学』相川書房, 1983
上武正二ほか編『児童心理学辞典』協同出版, 1779
成田弘子『改訂　子育ての心理学』宜協社, 1998
高橋恵子・波多野誼余夫『生涯発達の心理学』岩波新書, 2000
Tanner, J. M. "Growth at adolscence" 2 nd ed., Blackwell, 1962
Harlow, H. F. "Love in infant monkeys in H. F. Harlow"（ed.）Scientific American Resource Library, Psychology 1, W. H. Freeman & Company, pp. 175～178
岡本夏木ほか監『発達心理学辞典』ミネルヴァ書房, 1999
後藤稠ほか編『最新医学大辞典』医歯薬出版, 1987
『青少年白書』総理府, 1999
『高齢者白書』総理府, 2000

第11章

安藤公平・大村政男・花沢成一・佐藤誠『心理検査の理論と実際』駿河台出版社, 1971
岡堂哲雄『心理検査学』垣内出版, 1975
伊藤隆二・松原達哉編著『心理テスト法入門』日本文化科学社, 1976
塩見邦雄・金光義弘・足立明編『心理検査・測定ガイドブック』ナカニシヤ出版, 1982
大井晴策・鈴木貞夫・園田健司『教育心理学』芸林書房, 1987
児玉省・品川不二郎・印東太郎『WAIS成人知能診断検査法』日本文化科学社, 1958
田中寛一『田中・びねー式知能検査法』日本文化科学社, 1967
辻岡美延『新性格検査法』日本・心理テスト研究所, 1979
日本MMPI研究会編『日本版MMPIハンドブック増補版』三京房, 1973

MMPI新日本版研究会編『新日本版MMPIマニュアル』三京書房, 1993
片口安史監修『ロールシャッハ・テストの学習』金子書房, 1993
戸川行男『TAT日本版・絵画統覚検査解説』金子書房, 1970
C. コッホ（林勝造・国吉政一・一谷彊訳）『バウム・テスト』日本文化科学社, 1979
R. コッホ・林勝造・国吉政一・一谷彊編著『バウム・テスト事例解釈法』日本文化科学社, 1980
E. M. コピッツ（古賀行義訳監修）『児童用ベンダー・ゲシタルト・テスト』建帛社, 1976
佐野勝男・横田仁『精研式・文章完成法テスト解説』金子書房, 1973
片口安史・早川幸夫『構成的文章完成法（K—SCT）解説』日本総合教育研究会, 1989
戸川行男序・横田象一郎『クレペリン精神作業検査解説』金子書房, 1969
日本・精神技術研究所編・外岡豊彦監修『内田クレペリン精神検査・基礎テキスト』日本・精神技術研究所, 1990
市川伸一編『心理測定法への招待―測定からみた心理学入門―』サイエンス社, 1991
末永俊郎編『社会心理学研究入門』東京大学出版会, 1987

第12章

小川捷之編『臨床心理学大系10・適応障害の心理臨床』金子書房, 1992
小此木啓吾・深津千賀子・大野裕編『心の臨床家のための必携精神医学ハンドブック』創元社, 1998
河野貴代美編『家族の現状』新水社, 1998
高橋俊彦・近藤三男『大学生のための精神医学』岩崎学術出版社, 1998
福島章編『性格心理学新講座3・適応と不適応』金子書房, 1989
山下格『精神医学ハンドブック・第3版』日本評論社, 2000
前田重治『続・図説精神分析学』誠信書房, 1994

第13章

河合隼雄『カウンセリングの実際問題』誠信書房, 1970
前田重治『心理療法の進め方』創元社, 1978
S. J. コーチン（村瀬孝雄訳）『現代臨床心理学』弘文堂, 1980
サルヴァドール・ミニューチン（山根常男訳）『家族と家族療法』誠信書房, 1984
室田洋子ほか『子どもの教育相談室』金子書房, 1988
I. B. ワイナー（秋山たつ子ほか訳）『心理療法の諸原則（上・下）』星和書店, 1984・1986
N. W. アッカーマン（小此木啓吾ほか訳）『家族関係の理論と診断』岩崎学術出版, 1967
笠原嘉『青年期』（中公新書）中央公論社, 1973
D. W. ウィニコット（橋本雅雄訳）『子どもの治療相談（①, ②）』岩崎学術出版, 1987
山本和郎『コミュニティ心理学』東京大学出版会, 1986
河合隼雄編著『心理療法の実際』誠信書房, 1977

第14章

古畑和孝編『人間関係の社会心理学』サイエンス社, 1980
藤原武広・高橋超編『チャートで知る社会心理学』福村出版, 1994
小林裕・飛田操編著『教科書　社会心理学』北大路書房, 2000
吉田俊和・松原敏浩編著『社会心理学―個人と集団の理解』ナカニシヤ出版, 1999
松井豊編『対人心理学の最前線』サイエンス社, 1992
橋本満弘・石井敏編著『コミュニケーション論入門』桐原書店, 1993

引用文献

口絵
1) 小学館 辞典編集部編『色の手帖』小学館, 1986
2) 提供：中原　胖（中原機械設計）
3) 小林重順著・日本カラーデザイン研究所編『カラーリスト　色彩心理ハンドブック』講談社, 1997

第1章
1) D. シュルツ（村田孝次訳）『現代心理学の歴史』培風館, 1986
2) 吉田正昭『心理学史から［第一集］』サイエンス社, 1983
3) 今田　恵『心理学史』岩波書店, 1962
4) 桑原武夫編集代表『世界伝記大事典』ほるぷ出版, 1980
5) 大山正・上村保子『心理学史』放送大学教育振興会, 1998
6) Sdorow, L. M., Psychology (2nd ed.). Iowa : Wm. C. Brown Communication, Inc, 1993

第2章
1) 松田隆夫『視知覚』培風館, 1995
2) 詫摩武俊編『改訂版　心理学』新曜社, 1990
3) 重野純編『キーワードコレクション心理学』新曜社, 1994
4) Lindsay, P. H. & Norman, D. A. *Human Information Processing : An Introduction to psychology* New York : Academic Press, 1977 ［中溝幸夫・箱田裕司・近藤倫明（訳）『リンゼイ/ノーマン　情報処理心理学入門Ⅰ　感覚と知覚』サイエンス社, 1983］
5) 関根忠直・柴山茂夫・江見佳俊・松原敏浩・片山和男・林文俊『生活行動の科学としての心理学』小林出版, 1984
6) 中島義明・安藤清志・子安増生・坂野雄二・繁桝算男・立花政夫・箱田裕司（編）『心理学辞典』有斐閣, 1999
7) 乾敏郎編『認知心理学1　知覚と運動』東京大学出版会, 1995
8) Shepard, R. N., *Mind Sight*. New York : W. H. Freeman and Company 1990 ［鈴木光太郎・芳賀康朗訳『視覚のトリック　だまし絵が語る見るしくみ』新曜社, 1993］
9) 江見佳俊・柴山茂夫・酒井亮爾編『教育実践のための心理学Ⅰ　発達・学習』学術図書出版社, 1991
10) 山内光哉編『発達心理学上　第2版　周産・新生児・乳児・幼児・児童期』ナカニシヤ出版, 2000
11) 村田孝次『生涯発達心理学入門』培風館, 1994

第3章
1) Fabre, J. H.・奥本大三郎（編・訳）・見山博（画）『ファーブル昆虫記』集英社, 1996
2) Yerkes, R. M. & Morgulis, S., The method of Pavlov in animal psychology. Psychological

Bulletin, 6, 257-273, 1909
3) 羽生義正編『現代学習心理学要説』北大路書房, 1988
4) 篠原彰一『学習心理学への招待―学習・記憶の仕組みを探る―』サイエンス社, 1998
5) McAllister, W. R., Eyelid conditioning as a function off the CS-US interval. Journal of Experimental Psychology, 45, 417-422, 1953
6) Rescorla, R. A., Pavlovian conditioning and its proper control procedures. Psychological Review, 74, 71-80, 1967
7) Rescorla, R. A., Pavlovian conditioning : It's not what you think it is. American Psychologist, 43, 151-160, 1988
8) Watson, J. B. & Rayner, R., Conditioned emotional reactions. Journal of Experimental Psychology, 39, 1-14, 1920
9) Thorndike, E. L., Animal intelligence. Macmillan., 1911
10) 今田寛『現代の心理学3 学習の心理学』培風館, 1996
11) Throndike, E. L., Animal Intelligence. An experimental study of the associative process in animals. Psychological Monograph, 2（8）, 1898
12) Skinner, B. F., The behavior of organism. Appleton., 1938
13) Keller, F. S. & Schoenfeld, W. N., Principles of Psychology. Appleton-Century-Crofts. 1950 ［小野茂・村田孝次訳『心理学の原理』三和書房, 1953］
14) 田中俊也「授業の方法」子安増生・田中俊也・南風原朝和・伊藤裕司『ベーシック現代心理学6 教育心理学』有斐閣, 1992
15) Seligman, M. E. P., Helplessness : On depression, development, and death. Freeman.［平井久 木村駿（監訳）1985『うつ病の行動学』誠信書房. 1975］
16) Köhler, W., Intelligenzprüfungen an Menschenaften, Berlin : springer, 1917［宮孝一訳『類人猿の智慧試験』岩波書店, 1962］
17) Tolman, E. C., Purposive behavior in animals. Appleton-Century-Crofts., 1932
18) 梅本堯夫「学習の基本的理解」倉石精一・苧阪良二・梅本堯夫編著『教育心理学』新曜社, 1978
19) Bryan, W. L. & Harter, N., Studies in the physiology and psychology of the telegraphic language. Psychological Review, 4, 27-53, 1897
20) Fitts, P. M., Perceptual motor skill learning, In A. W. Melton(Ed.), Categories of human learning. Academic Press. 1964
21) Bandura, A., Ross, D. & Ross, S. A., Imitation of film-mediated aggressive models. Journal of Abnormal and Social Psychology, 66, 3-11, 1963
22) Bandura, A., Social foundation of thought and action : A social cognitive theory. Prentice-Hall., 1986
23) Kagan J., Rosman, B. L., Day, D., Albert, J. & Philips, W., Information processing in the child. Psychological Monographs, 78, 1,（Whole No. 578）1964
24) Vygotsky, L. S., Thought and language. 1934［柴田義松（訳）『思考と言語』明治図書, 1962］
25) 波多野誼余夫「熟慮性の発達 教育研究開発に関する調査研究」昭和48年度報告書 国立教育研究所, 1974
26) Zimmerman, B. J., Self-regulated learning and academic achievement : An overview. Educational Psychologist, 25, 3-17, 1990

第4章

1) Thomson, D. M. and Tulving, E. Associative encoding and retrieval : Weak and strong cues. Journal of Experimental Psychology, 86, 225-262, 1970

2) Tulving, E. and Thomson, D. M. Encoding specificity and retrieval processes in episodic memory. Psychological Review, 80, 352-373, 1973
3) Tulving, E. Elements of episodic memory. Oxford University Press, 1983
4) Baddley, A. D. and Hitch, G. Working memory. In G. H. Bower (Ed.), The Psychology of Learning and Motivation. Academic Press, pp. 47-90, 1974
5) Bower, G. H. Mental imagery and associative learning. In L. W. Gregg (Ed.), Cognition in Learning and Memory. Wiley, pp. 51-88, 1972 を元に改変.
6) Paivio, A. Imagery and verbal Processes. Holt, Rinehart & Winston, 1971
7) Komatsu, S. and Ohta, N. Priming effects in word-fragment completion for shot- and long-term retention intervals. Japanese Psychological Research, 26, 191-200, 1984
8) 清水寛之「記憶力」高野陽太郎編『認知心理学2　記憶』. 東京大学出版会, pp. 169-187, 1995
9) Hilgard, E. R. and Bower, G. H. Theories of Learning (4th ed). Englewood Cliffs, N. J.: Prentice-Hall, 1975
10) Sperling, G. A model for visual memory tasks. Human Factor, 5, 19-30, 1963
11) Peterson, L. R. and Peterson, M. J. Short-term retention of individual verbal items. Journal of Experimental Psychology, 58, 193-198, 1959
12) Waugh, N. C. and Norman, D. A. Primary memory. Psychological Review, 72, 89-104, 1965
13) Rundus, D. Analysis of rehearsal processes in free recall. Journal of Experimental Psychology, 89, 63-77, 1971
14) Woodworth, R. S. and Schlosberg, H. Experimental Psychology. Holt, Rinehart, and Winston, 1961
15) Bousfield, W. A. The occurrence of clustering in the recall of randomly arranged associates. Journal of General Psychology, 49, 229-240, 1953
16) Collins, A. M. and Quillian, M. R. Retrieval time from semantic memory. Journal of Verbal Learning and Verbal Behavior, 8, 240-247, 1969
17) Rosch, E. On the internal Structure of perceptual and semantic categories. In T. E. Moore (Ed.), Cognitive development and the acquisition of language. Academic Press, pp. 111-144, 1973
18) Smith, E. E., Shoben, E. J., and Rips, L. J. Structure and process in semantic memory: A featural model for semantic decisions. Psychological Review, 81, 214-241, 1974
19) Minsky, M. A framework for representing knowledge. In P. H. Winston (Ed.), The psychology of computer vision. McGraw-Hill, 1975
20) Schank, R. C. and Abelson, R. P. Scripts, Plans, Goals and Understanding. Lawrence Erlbaum, 1977
21) Anderson, J. R. Language, Memory, and Thought. Lawrence Erlbaum Associates, Publishers, 1976
22) Thorndyke, P. W. Cognitive structures in comprehension and memory of narrative discourse. Cognitive Psychology, 9, 77-110, 1977
23) Milner, B. Memory and the medial temporal regions of the brain. In K. H. Pribram and D. E. Broadbent (Eds.), Biology of memory. Academic Press, pp. 29-50, 1970
24) Bliss, T. V. P. and Lɸmo, T. Long-lasting potentiation of synaptic transmission in the dentate area of the anaethetized rabbit following stimulation of perforant path. Journal of Physiology (London), 232, 331-356, 1973
25) 平野丈夫「可塑性の分子メカニズム」外山敬介・杉江昇編『脳と計算論』朝倉書店, pp. 73-89, 1997
26) 木村實「行動の学習と大脳基底核」外山敬介・杉江昇編『脳と計算論』朝倉書店, pp. 242-259,

1997

27) Jenkins, J. G. and Dallenbach, K. M. Obliviscence during sleep and waking. American Journal of Psychology, 35, 605-612, 1924

28) Slamecka, N. J. Retroactive inhibition of connected discourse as a function of practice level. Journal of Experimental Psychology, 59, 104-108, 1960

29) Underwood, B. J. Interference and forgetting. Psychological Review, 64, 49-60, 1957

30) Melton, A. W. and Irwin, J. M. The influence of degree of interpolated learning on retroactive inhibition and the overt transfer of specific responses. Journal of Psychology, 53, 173-203, 1940

31) Barnes, J. M. and Underwood, B. J. "Fate" of first-list associations in transfer theory. Journal of Experimental Psychology, 58, 97-105, 1959

32) Zeller, A. F. An experimental analogue of repressin: III. The effect of induced failure and success on memory measured by recall. Journal of Experimental Psychology, 42, 32-38, 1951

33) 大橋博司「記憶病理」八木晃監修, 梅本堯夫編『講座心理学 7 記憶』東京大学出版会, pp. 243-268, 1969

34) Bartlett, F. C. Remembering: A study in experimental and social psychology. Cambridge University Press, 1932

35) Carmicheal, L., Hogan, H. P., and Walter, A. A. An experimental study of the effect of language on the reproduction of visually perceived forms. Journal of Experimental Psychology, 15, 73-86, 1932

第 5 章

1) Thorndike, E. L. Animal Intelligence: An experimental study of the associative process in animals. *Psychological Monographs*, 2, No. 8, 1898

2) Köhler, W. *Intelligenzprüfungen an Meanschenaften.* (2. Aufl.) Berlin: springer, 1924 〔宮孝一訳『類人猿の知恵試験』岩波書店, 1962〕

3) Chi, M. T. H., Feltovich, P. J. & Glaser, R., Categorization and representation of physics problems. Cognitive Science, 5, 121-152, 1981

4) Chomsky, N. 1955 The logical structure of linguistic theory. Doctoral dissertation, University of Pennsylyvania. Published as a monograph by Plenum Press, New York, 1977

5) Duncker, K. On problem solving. *Psychological Monographs*, 270 (Vol. 58, No. 5), 1945

6) Slagle, J. R. *Artificial intelligence: The heuristic programing approach*, New York: McGraw-Hill, 1971

7) Luchins, A. S. Mechanization in problem solving: The effect of Einstellung. *Psychological Monographs*, 248 (Vol. 54, No. 6), 1942

8) Maier, N. R. F. Reasoning in humans II: The solution of a problem and its appearance in consciousness. *Journal of Comparative Psychology*, 12, 181-194, 1930

9) Lefford, A. The influence of emotional subject matter on logical reasoning. *Journal of General Psychology*, 34, 127-151, 1946

10) Chapman, L. J. & Chapman, J. P. Atmosphere effect reexamined. *Journal of Enperimental Psychology*, 58, 220-226, 1959

11) Bruner, J. S., Goodnow, J. & Austin, G., A study of thinking. John Wiley, 1956

12) Heidbreder, E. The attainment of concepts: I. Terminology and methodology. Journal of genetic psychology, 35, 173-189, 1946

13) Wertheimer, W., Productive thinking. New York: Harper, 1945 〔矢田部達郎訳『生産的思

考』岩波書店, 1952]
14) Carmichael, L., Hogan, H. P., & Walter, A. A., An experimental study of the effect of language on the reproduction of visually percieved form. Journal of Experimental Psychology, 15, 73-86, 1932
15) Mayer, R. E. *Thinking and Problem Solving : An introduction to human cognition and learning Glenview* : Scott, Foresman, 1977.〔佐古順彦訳『新思考心理学入門―人間の認知と学習への手びき―』(サイエンスライブラリ 心理学 10), サイエンス社〕
16) 荻原裕子『脳にいどむ言語学』岩波書店, 1998
17) Anderson, J. R. *Cognitive Psychology and its implications*, San Francisco : Freeman, 1980
18) Wallach, M. A., & Kogan, N. *Models of thinking in young children*, New York : Holt, Rinehart & Wirston, 1965
19) Osborn, A. F. *Applied imagination*. New York : Charles Schreiber's Sons, 1957
20) Hergehahn, B. R., An introduction to the history of psychology 2nd ed. : Wadsworth Publishing Company., 1992
21) 村田孝次『教養の心理学』培風館, 1983

第6章

1) 北尾, 児島編『心理学への招待』有斐閣, 1986
2) 中里, 飯塚編『心理学入門』八千代出版, 1982
3) 山祐嗣「知能の情報処理」多鹿秀継ほか『情報処理の心理学』サイエンス社, 1992
4) 宮城音弥著『天才』岩波書店, 1967
5) Scriver, C. R., & Clow, C. L., Phenylketonuria and other phenylalanine hydroxylation mutants in man. Annual Review of Genetics, 14, 179-202, 1980
6) Bouchard, T. J., & McGue, M., Familial studies of intelligence : A review. Science, 212, 1055-1059, 1981
7) Honzik, M. P., Developmental studies of parent-child resemblance in intelligence. Child Development, 28, 215-228, 1957
8) Osborne, R. T., Twins, black and white. Athens, GA : Foundation for Human Understanding, 1980
9) Vandenberg, S. G. & Volger, G. P., 1985.〔B. B. ウオールマン(杉原一昭監訳)『知能心理学ハンドブック』第1編, 田研出版, 1985〕
10) 藤永保編『創造性教育』有斐閣, 1972
11) H. J., アイゼンク (大原健士郎訳)『知能の構造と測定』星和書店, 1981
12) 辰野千寿『系統看護学講座 心理学』医学書院, 1974
13) 原岡, 河合, 黒田編『心理学 人間行動の科学』ナカニシヤ出版, 1979
14) 白佐俊憲『保育, 教育のための心理学図説資料』川島書店, 1982

第7章

1) H. W. マグーン (時実利彦訳)『改訂新版 脳のはたらき』朝倉書店, 1967
2) Kaada, B. R. : Neural Mechanisms and Social Patterns (eds. C. D. Clemente & D. B. Lindslay), Los Angeles University California Press, 1967
3) 時実利彦「脳の話」(岩波新書) 岩波書店, 1962
4) 村田孝次『教養の心理学』培風館, 1975
5) 中村陽吉『心理学的社会心理学』光生館, 1972
6) 宮本美沙子『やる気の心理学』創元社, 1981
7) ワイナー・林保・宮本美沙子訳『ヒューマンモチベーション』金子書房, 1989

8) Petri, H. L. Motivation : Theory and Research, (Second Edition) Wadsworth Publishing Company, 1986

第8章

1) Bridges, K. B. R. Emotional development in early infancy. Child Development, **3**, 324-341, 1932
2) Papez, J. W. A proposed mechanism of emotion. Archives of Neurological Psychiatry, 38, 725-743, 1932
3) MacLean, P. D. Psychosomatic disease and the "visceral brain". Psychosomatic Medicine, 11, 338-353, 1949
4) James, W. What is emotion ? Mind, 19, 188-205, 1884
5) Lange, G. C. Om sindsberägelser. Copenhagen : Krϕnar, 1885. The emotion. (I. A. Haupt, trans.), In K. Dunlap (ed.), The emotions. New York : Hafner. 1967
6) Cannon, W. B. The James-Lange theory of emotion ; a critical examination and an alternative theory. American Journal of Psychology, 39, 106-124, 1927
7) Schachter, S. & Singer, J. E. Cognitive, social and physiological determinants of emotional state. Psychological Review, 69, 379-399, 1962
8) Darwin, C. The expression of the emotion in man and animals. London : Murray, 1872
9) Meltzeff, A. N. & Moore, M. K. Imitation of facial and manual gestures by human neonates. Science, 198, 75-78, 1977
10) Feleky, A. M. The expression of the emotions. Psychological Review, 21, 33-41, 1914
11) Ekman, P. Emotion in the human face (2nd ed.). New York : Cambridge University Press, 1982
12) Geldard, F. A. Fundamentals of psychology. New York : John Wiley and Sons, Inc. pp. 42-43, 1962
13) Izard, C. E. & Tomkins, S. S. Affect and behavior : Anxiety as a negative affect. In C. D. Spielberger (ed.), Anxiety and behavior. New York : Academic Press, 1966
14) Woodworth, R. S. Experimental psychology. New York : Holt, 1938
15) Schlosberg, H. The description of facial expressions in terms of two dimensions. Journal of Experimental Psychology, 44, 229-237, 1952
16) Ekman, P., Friesen, W. V., & Tomkins, S. S. Facial affect scoring technique : A first validity study. Semiotica, 1, 37-53, 1971
17) Wundt, W. Grundriss der Psychologie. Leiptig : Engelmann. 1896
18) Wundt, W. Principles of physiological psychology (Vol. 1). New York : Macmillan, 1910
19) Osgood, C. E., Suci, G. J., & Tannenbaum, P. H. The measurement of meaning. Urbana : University of Illinois Press. 1957
20) 吉田正昭「情緒の情報機制」八木冕監・浜治世編『現代基礎心理学8 動機・情緒・人格』東京大学出版会, 1981
21) Pultchik, R.「情緒と人格」八木冕監・浜治世編『現代基礎心理学8 動機・情緒・人格』東京大学出版会, 1981
22) Scott, J. P. Animal behavior. University of Chicago Press, 1958
23) Pultchik, R. & Kellerman, H. The emotions profile index manual. Manuscript, 1974
24) Spielberger, C. D. State-Trait Anger Expression Inventory-2 : Professional Manual. Florida : Psychological Assessment Resources, Inc., 1999

第9章

1) 若林明雄「性格類型論におけるパーソナリティ理解」詫摩武俊編『性格(こころの科学セレクション)』日本評論社, 15-35, 1998
2) Lazarus, R. S. and Monat, A. Personality, 3rd edition. New Jersey : Prentice-Hall, 1979［帆足喜与子訳『パーソナリティ』岩波書店, 1981］
3) 青木孝悦「性格心理学研究の現在」詫摩武俊編『性格(こころの科学セレクション)』日本評論社, pp. 36-52, 1998
4) Eysenck, H. J. The structure of human personality. New York : Wiley, 1953
   Eysenck, H. J. & Wilson, G. D., A textbook of human psychology, MTP press, 1976
5) 村上宣寛・村上千恵子『性格は5次元だった』培風館, 1999
6) 詫摩武俊ほか編『性格心理学への招待(新心理学ライブラリ9)』サイエンス社, 1990
7) 鈴木乙史『性格形成と変化の心理学』ブレーン出版, 1998
8) 野村東助「Freudの人格構造論と性理論」佐治守夫編『講座心理学10 性格』東京大学出版会, 11-33, 1970
9) Thomas, A., Chess, S., & Birth, H. G., 1970. The origin of personlity. Scientific American, 223 : 102-109.［本明寛訳「人格はどのように形成されるか」本明寛監訳『不安の分析 別冊サイエンス』日経サイエンス社, 91-100, 1972］
10) Plomin, R. Nature and Nurture An introduction to human behavioral genetics. Brooks/Cole, A Division of Wadsworth Inc. 1990［安藤寿康ほか訳『遺伝と環境 人間行動遺伝学入門』培風館, 1994］
11) 詫摩武俊『性格はいかにつくられるか』岩波新書, 1967
12) 依田明「きょうだい関係と性格」依田明編『性格心理学新講座第2巻 性格形成』金子書房, 234-247, 1989
13) 鈴木乙史「人格の変容」瀧本孝雄編『性格の心理』福村出版, 1985
14) 佐藤真一「老人の人格」井上勝也・木村周編『新版老年心理学』朝倉書店, 54-71, 1993

第10章

1) Dobbing, J. & Sands, J., Quantitative growth and development of human brain. *Arch. Disease Childhood*, 48 : 757-767. 1973
2) 日名子太郎・成田弘子編『発達心理学』相川書房, 1983
3) 上武正二他編『児童心理学事典』協同出版, 1979
4) 岩川淳・杉村省吾他『子どもの発達臨床心理〔新版〕』昭和堂, 2000
5) 高野清純他『図説児童心理学事典』学苑社, 1975
6) 山下俊郎他『乳幼児心理学』東京書籍, 1977
7) 西本脩「幼児における基本的生活習慣の自立の年齢基準」大阪樟蔭陰女子大学論集 3.42-78
8) 中山健太郎編『小児保健学』医学書院, 1968
9) 鈴木康平・松田惺(編)『現代青少年心理学〔新版〕』有斐閣, 1997

第11章

1) 岡本栄一ほか『こころの世界』新曜社, 1983
2) 塩見邦雄・金光義弘・足立明人編『心理検査・測定ガイドブック』ナカニシヤ出版, 1982
3) 安藤公平・大村政男・花沢成一・佐藤誠『心理検査の理論と実際』駿河台出版社, 1971
4) 田中教育研究所『田中・ビネー式知能検査』田研出版, 1987
5) 児玉省・品川不二郎・印東太郎『WAIS成人知能診断検査法』日本文化科学社, 1958
6) 辻岡美延・矢田部達郎・園原太郎『YG性格検査用紙』日本・心理テスト研究所

7) 岡堂哲雄編『心理検査学』垣内出版, 1975
8) MMPI 新日本版研究会編『新日本版 MMPI マニュアル』三京房, 1993
9) 福屋武人監修『図解心理学』(増補版) 学術図書出版社, 1994
10) 戸川行男『TAT 日本版・絵画統覚検査解説』金子書房, 1970
11) R. コッホ・林　勝造・国吉政一・一谷彊編『バウム・テスト事例解釈法』日本文化科学社, 1980
12) E. M. コピッツ (古賀行義訳監修)『児童用ベンダー・ゲシタルト・テスト』建帛社, 1976
13) 日本・精神技術研究所編・外岡豊彦監修『内田クレペリン精神検査・基礎テキスト』日本・精神技術研究所, 1990
14) Thurstone, L. L. and Chave, E. J. The measurement of attitudes. Chicago: University of Chicago Press. 1929
15) Lickert, R. A technique for the measurement of attitudes. Archives of Psychology. New York: Columbia University Press. 1931
16) Guttman, L. L. A basis for scaling qualitative data. American Sociological Review, 9, 139-150, 1944
17) Stevens, S. S. Mathematics, measurement and psychophysics. In S. S. Stevens (ed.), Handbook of experimental psychology. New York: Wiley. 1951
18) Chronbach, L. J. Coefficient alpha and the internal structure of tests. Psychometrika, 16, 297-334, 1951
19) Osgood, C. E., Suci, G. J., & Tannenbaum, P. H. The measurement of meaning. Urbana: University of Illinois Press. 1957

第12章

1) 武政太郎他『教育心理学』日本文化科学社, 1964
2) 町沢静夫『こころの健康事典』朝日出版社, 1999
3) 小此木啓吾・深津千賀子・大野裕編『心の臨床家のための必携精神医学ハンドブック』創元社, 1998
4) 高橋三郎・大野裕・染矢俊幸訳『DSM-IV 精神疾患の診断・統計マニュアル』医学書院, 1996
5) 川瀬正裕・松本真理子・松本英夫『心とかかわる臨床心理』ナカニシヤ出版, 1996
6) 厚生省『厚生白書・平成11年度』ぎょうせい, 1999
7) 文部省『我が国の文教施策・平成11年度』大蔵省印刷局, 1999
8) 総務庁青少年対策本部『青少年白書』大蔵省印刷局, 2000
9) 氏原寛他編『心理臨床大事典』培風館, 1992
10) 松原達哉編『普通の子がふるう暴力』教育開発研究所, 1998
11) 斉藤環『社会的ひきこもり・終わらない思春期』PHP 研究所, 1998

第13章

1) 前田重治『心理療法の進め方』創元社, 1985
2) 遊佐安一郎『家族療法入門』星和書店, 1986

第14章

1) Kuhn, M. H. & McPartland, T. S. An empirical investigation self attitudes, American Sociological Review, 68-76, 1954 [吉田俊和・松原敏浩編著『社会心理学-個人と集団の理解』ナカニシヤ出版, 1999]
2) 柳原光「心の四つの窓」Johari Window. サイコロジー, No. 1, 6-11, 1980
3) Byrne, D. & Nelson, D. Attraction as a linear function of proportion of positive reinforce-

ments. Journal of Personality and Social Psychology, 1, 659-663, 1965

4) 榎本博明『自己開示の心理学的研究』北大路書房, 1997（植村勝彦・松本青也・藤井正志『コミュニケーション学入門―心理・言語ビジネス―』ナカニシヤ出版, 2000）

5) Tedeschi, J. T. & Norman, N. 1985 Sicuak power, self-presentaion and the self. In B. R. Shlenker (Ed.) The Self and Social Life. New York: McGraw-Hill. 209-323

6) Walster, E., Aroson, V., Abrahams, D., & Rottman, L., Importanc of physical attractiveness in dating behavior. Journal of Personality and Social Psycology, 508-516, 1966

7) Wallach, M. A., Kogan, N. & Bem, D. J., Group influence on individual risk taking. Journal of Abnormal and Social Psycology, 65, 75-86, 1962

8) Backman, C. W. & Secord, P. F., The effect of perceived liking on interpersonal attraction. *Human Relations,* 12, 379-384, 1959

9) Altman, I., Reciprocity of interpersonal exchange. *Journal for the Theory of Social Behavior,* **3**, 249-261, 1973

10) Segal, M. W., Alphabet and attraction: An unobtrusive measure of the effect of propinquity in a field setting. *Journal of Personality and Social Psychology*, 30, 654-657, 1974

11) Rosenberg, M. J. & Hovland, C. I. 1960 Cognitive, affective, and behavioral components of attitudes. In M. J. Rosenberg, C. I. Hovland, W. J. McGuire, R. P. Abelson, & J. W. Brehm (Eds.) *Attitude organization and change.* New Haven; Yale University Press, pp. 1-14.

12) Heider, F. *The psychology of interpersonal relations.* New York: Wiley, 1958

13) Festinger, L. *A theory of cognitive dissonance.* Stanford: Stanford University Press, 1957

14) Festinger, L. & Carlsmith, J. M., Cognitive consequences of forced compliance. *Journal of Abnormal and Social Psychology*, 58, 203-210, 1959

15) Markus, H. The effect of mere presence on social facilitation: An unobtrusive test. *Journal of Experimental Social Psychology*, 14, 389-397, 1978

16) Latané, B., Williams, K., & Harkins, S. Many hands make light the work: The causes and consequences of social loafing. *Journal of Personality and Social Psychology*, 37, 822-832, 1979

17) Asch, S. E., Effects of group pressure upon the modification and distortion of judgemens. In H. Guetzkow (Ed.) *Groups, leadership and men.* Carnegie Press, 1951

18) 竹内郁郎「社会的コミュニケーションの構造」『マス・コミュニケーションの社会理論』東京大学出版会, 1990（初出：竹内郁郎「社会的コミニュケーションの構造」内川芳美編『講座現代の社会とコミュニケーション1・基礎理論』東京大学出版会, 1973）

19) 橋本満弘『コミュニケーション論入門』桐原書店, 1993

人名索引

あ行

アイゼンク（Eysenck, H. J.） 160
アッシュ（Asch, S. E.） 134, 278
アトキンソン（Atokinson, J. W.） 136
アドラー（Adler, A.） 12
アリストテレス（Aristoteles） 2
アルトマン（Altman, I.） 270
アンダーソン（Anderson, J.） 122
インガム（Ingham, H.） 266
ヴァーノン（Vernon, P. E.） 106
ウィックマン（Wickman, E. K.） 212
ヴィゴツキー（Vygotsky） 94
ウィナー（Wiener, M.） 280
ウェクスラー（Wechsler, D.） 118, 198
ウェットマー（Witmer, L.） 16
ウェーバー（Weber, E. H.） 2, 22
ウェルチ（Welch, L.） 120
ウェルトハイマー（Wertheimer, M.） 28
ウェルナー（Werner, H.） 16
ウォーク（Walk, R. D.） 36
ウォラック（Wallach, M. A.） 120, 278
ウォルスター（Walster） 268
ウォルピ（Wolpe, J.） 16
内田勇三郎 206
ヴント（Wundt, W.） 4
榎本博明 266
エビングハウス（Ebbinghaus, H.） 206
エリクソン（Erikson, E. H.） 180
エーレンフェルス（Ehrenfels, C.） 6
エンジェル（Angell, J. B.） 6
エンドラー（Endler, N. S.） 154
大伴茂 196
大橋博司 78
岡部弥太郎 198
オールズ（Olds, J.） 126
オールポート（Allport, G. W.） 16, 154, 158

か行

ガエニ（Gugne, R. M.） 96
カッツ（Katz, D.） 34, 272
カーマイケル（Carmichael, L. L.） 78, 96
カルフ（Kalff, D.） 240
河合隼雄 240
ギブソン（Gibson, E. J.） 36
キャッテル（Cattel, J. M.） 4, 158, 196
キュルペ（Külpe, O.） 4
キリアン（Quillian, M. R.） 68
桐原葆見 196
ギルフォード（Guilford, J. P.） 106
グッドマン（Goodman, C. C.） 34
久保良英 196
栗林宇一 198
クレッチマー（Kretschmer, E.） 156
クレペリン（Kraepelin, E.） 4, 206
ケイガン（Kagan, J.） 56
ゲゼル（Gesell, A. L.） 16, 176
ゲッツウェルス（Getzels, J. W.） 120
ケーラー（Köhler, W.） 50, 82
コーガン（Kogan, N.） 120
コックス（Cox, T.） 218
コッホ（Koch, K.） 204
コフカ（Koffka, K.） 52
コリンズ（Collins, A. M.） 68
ゴールトン（Galton, F.） 14, 196

さ行

ザイアンス（Zajonc, R. B.） 270, 276
サイモン（Simon, H. A.） 18, 82
サイモンズ（Symonds, P. M.） 212
サーストン（Thurstone, L. L.） 14, 104
サックス（Sacks, J. M.） 206
佐藤真一 170
サリヴァン（Sullivan, H. S.） 246
ジェームズ（James, W.） 6, 264
ジェラード（Jourard, S. M.） 266
ジェンキンス（Jenkins, C. D.） 216
ジェンキンス（Jenkins, J. G.） 76
シモン（Simon, Th.） 14, 196
ジャクソン（Jackson, P. W.） 120, 174
シャクター（Schachter, S.） 134
シャーリー（Shirley, M. M.） 172
シャルコー（Charcat, J. M.） 12
シュテルン（Stern, W.） 14, 114, 178
シュトゥンプ（Stumpf, C.） 6
シュトラッツ（Stratz, C. H.） 180
シュルツ（Schulz, J. H.） 16
ジョーンズ（Jones, H. E.） 118
ジョンソン（Johnson, D. M.） 100
スキナー（Skinner, B. F.） 8, 46, 242
スキャモン（Scammon, R. E.） 172
鈴木乙史 168
鈴木治太郎 196
スティーヴンス（Stevens, S. S.） 22
ストナー（Stoner, J. A.） 278
スピアマン（Spearman, C. E.） 14, 104
スミス（Smith, E. C.） 96
セガール（Segal, M. W.） 270
セリエ（Selye, H.） 214
セルフリッジ（Selfridge, O.） 18
園原太郎 200
ソーンダイク（Thorndike, E. L.） 16, 46, 72, 80

た行

詫摩武俊 166
田中寛一 196, 198
ターマン（Terman, L. M.） 196
タルヴィング（Tulving, E.） 62
ダレンバッハ（Dallenbach, K. M.） 76
チャップマン（Chapman, J. P.） 90
チャップマン（Chapman, L. J.） 90
チョムスキー（Chomsky, N.） 18, 96
チンバーゲン（Tinbergen, N.） 124
ツィンマーマン（Zimmerman） 58
辻岡美延 200
ティチェナー（Titchener, E. B.） 4
デカルト（Descartes, R） 2
テダスキ（Tedeschi, J. T.） 268
デューイ（Dewey, J.） 6
テンドラー（Tendler, A. P.） 206
ドゥンカー（Duncker, K.） 86
戸川行男 204
トマス（Thomas, A.） 162
トーランス（Torrance, E. P.） 120
トールマン（Tolman, E. C.） 8, 52

な行

ナイサー（Neisser, U.） 18
楢崎浅太郎 196
ニューウェル（Newell, A.） 18, 82
ノーマン（Norman, N.） 268

は行

ハイダー（Heider, F.） 272
ハヴィガースト（Havighurst, R. J.） 182
パヴロフ（Pavlov, I. P.） 8, 42, 242
ハザウェイ（Hathaway, S. R.） 202
橋本満弘 280
バトラー（Butler, R. A.） 130
バートレット（Bartlett, F. C.） 78
林勝造 204
バーライン（Berlyne, D. E.） 130
ハル（Hull, C. L.） 8
ハーロー（Harlow, H. F.） 130, 178
ハーロック（Hurlock, E. B.） 180

バーン（Byrne, D.） 270
バンデュラ（Bandura, A.） 56
ピアジェ（Piaget, J.） 16, 94, 114, 176
ピアソン（Pearson, K.） 14
ビネー（Binet, A.） 14, 196
ピネル（Pinel, P.） 262
ビューラー（Bühler, C.） 180
ファンツ（Fantz, R. L.） 36
フェスティンガー（Festinger, L. A.） 132, 274
フェヒナー（Fechner, G. T.） 2, 22
フォルクマン（Folkman, S.） 214
フォン・ベルタランフィ（von Bertalanffy） 248
フッサール（Husserl, E.） 6
ブラゼルトン（Brazelton, T. B.） 162
プラトン（Platon） 2
フランク（Frank, L. K.） 202
フリードマン（Friedman, M.） 216
ブルーナー（Bruner, J. S.） 18, 34, 92
ブレンターノ（Brentano, F.） 6
ブロイアー（Breuer, J.） 12, 234
フロイト（Freud, S.） 12, 160, 180, 202, 234, 244
プロミン（Plomin, R.） 164
フロム（Fromm, E.） 246
フロムライヒマン（Fromm-Reichman, F.） 246

ペイヴィオ（Paivio, A.） 62
ベイトソン（Bateson） 248
ベイリー（Bayley, N.） 112
ペイン（Payne, A. F.） 206
ヘス（Hess, E. H.） 122
ベッセル（Bessel, F. W.） 14
ヘッブ（Hebb, D. O.） 178
ヘーバー（Heber, R.） 112
ヘボン（Haven, J.） 18
ヘルムホルツ（Helmholtz, H. L. F.） 2
ベンダー（Bender, L.） 204
ボウスフィールド（Bousfield, W.） 68
ボウルビー（Bowlby, J.） 134
ポストマン（Postman, L.） 34
ポズナー（Posner, M. I.） 92
ホームズ（Holmes, T. H.） 214
ホール（Hall, G. S.） 4, 190, 280

ま行

マイノング（Meinong, A.） 6
マイヤー（Maier, N. R. F.） 86
マーカス（Markus, H.） 276
マクジニス（McGinnies, E. E.） 34
マクドゥガル（McDougall, W.） 16
マグーン（Magoun, H. W.） 122
マスロー（Maslow, A. H.） 124
マッキンレー（McKinley, J. C.） 202
マックレーランド（McClelland, D. C.） 136
マッケイ（Mackay, C. J.） 218
松本亦太郎 4
丸山良二 198
マレー（Murray, H. A.） 202
ミッシェル（Mischel, W.） 154
ミード（Mead, M.） 16
ミニューチン（Minuchin） 250
ミュンスターベルク（Münsterberg, H.） 4
ミラー（Miller, G. A.） 18
ミラー（Miller, N. E.） 262
ミル（Mill, J.） 4
ミルグラム（Milgram, S.） 134
村上千恵子 160
村上宣寛 160
メラービアン（Mehrabian, A.） 280
モルガン（Morgan, C. D.） 204
モレノ（Moreno, J. L.） 16

や行

矢田部達郎 200
ヤング（Young, R. T.） 126
ユング（Jung, C. G.） 12, 158, 246
依田明 166, 168

ら行

ラザラス（Lazarus, R. S.） 214
ラタネ（Latan, B.） 276
ラフト（Luft, J.） 266
ランゲ・アイヒバウム（Lange-Eichbaum, W.） 120
リー（Lee, E. S.） 112
ルーチンス（Luchins, A. S.） 86
ルリア（Luria, A. R.） 94
レイ（Rahe, R. H.） 214
レヴィン（Lewin, K.） 52
レフォード（Lefford, A.） 90
ローエンフェルト（Lowenfeld, M.） 240
ロジャーズ（Rogers, C. R.） 16, 238
ローゼンツヴァイク（Rosenzweig, S.） 218
ローゼンマン（Rosenman, R. H.） 216
ロック（Locke, J.） 176
ロッター（Rotter, J. B.） 136, 206
ローデ（Rohde, A.） 206
ロールシャッハ（Rorschach, H.） 202
ロレンツ（Lorenz, K.） 178

わ行

ワイナー（Weiner, B.） 136
若林明雄 156
ワトソン（Watson, J. B.） 44
ワトソン（Watson, J. B.） 8
ワラス（Wallas, G.） 98

事項索引

あ行

アイコニックメモリ	66
ICD-10	220
あいまいな境界線	250
アクスライン	236
アルゴリズム	84
アルコール依存症	224
α係数	210
暗順応	24
暗所視	24
EIS 知能検査	198
EEG	200
意識障害	78
意識の流れ	6
いじめ	228
異常型曲線	206
維持リハーサル	66
1次記憶	64
1次元尺度構成法	210
移調現象	32
一般システム理論	248
イデア論	2
遺伝	110
イド（エス）	160
EPI	152
意味記憶	60
意味処理	66
意味の階層構造モデル	68,70
意味の構造	68
意味的特徴モデル	70
イメージ記憶	62
イメージによる符号化	62
入れ子構造	72
インク・ブロット	202
因子分析法	14
陰性転移	246
ウェクスラー式知能検査	198
ウェーバーの法則	22
ウェーバー比	22
ウェーバー，フェヒナーの法則	2
受け手	278
内田クレペリン精神検査	206
うつ病（大うつ病）	224
運動感覚	22
運動技能	54
運動残効	32
運動視差	32
AIS	66
AHA！症候群	152
AC	224
ACT モデル	72
エコイックメモリ	66
STAXI	152

か行

SD 法	210
エピソード記憶	60,62
FAST	148
MFF テスト	56
MMPI	202
演繹的推理	88,91
奥行知覚	30
送り手	278
お話療法	234
オペラント行動	46
オペラント条件づけ	46
オペラント条件づけ理論	242
親の養育態度	166
音圧	26
音声化の処理	64
音調学	280
外因（器質因）性	220
外延の意味	282
下位概念	70
絵画的手がかり	32
絵画統覚検査	204
解決	72
外言	80,94
開口色	34
介在項目数	68
外側膝状体	24
概念カテゴリ	70
海馬	74,140
海馬傍回	74
過換気症候群	233
蝸牛	26
学習解消	76,78
学習曲線	54
学習性無力感	50
家系研究法	164
仮現運動	32
可視スペクトル	22
過食症（神経性大食症）	224
家族システム	248
家族全体	248
家族ホメオスターシス	248
家族療法	248
固い境界線	250
カタルシス	234
活性化	72
ガットマン法	208
家庭内暴力	226
カテゴリー	68,70
カテゴリーの典型性効果	70
加法混色	24
簡易精神分析	246
感覚	20,158
感覚運動的知能	116
感覚記憶	64,66,74
感覚記憶の容量	64
感覚受容器	20
感覚的なトレース	64
感覚モダリティ	78
環境	110
観察学習	56
観察法	200
干渉	66,74
感情	138,158
干渉説	76
感情の3次元説	150
寒色	34
感性動機	130
桿体	24
顔面表情	144
記憶検索	70
記憶術	64
記憶障害	78
記憶の過程	60
記憶の記憶	64
記憶の構造	68
記憶の仕方・方略	64
記憶の変容	78
記憶の抑圧	78
幾何学的錯視	30
危機介入	262
危機介入援助	254
危機体験	168
器質性	78
気質類型論	156
擬似適応	214
期待説	52
機能的固着	86
帰納的推理	88,90
機能の全体的評定尺度	216
規範の影響	278
気分障害	224
気分変調性障害（抑うつ神経症）	224
基本情動	148
記銘	60
記銘項目	60
逆向健忘	78
逆向抑制	76,78
客観的自覚状態	264
キャノン・バード説	142
ギャング・エイジ	188
ギャング集団	188
ギャンブル依存症	233
嗅覚	22
旧項目	64
教育相談臨床	252
教育相談臨床機関	254
共依存	233
鏡映描写	74
強化	42,46
境界性人格障害	222
強化子	46
強化スケジュール	46
京大 NX 知能検査	198
強調化	78
共通特性論	158
共同運命の要因	28
強連想語	62
拒食症（神経性無食欲症）	224
近接学	280
近接性	270
近接の要因	28
空間色	34
具体的操作の段階	118
クライエント	234
クライエント中心療法	238
クリック音	74
群化	28,68
群化の要因	28
形式的操作の段階	118
系統的脱感作	242
系統的・要素的健忘	78
系列位置曲線	68
系列学習法	60
系列再生	60
ゲシュタルト学派	6,10
ゲシュタルト要因	28
ゲシュタルト理論	10
結果の知識	56
欠乏動機	124
嫌悪条件づけ法	244
原学習	76
原学習の再生	76
健康者常態定型曲線	206
言語獲得	72
言語化の効果	94
言語コミュニケーション	282
言語式検査	196
言語的にコード化	62
言語の調整機能	94
顕在記憶	64
現実吟味能力	236
減衰	74
減法混色	26
健忘症	78
行為障害	222
行為部分	72
光覚閾	24
好奇動機	130
高原現象	54
公衆距離	280
恒常現象	30
構成主義心理学	4,8

構造的意味	282	自己概念	264	自律訓練法	16	潜在学習	52
後退色	34	自己調整学習方略	58	知る自己	264	潜在記憶	62,64
行動主義	8	自己呈示	268	心因性	78,220	前操作的段階	116
行動主義心理学	8	思春期	190	親近性効果	68	全体視野	26
行動描写法	200	自然観察法	200	神経症レベル	236	全体的類似性	70
行動療法	16,242	実験観察法	200	人工知能	36	選択性健忘	78
項目記憶	60	実際運動	32	新項目	64	前脳の基底部	74
合理化	78	実体鏡	30	進出色	34	泉門	188
合理的機能	158	質問紙法	200	心身相互作用説	2	戦略的自己呈示	268
刻印づけ	178	自動運動	32	心身反応	236	躁うつ病（双極性障害）	224
個人差の心理学	14	児童期	188	身体的魅力	268	操作動機	130
個体距離	280	児童虐待	226	シンプレックス型	208	創造性	120
古典的条件づけ	42,74	自発の回復	42	信頼性	194	創造的思考	98
コード化	64	GPS	82	心理技法	252	挿入学習	76
個別特性論	158	社会再適応評価尺度	214	心理査定（アセスメント）	252	側頭葉	72
コミュニケーション	278	社会的影響過程	274	心理的外傷	78	側頭葉の内側	74
コミュニティ心理学	260	社会的距離	280	心理的治療	234	ソシオメトリー	16
コルサコフ症候群	78	社会的促進	276	心理的動機	128	ソーンダイクの効果の法則	
コンサルテーション	262	社会的手抜き	276	親和動機	134		46
さ 行		社会的動機	132	図	28	**た 行**	
最小可聴閾	26	社会的文脈	142	錐体	24	第1反抗期	188
再生法	60	社会的抑制	276	随伴性	44	退行	236,246
最大可聴閾	26	シャクター・シンガー説	142	スクリプト	70	胎児期	182
彩度	24	弱連想語	62	スクリプト構造	70	対人魅力	268
再認テスト	64	周期性健忘	78	スクールカウンセラー（学校		体制化	28
再認法	60	集合関係	72	カウンセラー）	254	態度	270
サイン・ゲシュタルト説		自由再生	60,68	鈴木ビネー式知能検査法	196	態度の機能	272
	8,52	収縮色	34	スティーヴンスの法則	22	態度の構造	272
作業記憶	62	集団式知能検査法	198	ストレス	214	第2次性徴	190
作業曲線	206	縦断的追跡調査研究	170	ストレス対処行動	218	第2反抗期	190
作業検査法	206	周波数	26	スロットとその値	70	対人間距離	280
錯視	30	自由連想	62	成熟	176	大脳基底核	74
錯視図形	30	自由連想法	246	精神衛生教育	262	タイプA	152,216
錯覚	30	主観的輪郭	30	成人期	192	タイプB	216
サーストン法	208	樹形図の意味ネットワーク		精神病レベル	236	対連合学習	60,78
サピア・ウォーフ仮説	282		72	精神分析	234	多因子説	104
作用心理学	6	樹形図の階層構造	68	精神分析療法	244	滝錯視	32
サンプリング法	66	主張的・戦術的自己呈示	268	精神分裂病	224	多義図形	28
シェイピング	48	順向抑制	76	精緻化リハーサル	66	達成動機	124,136
JAS	216	順序記憶	60	成長	176	脱落性健忘	78
GSR	200	純粋感覚	4	成長動機	124	妥当性	194
ジェームズ・ランゲ説	142	純粋情動	150	性動機	128	田中ビネー式知能検査法	196
自我	160	上位概念	70	青年期	190	WISC	198
視覚	20	生涯発達	118	正の強化子	244	WAIS	198
視覚的感覚記憶	66	消去	42	生理学的実験法	200	WPPSI	198
視覚の断崖装置	36	状況的意味	282	生理的動機	124	単一感情	4
自我の防衛	246	条件刺激	42	世界技法	240	段階説	26
視感度曲線	24	条件づけ	42	世代間連鎖	226	短期記憶	64,66,68,74
色覚説	26	条件反応	42	摂食障害	224	短期記憶からの忘却	66
色彩計画	34	条件部分	72	接触動機	132	短期記憶の容量	64,74
色相	24	情緒的動機	124,128	絶対閾	22	単語完成テスト	64
色相環	24	情動	138	設定	72	単純化	78
刺激	20	情動の発達	138	節点	70,72	暖色	34
刺激閾	22	情動の表出	144	節約率	68	談話	70
刺激頂	22	情動立体モデル	150	セラピスト-クライエント関		地	28
自己	264	小脳	74	係	236	チェックリスト法	200
思考	158	情報的影響	278	宣言的記憶	60,74	知覚	20
自己開示	266	初頭効果	68	宣言的知識	72	知覚的促進	34
自己開示質問紙	266	ジョハリの窓	266	前向性健忘	74	知覚的防衛	34
		知られる自己	264	先行リストの学習	76		

知覚の選択性	28			非共有環境	166	返報性	270
知能検査	196	**な 行**		非言語コミュニケーション		防衛機制	216
チャネル	278	内因性	220		280	防衛的・戦術的自己呈示	268
チャンク	64	内言	80, 94	非言語式検査	196	忘却	60, 74, 76
注意欠陥・多動性障害		内耳	26	非合理的機能	158	膨張色	34
（ADHD）	222	内臓感覚	22	尾状核	74	他の項目からの干渉	74
中間子の性格	166	内臓脳	140	非専門ワーカーの利用	262	保持	60
中年期	192	内側部	72	ビッグ・ファイブ	160	保持期間	64
聴覚	20	内発的動機	124, 130	ビネー式知能検査	196	保持時間	68
聴覚の感覚記憶	66	内包的意味	282	皮膚感覚	22	保持様式	64, 74
聴覚的にコード化	64	2因子説	104	皮膚電気反射	36	ボーダーライン	222
長期記憶	64, 66, 72, 76	2次記憶	66	ヒューリスティック	84	没個性化状態	264
長期記憶化	66, 68, 74	二重拘束	248	描画再生	78	ホメオスタシス性動機	126
長期増強	74	二重人格	78	表情写真の研究	144		
長期抑圧	74	二重貯蔵モデル	64	表情の円環説	146	**ま 行**	
超自我	160	二重符号化説	62	表情評定法	148	マグニチュード推定法	22
長子の性格	166	日常苛立ち事	214	表情フィードバック仮説		末子の性格	166
丁度可知差異	22	日常爽快事	214		144, 148	慢性アルコール中毒	78
直感	158	日本版CAT	204	評定尺度法	200	味覚	22
対連合学習	62	日本版TAT	204	表面色	34	密接距離	280
通状況的な一貫性	154	乳児期	184	ファイ現象	32	見通し	52
TAT	204	入力時手掛かり	62	VIS	66	無意識的	160
DSM-IV	220	ニュールック心理学	36	フェヒナーの法則	22	無強化無反応	244
定義的特徴	70	人間行動遺伝学	164	負荷	62	無条件刺激	42
呈示時間	66	認知	20	深い処理	66	無条件反応	42
ディストラクター法	66	認知心理学	18	不快な経験	78	明順応	24
ディストレス	214	認知的技能	54	輻輳説	178	明所視	24
適応	212	認知的動機	132	符号化	62	命題	72
適応機制	214	認知的不協和理論	274	符号化特殊性原理	62	明度	24
適応行動	212	認知理論	50	不使用説	76	明瞭な境界線	250
適刺激	20	ネットワーク	68, 72	不適応	212	メタ記憶	64
適中法的再生	60	脳幹網様体賦活系	140	不適応行動	212	メタ認知	58
手続の記憶	60, 64, 74	脳障害	72	不適刺激	20	メッセージ	278
手続の知識	72	脳の器質的障害	78	不登校	230	面色	34
デフォルト値	70			部分報告法	66	盲点	24
テーマ	72	**は 行**		プライミング効果	62, 64	目的的行動主義	8
典型性効果	70	場	52	プライム刺激	64	モデリング	56
典型的な成員	70	バイオフィードバック	50	ブラウン効果	32	物語の記憶構造	72
天才	120	バウム・テスト	204	ブラウン・ピーターソン法		物語の表現構造	72
同一性の拡散	192	箱庭療法	240		66	物語文法	72
等感度曲線	26	パーソナリティ	154	プラトー	54	モラトリアム	192
動機づけ	122	パターン認識	38	プレグナンツの原理	30		
道具的条件づけ	46	発生	176	フレーム構造	70	**や 行**	
統合失調症	224	発達	172	プログラム学習	48	薬物依存症	224
動作学	280	発達課題	182	プロダクション・ルール	72	ヤング・ヘルムホルツの三原	
洞察学習	52	発達段階	178	プロット	72	色説	2, 26
同時呈示法	66	発達の気質論	162	プローブ（法）	66, 68	誘因動機	126
同調	276	ハノイの塔	82	分凝	28	遊戯療法	236, 238
同調・服従への動機	134	バランス理論（認知的均衡理		文章完成法テスト	206	誘導運動	32
透明視	30	論）	272	文の意味の記憶	72	遊離家族	250
特性論	158	場理論	52	文脈手掛かり	62	ユーストレス	214
特徴の集合	70	般化	44	文脈や関連付けの記憶	74	夢の分析	246
特徴比較モデル	70	反社会性人格障害	222	平衡感覚	22	良い形の要因	28
特有の特徴	70	反対色説	26	閉合の要因	28	良い連続の要因	28
トークン・エコノミー法	244	反転図形	28	ペーペッツの回路	140	養子研究法	164
トポロジー心理学	10	反応競合（説）	76	ヘリング説	26	幼児・児童絵画統覚検査	204
ドメスティック・バイオレン		反応形成	48	ベンダー・ゲシタルト・テス		幼少期の感情体験	246
ス	228	反応時間	70	ト	204	陽性転移	246
トレース	74	被殻	74	扁桃体	140	要素的部分的な記憶	74
		ひきこもり	230	弁別閾	22	抑圧説	78

310　事項索引

四色説		26

ら 行

来談者中心療法		16
ラポール		236
ランダム・ドット・ステレオグラム		32
リスキーシフト		278
リッカート法		208
リハーサル（復習）		64, 66, 68, 76
リハーサル回数		68
リハーサルの妨害		66
リビドー		160
両眼視差		30
臨界期		178
リンク		72
リンク数		70
臨床心理士の制度		252
類型論		156
類似性		268
類同の要因		28
ルーチン化された日常行動		70
ルビンの盃		28
霊魂論		2
レスポンデント条件づけ		42
レディネス		176
連合または連想の記憶		60
連合野		74
連合理論		40
連想		4
連想心理学		4
老年期		192
ロジャーズの理論		238
ロールシャッハ・テスト		202

わ 行

YG性格検査		200

「矢田部・ギルフォード性格検査」および「YG性格検査」は日本心理テスト研究所株式会社の登録商標です．

図解 心理学 [改訂版]

1989 年 4 月	第 1 版	第 1 刷	発行
1990 年 4 月	第 2 版	第 1 刷	発行
1993 年 3 月	第 2 版	第 4 刷	発行
1994 年 4 月	増補版	第 1 刷	発行
2000 年 2 月	増補版	第 7 刷	発行
2001 年 3 月	改訂版	第 1 刷	印刷
2021 年 5 月	改訂版	第 11 刷	発行

監　修　福　屋　武　人
編　者　森　田　義　宏
　　　　石　井　巌
　　　　三　根　浩
発行者　発　田　和　子
発行所　株式会社　学術図書出版社
〒113-0033　東京都文京区本郷 5-4-6
電話 03-3811-0889　振替 00110-4-28454
印刷　三美印刷（株）

定価はカバーに表示してあります．

本書の一部または全部を無断で複写（コピー）・複製・転載することは，著作権法で認められた場合を除き，著作者および出版社の権利の侵害となります．あらかじめ，小社に許諾を求めください．

© 1989, 1994, 2001　FUKUYA T.　Printed in Japan
ISBN978-4-87361-756-5